Rei e Rainha de Copas no julgamento do Valete.
John Tenniel, 1865

DEMOCRATIZAÇÃO DO PODER JUDICIÁRIO NO BRASIL

CONTRACORRENTE

MAURÍCIO CORRÊA DE MOURA REZENDE

DEMOCRATIZAÇÃO DO PODER JUDICIÁRIO NO BRASIL

São Paulo

2018

Copyright © EDITORA CONTRACORRENTE
Rua Dr. Cândido Espinheira, 560 | 3º andar
São Paulo – SP – Brasil | CEP 05004 000
www.editoracontracorrente.com.br
contato@editoracontracorrente.com.br

Editores

Camila Almeida Janela Valim
Gustavo Marinho de Carvalho
Rafael Valim

Conselho Editorial

Alysson Leandro Mascaro
(Universidade de São Paulo – SP)

Augusto Neves Dal Pozzo
(Pontifícia Universidade Católica de São Paulo – PUC/SP)

Daniel Wunder Hachem
(Universidade Federal do Paraná – UFPR)

Emerson Gabardo
(Universidade Federal do Paraná – UFPR)

Gilberto Bercovici
(Universidade de São Paulo – USP)

Heleno Taveira Torres
(Universidade de São Paulo – USP)

Jaime Rodríguez-Arana Muñoz
(Universidade de La Coruña – Espanha)

Pablo Ángel Gutiérrez Colantuono
(Universidade Nacional de Comahue – Argentina)

Pedro Serrano
(Pontifícia Universidade Católica de São Paulo – PUC/SP)

Silvio Luís Ferreira da Rocha
(Pontifícia Universidade Católica de São Paulo – PUC/SP)

Equipe editorial

Carolina Ressurreição (revisão)
Denise Dearo (design gráfico)
Mariela Santos Valim (capa)

Arte da capa
From the depths
William Balfour Ker, 1906

Dados Internacionais de Catalogação na Publicação (CIP)
(Ficha Catalográfica elaborada pela Editora Contracorrente)

R467 REZENDE, Maurício Corrêa de Moura.
   Democratização do Poder Judiciário no Brasil | Maurício Corrêa de Moura Rezende – São Paulo: Editora Contracorrente, 2018.

   ISBN: 978-85-69220-48-0

   Inclui bibliografia

   1. Poder Judiciário. 2. Magistratura. 3. Organização e administração da Justiça. 4. Democracia. I. Título.

CDU: 347.96

Impresso no Brasil
Printed in Brazil

Nada é impossível de mudar

Desconfiai do mais trivial, na aparência singelo.

E examinai, sobretudo, o que parece habitual.

Suplicamos expressamente: não aceiteis o que é de hábito como coisa natural, pois em tempo de desordem sangrenta, de confusão organizada, de arbitrariedade consciente, de humanidade desumanizada, nada deve parecer natural nada deve parecer impossível de mudar.

Bertolt Brecht

Que saibam que agradeço imensamente ao sempre professor e amigo Emerson Gabardo por toda ajuda na revisão e publicação desta obra, e de por vezes acreditar mais em mim do que eu mesmo. Obrigado.

SUMÁRIO

SOBRE ESTE LIVRO 15

PREFÁCIO – Prof. Eugenio Raúl Zaffaroni 23

PRELÚDIO – A UTOPIA ESTÁ LÁ NO HORIZONTE 33

INTRODUÇÃO 39

CAPÍTULO 1 – A DIMENSÃO POLÍTICA DA MAGISTRATURA 57

1.1 JURISDIÇÃO E PODER POLÍTICO 58

    1.1.1 O poder de dizer o Direito (e o renitente voluntarismo) ... 62

    1.1.2 Ideologia e decisão judicial 78

    1.1.3 A fratura fundamental: para uma legitimidade democrática do Judiciário 85

1.2 A MAGISTRATURA DEMOCRÁTICA (PARA UMA JURISDIÇÃO DEMOCRÁTICA) 95

    1.2.1 Os modelos idealmente superados de magistratura 99

        1.2.1.1 Modelo empírico-primitivo 102

        1.2.1.2 Modelo técnico-burocrático 113

    1.2.2 O Modelo Democrático 135

  1.2.2.1 Histórico e elementos 137

  1.2.2.2 Porque o modelo democrático é o mais coerente com a Constituição Federal de 1988 151

 1.2.3 Marujos no avião: o grande entrave para uma magistratura democrática 157

INTERLÚDIO – O HOMEM DETRÁS DA CORTINA 173

CAPÍTULO 2 – (RE)ESTRUTURAÇÃO DA MAGISTRATURA NO BRASIL 185

2.1 RECRUTAMENTO 189

 2.1.1 É possível selecionar juízes para a Democracia? 195

  2.1.1.1 Os modelos de recrutamento 196

  2.1.1.2 Eleição x Concurso 205

 2.1.2 Problemas emergentes do concurso público 216

  2.1.2.1 Problemas internos do recrutamento atual 222

  2.1.2.2 Consequências problemáticas externas decorrentes do sistema de recrutamento atual 236

 2.1.3 Perspectivas de um recrutamento democrático no Brasil 246

  2.1.3.1 Extinção do ranço empírico-primitivo: nomeações políticas 247

  2.1.3.2 Um concurso não tecnicista 254

2.2 FORMAÇÃO 261

 2.2.1 A responsabilidade pela formação é institucional 262

 2.2.2 Insuficiências no modelo brasileiro 269

 2.2.3 O desafio de formar um juiz para a democracia 274

2.3 CULTURA: A URGENTE PROFANAÇÃO DA MAGISTRATURA – OU: ANJOS CARECAS (UMA BREVE TEOLOGIA POLÍTICA DO JUDICIÁRIO) 285

 2.3.1 A nobreza togada e a República ainda por proclamar 295

2.3.2 A revolução do "ethos" – o Judiciário no divã 307
2.3.3 O fim dos serafins – horizontalidade para independência efetiva 322

CONCLUSÕES 341

POSLÚDIO – PARA QUE SERVE O HORIZONTE? 347

REFERÊNCIAS BIBLIOGRÁFICAS 355

SOBRE ESTE LIVRO

Este livro é o resultado do trabalho de pesquisa desempenhado durante o meu mestrado em Direito na Universidade Federal do Paraná. Não é, contudo, *ipsis litteris*, a minha dissertação. Em geral, as dissertações e teses bem aventuradas são logo mandadas às editoras, para que se imprima e divulgue o resultado do trabalho de pesquisa. Eu quis, contudo, fazer algo ligeiramente diferente com esse livro, por dois motivos: por achar que a metodologia de exposição da pesquisa e a escrita de um livro que se pretende ser apreendido possuem objetivos diferentes e, também, porque entendo que este livro é maior (ao menos, potencialmente maior) do que foi a dissertação (intitulada "A Administração da Justiça para uma magistratura democrática").

É evidente que esta edição do livro corresponde substancialmente a todas as ideias defendidas para obter o grau de mestre, e o texto também é majoritariamente o mesmo, contudo, adaptei-o a fim de torná-lo uma leitura agradável. Por exemplo: o método de exposição da pesquisa exige a demonstração ostensiva das fontes e referenciais, de modo que é impossível citar literalmente um autor sem creditar-lhe a referência. Isso fez com que (principalmente em relação ao marco teórico) o texto original tivesse às vezes cinco ou seis notas de rodapé seguidas, todas referenciando o mesmo texto do mesmo autor, apenas com o número de páginas diferenciado, ou nem isso. Assim, tomei a precaução, aqui, de aglutinar esse tipo de referência, a fim de diminuir a poluição visual – garantindo pragmaticamente de que todas as referências continuam ali, porém aglutinadas quando concluí a ideia objeto das citações. Isso não oculta ou deixa sem crédito alguma ideia, apenas visa tornar a leitura mais fluida, sem ser interrompida várias vezes por notas de rodapé que podem ser condensadas. É, afinal, uma tentativa de tornar a leitura mais rápida e compreensível para quem lê.

Também tomei algumas liberdades que a escrita acadêmica não permite; deixei mais evidentes alguns arrolamentos, a fim de ficarem mais explícitos e de fácil apreensão, por exemplo. Também formatei o texto por vezes para destacar quadros, pensando na melhor apreensão do argumento.

Democratizar o Poder Judiciário, ademais, é uma reflexão que pode perpassar por diversas temáticas – ligadas ou à Administração da Justiça ou ao Acesso à Justiça – mas que podem dizer a respeito, por exemplo, da gestão dos cartórios, acessibilidade dos fóruns e prédios públicos às pessoas com deficiência, ou até mesmo a digitalização dos processos. São diversas abordagens, que, seguramente, tangenciam o tema deste livro. No entanto, acredito que o núcleo essencial da democratização do Poder Judiciário diz respeito à magistratura, isto é, à forma de estruturar os juízes, o que vai desde o método de seleção, a carreira da magistratura, democracia interna dos Tribunais etc.

Este livro não se pretende enciclopédico nem uma efusiva árvore de natal temática. Assim, entre Acesso e Administração, foquei na Administração da Justiça, e, nela, verticalizei a questão da magistratura.

Diferentemente do que se passa com o tema desse livro, observo que a questão do Acesso à Justiça possui um belo punhado de reflexões bastante contemporâneas e profícuas produzidas de maneira incessante no Brasil, e a sua defesa teórica tornou-se quase um lugar-comum. Assim, focar na questão da magistratura me pareceu ainda essencial para dar uma resposta institucional efetiva e necessária às indagações que motivavam a pesquisa e que estão assentadas na Introdução. Ademais, se há bastante elaborações teóricas a respeito do Acesso, é necessário pensar em que Justiça será acessada, como a jurisdição será operacionalizada quando o cidadão jurisdicionado dela precisar. Portanto, o livro se verticaliza na figura do juiz – não de modo pessoalizado, psíquico –, mas pensando a magistratura como estrutura essencial sobre a qual devem operar as mudanças com vista à democratização do Poder Judiciário como um todo, pois é dela (e de suas incontingências) que se estruturam os demais elementos deste Poder (até mesmo o funcionalismo, gestão de cartórios, ouvidorias, arquitetura dos Tribunais...).

Em razão disso, este livro repristina uma interessante abordagem da magistratura com escopo na obra do ex-Ministro da Suprema Corte argentina, Eugenio Raúl Zaffaroni. O seu estudo a respeito dos modelos de magistratura é essencial para entender como desempenhar a Administração da Justiça de forma não intuitiva ou empirista. No entanto, tal doutrina não era amplamente estudada no Brasil desde a década de 1990, através dos estudos de Luís Flávio Gomes (no livro "A dimensão da magistratura"). Assim, esta obra não apenas traz e rearticula a doutrina de Zaffaroni, mas também o faz analisando a realidade brasileira após a Reforma do Judiciário. Muito se pensou a Administração da Justiça nas vésperas da Reforma, e, depois dela, o tema se aquietou, como se os problemas de então tivessem sido resolvidos – o que, de fato, não ocorreu. É preciso, então, reestabelecer uma literatura a respeito da Administração da Justiça e consolidar alguns conceitos, de modo que este livro busca oferecer uma singela contribuição nesse sentido. O leitor ou leitora poderá, assim, através dele se munir de conceitos teóricos aqui estudados, "dissecados" e expostos de modo a poder pensar a democratização do Judiciário de maneira séria e técnica.

É comum que todas as obras e artigos científicos sobre a Administração da Justiça não sejam apenas descritivos, mas, também, prescritivos – isto é, que os autores busquem, através de sua escrita, também propor soluções para os problemas do Judiciário. Este livro também é, além de descritivo, prescritivo. Ocorre que a maioria das prescrições que hoje existem vêm do empirismo, de soluções originárias e totalmente criativas de quem a propõe, quase palpites que surgem dos problemas do dia a dia. São soluções pontuais para problemas específicos, muitas vezes diagnosticadas por quem está fora da gestão do Judiciário (advogados, sobretudo). O livro, contudo, trilha outros caminhos. Sem negar a importância da experiência prática de quem administra o Poder Judiciário ou de quem encontra soluções criativas para agruras do cotidiano, as análises aqui fogem totalmente de achismos e buscam ser propositivas dentro de um viés teórico coerente, ideal.

Assim, defendo, aqui, uma visão radical. Não porque é extremada, incumprível ou que não se sujeita ao debate dialético saudável. Pelo contrário. No entanto, como mantive o compromisso com as raízes da teoria, o todo-lógico ideal, acredito que as ideias puderam manter alguma coerência entre si – o que não impede, contudo, que tenham algumas dificuldades e objeções práticas. Suspeito que serei alvo de algumas brigas e críticas duras – seja por questões teóricas (hermenêuticas) – seja, sobretudo porque o rigor teórico exige contrariar interesses práticos.

Democratizar significa, de algum modo, trazer algo para mais perto do povo, o que pressupõe que o objeto não esteja com ele inteiramente (ou, ao menos, menos do que é possível). Se não está com o povo, está com outrem, e, portanto, democratizar significa uma realocação geral dos recursos de poder, e isso seguramente contraria interesses. E creio, sinceramente, que, para além das objeções teóricas, "comprarei brigas" não apenas dentro do Poder Judiciário, mas também com instituições como o Ministério Público e a OAB, pois sem dúvida o rigor teórico me compeliu a ir de encontro ao interesse corporativista dessas instituições. Acredito, contudo, que mesmo dentro delas a necessidade de pensar a democratização do Judiciário é tão mais premente que esses interesses mais segmentários serão afastados até por aqueles que os receberem inicialmente com maior amargor – afinal, não busquei, de modo algum, declarar guerra a todos, mas, ao revés, pensar formas comprometidas com a democracia, o que beneficia a todos os cidadãos e, diretamente, também os membros do Judiciário, Ministério Público, Ordem dos Advogados do Brasil etc.

Há, também, a possível objeção pragmática de que as coisas não mudam da noite para o dia, de que há interesses contrários, e que algumas pautas analisadas são mais urgentes do que outras. De fato, como o livro é uma elaboração puramente teórica, não fiz, aqui, um arrolamento de pautas por ordem de prioridade – o que é um juízo político de oportunidade. Eu mesmo também creio haver medidas mais urgentes do que outras, das aqui expostas, para efetivar um Judiciário democrático.

DEMOCRATIZAÇÃO DO PODER JUDICIÁRIO NO BRASIL

No entanto, ao defrontar o conjunto teórico da democratização com a realidade existente no Brasil, não pude deixar de relatar nenhum resultado desse processo, pois o constructo aqui exposto é a exposição de uma pesquisa, a amostragem de todos os resultados depurados, ainda que na agenda política eles possam ter pesos diferentes. Assim, alguém poderá objetar que a questão da súmula vinculante é menos importante do que o recrutamento, ou a nomeação do STF do que a formação dos juízes, ou justamente o contrário, ou, ainda, que deveríamos mesmo é focar na questão do voto universal, que já está com o debate bastante adiantado etc. No entanto, esse tipo de reflexão prática (a qual também possuo) não faz parte do livro e nem teria como, pois ele é uma investigação científica e a exposição de um modelo, um horizonte, democrático, não uma agenda política. Por conseguinte, espero também ter deixado clara no texto a intenção de esta obra servir de base teórica para um processo (de democratização) político, com todas as suas dinâmicas, mas que guarda o rigor de pensar o modelo ideal de magistratura democrática, em cada aresta do que ainda falta para esse modelo se efetivar.

Ademais, o livro busca pensar o papel do Juiz ou do Judiciário de modo diferente da maioria da doutrina (principalmente a doutrina constitucionalista). Não que os objetivos sejam distintos (na verdade muitas vezes convergem), mas o livro não busca dizer que o papel do Judiciário é este ou aquele, que tal tema pode ser judicializado entre outros, mas sim averiguar *como* isso pode ser feito. Quais são os problemas estruturais que fazem com que as decisões judiciais sejam de tal maneira – mais ou menos de acordo com a Constituição, mais ou menos garantistas etc. Não se busca, assim, discursar sobre como isoladamente deve ser um juiz (acreditando que o será só porque assim é melhor), mas sim como deve se estruturar a magistratura a fim de que haja juízes de tal modo; como arranjar as estruturas e instituições de modo a que os magistrados sejam dotados de tais características e aptidões, diferentes daquelas que hoje as estruturas e instituições produzem. Assim, ainda que não escrito conforme uma observação pessoal, busca analisar o Judiciário em sua materialidade, historicidade, muitas vezes recorrendo até a dados numéricos. É, portanto, uma visão teórica do ponto de vista da coerência e da estrutura, mas material, sem ser intuitivista, isto é, sem ser conforme a experiência individual (apesar de eu mesmo ter trabalhado durante anos dentro do Poder Judiciário).

O livro também é publicado em um tempo especificamente delicado para o Poder Judiciário, ligado sobretudo aos processos políticos da "Lava Jato" e um sem-número de juristas, desta ou daquela ideologia, incomodados com o papel do Judiciário, que ora é antidemocrático, ora se reivindica vanguarda iluminista, ora diz que quer ouvir o clamor das ruas e ora também decide cumprir a Constituição. Sem dúvida, questões aqui tratadas referenciam muitos dos problemas que hoje pululam nessa esfera. No entanto, o sumo do livro foi escrito, como dito, como meu trabalho de mestrado, desenvolvido entre 2013 e 2014, e, por isso mesmo, não possuem o condão específico de criticar qualquer epifenômeno mais imediato. Não é este ou aquele julgamento que denota a tendência do Judiciário, nem mesmo o julgamento de algum político importante ou o velório de uma das maiores garantias liberais do art. 5º que embasam escrever este livro. A necessidade de democratização do Poder Judiciário já é sensível há muito tempo, mas talvez a dimensão dos impactos na esfera política e na nossa fragilizada democracia façam atentar cada vez mais que este Poder está problemático e precisa mudar e que é preciso repensar o Poder Judiciário novamente. Assim, deixo claro desde logo que não escrevi este livro porque entendi que o Poder Judiciário se mostrou menos democrático do que o necessário episodicamente, porque o Brasil vivenciou decisões bastante controvertidas e, afinal, a democracia brasileira foi julgada por juízes e Cortes. No entanto, se essa página difícil da história do Poder Judiciário brasileiro – que tem cada vez mais exaltado a melhor doutrina a criticá-lo – fizer atentar para a necessidade de democratização que aqui pontuo, e, quiçá, adotar essa proposta como algo a ajudar, tanto melhor (e, como cidadão espectador de todas essas fissuras democráticas que o Brasil tem vivenciado, pude ver, há anos, que boa parte dos resultados problemáticos criticados teriam sido em grande medida evitados se tivessem sido adotadas as medidas estruturantes que estudei e defendi em meu mestrado).

Ademais, não procurei em momento algum fazer um denuncismo episódico, mas uma abordagem holística. Para ser mais claro: este livro não é partidário de qualquer líder ou corrente política nacional. De todo modo, pelos próprios pressupostos do trabalho, negando a visão da neutralidade axiológica – o que é válido tanto ao se falar do exercício da jurisdição quanto da pesquisa – não recuso que este livro, de neutro, não tem nada. Entendo e procurei demonstrar através da dogmática que me serve de ferramental teórico que a magistratura democrática é o modelo proposto pela Constituição Federal de 1988 e, de qualquer modo, também é o melhor modelo, superior, mais democrático que os demais e que é idôneo a prestar a melhor jurisdição. É um livro partidário da democracia. Essa atitude, contudo, pode me render a crítica de estar sendo um tanto quanto panfletário (e estou) e tanto quanto menos científico. Posso estar sendo panfletário porque, além de analisar, defendo a superioridade de um determinado modelo de magistratura, porém o faço não por liberalidade, mas porque essa também é a opinião científica de alguns de meus marcos teóricos. Assim, não entendo que tenha desbordado da seriedade científica. Busquei, durante toda a investigação, ponderar de maneira dialógica as premissas com que, pessoalmente, tenho mais concordância ou discordância, e busquei expor de maneira clara tanto essas ponderações, bem como o processo de conclusão delas oriundo. De tal modo, ainda, que o objeto de estudo não seja analisado de maneira fria, neutra, asséptica, cientificamente positivista, e haja muito mais um libelo em defesa de um modelo específico, entendo que a postura de análise não se furtou – ao menos nesse tocante – de um rigor científico, sobretudo porque procurei deixar o mais claro possível os processos que levaram às conclusões.

Além dos habituais Introdução, Desenvolvimento e Conclusão, entendi por bem incluir no livro um Prelúdio, Interlúdio e Pósludio – talvez porque gostaria singelamente de dar-lhe a mesma tônica de uma harmônica sinfonia, que irrompe o silêncio em um crescendo, transiciona seus atos e termina em doce descenso. Essas intervenções, no entanto, separam a abordagem mais dogmática do tema ora de uma reflexão mais filosófico-abstrata a respeito do pano de fundo sobre o qual a discussão está sendo travada, ora de dados empíricos que defrontam a discussão teórica. São, assim, intervenções que, contudo, não se dissociam do objeto da pesquisa, ainda que não sejam a sua abordagem específica, mas demonstram a complexidade do tema e buscam cumprir a função de não tornar a pesquisa ensimesmada. Se lidos isoladamente, talvez esses segmentos pareçam sem sentido algum à leitora ou ao leitor mais expeditos. No entanto, o restante da obra pretende ressignificá-los na medida em que eles também ressignificam o restante da obra. Assim, por algumas vezes algumas reflexões parecerão deslocadas, no entanto, tais "pontas soltas" serão oportunamente atadas conforme o trabalho é desenvolvido.

Entendo, enfim, que este é um livro maior do que o tema da dissertação – assim, incluí nele algumas novas ideias que não estiveram presentes no trabalho acadêmico. De igual modo, acredito ser sempre um projeto inacabado, um devir, podendo ser ampliado e reeditado se houver interesse e conforme as minhas pesquisas sobre o tema apontarem novos caminhos. Assim, publicá-lo é, também, um primeiro passo para aprimorá-lo, submetê-lo à discussão, para expandi-lo, verticalizar seções, acrescentar outras análises. Nada obstante, continuo pesquisando o tema, e por isso esta obra pretende ser robustecida conforme as necessidades de democratização do Judiciário se apresentarem.

Por fim, destaco que procurei ao máximo fazer com que o livro fosse de uma boa leitura, para ser, além de lido, bem compreendido e, com sorte, que se concorde com ele. Não sei se obtive êxito nessa tarefa, no entanto, estou amplamente disposto ao debate e à crítica.

PREFÁCIO

Es un gran honor el que me dispensa el Prof. Maurício Corrêa de Moura Rezende al invitarme a prologar su investigación acerca de la magistratura brasileña que, por cierto, plantea problemas también comunes a toda nuestra América Latina. No lo es menos, el que me hace con las numerosas citas de mis trabajos sobre el tema. Un elemental deber de reconocimiento me obliga a volver la vista hacia aquellos escritos que tienen más de dos décadas.

El primero de ellos – también publicado en Brasil[1] – fue elaborado con cierta urgencia ante la inminencia de la reforma constitucional de 1994, de la que participé como diputado constituyente integrando el bloque de una minoría casi testimonial en la Convención Reformadora de Santa Fe.

Desde esa época aprendí algunas cosas: la primera es que los políticos no leen o leen poco. La urgencia de la competitividad política no les deja mucho espacio para hacerlo. La segunda es que, si bien cuando lo escribí me había desempeñado durante dos décadas como juez y no pensaba volver a esa función, el destino (o mejor dicho, los avatares de la política, si somos sinceros) me llevaron al *máximo* tribunal de la

---

[1] *Estructuras judiciales*. Buenos Aires: EDIAR, 1994, traducido por el colega Juarez Tavares con prólogo del recordado Joao Marcello de Araujo Jr., fue publicado em São Paulo por "Revista dos Tribunais" em 1995. En 2007 el texto castellano fue reimpreso por la "Comisión de Apoyo a la Reforma y Modernización de la Justicia" en la República Dominicana.

República durante once años, lo que me dio una perspectiva mucho más amplia de la administración de justicia de mi país.

La experiencia de estas dos décadas vividas – como la que ahora, desde la Corte Interamericana, me permite entrever las de otras administraciones de justicia de la región –, no me han hecho mudar las ideas básicas sostenidas en los escritos que el Prof. Corrêa de Moura Rezende me hace el honor de recordar. No obstante, debo admitir que me han permitido caer en la cuenta de que en los tiempos en que escribí esos trabajos, pecaba de cierta dosis de *ingenuidad*.

¿En qué consistía esa *ingenuidad*? Pues, ante todo en creer que existía alguna posibilidad de que los jueces asumiesen la iniciativa de la propia reforma democrática de la administración de justicia. En segundo lugar, en creer que los políticos irían a abrir mano, sólo por fuerza de racionalidad, de la tentación y posibilidad de manipularla. En tercer lugar, porque creí sinceramente que había reservas éticas mínimas, que impedirían que cualquier sector de la magistratura – especialmente después de la nominación previo concurso –, aunque fuese minoritario, perdiera el pudor hasta el extremo de ponerse al servicio de represalias políticas coyunturales, torciendo el discurso jurídico hasta sostener argumentos que ningún folleto del último estante polvoriento de la más olvidada biblioteca jurídica podría apuntalar.

No obstante, esto no me desanima ni tuerce las ideas básicas de hace casi un cuarto de siglo. Permítaseme ir hacia el final del libro, cuando el autor se pregunta: *É possível implantar as reformas propostas neste livro, ou são mera elucubração teórica? E não que precise ser possível para ter valor enquanto reflexão, mas, ainda assim, as reformas propostas têm algum caráter prático ou são uma utopia?*

La experiencia positiva y negativa de estos años, me permite ensayar la respuesta: los juristas puestos a reformadores – y las más de las veces como críticos de los reformadores –, por lo general piensan conforme a esquemas completos y coherentes, son proclives a un pensamiento que podríamos llamar *geométrico*.

Esta pretensión *geométrica*, que quiere que en lo institucional todo salga perfecto, acabado y coherente, choca con la realidad de la dinámica

PREFÁCIO

política, que es casi *gelatinosa*. No sé si la razón debe dársele a Foucault o a von Clausewitz, pero entre la política y la guerra hay, sin duda, un vínculo conceptual de continuación: sería absurdo que un táctico militar pretendiese no hacer nada hasta tener la posibilidad de ocupar todo el campo enemigo; seguramente, perdería todas las guerras.

Si entendemos por *estrategia* la fijación de los objetivos, y por *táctica* la forma de alcanzarlos, no podemos nunca perder de vista que la empresa de democratización de la administración de justicia es – fuera de cualquier duda – una lucha *política* y, como tal, debe avanzar conforme a una *táctica* de ocupación de posiciones. Lo importante, es no perder de vista los objetivos *estratégicos*, o sea, tener las ideas claras a ese respecto. Y para eso son útiles las investigaciones como la presente.

Cualquier corte transversal que describa la realidad en un momento de esta lucha, necesariamente habrá de mostrar incoherencias y contradicciones: una parte más o menos amplia del territorio ocupado y otra en manos de los que resisten. Al no percibir la realidad en forma longitudinal sino solo transversalmente, los *progresistas críticos radicales* no logran captar la dinámica y desaniman a los propios luchadores, sosteniendo que ante la resistencia antidemocrática es inútil el avance democrático hasta no disponer de todo el poder de ocupación. De este modo obstaculizan la táctica, estigmatizando la estrategia como *utópica* y, lamentablemente, no sólo son funcionales por *derrotistas*, sino que muchas veces acaban codo a codo con los antidemocráticos, a fuerza de *pasarse de revolucionarios*. Este es un riesgo que no cabe subestimar.

No hay lucha política posible sin *ideas-fuerza* como bandera y objetivo, pues de otro modo no tiene sentido ninguna lucha política, o bien se convierte en una peligrosa ambición de poder por el poder mismo.

Teniendo claras las ideas estratégicas, la lucha por la democratización de la administración de justicia avanzará conforme al espacio general de la política, porque es parte de la *lucha por el Estado de Derecho*, que invariablemente es un objetivo incompleto, en constante y permanente enfrentamiento con las resistencias del *Estado de policía*. Ambos conviven en la realidad histórica de todo *Estado real*, en un juego de pulsiones y contrapulsiones sin término. Por ende, en la mutable y dinámica realidad del poder, la democratización judicial tendrá más posibilidades de avance cuando el viento político haga llene las velas de las pulsiones del *Estado de Derecho*, y verá su espacio más reducido cuando predominen las contrapulsiones del *Estado de policía*.

Sea dicho lo anterior, sin perjuicio de la posibilidad de que desde uno u otro campo se aprovechen las contradicciones coyunturales de estas pulsiones, porque a veces los políticos impulsores del avance democrático cierran el espacio de democratización de la política o no se preocupan de él, dado que la *política grande* tiende a considerar sin importancia cuestiones que considera de *micropolíticas*, hasta que sufren las consecuencias de esa subestimación, por lo general cuando han sido utilizadas por los antidemocráticos para perseguirlos. Aunque es más raro – por la mayor cohesión clasista de las fuerzas antidemocráticas –, tampoco es imposible que también en ocasiones las fuerzas antidemocráticas, contradictoriamente, abran algún espacio de avance democrático en la administración de justicia. La política no responde tanto – como usualmente se cree – a racionalidades *macro,* sino a la solución inmediata de conflictos coyunturales, en especial cuando nadie sabe muy bien cómo accionar el timón, en tiempos regresivos para los Derechos Humanos como son los actuales, en particular en nuestra región.

En síntesis, al interrogante planteado por el autor, creo que debe responderse que su investigación y propuestas son perfectamente válidas, como contribución *estratégica* al perfeccionamiento de las *ideas-fuerza* que deben orientar la lucha por la democratización de la administración de justicia.

En otro orden, creo que es hoy nuestro deber no sólo como juristas, sino también como ciudadanos de nuestras repúblicas, incentivar una reflexión que nos lleve a *repensar* nuestros *Estados*.

El planeta está sufriendo una etapa de *colonialismo avanzado* del poder financiero que se propone la destrucción o debilitamiento de la política, o sea, de nuestros Estados. La penetración colonial del siglo XXI tiene lugar por vía de los defectos institucionales de nuestros propios Estados. La administración de justicia es uno de los pilares del ejercicio de la soberanía estatal, que es urgente reforzar para salvar nuestro Derecho Humano al desarrollo progresivo.

PREFÁCIO

Hay problemas que la investigación, por supuesto, no abarca, pero que son urgentes: ¿Nuestros sistemas de control de constitucionalidad son eficaces? ¿Nuestros tribunales supremos tienen una estructura institucional suficientemente plural y racional? ¿Los modelos de cortes constitucionales europeas serán mejores? ¿Hay una real contradicción entre el sistema centralizado y el difuso? ¿Necesitamos un tribunal político y plural como los modelos europeos de posguerra?

Si pienso en la Argentina, sinceramente, no veo más que irracionalidad en la estructura constitucional de la administración de justicia y en la previsión del control de constitucionalidad: un tribunal de cinco personas – cuya realidad me tocó vivir once años – es la última instancia de control constitucional y también la ordinaria de todos los procesos de cualquier materia que se tramitan en las justicias federal o estadual de toda la República y, además, lo hace cuando quiere y en el 95% de los casos se niega con un sello, pero, por si esto fuese poco, su eventual declaración de inconstitucionalidad no tiene más valor que para el caso concreto, sin que rija en esa materia el *stare decisis* y la ley inconstitucional siga vigente y aplicable por los órganos del ejecutivo.

Sé perfectamente, que tenemos diferencias institucionales en esto con Brasil pero, sin entrometerme en lo que no conozco suficientemente, estimo que si se pretende tener un Estado soberanamente fuerte – como el que exige la hora mundial –, es decir, un verdadero *Estado de Derecho* que nos sirva de defensa ante el avance colonialista financiero, debemos repensar atentamente el control de constitucionalidad, como garantía de efectiva vigencia de la primacía de la ley fundamental.

No me animo a penetrar profundamente en la cuestión, pero al menos, desde fuera, alguna enmienda constitucional me da la impresión – primera al menos – de que introduce una autocontradicción en el texto constitucional de 1988. En la tradición constitucional argentina no conocemos el sistema de enmiendas, pero – insisto que desde fuera – me pregunto si una enmienda constitucional no será acaso inconstitucional cuando introduce una autocontradicción irresoluble en el texto. Es sólo una duda, que los juristas de Brasil sabrán responder con mucho mayor conocimiento de un problema que no tengo en mi derecho positivo.

Volviendo al texto de esta seria investigación, veo que se centra preferentemente en la formación del perfil del juez. Por cierto que coincido ampliamente con las opiniones del Prof. Corrêa de Moura Rezende.

El curso de más de dos décadas me permite superar algo mi *ingenuidad* observando que no había reparado suficientemente en que hay fallas básicas, que comienzan en la Universidad. ¿Qué derecho enseñamos? ¿No estamos perdidos en un lugar fuera de la tierra y del cielo, en un *topos uranos* de normatividad pura, sin datos de realidad social? ¿Preparamos juristas que decidirán políticamente sin introducir ningún dato de la realidad social? ¿Acaso no nos damos cuenta de que tenemos los coeficientes de Gini más altos del mundo? ¿No sabemos que cada sentencia es un acto de poder *político* porque la jurisdicción es un acto de gobierno de la *polis*?

El Prof. Corrêa de Moura Rezende a veces parece creer que esto es debido a una formación *de positivismo jurídico,* pero no estoy tan seguro, porque en definitiva, el positivismo jurídico, al menos en alguna de sus versiones, me merece respeto y, por cierto, hoy no debemos temblar frente a él, al menos en cuanto a sus efectos prácticos, dado que los Derechos Humanos son parte del derecho positivo constitucional e internacional, a diferencia de lo que sucedía cuando era menester buscarlos o deducirlos supralegalmente.

Creo, más bien, que lo que la academia está proveyendo es la preparación de una formación que permite eludir cualquier decisión que comprometa políticamente o que desagrade a nuestros monopolios mediáticos de discurso único o de creación única de realidad. Como es sabido, nuestras agendas políticas son preparadas por estos monopolios, que tienen la capacidad de estigmatizar y destruir la reputación de cualquier persona que se atraviesa en el camino de sus intereses financieros. Los jueces son blanco fácil y en general, por inexperiencia política y mediática, carecen de otra defensa que la evasión del problema.

En su tiempo, Radbruch sostuvo que la conducta de los jueces nazistas obedecía a su formación *positivista*, pero él mismo había sido positivista, no obstante lo cual fue un ejemplo altamente ético de resistencia jurídica. La mayoría silenciosa de la magistratura nazista, que por cierto quedó impune, no era positivista sino *burocrática* y de clase media alta (porque era la única que le permitía una *beca* familiar hasta ponerse en *carrera*) y conforme a ese condicionamiento burocrático y a su temor de clase frente a un posible avance del socialismo, prefirió la *pax* que le permitió sobrevivir y en el cargo sin problemas y avanzar sin obstáculos en la *carrera*. Por eso, ponía distancia de los *disidentes*, ocupaba las vacantes que dejaban los destituidos y también trataba de no exagerar su nazismo, distanciándose por lo bajo de algún asesino togado como Freisler. No olvidemos nunca que a la *pax burocrática* le molestan por igual los disidentes de *izquierda* que los de *derecha* (por llamarlos de alguna manera, a la *europea*, aunque hay haya perdido buena parte de su sentido), dado que ambos *comprometen*.

Creo, por ende, que necesitamos una reflexión acerca de la ciencia jurídica que enseñamos en nuestras universidades. Los jueces, los promotores y los abogados no nacen de una incubadora, sino que los formamos en las universidades. La pretendida *asepsia* política, es desprecio por la política (cuna de dictaduras), encubrimiento de posiciones conservadoras o, lo que es peor, entrenamiento en una táctica discursiva de evasión de problemas que pueden molestar a los empresarios del monopolio mediático, siempre parte del poder financiero colonizador.

No es *positvismo jurídico* lo que hoy lleva a ignorar los principios constitucionales, a subestimar el principio de igualdad, a postergar los derechos sociales y a considerarlos meras declaraciones de buena voluntad *no exigibles jurídicamente,* a legitimar procesamientos que nunca terminarán en condenas serias, a inventar extensiones insólitas de tipos penales, a admitir el despilfarro de los fondos de seguridad social, a permitir el astronómico endeudamiento externo del Estado, etc. Eso es resultado de dos factores: del entrenamiento en la *asepsia* por un lado, y del perfil de subsistencia, por otro, que es fácilmente proclive a las presiones políticas y mediáticas, fácilmente deslizable a la corrupción del poder o del dinero (que en el fondo son lo mismo).

No creo en los códigos de ética judicial, porque son *heterónomos*, quieren imponer la ética desde fuera. En esto soy kantiano: debe salir de dentro de la persona, sino no vale, pues para *heterónomo* es suficiente con el código penal. Sí creo en la formación ética del magistrado, pero que no puede distanciarse por completo de su formación *política*. Porque guste o no, quien decida en un *Estado de Derecho* sobre la vida, la libertad, la salud, la educación, la propiedad, de sus semejantes, debe tener una formación jurídica, pero ésta implica una formación política, salvo que se piense en la *asepsia* de comodidad de la *pax burocrática*.

¿Es esto pretender imponer un discurso único? No lo es: formación política implica capacidad de decisión *consciente* en cuanto a los efectos reales de lo que se decide. La universidad se preocupará –o deberá preocuparse – por superar el entrenamiento *aséptico,* pero el Estado que aspire a formar jueces políticamente *conscientes* – sean liberales, conservadores, populistas, socialistas o lo que cada uno de ellos quiera pensar –, lo menos que puede pretender es que sean *conscientes* de la realidad social sobre la cual sus decisiones habrán de tener incidencia. Esto es *formación política*, y nada tiene que ver con un entrenamiento partidista y menos aún con la aspiración a un partido único.

Por eso, creo que lleva razón el autor de este libro, cuando propone la formación del magistrado al margen de la universidad, pero insisto en que esto no debe derivar en un *ghetto,* que hoy no es aconsejable ni siquiera en la formación de cuadros de instituciones mucho más corporativas, como la militar o la eclesiástica.

La formación estatal del magistrado la *sueño* como una introducción a su trabajo cotidiano, a los problemas propios de una administración, que es lo que la universidad no tiene por qué proveer. Pero también – y fundamentalmente – como una formación política en el antes señalado sentido. Algún día el candidato o aspirante a magistrado deberá trabajar un tiempo en alguna *favela*, en algún lugar de provincia donde se atienda a trabajadores agrarios, en algún hospital psiquiátrico, en un hospital público, en un instituto de menores y, sobre todo, en alguna prisión. Esta es la formación política auténtica, la que le permita ser *consciente*, cualquiera sea su cosmovisión y su correspondiente ideología.

En sociedades altamente estratificadas –como la brasileña y todas las nuestras- es casi natural que el juez emerja de las clases medias, habrá pocos *héroes* que logren llegar desde las clases subalternas, pero debe

PREFÁCIO

juzgar y decidir respecto de todos. Dentro de los límites republicanos será libre de pensar como quiera, pero no puede ignorar los efectos concretos de lo que resuelve. De aquí surgirá su ética, no *heterónoma*, sino *autónoma*. Sabrá en cada caso la cuota de dolor que impone o que impide, de la violencia que genere o que evite, será *consciente* de lo que resuelva y no podrá eludir lo que le dicte su *conciencia*, salvo al precio de la neurosis o de la enfermedad, no poco frecuente, por cierto.

El colmo del absurdo es que alguien llegue a ser juez penal sin conocer una prisión, sin tener la vivencia de la vida carcelaria, cuando en sus funciones habrá de repartir miles de años de pena de prisión y disponer muchos más de prisiones *preventivas* que, por la duración de los procesos, no serán más que penas anticipadas.

En mi país no usamos togas desde 1811, de modo que nunca las conocí ni nuestro pueblo está habituado a verlas: seguramente mis conciudadanos las considerarían ridículas. Sin embargo, el carácter *sacerdotal* también existe. Recuerda el autor la anécdota del promotor al que le besaron el anillo. Aquí no hay togas, pero en los años en que comenzaba mis funciones judiciales en una provincia argentina, el tribunal oral penal del que formaba parte funcionaba en lo que había sido el antiguo local de una farmacia esquinera de pueblo, en el cruce polvoriento de dos calles poco antes pavimentadas y, por cierto, un edificio viejo y desvencijado. Un día el secretario del tribunal, me advirtió que le dijese a los ordenanzas que cerraran la puerta de acceso cuando no estábamos en audiencia, porque una viejecita había entrado y se había puesto a rezarle al Cristo, creyendo que era una iglesia.

Sin togas ni pelucas, pasa lo mismo.

En efecto: el magistrado se va formando en una burocracia que lo atavía con pequeños – hasta insignificantes – signos de poder y distinción, que no necesitan ser tan notorios como la toga y la peluca, pero que lo van llevando a identificar su subjetividad con su función. Llega un momento en que todos lo tratan como *el juez* y acaba siendo *el juez*. Esto es lo peligroso subjetivamente, cuando la persona se mira al espejo y ya no ve a Rosa, María o José, sino a *su señoría*. Eso genera una vulnerabilidad particular: cualquier amenaza a su función o a su *carrera* no la vivencia de igual modo que el panadero, el jardinero o el camionero, que la puede sentir como riesgo de pérdida laboral o de ingresos. El juez *asumido en su rol identitario* la sufre igual que los otros, como una pérdida laboral, pero además, la vivencia como una *pérdida de identidad*, si pierde la función, si deja de *ser juez*, pierde identidad. Esto sucede incluso en muchos casos de jubilación: *no sé más quién soy*.

Los signos de falso poder (con toga o sin toga), la *guetización judicial*, los supuestos privilegios, no son más que un entramado que deteriora a la persona del magistrado, capaz de afectar seriamente su salud, no sólo con condicionamientos neuróticos, sino con somatizaciones y consecuencias orgánicas a veces fatales. Forman parte de un verdadero riesgo profesional a la salud, generan enfermedades profesionales propias.

Es claro que esta despersonalización judicial es funcional y la evasión de cualquier amenaza proveniente de malquistarse con el poder mediático del colonialismo financiero, impulsando a la persona a optar por lo aprendido en el entrenamiento *aséptico* que proviene de la universidad, lo que además les es facilitado por la carencia de formación política (de consciencia de la realidad social) propia de las limitaciones al conocimiento de su procedencia de clase y de un sistema de reclutamiento en que el Estado sólo evalúa la capacidad burocrática de producir sentencias en serie, para acabar en una suerte de *fordismo judicial*.

Podría seguir reflexionando sobre el contenido de esta extraordinaria investigación, pero me llevaría a escribir otro libro. Espero que el presente despierte el interés de muchos otros investigadores brasileños e impulse la clarificación de los objetivos estratégicos de esta lucha por la democratización de la administración de justicia que tenemos por delante, quizá interminable, como toda empresa de perfeccionamiento institucional y, en definitiva, como todo el avance del *deber ser* de los Derechos Humanos en el plano del *ser*. De momento, esta investigación es un paso positivo de serio llamado de atención.

Eugenio Raúl Zaffaroni
Professor Emérito da Universidade de Buenos Aires
Buenos Aires, janeiro de 2017.

PRELÚDIO
A UTOPIA ESTÁ LÁ NO HORIZONTE

"O problema do nosso tempo é que o futuro não é mais o que costumava ser"
Paul Valéry

Passado, presente e futuro são construções em constante mudança: a própria ideia de passado é significada e ressignificada conforme passa a ser resgatada e contada no presente (sendo imaginável, inclusive, que o próprio passado está à mercê do presente, como na distopia orwelliana em que o Partido detém o monopólio da contagem dos fatos, e, portanto, modifica o passado para justificar o presente, e, assim, controlar o futuro). O futuro, portanto, também é algo que muda a todo o momento, a partir da própria compreensão do passado e das ações tomadas no agora.

A incerteza e o descontrole sobre o futuro são, por conseguinte, um presente intermitente na existência humana, que, por sua vez, busca meios dos mais variados para conter esse descontrole inseguro e, enfim, prever o porvir. Um exemplo é o esoterismo (horóscopos, vidência, quiromancia, tarô, sonhos, premonições etc.), que, se acerta, comprova sua eficácia, se erra, é porque não foi bem compreendido. É de onde também se origina a ideia de "destino", de um "escrito nas estrelas", da linha da vida tecida pelas moiras, calcado na ideia de inevitabilidade de uma razão, que existe nalgum lugar, contudo, não está ao alcance do sensível.[2]

Outra criação nesse sentido são as teorias da conspiração. Esse tipo de elaboração geralmente vem a pontuar que haveria uma linha mestra condutora da história e dos fatos, racional e construída, que, todavia, está sob o jugo de algumas pessoas específicas, parecendo aleatório aos demais por elas subjugados. Ou, ao menos, que há a premeditação governamental de alguns fatos impactantes (como o 11 de setembro ou a morte de JFK), ou, ainda, a ocultação da verdade para o público em geral (como a morte de Paul MacCartney ou de Avril Lavigne). O leitor ou leitora já deve ter ouvido histórias de que líderes mundiais, gênios da tecnologia, e até mesmo celebridades multimilionárias como Beyoncé, Lady Gaga e Xuxa seriam todos ligados a alguma seita de dominação mundial, ostentando seus triângulos, pactos satânicos e olhos-que-tudo-veem. A verdade está lá fora, os sinais são claros.

As teorias da conspiração comungam com o esoterismo esse íntimo afã de dar ao mundo uma narrativa calculada, uma certa razão por trás do que aparentemente não possui razão alguma. E, como lembra Cass Sunstein, a contranarrativa, isto é, a tentativa de refutar uma teoria da conspiração, muitas vezes é o que a confirma para quem nela acredita, sendo o refutador justamente um conspiracionista e a refutação precisamente mais uma tentativa de ocultar "a verdade". Assim, não raro as teorias da conspiração, na era da pós-verdade, se alastram com mais facilidade que informações fidedignas, em geral por efeito dominó (ou cascata). Essa rápida disseminação se dá justamente pela sedução oferecida por narrativas que dão conta de explicar o caos do real através de atos e vontades de pessoas específicas com objetivos escusos. Ou, ainda, pelo receio que algumas pessoas têm de parecer bobas ou influenciadas aos olhos daqueles que acreditam na conspiração, e, por isso, passam a endossá-la e disseminá-la.[3]

---

[2] HILLANI, Allan Mohamad. *Política em tempos de exceção*: para uma crítica do direito de resistência. Monografia (Graduação). Setor de Ciências Jurídicas, Faculdade de Direito da Universidade Federal do Paraná, 2014, pp. 23-33.

[3] SUNSTEIN, Cass Robert; VERMEULE, Adrian. "Conspiracy Theories: causes and cures". *Journal of Political Philosophy*, vol. 17, n. 2, pp. 202-227, 2009. Disponível em

PRELÚDIO - A UTOPIA ESTÁ LÁ NO HORIZONTE

Outro exemplo de domesticar o tempo, como diz Giorgio Agamben, é a moda. A moda vive um tempo anterior ao seu próprio, pois precisa se projetar antes de acontecer, e, quando finalmente acontece, quando algo "está na moda", é algo que foi o pensado do antes, mas um pensado sem nenhuma certeza, uma vez que a moda também se concretiza na medida em que é vestida, e sobre isso não é possível ter total controle.[4]

Algumas ciências também buscam subjugar o tempo e fazer previsões seguras, como por exemplo a economia. Os economistas, racionalizando no presente a experiência do passado, buscam prever o futuro. Curiosamente, o psicólogo social americano Philip Tetlock, em 2005, após coletar dezenas de milhares de prognósticos feitos por economistas ao longo de vinte anos e compará-los com seus desfechos no mundo real, observou contudo que a acuidade das estimativas era milimetricamente maior do que a de um macaco fazendo previsões ao acaso.[5] Da mesma forma que a mão invisível do mercado não parece ter sido capaz de regular de maneira satisfatória e emancipatória as relações sociais, também não parece que o recrudescimento da exploração capitalista tenha levado à organização mundial da classe trabalhadora a fim de socializar os meios de produção e modificar a forma de estruturar a economia, como previra um certo marxismo vulgar. Das grandes metanarrativas às pequenas variações de câmbio, a ciência econômica não parece ter dado certezas a respeito do futuro de modo seguro, donde parece que até mesmo as debochadas previsões do tempo ao menos têm maiores chances de acertar do que um prognóstico econômico.

O presente de hoje, assim, não corresponde exatamente ao futuro do passado, do mesmo modo que o futuro do presente não será o mesmo

---

http://www.jstor.org/stable/10.2307/2564659%5Cnhttp://onlinelibrary.wiley.com/doi/10.1111/j.1467-9760.2008.00325.x/full%5Cnhttp://doi.wiley.com/10.1111/j.1467-9760.2008.00325.x, p. 15.

[4] AGAMBEN, Giorgio. "O que é contemporâneo?". In: *O que é Contemporâneo e outros ensaios*. Chapecó: Argos, 2009, pp. 66-68.

[5] Disponível em http://www1.folha.uol.com.br/colunas/helioschwartsman/2014/12/1556247-ortodoxos-x-heterodoxos.shtml#_=_.

quando esta frase estiver sendo lida em relação ao momento em que foi escrita. O futuro é algo que muda a cada momento e cujo controle é impossível.

Walter Benjamin analisa essa questão da temporalidade aludindo ao quadro "Angelus Novus", de Paul Klee. Para o filósofo, a obra representa um anjo que olha com horror para um amontoado de ruínas que simboliza o passado. O horror se deve à compreensão histórica do passado repleto de imperfeições e de possibilidades perdidas, o que confere ao anjo a vontade de ir até ele e modificá-lo. "Mas uma tempestade sopra do paraíso e prende-se em suas asas com tanta força que ele não pode mais fechá-las. Essa tempestade o impele irresistivelmente para o futuro, ao qual ele vira as costas, enquanto o amontoado de ruínas cresce até o céu. Essa tempestade é o que chamamos progresso".[6] O futuro, radicalmente imprevisível, é, também, inevitável e, junto ao amontoado de ruínas do passado, também se somam os futuros que o passado encerrava em potência, mas que não se concretizaram.

Contudo, a despeito da miséria das previsões do futuro, ao qual pode-se ter a impressão de estar sendo dirigido com a força atroz de uma tempestade inevitável enquanto voltam-se os olhos para a desgraça do passado, a possibilidade que resta, nas palavras de Agamben, é ser contemporâneo, isto é, apreender bem o presente. Para tanto, o italiano nota que mesmo o presente é algo não apreensível em sua totalidade de maneira instantânea e sensível – à similitude do que ocorre, por exemplo, quando se olha para o universo através da astronomia. Sabe-se, hoje, que há infinitos corpos celestes no nosso universo em expansão, e, no entanto, ao se olhar para o céu, ele não é visto todo repleto pela infinitude de corpos celestes – pelo contrário, há mais vazios do que estrelas, planetas etc. Apesar de ilimitados objetos no universo, o céu não está preenchido. Mas, se há infinitos corpos celestes no universo, por mais longes que possam estar, eles deveriam completar o campo de visão e não haveria espaço vazio ao se olhar para o céu.

---

[6] BENJAMIN, Walter. "Sobre o Conceito de História". *In: Obras Escolhidas*. São Paulo: Brasiliense, 1985.

PRELÚDIO - A UTOPIA ESTÁ LÁ NO HORIZONTE

Isso não ocorre porque – explica a astronomia – alguns desses objetos espaciais estão tão infinitamente distantes do observador que a sua luz não consegue alcançá-lo, uma vez que, como o universo está em expansão, esses objetos se afastam do observador mais rápido do que a luz pode trafegar. A distância e velocidade relativa entre a luz do objeto e o observador faz com que ele não a apreenda. No entanto, ainda que a luz desses objetos venha em direção ao observador, sem, contudo, alcançá-lo, o objeto está lá, existe, embora jamais poderá ser visto.

Diz Agamben que "perceber no escuro do presente essa luz que procura nos alcançar e não pode fazê-lo, isso significa ser contemporâneo. Por isso os contemporâneos são raros. E por isso ser contemporâneo é, antes de tudo, uma questão de coragem: porque significa ser capaz não apenas de manter fixo o olhar no escuro da época, mas também de perceber nesse escuro uma luz que, dirigida para nós, distancia-se infinitamente de nós". Há objetos que emitem luz em nossa direção, e, no entanto, se não a procurarmos (com técnicas avançadas), não veremos. Em seu lugar, veremos as trevas, o vazio, como se o objeto não existisse e o vazio parecerá ser a normalidade. O vazio, o nada-demais, assim, é o maior ocultador do universo, que apaga os objetos cuja luz tenta vir em nossa direção, mas não chega sozinha até nós.

O futuro não é mais o que costumava ser. O progresso impulsiona para esse futuro incerto, que passa a ser fugazmente presente e depois passado. Prever o futuro é uma tarefa inglória, de modo que o progresso alça para um terreno desconhecido e inseguro. Nesse movimento, não é possível olhar para o passado senão com perplexidade perante sua imutabilidade. Resta, portanto, ser contemporâneo – o que não é uma tarefa inglória, no entanto, é de notória dificuldade. Significa, mais do que se voltar pela luz e seu chamariz do óbvio, receber "em pleno rosto o feixe de trevas que provém do seu tempo",[7] ou, de modo simplista, não naturalizar o vazio, o nada-demais, o trivial, singelo, as coisas como estão; é defrontar aquilo que esconde; é procurar o oculto que está lá,

---

[7] AGAMBEN, Giorgio. "O que é contemporâneo?". In: *O que é Contemporâneo e outros ensaios*. Chapecó: Argos, 2009, pp. 64/65.

mas não consegue, *sponte propria*, alcançar o observador, aquilo que existe nas trevas e que aqueles que olham para a luz não conseguem enxergar. Trata-se de procurar a razão por trás da realidade aparente – não como os esotéricos ou os conspiracionistas – uma razão particularmente sensível e mundana, não oculta puramente para nos enganar, ainda que não se apresente sozinha. É, afinal, como procurar algo que está além do horizonte, que está ali, mas não será percebido a não ser que se caminhe em sua direção e afaste o horizonte mais para lá.

INTRODUÇÃO

Para Dalmo de Abreu Dallari, vive-se "a hora do Judiciário", isto é, esse Poder é o grande protagonista jurídico do tempo presente. Na análise do autor, o século XIX, na aurora do momento pós-Revolução Francesa, embalado pela crença absoluta nos auspícios da razão humana e, por conseguinte, na emancipação política através da lei, foi o século do direito do Poder Legislativo. O século XX – a era dos extremos, nas palavras de Hobsbawm – destacou-se pela atuação concreta do poder estatal na vida dos indivíduos, tanto no cenário internacional, como nas grandes guerras que marcaram seu primeiro meado, quanto no nacional, pelo paulatino abandono de uma visão liberal para uma visão mais intervencionista, uma visão de governo no sentido mais amplo da palavra, seja, dentre outros, pela ascendência da doutrina do *welfare*, o pensamento nazifascista, e até mesmo o neoliberalismo que protagonizou o desfecho do período. Foi, assim, juridicamente, o século do Poder Executivo. O século XXI, seria, por sua vez, o século do Poder Judiciário.[8]

Essa análise não é rara. Assoberbam-se as apreciações de que, atualmente, o juiz possui crescente protagonismo, e de que, em decorrência

---

[8] DALLARI, Dalmo de Abreu. "A hora do Judiciário". *Revista da Escola Nacional da Magistratura*, vol. 1, n. 1, pp. 10-16, 2006, p. 10. A citação é datada de mais de uma década. No entanto, por se tratar de separação de séculos, ainda se aplica.

das próprias condições do tempo presente, "o Judiciário vem se tornando o último reduto político-moral da sociedade, nos temas que naturalmente suscitem os chamados desacordos morais razoáveis (*reasonable disagreements*)".[9] Por condições histórico-sociais doravante verticalizadas, é possível observar que as cortes são a nova arena política da contemporaneidade,[10] "quase todas as questões de relevância política, social ou moral foram discutidas ou já estão postas em sede judicial".[11] Assim, assuntos que antes eram estranhos a esse Poder vêm cada vez mais sendo discutidos nos autos e sua resposta se dá senão por julgamento: judicialização das políticas públicas,[12] e da política como um todo,[13] controle judicial do ato político[14], da discricionariedade administrativa,[15]

---

[9] GUERRA, Gustavo Rabay. *O papel político do Judiciário em uma democracia qualificada*: a outra face da judicialização da política e das relações sociais. vol. 4, 2008. Disponível em http://revistaeletronicardfd.unibrasil.com.br/index.php/rdfd/article/view/136/132. Acesso em 19.09.2014

[10] ZAFFARONI, Eugenio Raúl. "Dimensión Política de un Poder Judicial Democrático". *Cuadernos de Derecho Penal*, pp. 15-53, 1992. Disponível em http://new.pensamientopenal.com.ar/sites/default/files/2013/09/51zaffaroni.pdf. Acesso em 19.09.2014, p. 18.

[11] BARROSO, Luís Roberto. "Constituição, democracia e supremacia judicial: direito e política no Brasil contemporâneo". *In:* FELLET, André Luiz Fernandes; PAULA, Daniel Giotti de; NOVELINO, Marcelo (coord.). *As novas faces do ativismo judicial*. Salvador: Jus Podivm, 2013, p. 231.

[12] MONTEMEZZO, Francielle Pasternak. *Jurisdição constitucional e os direitos fundamentais sociais*: a atuação do Poder Judiciário no controle de políticas públicas. Dissertação (mestrado) – Setor de Ciências Jurídicas, Programa de Pós-Graduação em Direito da Universidade Federal do Paraná, 2014. ARENHART, Sérgio Cruz. "As ações coletivas e o controle das políticas públicas pelo Poder Judiciário". *In:* MAZZEI, Rodrigo; NOLASCO, Rita Dias (coord.). *Processo Civil coletivo*. São Paulo: Quartier Latin, 2005, p. 505.

[13] BARBOZA, Estefânia Maria de Queiroz. "Judicialização da política: um fenômeno jurídico ou político?". *A&C – Revista de Direito Administrativo & Constitucional*, Belo Horizonte, ano 10, n. 39, pp. 113-126, jan./mar. 2010, p. 125.

[14] LIMA, Juliana Chevônica Alves de. *O controle dos atos políticos pelo Poder Judiciário*: da imunidade do poder político à sindicabilidade judicial. Dissertação (Mestrado) – Setor de Ciências Jurídicas, Programa de Pós-Graduação em Direito da Universidade Federal do Paraná, 2014.

[15] DI PIETRO, Maria Sylvia Zanella. *Discricionariedade administrativa na Constituição de 1988*. São Paulo: Atlas, 2001, p. 130. BANDEIRA DE MELLO, Celso Antônio. "Discricionariedade administrativa e controle judicial". *In: Grandes Temas de Direito Administrativo*. São Paulo: Malheiros, 2009, p. 46.

INTRODUÇÃO

e do interesse público,[16] mandado de injunção,[17] inclusive no tocante aos direitos fundamentais,[18] revisão da legalidade dos julgamentos de Tribunais de Contas,[19] controle de constitucionalidade concreto, abstrato, difuso e concentrado das leis,[20] garantias de direitos não positivados explicitamente no texto, como a união civil entre pessoas do mesmo sexo etc. Igualmente, de modo geral, os conflitos sociais de uma sociedade profundamente marcada pela desigualdade, mas que é regida por uma Constituição generosa em garantir direitos, levaram as próprias desigualdades e opressões, sistêmicas e estruturais do Brasil para os Tribunais.[21]

O Judiciário, sucintamente, está sob os holofotes de um direito (neo)constitucionalizado,[22] ganhando um protagonismo inédito na efetivação do projeto constitucional. Assim, a sistemática atual parece conferir ao magistrado o dever de "proteger valores constitucionais",[23] tornando-o um agente político institucional de importância ímpar na efetivação do Estado Constitucional delineado na Lei Maior de 1988.[24]

---

[16] Nesse sentido, elaborei trabalho monográfico a respeito: REZENDE, Maurício Corrêa de Moura. *O controle judicial do interesse público.* Monografia (graduação). Setor de Ciências Jurídicas, Faculdade de Direito da Universidade Federal do Paraná: Curitiba, 2011.

[17] VALIM, Rafael Ramires Araújo. "El control de la administración pública en el Derecho brasileño". *Derecho Administrativo*, vol. 91, pp. 147-160, 2014.

[18] HACHEM, Daniel Wunder. *Mandado de injunção e direitos fundamentais:* uma construção à luz da transição do Estado Legislativo ao Estado Constitucional. Belo Horizonte: Fórum, 2012.

[19] ROCHA, Silvio Luís Ferreira da. "O Controle Jurisdicional das Decisões dos Tribunais de Contas". *Revista Faculdade de Direito PUCSP*, vol. 1, pp. 339-353, 2016, p. 349.

[20] ARANTES, Rogério Bastos; KERCHE, Fábio. "Judiciário e democracia no Brasil". *Novos Estudos – CEBRAP*, n. 58, pp. 27-41, jul. 1999, p. 32.

[21] SANTOS, Boaventura de Souza. "Introdução à sociologia da administração da justiça". *In:* FARIA, José Eduardo (coord.). *Direito e Justiça:* a função social do Judiciário. São Paulo: Ática, 1994, p. 43.

[22] BARROSO, Luis Roberto. *Curso de Direito Constitucional Contemporâneo:* os conceitos fundamentais e a construção de um novo modelo. São Paulo: Saraiva, 2009, pp. 351-355.

[23] MONTEMEZZO, Francielle Pasternak. *Jurisdição constitucional e os direitos fundamentais sociais:* a atuação do Poder Judiciário no controle de políticas públicas. Dissertação (mestrado) – Setor de Ciências Jurídicas, Programa de Pós-Graduação em Direito da Universidade Federal do Paraná, 2014, p. 224.

[24] MELEU, Marcelino da Silva. *O papel dos juízes frente aos desafios do Estado Democrático de Direito.* Belo Horizonte: Arraes, 2013, p. 113.

Como afirma Conrado Hübner Mendes, "a democracia brasileira depositou no Poder Judiciário parte das esperanças de transformação social trazidas pela Constituição de 1988".[25] Sob essa égide, o juiz torna-se, também, o "depositário de esperanças no sentido de uma sociedade mais justa, livre e solidária",[26] um operador político emancipador,[27] protagonista da aplicação de uma constituição dirigente e principiológica,[28] enfim, julgar o conflito entre os demais Poderes e resguardar "valores fundamentais e os procedimentos democráticos".[29]

O prognóstico, sem dúvida, é desafiador mas, na medida do possível, parece ressaltar uma perspectiva positiva desse novo papel do Judiciário. Hercúlea, remetendo-se à anedota dworkiniana, talvez seja ainda pouco para descrever a diligência que repousa sobre o magistrado brasileiro nesse panorama.

Contudo, ao passo que esse prognóstico é feito sobre um juiz abstrato, que adquire para si a dignidade de figurar entre o Panteão do Olimpo, a realidade é um pouco distinta.

Apenas para se ater a casos contemporâneos à escrita deste livro, cite-se que, recentemente, no Brasil, um magistrado foi parado em uma *blitz* sem estar de porte da carteira de habilitação, com o carro desemplacado e sem os documentos do veículo. O sujeito tentou eximir-se de suas obrigações para com a agente administrativa que, legalmente,

---

[25] "Magistocracia, a 'gran famiglia' judicial brasileira". *Revista Época*. Disponível em https://epoca.globo.com/politica/Conrado-Hubner/noticia/2018/04/magistocracia-gran-famiglia-judicial-brasileira.html. Acesso em 17.04.2018.

[26] ATAIDE Jr., Vicente de Paula. *O novo juiz e a Administração da Justiça:* repensando a seleção, a formação e a avaliação dos magistrados no Brasil. Curitiba: Juruá, 2009, p. 67.

[27] FARIA, José Eduardo. "Apresentação". *In:* FARIA, José Eduardo (coord.). *Direito e justiça:* a função social do Judiciário. São Paulo: Ática, 1989, p. 12.

[28] LEARDINI, Marcia. "A importância da formação do magistrado para o exercício de sua função política". *In:* ALMEIDA, José Maurício Pinto de; LEARDINI, Márcia (coord.). *Recrutamento e formação de magistrados no Brasil.* Curitiba: Juruá, 2010, pp. 111-135, p. 121.

[29] BARROSO, Luis Roberto. "Neoconstitucionalismo e constitucionalização do Direito (o triunfo tardio do direito constitucional no Brasil)". *Revista da Escola Nacional da Magistratura*, vol. 1, n. 2, pp. 26-72, 2006, p. 71.

INTRODUÇÃO

possuía do dever-poder de registrar o auto de infração valendo-se da sua condição de magistrado para tanto. Em resposta, a agente pública asseverou que o sujeito "era juiz mas não era Deus", aplicando a lei para o magistrado com o mesmo rigor que aplicaria para qualquer outro cidadão. Ao ouvir a constatação, o magistrado deu voz de prisão à agente por crime de desacato à autoridade, mas a agente o ignorou e continuou a desempenhar as suas funções. Irresignado, o juiz prestou queixa na delegacia e, após, processou a agente por danos morais. A pretensão foi julgada procedente e ela foi condenada a pagar a quantia de R$ 5.000,00 ao magistrado.[30] A servidora apelou, e o Tribunal, em Agravo Inominado do Apelo ao qual se tinha negado seguimento monocraticamente, manteve a condenação, observando que haveria dano moral *in re ipsa* por ela questionar que o juiz desconhecia a Lei e que "o magistrado ostenta tal condição em todos os momentos da sua vida", e, assim sendo, o mero questionamento seria um dano moral.[31]

---

[30] "Por dizer que 'juiz não é Deus', agente de transito indenizará magistrado do RJ". *Notícias JusBrasil*. Disponível em http://flaviotartuce.jusbrasil.com.br/noticias/148854920/por-dizer-que-juiz-nao-e-deus-agente-de-transito-indenizara-magistrado-do-rj?utm_campaign=newsletter-daily_20141103_280&utm_medium=email&utm_source=newsletter. Acesso em 3.11.2014.

[31] O acórdão restou assim ementado: AGRAVO INOMINADO NA APELAÇÃO CÍVEL. OPERAÇÃO "LEI SECA". OFENSA PERPETRADA CONTRA MAGISTRADO. DANO MORAL *IN RE IPSA*. 1. A decisão monocrática recorrida foi efetivada dentro dos poderes que a lei processual prevê ao Relator, posto que pautada na orientação jurisprudencial colacionada em sua fundamentação. Precedentes do STJ. 2. Inocorrência de ofensa à garantia do contraditório. Na audiência de instrução e julgamento, as partes acolheram integralmente os depoimentos realizados em sede administrativa, requerendo apenas a apresentação de alegações finais por memoriais. Questão alcançada pela preclusão lógica, que veda comportamento incompatível com ato já praticado pela parte. 3. Tratamento irônico, descortês e desrespeitoso dispensado a magistrado por agente de trânsito em serviço em Operação "Lei Seca", em razão do cargo público ocupado por aquele. 4. Ao desdenhar do conhecimento jurídico do réu, afirmando "você é juiz e desconhece a lei?", a autora zombou dolosamente da condição do autor, menosprezando seu saber jurídico e a função por ele exercida na sociedade, se distanciando da seriedade e urbanidade que se exige de um servidor público no exercício de suas funções. 5. Mesmo não estando no exercício da jurisdição da qual é investido, o magistrado ostenta tal condição em todos os momentos da sua vida, mormente quanto ao dever de manter conduta irrepreensível na vida pública e particular, na forma do artigo 35, VIII da Lei Complementar n. 35/1979 (Lei Orgânica da

Em um acontecimento apartado por poucos dias, um outro magistrado maranhense que ia de seu Estado para São Paulo atrasou-se para o voo, perdendo o embarque na aeronave e sendo informado a respeito de sua intempestividade pelos funcionários da empresa aérea, que não trabalha com prazos impróprios. Irresignado com a situação, o juiz deu voz de prisão a três funcionários que avisaram que ele não mais poderia embarcar porque o avião estava em procedimento de decolagem.[32]

As atitudes, contudo, não se cingem ao âmbito fora do exercício da jurisdição. Um magistrado do Estado de Goiânia absolveu um acusado de estuprar uma mulher negra analfabeta sob o fundamento de que "a vítima é analfabeta e se mostrou simplória nos contatos com este Juízo... custa crer que o acusado, um rapaz ainda jovem e casado, tenha querido manter relações sexuais com a vítima, uma mulher de cor e sem qualquer atrativo sexual para um homem. Ante o exposto, absolvo o acusado C. A. da imputação feita na denúncia".[33]

Magistratura Nacional). Ao se exigir do juiz conduta exemplar durante o expediente forense, e fora dele, a norma em comento estabelece que, ao se despir da toga, o magistrado não se desvencilha da relevância da sua função na sociedade, mantidos deveres e prerrogativas, mesmo que em horário de descanso. 6. Irresignação da autora à determinação de que fosse conduzida à Delegacia de Polícia para que fosse lavrado Termo Circunstanciado referente ao desacato por ela perpetrado, que culminou com a exclamação que a vítima era "só um juiz, não Deus". 7. A demandante se excedeu no desempenho das suas funções, caracterizando abuso de autoridade. 8. O fato ilícito ensejador do dever de indenizar por parte da autora não reclama prova efetiva do dano, pois decorre do próprio fato ofensivo, ocorrendo *in re ipsa*. 9. Compensação extrapatrimonial fixada em patamar razoável e proporcional à ofensa, devendo ser mantida. 10. Recurso não provido. RIO DE JANEIRO. Tribunal de Justiça. Acórdão no Agravo Interno na Apelação Cível n. 0176073-33.2011.8.19.0001. Relator: Desembargador José Carlos Paes. Unânime. DJe: 14.12.2014.

[32] MADEIRO, Carlos. "Juiz perde voo e dá voz de prisão a funcionários da TAM no Maranhão". *UOL Notícias*, Cotidiano. Disponível em http://noticias.uol.com.br/cotidiano/ultimas-noticias/2014/12/08/juiz-perde-voo-e-da-voz-de-prisao-a-funcionarios-da-tam-no-maranhao.htm. Acesso em 8.12.2014.

[33] *apud* LEARDINI, Marcia. "A importância da formação do magistrado para o exercício de sua função política". *In*: ALMEIDA, José Maurício Pinto de; LEARDINI, Márcia (coord.). *Recrutamento e formação de magistrados no Brasil*. Curitiba: Juruá, 2010, pp. 111-135, p. 131.

INTRODUÇÃO

Em um exemplo resgatado por Dalmo Dallari, no ano de 2004 um desembargador integrante do Tribunal de Justiça de São Paulo concedeu *habeas corpus* a um político e rico empresário, notório infrator das leis, para livrar essa personagem, denunciado por mais uma ilegalidade, de ir a uma repartição policial prestar depoimento. Como único fundamento da concessão, escreveu o desembargador que se tratava de "uma pessoa da sociedade, que não poderia ser tratada como criminoso".[34] Apenas para citar um último episódio icônico, do ano de 2007, um magistrado do Estado de São Paulo arquivou o chamado "caso Richarlyson", no qual um jogador de futebol acusava um dirigente de outro time de tê-lo injuriado sob a pecha de homossexual. No caso, o juiz decidiu, dizendo que "futebol é jogo viril, varonil, não homossexual", "cada macaco no seu galho" e "é assim que eu penso... e porque penso assim, na condição de Magistrado, digo! Rejeito a presente Queixa-Crime".[35]

---

[34] DALLARI, Dalmo de Abreu. "A hora do Judiciário". *Revista da Escola Nacional da Magistratura*, vol. 1, n. 1, pp. 10-16, 2006, p. 16.

[35] *Processo n. 936-07*. Conclusão A presente Queixa-Crime não reúne condições de prosseguir. Vou evitar um exame perfunctório, mesmo porque, é vedado constitucionalmente, na esteira do artigo 93, inciso IX, da Carta Magna. 1. Não vejo nenhum ataque do querelado ao querelante. 2. Em nenhum momento o querelado apontou o querelante como homossexual. 3. Se o tivesse rotulado de homossexual, o querelante poderia optar pelos seguintes caminhos: 3. A – Não sendo homossexual, a imputação não o atingiria e bastaria que, também ele, o querelante, comparecesse no mesmo programa televisivo e declarasse ser heterossexual e ponto final; 3. B – se fosse homossexual, poderia admiti-lo, ou até omitir, ou silenciar a respeito. Nesta hipótese, porém, melhor seria que abandonasse os gramados... Quem é, ou foi BOLEIRO, sabe muito bem que estas infelizes colocações exigem réplica imediata, instantânea, mas diretamente entre o ofensor e o ofendido, num "TÈTE-À TÈTE". 4. O querelante trouxe, em arrimo documental, suposta manifestação do "GRUPO GAY", da Bahia (folha 10) em conforto à posição do jogador. E também suposto pronunciamento publicado na Folha de São Paulo, de autoria do colunista Juca Kfouri (folha 7), batendo-se pela abertura, nas canchas, de atletas com opção sexual não de todo aceita. 5. Já que foi colocado, como lastro, este Juízo responde: futebol é jogo viril, varonil, não homossexual. Há hinos que consagram esta condição: "OLHOS ONDE SURGE O AMANHÃ, RADIOSO DE LUZ, VARONIL, SEGUE SUA SENDA DE VITÓRIAS...". 6. Esta situação, incomum, do mundo moderno, precisa ser rebatida... 7. Quem se recorda da "COPA DO MUNDO DE 1970", quem viu o escrete de ouro jogando (FÉLIX, CARLOS ALBERTO, BRITO, EVERALDO E PIAZA; CLODOALDO E GÉRSON; JAIRZINHO, PELÉ, TOSTÃO E RIVELINO), jamais conceberia um ídolo seu homossexual. 8. Quem presenciou grandes orquestras

Donde é lícito questionar: são *esses* os "depositários de esperanças no sentido de uma sociedade mais livre, justa e solidária"?

Esse tipo de decisão, é claro, em geral estampa as manchetes de jornais justamente porque não são o habitual, são exceções e por isso mesmo saltam aos olhos. A realidade cotidiana, contudo, também está afastada da projeção grego-mitológica do juiz como grande agente político concretizador das diretrizes constitucionais.

Segundo o Conselho Nacional de Justiça a média, por juiz, no Brasil, é de 5,6 mil processos por julgar,[36] chegando a cerca de 310 mil

---

futebolísticas formadas: SEJAS, CLODOALDO, PELÉ E EDU, no Peixe; MANGA, FIGUEROA, FALCÃO E CAÇAPAVA, no Colorado; CARLOS, OSCAR, VANDERLEI, MARCO AURÉLIO E DICÁ, na Macaca, dentre inúmeros craques, não poderia sonhar em vivenciar um homossexual jogando futebol. 9. Não que um homossexual não possa jogar bola. Pois que jogue, querendo. Mas, forme o seu time e inicie uma Federação. Agende jogos com quem prefira pelejar contra si. 10. O que não se pode entender é que a Associação de Gays da Bahia e alguns colunistas (se é que realmente se pronunciaram neste sentido) teimem em projetar para os gramados, atletas homossexuais. 11. Ora, bolas, se a moda pega, logo teremos o "SISTEMA DE COTAS", forçando o acesso de tantos por agremiação... 12. E não se diga que essa abertura será de idêntica proporção ao que se deu quando os negros passaram a compor as equipes. Nada menos exato. Também o negro, se homossexual, deve evitar fazer parte de equipes futebolísticas de héteros. 13. Mas o negro desvelou-se (e em várias atividades) importantíssimo para a história do Brasil: o mais completo atacante, jamais visto, chama-se EDSON ARANTES DO NASCIMENTO e é negro. 14. O que não se mostra razoável é a aceitação de homossexuais no futebol brasileiro, porque prejudicariam a uniformidade de pensamento da equipe, o entrosamento, o equilíbrio, o ideal... 15. Para não falar do desconforto do torcedor, que pretende ir ao estádio, por vezes com seu filho, avistar o time do coração se projetando na competição, ao invés de perder-se em análises do comportamento deste, ou daquele atleta, com evidente problema de personalidade, ou existencial; desconforto também dos colegas de equipe, do treinador, da comissão técnica e da direção do clube. 16. Precisa, a propósito, estrofe popular, que consagra: "CADA UM NA SUA ÁREA, CADA MACACO EM SEU GALHO, CADA GALO EM SEU TERREIRO, CADA REI EM SEU BARALHO". 17. É assim que eu penso... e porque penso assim, na condição de Magistrado, digo! 18. Rejeito a presente Queixa-Crime. Arquivem-se os autos. Na hipótese de eventual recurso em sentido estrito, dê-se ciência ao Ministério Público e intime-se o querelado, para contrarrazões. *Processo n. 936/07*, 9ª Vara Criminal de São Paulo, j. Manoel Maximiano Junqueira Filho, 05.06.2007

[36] BRASIL, Conselho Nacional de Justiça. *Justiça em Números*. Brasília: CNJ, 2014, p. 55.

INTRODUÇÃO

processos por juiz em uma Vara estadual de São Paulo.[37] Noutra pesquisa do mesmo Conselho, a maioria dos magistrados de todas as instâncias atestou que discorda total ou ao menos parcialmente da afirmação de que "o volume de trabalho atribuído a mim permite que as minhas tarefas sejam concluídas na jornada regular de trabalho".[38] Outrossim, a realidade habitual, de maneira pública e escancarada, é de magistrados que se perdem entre as pilhas intermináveis de processos repetitivos e burocráticos, com autos transbordando as estantes dos cartórios, prazos vencidos há anos, repassando o trabalho decisório a assessores e estagiários, enfim, engolfados por suas tarefas, e incapacitados de se debruçarem detalhadamente sobre um caso concreto. Sua imagem padrão é a de "lento, formalista, elitista e distante da realidade social".[39] Quem dirá, então, ser o agente concretizador dos objetivos fundamentais da República.

Esse, talvez, seja o grande paradoxo da contemporaneidade no Poder Judiciário. O feixe de trevas na profunda disparidade entre o magistrado do neoconstitucionalismo e o magistrado dos gabinetes. Como é possível que um agente no qual se depositam as expectativas de concretização do texto constitucional no caso concreto proferir decisões tão flagrantemente contra a reserva de justiça constitucional? Adianta teorizar a respeito do papel do Judiciário como concretizador de direitos fundamentais num paradigma pós-positivista se a realidade da Justiça é a de dar vazão a milhares de processos repetitivos e estandardizados? É possível e lícito esperar de pessoas assoberbadas de trabalho, premidas por metas produtivistas e sem condições estruturais,[40] que desempenhem o trabalho hercúleo que se lhes atribuiu a moderna

---

[37] BRIGIDO, Carolina. "Juiz no Brasil acumula até 310 mil processos". *O Globo*. Disponível em http://oglobo.globo.com/brasil/juiz-no-brasil-acumula-ate-310-mil-processos-12246184. Acesso em 24.10.2014.

[38] BRASIL, Conselho Nacional de Justiça. *Censo do Poder Judiciário*. Brasília: CNJ, 2014. Disponível em http://www.cnj.jus.br/images/dpj/CensoJudiciario.final.pdf, p. 79.

[39] DALLARI, Dalmo de Abreu. *O poder dos juízes*. 3ª ed. São Paulo: Saraiva, 2010, pp. 81/82.

[40] BRASIL, Conselho Nacional de Justiça. *Censo do Poder Judiciário*. Brasília: CNJ, 2014. Disponível em http://www.cnj.jus.br/images/dpj/CensoJudiciario.final.pdf, p. 69.

literatura constitucionalista, para que efetivem o papel que o Judiciário possui segundo a Constituição de 1988? Essa preocupação, que, afinal, é a preocupação do jurisdicionado: há condições de o Judiciário garantir a reserva de justiça da Constituição, isto é, os direitos do cidadão? Agora é "a hora do Judiciário", mas ele está preparado para o seu grande momento? O magistrado é um ator capaz de desempenhar o seu papel, ou está sob o holofote e visado pela plateia enquanto discursa um texto improvisado?

Se as respostas forem negativas e pessimistas, também talvez seja mais simples atribuir esses fatos a este ou àquele magistrado, a uma certa indolência desse Poder, a uma imutabilidade da vida, onde outro mundo não é possível, como o anjo de Klee que observa horrorizado a pilha de desastres do passado se amontoar cada vez mais, e, compenetrado em seu próprio horror, é alçado violentamente para um futuro incerto. Geralmente o caminho que se aponta para lidar com este problema reside em meramente assinalar defeitos pessoais dos juízes (como a sua personalidade, o seu caráter, sua insegurança, seu solipsismo etc.), como se eles fossem pessoas (ou cidadãos) diferentes de condutores de trens, operários de fabricas ou professores,[41] isto é, como se o Judiciário não fosse, também, um reflexo da sociedade e que a sua estruturação fosse contingente. Busca-se, em certa medida, apontar o problema sensível, o feixe de luz: a culpa é das estrelas, ou, dos juízes. Assim, consolida-se um descontentamento de certa forma platônico, uma vez que o magistrado real é por demais uma sombra distorcida e distante do magistrado ideal sobre o qual discursam idealisticamente os livros de hermenêutica e do neoconstitucionalismo. E, como a culpa dessa situação seria decorrência dos defeitos dos próprios magistrados, também não se dignam grandes reflexões a respeito de outros fatores que poderiam estar gerando essa disparidade irresignante. Igualmente, se o problema, no caso, seria pessoal dos magistrados, a solução seria voluntarista, isto é, dependeria da boa vontade deles em ser diferente do que são hoje. Afasta-se, assim, a visão do problema da magistratura como algo social

---

[41] ZAFFARONI, Eugenio Raúl. *Estructuras judiciales*. Buenos Aires: Ediar, 1994. Disponível em http://www.pensamientopenal.com.ar/articulos/estructuras-judiciales. Acesso em 24.10.2014, p. 2.

INTRODUÇÃO

e estrutural, um problema da sociedade, do Judiciário, e não apenas dos juízes. É a visão focada no brilho do que se apresenta, do sensível, das estrelas, sem buscar compreender razões que existem, mas não se apresentam de imediato.

É tempo, contudo, de ser contemporâneo, de olhar para além do brilho das estrelas e focar no vazio, no brilho que não consegue se expor, para apreender aquilo que não se evidencia *de per si*, entendendo que a realidade não é meramente um dado, mas um construído.

A Constituição Federal é generosa em garantir uma série de direitos e de atribuir também ao Judiciário o papel de efetivá-los, e é tarefa dos juristas (dos juristas radicalmente contemporâneos) pensar nos mecanismos institucionais para garantir o bom cumprimento dessa tarefa. Para além de lucubrar a respeito do Poder Judiciário na efetividade da Constituição, é preciso pensar mecanismos institucionais que o façam atuar para cumprir esse papel a contento. Isso porque, estruturalmente, ao se pensar a configuração de um agente que desempenha determinado papel social "não importam as idiossincrasias individuais, mas apenas os mecanismos sociais que produzem o 'tipo médio', portador das habilidades sociais necessárias para realização da ação que lhe e exigida. Assim como qualquer outro 'papel social', a função do juiz também é socialmente produzida".[42] Se há juízes que resolvem os dissabores de sua vida dando voz de prisão ao primeiro desgraçado que estiver em sua frente, é porque a estrutura institucional o leva a crer que isso é possível e porque a Instituição entendeu que ele era uma pessoa competente para ser magistrado. Se o "tipo-médio" de juiz é um burocrata conservador afogado em pilhas de processos, insatisfeito com a estrutura e incapaz de dar conta do volume de processos em sua jornada de trabalho, isso também possui a sua razão própria. Assim, mais do que alinhavar severas críticas às pessoas dos

---

[42] PERISSINOTTO, Renato Monseff; ROSA, Paulo Vinícios Accioly Calderari da; PALADINO, Andrea. "Por uma sociologia dos juízes: comentários sobre a bibliografia e sugestões de pesquisa". *In:* ALMEIDA, José Maurício Pinto de; LEARDINI, Márcia (coord.). *Recrutamento e formação de magistrados no Brasil.* Curitiba: Juruá, 2010, pp. 163-184, p. 164. Relevante destacar que a todo cidadão é permitido dar voz de prisão em flagrante. No entanto, os casos escatológicos que se têm conhecimento não são praticados por médicos, engenheiros ou professores, mas, justamente, juízes.

magistrados, ou atribuir a falência desse Poder a leis processuais obsoletas, enquanto cada vez mais se lhe atribuem tarefas emancipatórias, é preciso repensar os mecanismos institucionais do Poder Judiciário: é urgente um debate sério sobre a Administração da Justiça.[43]

Alegoricamente, discutir meramente o papel do Judiciário sem se importar com os mecanismos institucionais desse Poder, isto é, com a Administração da Justiça, é como traçar detalhada e milimetricamente o trajeto de uma longa viagem a um destino feliz, sem, contudo, se preocupar se o veículo é capaz de andar pelo trajeto, se seus pneus estão em boas condições, se possui combustível o suficiente, se será capaz de desviar dos obstáculos ou reagir a eventuais intempéries a contento. De nada adianta estudar e pesquisar tudo sobre o destino – os direitos fundamentais que devem ser efetivados, a judiciabilidade de políticas públicas etc. – se o veículo jamais poderá chegar no destino. Um veículo insuficiente faz parecer o destino inalcançável, uma utopia.

É necessário um Judiciário que dê conta, estruturalmente, de cumprir seu papel constitucional.

O penalista e ex-Ministro da suprema corte argentina, Eugenio Raúl Zaffaroni pontua que uma Constituição pode, eventualmente, não dispor de uma "parte dogmática", isto é, de encartar direitos materiais de maneira analítica – ou, noutros termos, de ter uma "reserva de justiça" – mas jamais poderá existir uma Constituição que não pense a parte institucional, pois isso diz respeito à essência dessa Carta Política, que, afinal, constitui determinado Estado. Essa parte corresponde a um "maquinário constitucional", que é essencial para concretizar a reserva de justiça. No entanto, ela acaba sendo muitas vezes negligenciada como um tema burocrático de menor importância. Assim, *"hemos elaborado complejas teorías, frecuentemente de alto nivel, sobre los conflictos que comprometen derechos y sobre sus soluciones y medios de preservarlos, pero existe una notoria disparidad entre este nivel teórico y el que se ocupa de las instituciones destinadas*

---

[43] ZAFFARONI, Eugenio Raúl. *Estructuras judiciales*. Buenos Aires: Ediar, 1994. Disponível em http://www.pensamientopenal.com.ar/articulos/estructuras-judiciales. Acesso em 24.10.2014, p. 2.

INTRODUÇÃO

a efectivizar esas soluciones".[44] Não faltam teorias a respeito da constitucionalização dos direitos, da dimensão de cada um dos direitos fundamentais encartados na Constituição, debates da mais elevada qualidade a respeito dos direitos substanciais e processuais – no entanto, pouco se pensa institucionalmente a respeito de quem irá aplicá-los, como se isso fosse algo desimportante, desinteressante, ou irrelevante para o resultado final do direito substantivo. Por conseguinte, a despeito de grande parte dos profissionais da área jurídica ter contato profissional e teórico com o Poder Judiciário, e embora a Administração da Justiça já tenha sido preocupação da Teoria do Estado e do Direito Constitucional, atualmente o estudo do tema é relegado, quando muito, mormente aos próprios magistrados.[45]

A Administração da Justiça,[46] isto é, a forma pela qual se racionalizam e estruturam os mecanismos institucionais que organizam o funcionamento do Poder Judiciário, assim, é o ponto nodal para que seja possível efetivar todo aquele sem-fim de direitos e expectativas que repousam sobre o Poder Judiciário, o qual, no entanto, na América

---

[44] ZAFFARONI, Eugenio Raúl. *Estructuras judiciales*. Buenos Aires: Ediar, 1994. Disponível em http://www.pensamientopenal.com.ar/articulos/estructuras-judiciales. Acesso em 24.10.2014, p. 12.

[45] BERGALLI, Roberto. "Selección de jueces y autogobierno de la administración de justicia". *Sociology of penal control within the framework of the sociology of law*. [S.l: s.n.], 1991, pp. 127-160, p. 127.

[46] Adilson Abreu Dallari, um dos poucos autores que busca a definição de Administração da Justiça, conceitua-a como "toda atividade instrumental necessária à prestação jurisdicional, abrangendo desde a aquisição manutenção, acompanhamento e controle dos bens materiais e dos serviços burocráticos correlatos até a própria tramitação física de papéis, publicações, certidões, intimações e autos de processos, excluídas, é evidente, as questões regidas ou disciplinadas pela legislação específica". DALLARI, Adilson Abreu. "Controle compartilhado da Administração da Justiça". *Revista da Ordem dos Advogados do Brasil*, vol. 78, pp. 13-35, jun. 2004, p. 25. Cumpre, no entanto, observar que o autor apresenta uma noção parcial de Administração da Justiça como Administração do Judiciário, isto é, apenas o aspecto burocrático relacionado à fisiologia desse Poder. Assim, mais adequada a utilização do termo de maneira mais abrangente, que compreenda a Administração da Justiça para além de seus expedientes meramente burocráticos, tais como o recrutamento de novos membros, seu controle externo, sua ética etc. BOTTINI, Pierpaolo Cruz. "A Reforma do Judiciário: aspectos relevantes". *Revista da Escola Nacional da Magistratura*, vol. 2, n. 3, pp. 89-99, 2007, p. 100.

Latina de modo geral, está amplamente debilitado, sem que haja muitas preocupações a respeito de sua otimização[47] — há quase uma apatia ou resignação nesse sentido. Se é possível afirmar, em mais uma alegoria, que o Poder Judiciário está "doente", incapacitado de realizar o trabalho que só ele pode cumprir, observa-se que, ao seu redor, aninham-se diversas pessoas — algumas positivamente lembrando-o do quão importante e grandiosa é a tarefa que ele tem a cumprir e como acreditam que ele será capaz de dar conta dela, outras esbravejam, preocupadas, contra os sintomas, sensíveis (a febre, a tosse, a vermelhidão, a rouquidão), sugerindo uma série de remédios caseiros e intuitivos; poucos, contudo pretendem chamar um médico e desvendar a causa da doença encerrada no enfermo, isto é, analisar de modo rigoroso e para além do aparente qual é o problema e sua solução.

Zaffaroni, dirigindo-se à realidade brasileira, observa, inclusive, que "os próprios movimentos populares progressistas de nossa região incorreram no erro de procurar alcançar o poder exclusivamente para exercê-lo, desperdiçando a oportunidade de racionalizá-lo".[48] O desinteresse pelo tema é estrutural e difuso pelos diversos segmentos sociais, tanto progressistas quanto conservadores. Ambas esquerda e direita não têm a preocupação recorrente de analisar as questões atinentes ao Poder Judiciário, sobretudo quanto à Administração da Justiça.[49] A esquerda, porque às vezes simplesmente o conforma à superestrutura ideológica (conformada, portanto, aos modos de produção), como se o Judiciário fosse simplesmente apenas mais um dos órgãos voltados a administrar a exploração estrutural da sociedade e a aplicação mecânica dos valores e interesses da classe dominante; e a direita porque olha com desconfiança qualquer tentativa de limitação ou modificação do poder já estabelecido (*establishment*).[50]

---

[47] BERGALLI, Roberto. "La quiebra de los mitos. Independencia judicial y selección de los jueces". *Nueva Sociedad*, n. 112, pp. 152-165, abr. 1991, p. 152.

[48] ZAFFARONI, Eugenio Raúl. "Prefácio à edição brasileira". *Poder Judiciário:* crises, acertos e desacertos. São Paulo: Revista dos Tribunais, 1995.

[49] ZAFFARONI, Eugenio Raúl. *Estructuras judiciales*. Buenos Aires: Ediar, 1994. Disponível em http://www.pensamientopenal.com.ar/articulos/estructuras-judiciales. Acesso em 24.10.2014, p. 10.

[50] ZAFFARONI, Eugenio Raúl. "Dimensión Política de un Poder Judicial Democrático". *Cuadernos de Derecho Penal*, pp. 15-53, 1992. Disponível em http://

INTRODUÇÃO

Por consequência, a Administração da Justiça acaba muitas vezes sendo desempenhada de foram ritualística, por inércia, de maneira mecânica que reproduz sempre as mesmas estruturas sobre as quais não se repousa nenhuma crítica, como se fossem imutáveis.[51] Donde o tema da Administração da Justiça, o que realmente vai influenciar na aplicação do Direito, não tem sido estudado por boa parte dos juristas, que, ou por acreditar/desacreditar totalmente na idoneidade do Judiciário, ou por não vislumbrar nela o *locus* do problema, buscam mais o estudo interno dos ordenamentos jurídicos, como se eles se realizassem através de forças metafísicas que emanam dos textos jurídicos, deixando de se debruçar sobre questões estruturais das instâncias de aplicação.[52] Aqueles que mais têm tido sucesso em concretizar um Direito emancipador não são, curiosamente, os que refletem a respeito dele, mas os juristas que têm compreendido as dificuldades estruturais em fazer com que os direitos textualmente garantidos sejam aplicados de maneira efetiva e racionalizada.[53] De modo que, a despeito das mais elevadas teorias jurídicas acerca dos direitos, a Administração da Justiça segue regrada de modo estanque, ritualístico, isenta de críticas paradigmáticas, sem nenhuma reforma radical há muito tempo, impedindo que esses avanços emancipadores se concretizem (basta comparar o rol de direitos fundamentais, a dignidade da pessoa humana, sobre a qual muito se reflete, e a realidade de qualquer presídio brasileiro).[54] É, portanto, capcioso: muito se elabora a respeito dos direitos, dos objetivos e potencialidades do Judiciário, ao mesmo em que a estrutura desse Poder – que irá formar os aplicadores

---

new.pensamientopenal.com.ar/sites/default/files/2013/09/51zaffaroni.pdf. Acesso em 19.09.2014, p. 17.

[51] ZABALA, Ana Maria Messuti de. "La administración de justicia en el tercer milenio". *Revista Brasileira de Ciências Criminais*, vol. 11, n. 42, pp. 11-18, mar. 2003, p. 13.

[52] BERGALLI, Roberto. "La quiebra de los mitos. Independencia judicial y selección de los jueces". *Nueva Sociedad*, n. 112, pp. 152-165, abr. 1991, p. 156.

[53] BERGALLI, Roberto. "La quiebra de los mitos. Independencia judicial y selección de los jueces". *Nueva Sociedad*, n. 112, pp. 152-165, abr. 1991, p. 156.

[54] ZABALA, Ana Maria Messuti de. "La administración de justicia en el tercer milenio". *Revista Brasileira de Ciências Criminais*, vol. 11, n. 42, pp. 11-18, mar. 2003, p. 17.

das teorias elaboradas – parece ficar reservada a uma questiúncula de interesse, quando muito, apenas dos próprios magistrados, como um terreno blindado da preocupação do restante da sociedade.

A resignação, assim, não é, eticamente, possível. Repensar o Poder Judiciário institucional e radicalmente, "depende, sim, do homem. Do homem juiz e do homem jurisdicionado".[55] Não se deve perder de vista que, "as tarefas impostas constitucionalmente devem ser cumpridas. A adequada compreensão dos fundamentos e dos objetivos do Estado brasileiro permite a realização máxima dos seus dispositivos",[56] inclusive no Poder Judiciário. Se, como supramencionado, o Poder Judiciário de fato é o depositário das esperanças de uma sociedade livre justa e solidária, o concretizador dos objetivos da República, o guardião da Constituição, é, por conseguinte, um Poder que inexoravelmente deve ser democrático – e, se não o é, precisa urgentemente se democratizar.

Unir a democratização premente do Judiciário com a sua própria estrutura, seus mecanismos institucionais, pode não parecer tão óbvio a princípio. Seria tão significante para o resultado final da jurisdição os mecanismos estruturais que dizem respeito da magistratura? A resposta para essa indagação, tão negligenciada atualmente, parece justamente ser o feixe de trevas do contemporâneo, a luz oculta que, para ser vista e para iluminar, necessita de esforço. Assim, como atenta Clèmerson Merlin Clève, "não basta o discurso-denúncia (...). Importa, para o jurista participante, sujar as mãos com a lama impregnante da prática jurídica, oferecendo, no campo da dogmática, novas soluções, novas fórmulas, novas interpretações, novas construções conceituais. Este é o grande desafio contemporâneo. Invadir um espaço tomado, muitas vezes, por foças conservadoras, lutando ombro a ombro, no território onde elas

---

[55] CLÈVE, Clèmerson Merlin. "Poder Judiciário: autonomia e justiça". *In:* CLÈVE, Clèmerson Merlin; BARROSO, Luís Roberto (coord.). *Doutrinas essenciais:* direito constitucional. São Paulo: Revista dos Tribunais, 2011, p. 669.

[56] SALGADO, Eneida Desiree. *Constituição e Democracia*: tijolo por tijolo em um desenho (quase) lógico. Vinte anos de construção do projeto democrático brasileiro. Belo Horizonte: Fórum, 2007, p. 259.

INTRODUÇÃO

imperam para, com reconstrução da dogmática, alijá-las de suas posições confortavelmente desfrutadas".[57]

Não se perde de vista, contudo, que é impossível uma democracia sem uma justiça democrática[58] e, se a democratização do Judiciário parece ainda ofuscada no horizonte, se sua luz ainda não é óbvia, sabe-se ao menos a direção na qual se deve caminhar.

---

[57] CLÈVE, Clèmerson Merlin. *Para uma dogmática constitucional emancipatória*. Belo Horizonte: Fórum, 2012, p. 36.
[58] ZAFFARONI, Eugenio Raúl. *Estructuras judiciales*. Buenos Aires: Ediar, 1994. Disponível em http://www.pensamientopenal.com.ar/articulos/estructuras-judiciales. Acesso em 24.10.2014, p. 15.

Capítulo 1
A DIMENSÃO POLÍTICA DA MAGISTRATURA

Bem administrar qualquer coisa que seja exige compreender o objeto que está sendo administrado. É necessário, através da boa administração, criar e proporcionar a estrutura necessária para que os juízes possam bem oferecer a jurisdição.[1] No caso, pretender uma democratização do Poder Judiciário é algo que não pode ser feito a esmo, por intuição. Assim, é necessária uma compreensão tanto de como opera o sistema de Justiça quanto o que é uma magistratura democrática. Isto é, também, analisar a dimensão política da magistratura, o exercício político de sua jurisdição. Em outras palavras, a ideia de democratizar o Judiciário não prescinde de uma noção política, isto é, de uma gestão do poder. Nesse sentido, afirmar que o Judiciário é um poder inserido nas relações da política, que é político, que o magistrado atua politicamente, que é um agente do Poder, que seu poder é representativo do povo etc. ainda é um tema que causa uma série de confusões, fruto de séculos de afirmação da neutralidade político-ideológica desse fiel servo

---

[1] FREITAS, Vladimir Passos de; PALMA, Luis María. "Administración de Cortes: opiniones de expertos". *Documentos de Trabajo – Universidad de Belgrano*, n. 307, mar. 2015, p. 7.

da Lei.[2] Ainda mais, analisar a interface política do juiz muitas vezes bordeja o próprio desacato,[3] em um processo profanatório de retirar o juiz de seu *locus* de sacralidade, de exercício técnico, intelectual, daquilo que é jurídico, trazendo-o para o mundano e corrompido mundo das relações políticas.

Não apenas, como se evidencia com facilidade, o magistrado fora de sua toga é político. O Poder Judiciário, em si, em sua lógica mais cotidiana de aplicação do direito ao caso concreto, sempre esteve imerso na política,[4] é formado por agentes institucionais de poder,[5] sendo a alegada dissociação em relação à esfera política talvez a maior pretensão político-ideológica que por sobre ele repousou. Ainda assim, em razão do sobredito movimento de constitucionalização do Direito, que se aprofundará doravante, o Judiciário igualmente nunca esteve tão profundamente imerso na teia de relações políticas da sociedade. Por conseguinte, o debate acerca da jurisdição não é periférico ao político – pelo contrário, é-lhe central, pelo que pensar uma magistratura democrática, ou pensar qualquer magistratura, não exime de analisa-la em sua dimensão política.

1.1 JURISDIÇÃO E PODER POLÍTICO

Jurisdição e Judiciário são conceitos que, hoje, detém praticamente uma indissociabilidade, decorrente do monismo jurídico e da própria

---

[2] ZAFFARONI, Eugenio Raúl. *Estructuras judiciales*. Buenos Aires: Ediar, 1994. Disponível em http://www.pensamientopenal.com.ar/articulos/estructuras-judiciales. Acesso em 24.10.2014, p. 84.

[3] ZAFFARONI, Eugenio Raúl. "Dimensión Política de un Poder Judicial Democrático". *Cuadernos de Derecho Penal*, pp. 15-53, 1992. Disponível em http://new.pensamientopenal.com.ar/sites/default/files/2013/09/51zaffaroni.pdf. Acesso em 19.09.2014, p. 17.

[4] ZAFFARONI, Eugenio Raúl. *Estructuras judiciales*. Buenos Aires: Ediar, 1994. Disponível em http://www.pensamientopenal.com.ar/articulos/estructuras-judiciales. Acesso em 24.10.2014, p. 6.

[5] GARGARELLA, Roberto. "Del reino de los jueces al reino de los políticos". *Jueces para la democracia*, n. 28, pp. 24-28, 1997, p. 27.

CAPÍTULO 1 - A DIMENSÃO POLÍTICA DA MAGISTRATURA

concepção de unidade e unicidade da soberania – da qual a jurisdição seria um exercício – pertinente à ideia de Estado. Se a Hobbes pode ser atribuída a alcunha do inaugurador, no campo das ideias, da modernidade política e pai da filosofia política,[6] é oportuno observar que já para esse pensador a superação metafórica e hipotética que se faz do estado de natureza para a sociedade civil envolve, por decorrência lógica (como são todas as ilações hobbesianas jusracionalistas, aliás) a atribuição da solução de controvérsias a um terceiro, um árbitro, evitando, assim, a autocomposição potencialmente violenta e tendencialmente injusta do conflito. Já em seu nascedouro, portanto, a ideia de que o Estado, como terceiro imparcial, resolveria os conflitos tornou-se sinônimo de justiça[7] – com a vênia de que este terceiro, para Hobbes, era encarnado apenas em uma pessoa (o monarca), de cuja autoridade emanaria a legitimidade para o exercício da jurisdição para eventuais juízes. A composição dos conflitos a partir da força soberana – o "fazer Justiça", a jurisdição –, na modernidade política, está invariavelmente ligado à ideia de Estado, portanto. Assim, "se o Estado conforma o Direito por meio da lei, ele necessita, igualmente, de um órgão constituído para dizer o Direito: *juris dicere*. A atividade deste órgão será uma atividade jurisdicional".[8]

Com o tempo, esse sobredito "órgão" será coincidido com um dos três Poderes do Estado, como sumarizou o Barão de Montesquieu, dando azo à ideia de Poder Judiciário, que persiste, *mutatis mutandis*, até os dias atuais. De todo modo, observe-se que o Judiciário, assim, sempre esteve ligado a uma noção de desempenho de um poder – o poder de dizer o Direito, de "fazer Justiça", de, enfim, compor os conflitos –, e um poder essencialmente ligado à ideia de soberania, que é essencialmente política. No entanto, durante algum tempo buscou-se negar a politicidade do Judiciário, havendo aqueles que, com certos argumentos, questionam

---

[6] FOUCAULT, Michel. *Em defesa da sociedade*. São Paulo: Martins Fontes, 1999, p. 144.

[7] OMMATI, José Emílio Medauar; FARO, Julio Pinheiro. "De poder nulo a poder supremo: o Judiciário como superego". *A&C – Revista de Direito Administrativo & Constitucional*, vol. 12, n. 49, pp. 177-206, set. 2012, p. 178.

[8] CLÈVE, Clèmerson Merlin. *O direito e os direitos*: elementos para uma crítica do direito contemporâneo. 3ª ed. Belo Horizonte: Fórum, 2011, p. 97.

a própria ideia de "Poder" Judiciário. Nesse sentido, observe-se que o Judiciário é o braço inerme do Estado não tem a força das armas, nem estabelece as regras do jogo,[9] e, diante dessa reflexão, alguns outros autores historicamente visaram negar a ideia de "Poder" Judiciário, atribuindo-lhe a noção de "função", ou ainda, como fizera Duguit, a noção de "serviço". A disputa, em realidade, não é de mera nomenclatura e esconde uma noção ligada ao próprio papel e ao protagonismo Judiciário, que, quando se lhe pretende maior, denominar-se-á "Poder", quando menor, "autoridade", "serviço" ou "função".[10] No entanto, *"preferirmos huir a las disputas bizantinas. Si el judicial es o no un 'poder', siempre dependerá de qué se entienda previamente por 'poder'. Tampoco obsta a la separación de poderes la observación de que el 'poder' del estado no puede dividirse, porque es único e indivisible"*.[11] Definir se o Poder Judicial é ou não um Poder não é apenas uma questão de palavras, mas uma questão material. Independentemente da nomenclatura que se dê, contudo, o que é efetivamente necessário é que o Judiciário seja dotado efetivamente de poder, independência e imparcialidade, sob pena de estar simplesmente agindo como uma extensão de outros Poderes.[12]

O Judiciário, assim, como Poder de fato, se insere no mesmo patamar em relação ao Legislativo e ao Executivo, não está submetido a eles,[13] independente da nomenclatura que se dê. Pugnar por essa dimensão material é mais relevante do que simplesmente disputar a

---

[9] NALINI, José Renato. *A rebelião da toga*. 2ª ed. Campinas: Millenium, 2008, p. 2. Há posturas no sentido diverso, em especial, no Direito Eleitoral. Nesse sentido: SALGADO, Eneida Desiree. *Princípios constitucionais eleitorais*. Belo Horizonte: Fórum, 2010.

[10] DALLARI, Dalmo de Abreu. *O poder dos juízes*. 3ª ed. São Paulo: Saraiva, 2010, p. 17.

[11] ZAFFARONI, Eugenio Raúl. *Estructuras judiciales*. Buenos Aires: Ediar, 1994. Disponível em http://www.pensamientopenal.com.ar/articulos/estructuras-judiciales. Acesso em 24.10.2014, p. 72.

[12] DROMI, José Roberto. "La Administración de Justicia en la democracia". *Revista de Direito Público*, vol. 17, n. 71, pp. 9-14, set. 1984, p. 10.

[13] ZAFFARONI, Eugenio Raúl. "Dimensión Política de un Poder Judicial Democrático". *Cuadernos de Derecho Penal*, pp. 15-53, 1992. Disponível em http://new.pensamientopenal.com.ar/sites/default/files/2013/09/51zaffaroni.pdf. Acesso em 19.09.2014, pp. 23/24.

CAPÍTULO 1 - A DIMENSÃO POLÍTICA DA MAGISTRATURA

nomenclatura. Nada impede, assim que se adote a nomenclatura de "Poder Judiciário", que é, também a opção textual da Constituição.

Outra contenda nesse sentido – tão bizantina quanto, mas que encontra certa repercussão na teoria jurídica mais vulgar e que necessita de ao menos um século de atualização, como se verá – é a dimensão política do Poder Judiciário, isto é, o entendimento de que este Poder, no Estado de Direito, em razão de sua submissão à lei, não agiria senão tecnicamente, ou seja, não seria um poder político, tal como o Executivo e o Legislativo. Esse tipo de reflexão está ligada muito ao liberalismo político que pensa o Judiciário (e o Direito) como um instrumento de contenção, e não de exercício, do poder,[14] donde sua despolitização surge como necessidade lógica.

Contudo, também evitando essa querela, é importante pontuar que é um contrassenso pensar um Poder do Estado que não seja político, não sendo possível despolitizar o Judiciário, ignorando a função essencialmente política que ele cumpre.[15] O Judiciário, assim, é um Poder, de nome e de fato, e é um poder político, em dois sentidos: *i)* por ser integrante do aparato estatal, que é inegavelmente produto das relações políticas; e *ii)* também por aplicar o Direito, o que também é uma atividade política, além de técnica.[16]

Esse rol de obviedades, contudo, não encerra as reflexões a respeito da politicidade do Poder Judiciário – pelo contrário, as amplifica. Definir que o Judiciário é um Poder político abre alas para uma série de

---

[14] ZAULI, Eduardo Meira. "Democracia e métodos constitucionais de recrutamento da magistratura no Brasil". *Revista Teoria & Sociedade*, vol. 15, n. 2, pp. 52-81, dez. 2007. Disponível em http://www.fafich.ufmg.br/revistasociedade/edicoes/artigos/15_2/DEMOCRACIA_E_M%C3%89TODOS_CONSTITUCIONAIS.pdf. Nesse sentido, observe-se, como faz Michel Troper, que "o Direito nada mais é, então, que uma técnica de exercício do poder político". TROPER, Michel. *A filosofia do direito*. São Paulo: Martins, 2008, p. 121.

[15] ZAFFARONI, Eugenio Raúl. *Estructuras judiciales*. Buenos Aires: Ediar, 1994. Disponível em http://www.pensamientopenal.com.ar/articulos/estructuras-judiciales. Acesso em 24.10.2014, p. 86.

[16] DALLARI, Dalmo de Abreu. *O poder dos juízes*. 3ª ed. São Paulo: Saraiva, 2010, p. 89.

decorrências dessa constatação, pois todo poder é exercido com alguma finalidade (função), com ou sem alguma noção de legitimidade em seu exercício, e através de uma lógica própria. Assim, admitir a politicidade do Judiciário, para além de reinventar a roda, aloca as problemáticas contemporâneas na arena de como, por que, para que, por quem, para quem ele é exercido, ou, noutros termos, a dimensão política da magistratura, cujo delineamento exige maiores incursões.

1.1.1 O poder de dizer o Direito (e o renitente voluntarismo)

As grandes disputas do poder de dizer, ou poder-dizer o Direito, ou, ainda, jurisdição impõem um constante revisitar Hans Kelsen. Não que antes de Kelsen a jurisdição não fosse problemática e que não haja o que se discutir anterior às teorizações do jurista austríaco muito citado, pouco compreendido,[17] mas é a "virada"[18] de Kelsen (e, posteriormente, Hart) que desloca os termos da discussão jurídica da cisão entre "objetivismo/subjetivismo" para outro patamar, superando a imagem de juiz como boca da lei e demais asseverações do positivismo exegético.

Retornar, hoje, para reflexões a respeito da velha noção do *bouche de la loi*, de que "a sentença era um ato de inteligência, visto que o juiz era o intérprete do legislador, agindo de forma inteiramente imparcial, sem envolver-se com os fatos postos para sua apreciação"[19] com vista a concretizar a lei como expressão da vontade geral, nulificando qualquer pretensão de subjetividade no ato interpretativo,[20] para, depois, negar

---

[17] Não é o caso dos autores que são abalizados junto de Kelsen neste capítulo e o criticam, obviamente.

[18] O termo é de Lenio Streck. "O (pós-)positivismo e os propalados modelos de juiz (Hércules, Júpiter e Hermes) – dois decálogos necessários". *Revista de direitos e garantias fundamentais*, n. 7, pp. 15-45, 2010. Disponível em http://www.fdv.br/sisbib/index.php/direitosegarantias/article/view/77, p. 18.

[19] ALVES, Eliana Calmon. "Escolas da Magistratura". *Revista da Escola Nacional da Magistratura*, vol. 1, n. 2, pp. 18-25, 2006, p. 18.

[20] OMMATI, José Emílio Medauar; FARO, Julio Pinheiro. "De poder nulo a poder supremo: o Judiciário como superego". *A&C – Revista de Direito Administrativo & Constitucional*, vol. 12, n. 49, pp. 177-206, set. 2012, p. 179.

CAPÍTULO 1 - A DIMENSÃO POLÍTICA DA MAGISTRATURA

tal concepção, demonstrando que o juiz não é neutro etc. não é mais do que "descobrir a pólvora", como afirma Streck, o que pode ser poupado "nessa quadra da história".[21]

A superação da ideia de objetividade da jurisdição é o grande mérito da teoria kelseniana, com grandes contribuições para a hermenêutica. No entanto, um dos grandes equívocos que ocorrem às críticas kelsenianas sérias e comprometidas com o que Kelsen realmente escreveu é que a teoria kelseniana não é uma teoria hermenêutica, mas sim uma teoria com implicações hermenêuticas. Kelsen pretendeu, com sua teoria, sobretudo na Teoria Pura do Direito, "elevar a Jurisprudência, que – aberta ou veladamente – se esgotava quase por completo em raciocínios de política jurídica, à altura de uma genuína ciência, de uma ciência do espírito".[22]

Depura-se dessa ideia central, uma distinção essencial ao positivismo entre a ciência e seu objeto de estudo, vale dizer, no caso, entre a ciência do Direito e o direito (norma), conhecido como objeto dotado de exterioridade.[23] A principal consequência em se isolar a norma como objeto de estudo acarreta a dissociação de qualquer outra sorte de elementos – notadamente a moral, o valor, a justiça – como preocupações da elaboração científica que dessa concepção irá decorrer.[24] Michel Troper esclarece que, ainda assim, o positivismo jurídico como ciência é um signo que se traduz em três diferentes concepções: o normativismo, o realismo e o positivismo enquanto ideologia. O realismo "pretende reduzir o direito a um conjunto determinado de fatos – os comportamentos dos juízes – e fazer da ciência do Direito uma ciência empírica", o positivismo como ideologia "prescreve a obediência ao Direito enunciado

---

[21] STRECK, Lenio Luiz. "O (pós-)positivismo e os propalados modelos de juiz (Hércules, Júpiter e Hermes) – dois decálogos necessários". *Revista de direitos e garantias fundamentais*, n. 7, pp. 15-45, 2010. Disponível em http://www.fdv.br/sisbib/index.php/direitosegarantias/article/view/77, p. 19.

[22] KELSEN, Hans. *Teoria Pura do Direito*. 7ª ed. Coimbra: Almedina, 2008, p. VII;

[23] TROPER, Michel. *A filosofia do direito*. São Paulo: Martins, 2008, p. 26.

[24] BOBBIO, Norberto. *O positivismo jurídico:* lições de filosofia do direito. São Paulo: Ícone, 2006, p. 133.

e estabelecido, ou porque se acredita, como a escola da exegese na França, que ele seja justo, ou, independentemente de seu caráter justo ou injusto, porque é o Direito".[25] O normativismo, contudo, não se debruça nem sobre o dado empírico da aplicação do Direito na prática pelos juízes, nem tampouco prescreve que o Direito deva ser obedecido, ou que é justo (até mesmo porque esse juízo de valor retiraria a neutralidade da análise do objeto), mas debruça-se hileticamente sobre a norma, analisando-a de modo dissociado da moral, a fim de elaborar conclusões científicas a seu respeito. A maior marca do normativismo, é, portanto, a avaloratividade,[26] o que Bruno Torrano vem a chamar de indiferença, já que o Direito, para ser válido, não precisa satisfazer nenhum valor moral particular[27] – e é nesta corrente que se pode enquadrar o positivismo kelseniano. É no solo da pretendida avaloratividade (ainda que impossível em termos epistemológicos) que florescem as implicações hermenêuticas mais renitentes do kelsenianismo.

É importante observar que "a exclusão desses elementos [a moral, a justiça etc.] da ciência do Direito não significa que Kelsen os desprezasse (...). Efetivamente, o que Kelsen objetivava era evitar um sincretismo metodológico que afundasse a ciência do Direito em discussões estéreis, alheias ao seu propalado objeto, a norma jurídica".[28] "Assim, apesar de ser um erro frequente entre os autores mais superficiais, o normativismo kelseniano não pode ser reduzido a um mero legalismo em que impera

---

[25] TROPER, Michel. *A filosofia do direito*. São Paulo: Martins, 2008, pp. 26-28.

[26] HACHEM, Daniel Wunder; NAGAO, Luís Ossamu Gelati. "Justiça e felicidade entre o direito e a moral nas vertentes do positivismo". In: GABARDO, Emerson; SALGADO, Eneida Desiree (coord.) *Direito, felicidade e justiça*. Belo Horizonte: Fórum, 2014, p. 77.

[27] ALMEIDA. Bruno Torrano Amorim de. *Democracia e Respeito à Lei*. Rio de Janeiro: Lumen Juris, 2015, p. 40. O autor não está referenciando especificamente Kelsen mas o núcleo mínimo de acordo de todo legado positivista.

[28] CADEMARTORI, Sérgio Urquhart; GOMES, Nestor Castilho. "A teoria da interpretação jurídica de Kelsen: uma crítica a partir da obra de Friedrich Müller". In: *Revista Sequência*, Florianópolis: Editora da UFSC, n. 57, dez. 2008, p. 99. No mesmo sentido, ALMEIDA, Bruno Torrano Amorim de. *Democracia e respeito à lei*. Rio de Janeiro: Lumen Juris, 2015, pp. 68/69.

CAPÍTULO 1 - A DIMENSÃO POLÍTICA DA MAGISTRATURA

a literalidade indiscutível da lei".[29] A norma, que é, por sua vez, o objeto da Teoria Pura do Direito, passa inexoravelmente por um processo volitivo de interpretação – e aqui a maior consequência hermenêutica daquilo que Kelsen constata, mas não propugna. Nesse aporte, tem-se que a prescrição deontológica da Lei "é materialmente vazia",[30] e, assim, só surtirá consequências após ser aplicada, e esse processo de aplicação/interpretação não prescinde da vontade do aplicador/intérprete.

Ocorre, é claro, que é dado a qualquer pessoa a capacidade interpretativa de atribuir significado à Lei e, nem por isso, Kelsen admitirá que a norma jurídica válida poderá ter qualquer fonte. Isso porque é um ponto fulcral na Teoria Pura do Direito a diferença entre norma jurídica/proposição jurídica e, paralelamente, interpretação autêntica/interpretação não-autêntica. No que tange o segundo binômio (interpretação autêntica/interpretação não-autêntica), Kelsen entende que apenas as autoridades jurídicas – que, entende, são o legislador e o julgador[31] – conferem a interpretação autêntica ao Direito, seja formulando normas gerais, no caso do legislador, em conformidade com o restante do ordenamento, ou individuais, no caso do julgador.

Kelsen não olvida que a autenticidade da própria intepretação é autorreferente ao ordenamento jurídico. Vale dizer: determinados sujeitos são os intérpretes autênticos, podendo dar verdadeiro sentido à norma, porque há fundamento de validade que garante essa competência dentro do próprio ordenamento. Assim, "o juiz só pode dizer o que é Direito porque antes foi classificado por esse mesmo Direito como juiz; ou seja,

---

[29] MATOS, Andityas Soares de Moura Costa; MILÃO, Diego Antonio Perini. "Decisionismo e Hermenêutica Negativa: Carl Schmitt, Hans Kelsen e a afirmação do poder no ato interpretativo do direito". In: *Revista Sequência*, Florianópolis: Editora da UFSC, n. 67, dez. 2013, p. 124.

[30] CADEMARTORI, Sérgio Urquhart; GOMES, Nestor Castilho. "A teoria da interpretação jurídica de Kelsen: uma crítica a partir da obra de Friedrich Müller". In: *Revista Sequência*, Florianópolis: Editora da UFSC, n. 57, dez. 2008, pp. 95-114, p. 101. É por isso que a teoria de Kelsen quase recai a um regresso ao infinito, resolvido apenas pela remissão ao princípio-primeiro da norma hipotética fundamental, de forma idealista.

[31] KELSEN, Hans. *Teoria Pura do Direito*. 7ª ed. Coimbra: Almedina, 2008, p. 83.

para existir, o decisionismo judicial precisa de uma norma válida anterior que o constitua como tal, eis que somente aqueles autorizados pelo Direito podem agir como seus órgãos de aplicação/criação".[32] Contudo, a norma jurídica, diferente das leis naturais, precisa ser enunciada (por um intérprete autêntico) para possuir validade e produzir efeitos práticos, o que envolve um processo interpretativo, decorrente da própria natureza imprecisa da linguagem. Assim, o sistema jurídico, apesar de estabelecer grandes esquemas gerais, só poderá normatizar autenticamente o caso concreto a partir da interpretação, que não será dada unicamente através de elementos do próprio sistema jurídico – porque, fosse assim seria desnecessário interpretá-lo. O trabalho interpretativo, assim, aplicará o direito a partir de uma série de elementos, donde "por ser um sistema limitado, o Direito é um sistema *necessariamente* aberto, pois autoriza, implícita ou expressamente, o apelo a padrões normativos que *não* pertencem (no sentido de *validade jurídica*) ao ordenamento jurídico.[33] Nesse sentido, Katya Kozicki e Fernanda Karam de Chueiri Santos, expõem que, "a existência de graus de incertezas na norma é o preço que se paga pelo uso da linguagem que tem em si um graus e indeterminação que é a ela inerente, principalmente quando se está diante de casos limítrofes".[34]

O grande impacto hermenêutico da teoria kelseniana, o voluntarismo, no entanto, exsurge no último capítulo (desconsiderados os apêndices posteriores) do Teoria Pura do Direito, a respeito da problemática da interpretação, tanto autêntica quanto não-autêntica. Nele, Kelsen se debruça sobre o caráter indeterminado do Direito, e observa que tal indeterminação pode ser tanto intencional quanto não

---

[32] MATOS, Andityas Soares de Moura Costa; MILÃO, Diego Antonio Perini. "Decisionismo e Hermenêutica Negativa: Carl Schmitt, Hans Kelsen e a afirmação do poder no ato interpretativo do direito". *In: Revista Sequência*, Florianópolis: Editora da UFSC, n. 67, dez. 2013, p. 130.

[33] ALMEIDA. Bruno Torrano Amorim de. *Democracia e Respeito à Lei.* Rio de Janeiro: Lumen Juris, 2015, p. 68.

[34] KOZICKI, Katya; SANCHES, Fernanda Karam de Chueiri. "O sentido da discricionariedade judicial visto a partir de Hart e o necessário diálogo com Dworkin". *In: Revista da AJURIS – Associação dos juízes do Rio Grande do Sul.* Porto Alegre: AJURIS, n. 126, jun. 2012, p. 95.

CAPÍTULO 1 - A DIMENSÃO POLÍTICA DA MAGISTRATURA

intencional. Uma indeterminação intencional seria, por exemplo, o caso em que a moldura da norma oferece como sanção para determinada conduta tanto multa quanto prisão, a depender da gravidade. O cabimento de uma ou outra consequência jurídica àquela conduta descrita ficará conforme o juízo discricionário do juiz.

Já a indeterminação não intencional decorre do fato de que "o sentido verbal da norma não é unívoco, o órgão que tem de aplicar a norma encontra-se perante várias significações possíveis",[35] "dada a natureza linguística das normas jurídicas, a equivocidade é ineliminável".[36] Ou seja, mesmo a atribuição de sentidos a determinadas palavras poderá, na maioria dos casos, levar a plúrimas possibilidades de significação – cabendo à discricionariedade do juiz aplicador/intérprete escolher por este ou aquele significado.

Tanto na indeterminação intencional quanto na não-intencional (mas, sobretudo, nesta) reside um ponto fulcral da teoria kelseniana: a lei, então, é apenas uma moldura (ora mais, ora menos restrita) que, uma vez contemplada, fornece um rol de respostas jurídicas possíveis que são igualmente válidas. Isso porque, se todas as decisões mencionadas se enquadram na norma mais geral (lei), possuem o fundamento de validade resguardado. Assim, Kelsen nega a tratativa de uma decisão mais correta do que a outra, ou, ainda, de uma única decisão correta, a "melhor" decisão. Assim, "a obtenção da norma individual no processo de aplicação da lei é, na medida em que nesse processo seja preenchida a moldura da norma geral, uma função voluntária".[37]

Logo, Kelsen em momento algum exclui a vontade, o ímpeto, do intérprete oficial, com mais ou menos restrição, no papel de criar a norma, mesmo individual.[38] Por conseguinte, "a escolha entre as

---

[35] KELSEN, Hans. *Teoria Pura do Direito*. 7ª ed. Coimbra: Almedina, 2008, pp. 380-381.
[36] CADEMARTORI, Sérgio Urquhart; GOMES, Nestor Castilho. "A teoria da interpretação jurídica de Kelsen: uma crítica a partir da obra de Friedrich Müller". *In: Revista Sequência*, Florianópolis: Editora da UFSC, n. 57, dez. 2008, pp. 95-114, p. 103.
[37] KELSEN, Hans. *Teoria Pura do Direito*. 7ª ed. Coimbra: Almedina, 2008, p. 384.
[38] Observe-se que não apenas Kelsen, mas outros positivistas também foram bastante explícitos em observar o papel criador do aplicador-intérprete, derrubando o bode expiatório de que o positivismo seria resumido a um legalismo purista tecnicista.

interpretações compreendidas dentro da moldura está baseada pura e simplesmente na vontade particular do juiz, não sendo orientada por nenhuma norma interpretativa ou padrão de justiça externo ao Direito, a exemplo de princípios vinculativos (Dworkin) ou da consideração de um juiz-tipo (Schmitt)". Outrossim, destaque-se que "o poder discricionário do juiz é intensificado na teoria da interpretação kelseniana, pois a escolha que embasa a decisão está pautada em valores particulares do aplicador do Direito, não havendo uma 'moral institucionalizada' ou pertencendo ao Direito que possa limitá-lo, ao contrário do que propõe pós-positivistas como Alexy".

Nota-se, contudo, que, em relação à validade da norma por estar, ou não, "dentro da 'moldura'", houve um deslocamento do pensamento kelseniano entre a primeira e a segunda edições do Teoria Pura do Direito (e entender essa transição é essencial para compreender a metodologia e o objetivo da teoria kelseniana, bem como porque ela não é uma teoria hermenêutica).

Na primeira edição do livro, em 1934, Kelsen definia o ato de interpretação como conhecimento e vontade, vale dizer, sua vontade influía apenas depois que a apreensão dos limites da lei (a "moldura") estava perfeitamente delimitada: O primeiro momento – cognitivo – é o que se liga diretamente ao normativismo: "a norma a ser aplicada configura-se assim como uma moldura que delimitará a vontade do juiz, tornando o ato discricionário e não arbitrário (...). O segundo momento – volitivo – liga-se diretamente à discricionariedade. O aplicador do Direito deve escolher, a partir de sua vontade, uma dentre (...) aquelas possibilidades compreendidas pela moldura normativa". Contudo, "mesmo essa frágil barreira cai por terra em 1960, na segunda e definitiva edição da Teoria Pura do Direito, na qual Kelsen reconhece que o juiz pode, mediante um autêntico ato interpretativo, decidir fora da moldura proposta pela ciência do Direito",[39] donde verifica-se que "no final da

---

MORRISON, Wayne. *Filosofia do Direito*: dos gregos ao pós-modernismo. 2ª ed. São Paulo: Martins Fontes, 2012, p. 285.

[39] MATOS, Andityas Soares de Moura Costa; MILÃO, Diego Antonio Perini. "Decisionismo e Hermenêutica Negativa: Carl Schmitt, Hans Kelsen e a afirmação do

CAPÍTULO 1 - A DIMENSÃO POLÍTICA DA MAGISTRATURA

vida, Kelsen abandonou a concepção hilética das normas e se aproximou da concepção expressiva dos realistas".[40] Nessa concepção posterior, "uma decisão judicial 'ilegal' pode, por força do seu trânsito em julgado, tornar-se definitiva, e isto não a torna 'antijurídica'. Com efeito, embora tal decisão possa contrariar algum preceito material ou processual previsto em norma geral, encontra respaldo em outra disposição da própria lei geral, isto é, o instituto do trânsito em julgado (...). É possível, pois, a criação de Direito novo para além do disposto na moldura normativa",[41] ou seja, o juiz pode decidir "fora da moldura" e essa decisão ser válida.[42] É, de algum modo, o que ocorreu recentemente com a presunção de inocência no Brasil, que foi subvertida com a criação de uma norma completamente fora da moldura do texto, dada pelo STF no *habeas corpus* 126.292, e, ainda assim, essa subversão emana efeitos concretos na vida de milhares presos e presas pelo país.

Nesse âmbito, "a radicalização de Kelsen de 1960 não significa que a moldura deixou de existir, mas sim que ela pode ser continuamente ampliada por atos de vontade daqueles a quem a ordem jurídica confiou o poder de decidir. Em sentido prático, isso equivale a uma autorização para que qualquer decisão tomada pelo órgão competente seja válida".[43] Assim, "Kelsen, portanto, admite que o juiz possa, pela via da intepretação, criar Direito novo, situado fora da moldura da norma",[44]

---

poder no ato interpretativo do direito". *In: Revista Sequência*, Florianópolis: Editora da UFSC, n. 67, dez. 2013, pp. 126/127.

[40] TROPER, Michel. *A filosofia do direito*. São Paulo: Martins, 2008, p. 53.

[41] CADEMARTORI, Sérgio Urquhart; GOMES, Nestor Castilho. "A teoria da interpretação jurídica de Kelsen: uma crítica a partir da obra de Friedrich Müller". *In: Revista Sequência*, Florianópolis: Editora da UFSC, n. 57, dez. 2008, pp. 95-114, p. 105.

[42] APPIO, Eduardo. *Discricionariedade política do Poder Judiciário*. Curitiba: Juruá, 2008, p. 23.

[43] MATOS, Andityas Soares de Moura Costa; MILÃO, Diego Antonio Perini. "Decisionismo e Hermenêutica Negativa: Carl Schmitt, Hans Kelsen e a afirmação do poder no ato interpretativo do direito". *In: Revista Sequência*, Florianópolis: Editora da UFSC, n. 67, dez. 2013, p. 128.

[44] VIDAL, Marcelo Furtado. "Ideologia e interpretação na teoria pura do Direito de Hans Kelsen". *In: Revista do Tribunal Regional do Trabalho da 3ª Região*, Belo Horizonte: TRT, n. 62, jul./dez. 2000, p. 137.

o que lhe rendeu diversas críticas. Todavia, "é exatamente a teoria da interpretação de Kelsen que irá deixar clara a sua opção metodológica, colocando-se contra a ideologia iluminista da subsunção que vê no juiz um mero operador lógico, personificado, nos termos de Montesquieu e Schmitt, com a 'boca da lei'".[45]

Por isso mesmo o normativismo kelseniano é compreendido como voluntarismo, isto é, admite a vontade pura do intérprete como um elemento fundamental – e que às vezes poderá derrocar outros elementos, como o próprio texto, os princípios etc. – na aplicação da lei. Essa visão, que "vira a mesa" e torna o juiz possivelmente o sujeito mais empoderado de todo o sistema jurídico, é claro, encontrou diversas vênias na doutrina. Nesse sentido, mesmo Herbert Hart, neopositivista e hermeneuta, não ratifica essa possibilidade de discricionariedade absoluta do intérprete, observando que, assim como a interpretação dos textos linguísticos, há significados de pré-compreensão ínsitos às normas, do mesmo modo que as palavras possuem acordos de pré-compreensão para que qualquer comunicação seja possível, donde a discricionariedade o julgador deve, portanto, ser exercida apenas nas lacunas do ordenamento jurídico.[46]

Apenas para se limitar a dois grandes hermeneutas brasileiros, severos críticos das constatações de Kelsen, Lenio Streck atesta, por exemplo, que a superação do paradigma objetivista (o juiz é um autômato, *bouche de la loi* etc.) com o legado voluntarista foi uma vitória de Pirro, capaz de gerar diversas anomalias, como, por exemplo, tornar o juiz um "escolhedor", o que, em simbiose com uma leitura rasa da teoria alexyana, importaria, por exemplo, que, no conflito de dois princípios, o juiz deveria discricionariamente escolher um deles como mais relevante, o que é uma fraude ao próprio Alexy e sua metodologia rígida de ponderação.[47] Para

---

[45] MATOS, Andityas Soares de Moura Costa; MILÃO, Diego Antonio Perini. "Decisionismo e Hermenêutica Negativa: Carl Schmitt, Hans Kelsen e a afirmação do poder no ato interpretativo do direito". *In: Revista Sequência*, Florianópolis: Editora da UFSC, n. 67, dez. 2013, p. 124.

[46] KOZICKI, Katya. *Levando a justiça a sério*: interpretação do direito e responsabilidade judicial. Belo Horizonte: Arraes Editores, 2012, p. 25.

[47] STRECK, Lenio Luiz. "O (pós-)positivismo e os propalados modelos de juiz (Hércules, Júpiter e Hermes) – dois decálogos necessários". *Revista de direitos e garantias*

CAPÍTULO 1 - A DIMENSÃO POLÍTICA DA MAGISTRATURA

Streck, decidir e escolher são atos distintos,[48] pois este é um ato de vontade e aquele um ato de responsabilidade, calcado em parâmetros externos ao intérprete. Eros Roberto Grau, no mesmo sentido, nega a discricionariedade judicial, noutros termos que querem, contudo, significar algo similar. Para Grau, interpretar o Direito envolve juízos de legalidade, o que envolve a prudência e as limitações do texto, e, assim, repulsa a ideia de discricionariedade, que leva em conta juízos de oportunidade e elementos da subjetividade do intérprete.[49]

Esse tipo de objeção vai ao encontro das teorias dos novos hermeneutas e teóricos do Direito do final do século XX e início do século XXI, denominados muitas vezes de pós-positivistas, em um movimento que volta a se preocupar com o conteúdo da norma e da decisão no pós Segunda Guerra Mundial, observando que o Direito não pode ser visto como uma moldura em branco capaz de dar azo a atrocidades – haveria, assim, um conteúdo mínimo de justiça a ser respeitado.[50] É o que Alexy vai chamar de repulsa à "injustiça extrema", clara e evidente, que não poderá jamais ser contemplada pelo ordenamento jurídico, nisso inclusas as normas jurídicas *in concreto*, isto é, as decisões judiciais, restando as "zonas cinzentas" de justiça e injustiça dentro da disputabilidade jurídica racional.[51]

Os pós-positivistas surgem nesse contexto de negação da discricionariedade na interpretação jurídica, a fim de garantir alguma

---

fundamentais, n. 7, pp. 15-45, 2010. Disponível em http://www.fdv.br/sisbib/index.php/direitosegarantias/article/view/77, pp. 18/19.

[48] STRECK, Lenio Luiz. *OK, Juiz não é Deus (Juge n'est pas Dieu!). Mas, há(via) dúvida?* Disponível em http://www.conjur.com.br/2014-nov-20/senso-incomum-ok-juiz-nao-deus-juge-nest-pas-dieu-duvida#_ftn3.

[49] GRAU, Eros Roberto. *Por que tenho medo dos juízes*: (a interpretação/aplicação do direito e os princípios): edição refundida do ensaio e discurso sobre a interpretação/aplicação do direito. 6ª ed. São Paulo: Malheiros, 2013, pp. 89/90.

[50] BARROSO, Luis Roberto. *Curso de Direito Constitucional Contemporâneo:* os conceitos fundamentais e a construção de um novo modelo. São Paulo: Saraiva, 2009, p. 242.

[51] ALEXY, Robert. *Conceito e validade do Direito*. São Paulo: Martins Fontes, 2011, p. 63.

semântica mínima de Justiça, a partir da ideia de que a discricionariedade é, em si, antidemocrática.[52] Busca-se, assim, regrar a aplicação do direito para que a atividade interpretativa não seja somente um juízo jurídico, mas também de Justiça.

Isso não significa o retorno retrocedente à ideia de juiz como neutro, autômato etc., pois, como afirma cotidianamente Streck, "os juízes não são alfaces",[53] isto é, possuem opiniões, ideologias etc., no entanto, não devem julgar conforme elas, não são elas que devem abalizar suas decisões. Pretende-se, assim, de maneira generalizada, "substituir a subjetividade do intérprete pela intersubjetividade construída a partir da esfera pública, tendo como ponto central a reconstrução da história institucional do Direito, respeitando a tradição, a coerência e a integridade do sistema jurídico".[54] Nesse cariz, a Constituição, como parâmetro de "reconstrução da ordem jurídica a partir de dados emancipatórios",[55] isto é, o documento que capitula um conteúdo mínimo dos acordos sociais fundamentais, passa a ser o referencial de integração do ordenamento jurídico,[56] sobretudo em constituições analíticas e dirigentes, que instituem uma série de valores e objetivos, como a brasileira.[57]

---

[52] STRECK, Lenio Luiz. "O (pós-)positivismo e os propalados modelos de juiz (Hércules, Júpiter e Hermes) – dois decálogos necessários". *Revista de direitos e garantias fundamentais*, n. 7, pp. 15-45, 2010. Disponível em http://www.fdv.br/sisbib/index.php/direitosegarantias/article/view/77, p. 27.

[53] Por exemplo: STRECK, Lenio Luiz. *Como decidem os juízes? Os dramas das filhas influenciam as suas decisões?* Disponível em http://www.conjur.com.br/2014-jun-19/senso-incomum-dramas-filha-influenciam-juiz-decidir.

[54] STRECK, Lenio Luiz. *Montesquieu nunca pensou em um Judiciário nos moldes brasileiros*. Disponível em http://www.ihuonline.unisinos.br/index.php?option=com_content&view=article&id=4251&secao=383.

[55] CLÈVE, Clèmerson Merlin. *Para uma dogmática constitucional emancipatória*. Belo Horizonte: Fórum, 2012, p. 47.

[56] BARROSO, Luis Roberto. *Curso de Direito Constitucional Contemporâneo:* os conceitos fundamentais e a construção de um novo modelo. São Paulo: Saraiva, 2009, p. 260.

[57] BARROSO, Luis Roberto. "Constituição, democracia e supremacia judicial: direito e política no brasil contemporâneo". In: FELLET, André Luiz Fernandes; PAULA, Daniel Giotti de; NOVELINO, Marcelo (coord.). *As novas faces do ativismo judicial*. Salvador: jusPODIVM, p. 230.

CAPÍTULO 1 - A DIMENSÃO POLÍTICA DA MAGISTRATURA

É nesse sentido que os princípios se alçam como fundamentos integrativos do sistema e, ao mesmo tempo que abrem o sistema, limitam a interpretação.[58] Donde, por exemplo, Alexy irá construir sua Teoria da Argumentação Jurídica para satisfazer o intuito declarado de que "o aplicador se deve orientar em um sentido juridicamente relevante de acordo com valorações moralmente corretas" e "o juiz deve atuar sem arbitrariedade; sua decisão deve ser fundamentada em uma argumentação racional",[59] estabelecendo ao mesmo tempo uma deontologia hermenêutica do intérprete e a balização racional da argumentação como forma de controlar o conteúdo da decisão e a sua conformidade com o ordenamento. Em um intento parecido, mas com implicações teóricas bastante distintas, Dworkin também busca cingir as decisões discricionárias, a partir do paradigma metafórico ideal da decisão correta, que serve de parâmetro para a adequação das decisões tomadas pelos juízes e a sua conformação com os princípios, a integridade e coerência do sistema jurídico como um todo.[60] No mesmo sentido, Streck propugna que "não pode haver decisão judicial que não seja fundamentada e justificada em um todo coerente de princípios que repercutam a história institucional do Direito", havendo, assim, um próprio direito fundamental do cidadão em receber uma resposta correta do Judiciário segundo esse todo coerente de princípios.[61] É uma forma, assim, de controlar hermeneuticamente que as respostas judiciais serão dadas de modo a concretizar a Constituição e não ao bel prazer do magistrado e, ao fim e ao cabo, concretizar dos direitos constitucionais e os valores emancipadores.[62]

---

[58] FRANCO, Fernão Borba. "Recrutamento e o poder do juiz". In: *Revista de Processo*. Ano 22, n. 86, pp. 240-267 abr-jun. 1997, p. 259.

[59] ALEXY, Robert. *Teoria da argumentação jurídica:* a teoria do discurso racional como teoria da fundamentação jurídica. 3ª ed. Rio de Janeiro: Forense, 2013, pp. 24 e 39.

[60] CHUEIRI, Vera Karam de. "Considerações em torno da teoria da coerência narrativa de Ronald Dworkin". In: *Revista Sequência*, vol. 12, n. 23, 1991, pp. 72-77.

[61] "O (pós-)positivismo e os propalados modelos de juiz (Hércules, Júpiter e Hermes) – dois decálogos necessários". *Revista de direitos e garantias fundamentais*, n. 7, pp. 15-45, 2010. Disponível em http://www.fdv.br/sisbib/index.php/direitosegarantias/article/view/77, pp. 36-43.

[62] STRECK, Lenio Luiz. *Verdade e consenso*: Constituição, Hermenêutica e Teorias discursivas: da possibilidade à necessidade de respostas corretas no Direito. 3ª ed. Rio de Janeiro: Lumen Juris, 2009, p. 391.

Longe de querer resolver essa controvérsia epistemológica tão simbólica da contemporaneidade jurídica, que não é objeto deste estudo, o que importa, aqui, é esclarecer que essa polêmica muitas vezes se dá em termos contraproducentes para o entendimento da dimensão política da magistratura que é, como dito anteriormente, a concepção de que o voluntarismo de Kelsen é uma teoria hermenêutica, e não é. A hermenêutica em si, não vista em sua dimensão de ciência da hermenêutica, fornece um "como" interpretar, um método de interpretação, donde as várias correntes hermenêuticas. Kelsen, ao revés, em momento algum se preocupa em expor "como" o Direito "deve" ser interpretado ou aplicado, mas sim em descrever "como" ele "é", aplicado. Assim, quando Kelsen afirma que o juiz pode livremente escolher entre quaisquer das respostas oferecidas pela moldura da norma, ou, ainda, eventualmente, decidir inclusive *contra legem* e essa decisão ter legitimidade através da legitimação formal, em momento algum ele se compromete que a intepretação "deve" ser feita assim, que esse é o melhor jeito de se aplicar etc., apenas que isso pode acontecer, porque decorre da própria lógica interpretativa, somada à estrutura de poder que confere ao Judiciário a condição de intérprete autêntico final. Isto é, se o Judiciário inteiro decidir de determinada forma por um alinhamento improvável das concepções subjetivas dos juízes, após todos os recursos, rescisórias etc., o que impedirá a validade dessa decisão, que não respeita a coerência, a integração do Direito, que não se baseia em uma argumentação racional etc.? Se há um "dever fundamental" de resposta correta, a quem cabe efetivar esse dever, senão o próprio Judiciário? E, acaso ele não o efetive, que resta fazer?

A possibilidade de voluntarismo, assim, não é uma defesa hermenêutica, mas, sim, uma averiguação de um fato social. Acontece. E não que os hermeneutas neguem que, na prática, os juízes podem decidir contra a melhor hermenêutica ou até *contra legem* – no entanto, Kelsen não apenas averigua isso (o que é bastante óbvio), mas como, ao teorizar sobre o Direito, pontua que esta será uma decisão juridicamente válida (o que os hermeneutas em regra não admitem). Ao passo que as teorias pós-positivistas são hermenêuticas em si, elaborando um *modus operandi*, critérios de averiguação da legitimidade substancial da decisão

CAPÍTULO 1 - A DIMENSÃO POLÍTICA DA MAGISTRATURA

com o fito de resguardar a coerência com os valores intersubjetivos da comunidade (constitucionais, por exemplo), escapando da extremada e antidemocrática sobreposição dos valores individuais do intérprete, que podem divergir daqueles. Procedimentos como a Teoria da Argumentação Jurídica, o método de balanceamento de princípios, o parâmetro metafórico do juiz Hércules, a decisão correta etc., são excelentes padrões retóricos para a avaliação das decisões jurídicas e a sua (in)adequação sistêmica. No entanto, ao formular esse tipo de parâmetro, tais teorias logicamente estabelecem que o parâmetro deve ser seguido – e o sistema jurídico dispõe de diversos instrumentos para evitar caso não o sejam, para que não valha unicamente a vontade de um magistrado. Superados esses elementos, nada impede que, na prática, a averiguação kelseniana se concretize. Talvez por isso o voluntarismo seja tão renitente: porque ele descreve as coisas como são e não como se gostaria que elas fossem ou como elas idealmente deveriam ser[63] (e não há nada de inovador nisso, no entanto, é necessário distinguir que o voluntarismo kelseniano e os pós-positivistas, portanto, trabalham em campos e lógicas diferentes).

É claro que há, também aqueles que exercitam uma malversação das constatações kelsenianas, tomando o ser como dever-ser, e, diante da impossibilidade de impedir que os juízes sejam decisionistas, pugnar pelo voluntarismo como teoria hermenêutica, donde a desnecessidade de qualquer padrão hermenêutico, isto é, negar a necessidade de se pensar a hermenêutica já que, ao final, o que importa é a vontade subjetiva do julgador.[64] Embora a isso e a Kelsen possa se chamar indistintamente de "voluntarismo", se tratam de coisas distintas, que não devem ser confundidas, e nem se pode atribuir a Kelsen a pecha de propugnar que os juízes devam ser voluntaristas, solipsistas etc. porque, no extremo, essa possibilidade sempre existirá.

A questão, assim, se passa em termos menos hermenêuticos e mais políticos. Para observar a dimensão política do Poder Judiciário, deve-se

---

[63] CAMPOS, Walter de Oliveira. "Direito e Ideologia". *Revista Argumenta*, n. 14, pp. 187-204, 2011, p. 195.

[64] STRECK, Lenio Luiz. *Verdade e consenso*: Constituição, Hermenêutica e Teorias discursivas: da possibilidade à necessidade de respostas corretas no Direito. 3ª ed. Rio de Janeiro: Lumen Juris, 2009, p. 396.

entende-lo como um poder e em que parâmetros ele exerce esse poder de dizer o Direito,[65] e não como ele deveria exercê-lo.[66] E, diante disso, é necessário admitir que é possível, ainda que hermeneuticamente, eticamente, deontologicamente etc., reprochável,[67] é fatidicamente possível que o magistrado decida conforme a sua subjetividade em detrimento dos valores intersubjetivos da comunidade, da Constituição, dos princípios e que essa decisão será considerada válida pelo sistema jurídico.

É ainda muito comum magistrados que ouvem os réus presos sempre algemados, a despeito da Súmula Vinculante n. 11, ou mais propriamente, dos diversos valores constitucionais que essa súmula pretende veicular. É uma atitude incompatível com os princípios constitucionais mais comezinhos à Constituição de 1988, e as corregedorias deveriam agir nesses casos, talvez ajam, mas, faticamente, nada além da própria subjetividade dos juízes impede que isso aconteça. Como não impediu o STF de ler "condenação em segunda instância" onde, na Constituição, está escrito "trânsito em julgado".[68]

E é diante da crueza realista das averiguações kelsenianas que a Administração da Justiça se revela como um tema de extrema importância – importa tão mais saber quem está decidindo, isto é, como é formado o corpo institucional Judiciário, do que dogmatizar como se deve decidir.

Assim, como pontua Zaffaroni, as decisões tomadas pelos juízes são invariavelmente um ato de poder, de governo,[69] exercido pelos

---

[65] FRANCO, Fernão Borba. "Recrutamento e o poder do juiz". In: Revista de Processo. Ano 22, n. 86, pp. 240-267 abr-jun. 1997, p. 260.

[66] GARGARELLA, Roberto. "Ni política ni justicia: sobre los déficits de nuestro sistema institucional". Claves de razón prática, n. 114, pp. 14-21, 2001, p. 20.

[67] E este livro abordará, sem dúvida, todas as escusas ao comportamento solipsista, que, afinal, é antidemocrático.

[68] A esse respeito: HACHEM, Daniel Wunder. Sepultamento da presunção de inocência pelo STF (e os funerais do Estado de Direito). Disponível em http://www.direitodoestado.com.br/colunistas/daniel-wunder-hachem/sepultamento-da-presuncao-de-inocencia-pelo-stf-e-os-funerais-do-estado-democratico-de-direito.

[69] ZAFFARONI, Eugenio Raúl. Estructuras judiciales. Buenos Aires: Ediar, 1994. Disponível em http://www.pensamientopenal.com.ar/articulos/estructuras-judiciales. Acesso em 24.10.2014, p. 84.

CAPÍTULO 1 - A DIMENSÃO POLÍTICA DA MAGISTRATURA

agentes a quem se outorga tal poder. O Poder Judiciário, assim, está imerso nas relações político ideológicas.[70] Para as concepções hermenêuticas – que, essencialmente, não se furtam a um idealismo (filosófico, não a um utopismo, obviamente) – assim, parece desimportante a materialidade de quem julga, o que pensa, o que deixa de pensar, e, inclusive, paradoxalmente, se o aplicador se preocupa ou não com a teoria da hermenêutica, o que radicalmente despolitiza o campo de discussão a respeito do Judiciário, como se a jurisdição democrática, conforme a Constituição, emancipadora, pudesse ser exercida por qualquer um – até mesmo, quem sabe, um magistrado neofascista, por exemplo, porque os parâmetros de controle do resultado democrático da decisão são externos a esse tipo de materialidade. E nisso reside a apoliticidade imaterialista da hermenêutica pós-positivista, ou, o que Barroso denomina de autonomia entre Direito e política.

Para simplesmente ter como ponto de partida de que as decisões judiciais devem se abalizar pelos valores da sociedade, pelos valores constitucionais, é necessário que o sujeito-magistrado entenda isso como essencial à sua função judicante, que esteja pessoalmente engajado em concretizar a Constituição, e que procure evitar ao máximo substituir a intersubjetividade da comunidade por sua própria subjetividade,[71] porque, na concretude da realidade, é, sim, possível que ele não o faça e atue politicamente contrário a todas as premissas pós-positivistas. Afinal, a autonomia entre Direito e a política se dá apenas relativamente, donde haverá situações em que elementos como a ideologia subjetiva e particular dos magistrados serão aptos a influenciar diretamente o resultado de seu pronunciamento,[72] dotado de toda autoridade de qualquer pronunciamento jurisdicional. E por isso mesmo um ordenamento jurídico democrático,

---

[70] LOPES, José Reinaldo de Lima. "A função política do Judiciário". *In:* FARIA, José Eduardo (coord.). *Direito e justiça:* a função social do Judiciário. São Paulo: Ática, 1989, p. 124.

[71] ALVES, Eliana Calmon. "Escolas da Magistratura". *Revista da Escola Nacional da Magistratura*, vol. 1, n. 2, pp. 18-25, 2006, p. 19.

[72] BARROSO, Luís Roberto. "Constituição, democracia e supremacia judicial: direito e política no Brasil contemporâneo". *In:* FELLET, André Luiz Fernandes; PAULA, Daniel Giotti de; NOVELINO, Marcelo (coord.). *As novas faces do ativismo judicial.* Salvador: Jus Podivm, 2013, p. 254.

para além de uma constituição democrática e de legisladores democráticos, só poderá se efetivar com um Poder Judiciário democrático, isto é, formado a partir de sujeitos democráticos e dispostos (porque sua disposição é o derradeiro liame de efetividade) a exercerem a jurisdição conforme os parâmetros pós-positivistas.

É por isso que compreender a dimensão política da magistratura deve, primeiro, pensá-la diante do pior dos casos, da concretização da "catástrofe kelseniana", e, em vez de tentar garantir a correição das decisões judiciais apenas através de refinadas teorias hermenêuticas (que muitas vezes parecem estar falando com a parede), observar que, em última instância, decisões voluntaristas poderão ter respaldo sistêmico, e, por isso, é importante saber quem é o juiz, que valores ele veicula, e se ele se preocupa em ser um bom hermeneuta.

1.1.2 Ideologia e decisão judicial

O juiz não é neutro e a ideologia é um elemento essencial no processo de interpretação.[73] O Poder Judiciário é político e seus atores, atuando ideologicamente, não estão fora do sistema político, apenas possui com ele relações distintas (daquelas que têm prefeitos, presidentes, legisladores etc.).[74] Tais afirmações, embora também sejam a conclusão da reflexão para a qual hora se segue, já se enuncia do que foi dito no subponto anterior, e é praticamente um lugar-comum na ciência do Direito hodierna, de modo que extenuantes citações e problematizações ao já tão vilipendiado Montesquieu e sua pretensão de desumanizar o julgador, tornando-o a boca da lei, pouco agregariam. É, assim, também o ponto de partida da reflexão, tendo em vista que o magistrado não se desvencilha de suas concepções, cosmovisões, ideologias, no processo de decidir.[75]

---

[73] CAMPOS, Walter de Oliveira. "Direito e Ideologia". *Revista Argumenta*, n. 14, pp. 187-204, 2011, pp. 202/203.

[74] RUIVO, Fernando. "Aparelho judicial, Estado e legitimação". In: FARIA, José Eduardo (coord.). *Direito e Justiça*: a função social do Judiciário. São Paulo: Ática, 1989, p. 72.

[75] BARROSO, Luís Roberto. "Constituição, democracia e supremacia judicial: direito e política no brasil contemporâneo". In: FELLET, André Luiz Fernandes; PAULA,

CAPÍTULO 1 - A DIMENSÃO POLÍTICA DA MAGISTRATURA

Não se trata de uma disputa deontológica ou epistemológica, mas de uma verdadeira impossibilidade antropológica.[76] Não há neutralidade do Judiciário, isto é, não há juiz neutro, isento de ideologia, porque não há homens e mulheres neutros.[77] Mas mais do que isso – e aí reside uma grande divergência com as correntes que negam o voluntarismo – não há como haver julgamentos dissociados da cosmovisão de quem o profere, senão por má-fé do intérprete.

Ainda que um juiz entenda uma lei injusta e a aplique, isso se dá em razão de a sua ideologia, para além do seu sentimento específico em relação ao conteúdo da lei, é também a exegética, ou seja, o entendimento de que "se deve aplicar a lei, mesmo injusta, porque é lei", é um entendimento tão ideológico quanto os demais.[78] Do mesmo modo, "dever aplicar a lei conforme a Constituição, buscando ao máximo manter a coerência do ordenamento e utilizando os princípios e valores constitucionais para dar integridade à interpretação" é uma postura igualmente ideológica, inserida no rol de valores do aplicador. Dessa maneira, o Judiciário nunca será um poder menos permeado pela ideologia do aplicador, nem quando o aplicador é um exegeta, um solipsista, ou quando se mantém fiel a determinada doutrina de hermenêutica constitucional, pois isso também é, em si, uma postura ideológica (ainda que o resultado prático da última postura seja mais coerente intersubjetivamente que os demais). Assim, os discursos hermenêuticos são discursos também ideologizantes, que tentam provar a sua pertinência, adequação e até (nos termos de Streck) necessidade (de respostas corretas, por exemplo) para seus interlocutores (os juristas,

---

Daniel Giotti de; NOVELINO, Marcelo (coord.). *As novas faces do ativismo judicial*. Salvador: Jus Podivm, 2013, pp. 255/256.

[76] ZAFFARONI, Eugenio Raúl. *Estructuras judiciales*. Buenos Aires: Ediar, 1994. Disponível em http://www.pensamientopenal.com.ar/articulos/estructuras-judiciales. Acesso em 24.10.2014, pp. 81/82.

[77] FARIA, José Eduardo; LOPES, José Reinaldo de Lima. "Pela democratização do Judiciário". *In:* FARIA, José Eduardo (coord.). *Direito e justiça:* a função social do Judiciário. São Paulo: Ática, 1989, p. 163.

[78] DALLARI, Dalmo de Abreu. "A hora do Judiciário". *Revista da Escola Nacional da Magistratura*, vol. 1, n. 1, pp. 10-16, 2006, p. 14.

os juízes etc.), pois esse convencimento é necessário, já que a única forma de garantir que a hermenêutica constitucional seja efetivada, que os valores entabulados na Constituição sejam parâmetros decisórios, que os juízes observem tão mais os valores intersubjetivos do que os seus subjetivos, é justamente convencendo-os de que isso é – repita-se – necessário. Esse tipo de apelo, portanto, confirma, inclusive, o elemento subjetivo volitivo como o crivo-último do que e de como operará a aplicação, que é uma tarefa política de poder estatal. Argumentar que determinada decisão é ruim, ou até mesmo inválida, conforme critérios hermenêuticos, também só tem valia se houver, na comunidade de intérpretes, prezo por esse tipo de critério.

Assim, para além de uma hermenêutica da efetividade constitucional, o verdadeiramente necessário é o material, isto é, que os juízes tenham uma ideologia de efetividade, que preferencialmente tenham ideologias subjetivas de acordo com a constitucional, mas, invariavelmente, tenham a ideologia, isto é, tenham para si como parâmetro ético, a efetivação responsável da Constituição em sua tarefa de jurisdizer.[79] Por isso mesmo, o juiz não existe em um mundo abstrato,[80] podendo ser qualquer pessoa, partindo da ideia de que suas decisões, pela pura força dos argumentos da hermenêutica, deverão efetivar a Constituição independentemente de sua cosmovisão particular.

Substituir o mito da neutralidade por um mito da indiferença – isso é, o juiz não é neutro, não é "uma alface", tem opinião, mas essa opinião será irrelevante se a jurisdição for bem exercida porque o relevante são os parâmetros integrativos e coerentes com o sistema – é, ainda uma tentativa de despolitizar, de não enxergar a dimensão política do Judiciário, porque a ideologia do magistrado é justamente o fator determinante para o adequado exercício da jurisdição, para o não-solipsismo.[81]

---

[79] PORTANOVA, Rui. *Motivações ideológicas da sentença*. 5ª ed. Porto Alegre: Livraria do Advogado, 2003, pp. 122/123.

[80] ZAFFARONI, Eugenio Raúl. "Dimensión Política de un Poder Judicial Democrático". *Cuadernos de Derecho Penal*, pp. 15-53, 1992. Disponível em http://new.pensamientopenal.com.ar/sites/default/files/2013/09/51zaffaroni.pdf. Acesso em 19.09.2014, p. 25.

[81] Embora a interlocução seja possível, não se trata, aqui, da doutrina da autorrestrição, pois não se tem como objeto de análise uma restrição judicial quanto ao objeto ou a

CAPÍTULO 1 - A DIMENSÃO POLÍTICA DA MAGISTRATURA

Pelo contrário, a não admissão da esfera ideológica subjetiva como componente intrínseco da decisão é tão idônea para formar os maiores arbítrios na hermenêutica constitucional quanto o eram no positivismo exegético – apenas muda-se a fundamentação. Se, antes, a ideologia era oculta sob o véu da neutralidade pura e simples, em que o juiz se proclamava a mera boca da lei, nada o impede de, da mesma forma, se dizer tão asséptico quanto, fundamentando sua decisão nos valores e princípios constitucionais enxertados de significados particulares apenas como forma de justificar uma escolha arbitrária oriunda de juízo de pré-compreensão ideológico. Isso é, é claro, uma fraude da hermenêutica constitucional, feita muitas vezes de maneira incauta ou inconsciente, mas que mantém, de maneira sofisticada, a "aparência de neutralidade. Estes são, talvez, os juízes mais perigosos, porque simulam um desejo de justiça e envolvem suas decisões numa capa de respeitabilidade".[82] Assim, a jurisdição, prostrada inconscientemente à ideologia do magistrado (vale dizer, aquilo que ele entende que seja o significado da Constituição e que ele entende que sejam os valores da comunidade)[83] continua ocultando opções políticas, e dificultando a sindicabilidade da decisão.[84]

Ademais, mesmo uma decisão *"'fundada jurídicamente de una manera sostenible' puede estar teñida de condicionantes ideológicos, pues el juez que simpatice ideológica con el autor de una norma puede adoptar una actitud interpretativa estática. Por el contrario, un juez que no comulgue con la disciplina de la norma a aplicar puede optar por un criterio interpretativo dinámico"*,[85] inclusive sob o verniz pós-positivista e dotado das melhores intenções,

---

forma de jurisdizer a respeito de determinada matéria, mas, sim, independentemente da amplitude do objeto sobre o qual se exerça a jurisdição, que ela seja exercida de maneira responsável, fundamentada, que efetive a Constituição etc.

[82] DALLARI, Dalmo de Abreu. *O poder dos juízes*. 3ª ed. São Paulo: Saraiva, 2010, p. 39.

[83] CAMPOS, Walter de Oliveira. "Direito e Ideologia". *Revista Argumenta*, n. 14, pp. 187-204, 2011, p. 199.

[84] ZAFFARONI, Eugenio Raúl. *Estructuras judiciales*. Buenos Aires: Ediar, 1994. Disponível em http://www.pensamientopenal.com.ar/articulos/estructuras-judiciales. Acesso em 24.10.2014, p. 83.

[85] CRISTÓBAL, Rosario Serra. *La libertad ideológica del juez*. Valença: Tirant lo Blanch, 2004, p. 83.

crendo estar dando vida à Constituição. A tentativa de furtar a decisão de seu matiz de opção também ideológica do magistrado é afastar o caráter político dessa decisão, como se ela se resolvesse em uma mera operação técnica,[86] ainda que haja diferentes técnicas que podem ser utilizadas para tanto. Trata-se, assim, de mudar as moscas.

Não que essa seja uma relação *sine qua non* e toda alegada hermenêutica constitucional seja uma grande fraude de escolhas arbitrárias – assim como a técnica da subsunção não é, pois há parâmetros jurídicos que podem abalizar (e geralmente abalizam) a decisão judicial[87] –, como se toda decisão fosse um juízo arbitrário teatralizado por argumentos instrumentais, na esteira de um ceticismo paranoico com o Judiciário.

A obediência às leis e à Constituição são fatores decisivos na fundamentação de uma decisão, mas ela não transcorre de modo puramente técnico e despolitizado,[88] de modo que para além da subsunção ao ordenamento e aos valores intersubjetivos, também estará presente a cosmovisão do magistrado, aparente ou não.[89] A decisão jurídica, sistematicamente, possui possibilidade de controle dentro das diversas esferas do Judiciário, de modo que uma decisão puramente voluntarista, isto é, sem a interlocução com nenhum outro parâmetro

---

[86] DALLARI, Dalmo de Abreu. *O poder dos juízes*. 3ª ed. São Paulo: Saraiva, 2010, p. 54.

[87] BARROSO, Luís Roberto. "Constituição, democracia e supremacia judicial: direito e política no brasil contemporâneo". In: FELLET, André Luiz Fernandes; PAULA, Daniel Giotti de; NOVELINO, Marcelo (coord.). *As novas faces do ativismo judicial*. Salvador: Jus Podivm, 2013, p. 254.

[88] ZAFFARONI, Eugenio Raúl. *Estructuras judiciales*. Buenos Aires: Ediar, 1994. Disponível em http://www.pensamientopenal.com.ar/articulos/estructuras-judiciales. Acesso em 24.10.2014, p. 13.

[89] Barroso oferece o exemplo da apreciação a respeito da constitucionalidade das pesquisas com células-tronco embrionárias, cuja inconstitucionalidade foi sustentada com ênfase pelo Ministro Menezes Direito, que se respaldava na técnica, mas não se podia divorciar de sua ligação histórica com o pensamento e a militância católica, que era contrária a pesquisa dessa natureza. BARROSO, Luís Roberto. "Constituição, democracia e supremacia judicial: direito e política no brasil contemporâneo". In: FELLET, André Luiz Fernandes; PAULA, Daniel Giotti de; NOVELINO, Marcelo (coord.). *As novas faces do ativismo judicial*. Salvador: Jus Podivm, 2013, p. 256.

CAPÍTULO 1 - A DIMENSÃO POLÍTICA DA MAGISTRATURA

intersubjetivo, dificilmente seria mantida. O contrário, contudo (uma decisão voluntarista sob um verniz técnico), é muito mais possível e consubstancia um prejuízo aos jurisdicionado.

Muitas vezes, os juízes tendem a negar a ideologia, o que impede o controle e a transparência necessárias no Estado Democrático de Direito.[90]

Esse tipo de negação ideológica, oculta por métodos neutros de subsunção, ponderação, integração etc. que não admitem margem de

---

[90] Nas palavras de Clémerson Merlin Clève: "Os juristas procuram negar a ideologia. O mesmo ocorre com os juízes. Estes, muitas vezes, escondem as suas preferências fazendo uso de certo discurso mentiroso e mistificador da neutralidade. Na verdade, aplicam o direito tal como o compreendem, ajustando-o à sua professada ideologia, todavia argumentando que o fazem com apoio unicamente na norma e na lei. Tudo se passa como se prolatassem uma não-decisão. Uma sentença que não faz mais do que concretizar a vontade (decisão) abstrata da norma. Possuem, esses discursos (sentenças), verdadeiros silêncios discursivos com uma carga de significação muito mais intensa do que aquela do texto. Em casos assim há que se ler não o que o discurso diz, mas sim, efetivamente, aquilo que ele deixa de dizer. O controle da decisão judicial deve nesses casos, pois, incidir sobre o silencia e não apenas sobre o texto da decisão. Porque se assim não agir, a carga de significação do silêncio intencional e determinante da decisão acabará por fazer coisa julgada. Os operadores jurídicos e, em especial, os juízes devem assumir a dimensão ideológica do direito. Devem, mais do que isso, dizer (motivação) em que tipo de ideologia fazem repousa a decisão judicial. De onde parte o vetor determinante de solução do caso decidido. Somente assim se conseguirá alcançar a transparência no universo jurisdicional, transparência esta exigida pelo Estado Democrático de Direito. A negação da ideologia muitas vezes não passa de mecanismo de ocultação da carga ideológica da decisão. Ocultação que impede ou dificulta o exercício do direito de impugnação pelo Judiciário (duplo grau de jurisdição). Pior, todavia, que o que pretende decidir ocultando a ideologia é aquele que decide ideologicamente imaginando que age de modo neutro, imparcial e coerente com a verdade. O juiz inconsciente, aquele incapaz de enxergar a carga de significação do universo jurídico-imaginário, aquele que desconhece os movimentos da história e os interesses concretos das classes sociais, este é cativo das ideologias hegemônicas, é escravo do poder e dos interesses dominantes. Este juiz é perigoso, porque age ideologicamente, acobertando certos interesses com a plena convicção de que não fez mais do que aplicar a lei. Mas, de que modo foi aplicada a lei? A compreensão literal do texto normativo nem sempre significa plena compreensão do direito". CLÈVE, Clèmerson Merlin. "Poder Judiciário: autonomia e justiça". *In:* CLÈVE, Clèmerson Merlin; BARROSO, Luís Roberto (coord.). *Doutrinas essenciais:* direito constitucional. São Paulo: Revista dos Tribunais, 2011, p. 667.

subjetividade na decisão em verdade são tendencialmente métodos de reafirmação dos valores culturais e políticos hegemônicos na sociedade.[91] João Marcelo Borelli Machado demonstra, a título de exemplo, como "essa motivação jurídico-ideológica impulsiona um magistrado a deferir uma liminar de reintegração de posse sem que a exordial esteja devidamente instruída com toda documentação correlata e, posteriormente, sustente a decisão mesmo após comprovado por documento hábil que o princípio da função social da propriedade foi desrespeitado (...) simplesmente porque, no entender do juízo, 'é inadmissível que as pessoas façam o que bem querem ofendendo a propriedade privada'".[92] Esse tipo de caso, é evidente, demonstra claramente a ideologia do aplicador (assim como no supramencionado caso de absolvição do estuprador de uma mulher negra e pobre porque "custa crer que o acusado, um rapaz ainda jovem e casado, tenha querido manter relações sexuais com a vítima, uma mulher de cor e sem qualquer atrativo sexual para um homem" ou mesmo no "caso Richarlyson"), donde o seu controle é mais fácil por outros órgãos, ainda que o magistrado alegue-se neutro. Outros casos, por exemplo, a escolha ametódica de um princípio,[93] ou, ainda, decisões baseadas integralmente no "princípio da razoabilidade", são de muito mais difícil controle, mas tão integralmente válidas para o ordenamento como qualquer outra.

Assim, a esfera do Judiciário não é menos política do que qualquer outro Poder, com o agravante de que se os demais agirem ou legislarem em desconformidade com a Constituição, haverá possibilidade de

---

[91] BERGALLI, Roberto. "Selección de jueces y autogobierno de la administración de justicia". *Sociology of penal control within the framework of the sociology of law*. [S.l: s.n.], 1991. pp. 127-160, p. 127.

[92] MACHADO, João Marcelo Borelli. "Violência judicial contra os movimentos populares no Paraná". *Revista da Faculdade de Direito UFPR*, vol. 43, 10 jan. 2007. Disponível em http://ojs.c3sl.ufpr.br/ojs/index.php/direito/article/view/7017. Acesso em 31 out. 2014, p. 8.

[93] STRECK, Lenio Luiz. "O (pós-)positivismo e os propalados modelos de juiz (Hércules, Júpiter e Hermes) – dois decálogos necessários". *Revista de direitos e garantias fundamentais*, n. 7, pp. 15-45, 2010. Disponível em http://www.fdv.br/sisbib/index.php/direitosegarantias/article/view/77, p. 33.

CAPÍTULO 1 - A DIMENSÃO POLÍTICA DA MAGISTRATURA

controla-los juridicamente, e o Judiciário, sobretudo sua última instância, não terá a mesma sorte. Assim, há, no Poder Judiciário, uma disputa pela significação da Constituição, que é uma disputa política, uma disputa ideológica,[94] para além dos parâmetros técnicos de hermenêutica, que também são determinantes nessa significação. É, por conseguinte, inteiramente possível ao magistrado atuar politicamente concretizando valores não albergados pela Constituição, mas que lhe são quistos, intencional ou não intencionalmente, tanto com um viés solipsista explícito, tanto com uma exegética fraca ou uma hermenêutica fraudada. Ocorre, assim, que o magistrado, para jurisdizer de fato, necessita de uma ideologia de efetividade com a Constituição em seu sentido intersubjetivo, não-solipsista, e isso deve ser garantido estruturalmente.

Por conseguinte, a aceitação ideológica do Direito e a demonstração do ponto de partida ideológico tomado para a decisão constituem necessárias aportes para a construção de uma ordem jurídica atualizada,[95] e são essenciais para a admissão de uma jurisdição que não nega o seu caráter político, e, pelo contrário, o insere como um elemento constitutivo da dinâmica democrática.[96]

1.1.3 A fratura fundamental: para uma legitimidade democrática do Judiciário

O raciocínio desenvolvido até este ponto pode ser resumido na seguinte expressão: "o exercício da jurisdição, tomada a partir de sua dimensão política, possui uma inegável relação com a vontade do aplicador, no caso, o magistrado, inclusive em relação à sua ideologia, sendo que, assim, a efetivação do projeto constitucional está, em último

---

[94] CLÈVE, Clèmerson Merlin. *Para uma dogmática constitucional emancipatória*. Belo Horizonte: Fórum, 2012, p. 38.

[95] CLÈVE, Clèmerson Merlin. "Poder Judiciário: autonomia e justiça". *In:* CLÈVE, Clèmerson Merlin; BARROSO, Luís Roberto (coord.). *Doutrinas essenciais:* direito constitucional. São Paulo: Revista dos Tribunais, 2011, p. 667.

[96] CRISTÓBAL, Rosario Serra. *La libertad ideológica del juez*. Valença: Tirant lo Blanch, 2004, p. 82.

caso, também dependente da disposição pessoal de todos e cada um dos magistrados em concretizá-la, bem como no adequado emparelhamento da cosmovisão dos magistrados em relação aos objetivos constitucionais". Isso é radicalmente antidemocrático.[97] O é na medida em que possibilita o exercício da violência estatal a partir da vontade de um indivíduo, ou um colegiado restrito, em um possível detrimento da vontade do povo, ou, ao menos, de seus representantes eleitos, e admite estar à mercê da vontade a realização do texto constitucional. Demonstra, assim, que a realidade dos julgamentos do Poder Judiciário possui uma essência antidemocrática, e, ainda assim, fundamentada na soberania do Estado Democrático de Direito – o que é um paradoxo. E é sobre esta realidade amarga, este desengate que leva a criar um Judiciário que, em essência, é capaz de buscar legitimidade democrática para fazer valer decisões oriundas de leituras e valores de sujeitos individuais que é necessário pensar mecanismos efetivos que não tornem esse poder um déspota oriundo do paradoxal.

Aliás, é possível até mesmo se questionar que, se o Judiciário "é realmente o rei da cocada preta, podendo livremente dizer o que é e o que não é constitucional, sem ter de se submeter a nenhum tipo de controle, já que a última palavra é sua, então para que, no caso brasileiro, é eleito um presidente e um corpo legislativo?"[98]

A construção de um Judiciário democrático, contudo, não pode partir senão da concretude da dimensão política da jurisdição, sem idealismos. Deve-se assim, reconhecer que o exercício da jurisdição possui uma possibilidade antidemocrática inexorável (o que não é compatível com o regime político brasileiro, é claro). Mas é só a partir dessa realidade que se pode deixar para trás fatores idealistas de "manter

---

[97] STRECK, Lenio Luiz. "O (pós-)positivismo e os propalados modelos de juiz (Hércules, Júpiter e Hermes) – dois decálogos necessários". *Revista de direitos e garantias fundamentais*, n. 7, pp. 15-45, 2010. Disponível em http://www.fdv.br/sisbib/index.php/direitosegarantias/article/view/77, p. 27.

[98] OMMATI, José Emílio Medauar; FARO, Julio Pinheiro. "De poder nulo a poder supremo: o Judiciário como superego". *A&C – Revista de Direito Administrativo & Constitucional*, vol. 12, n. 49, pp. 177-206, set. 2012, p. 184.

CAPÍTULO 1 - A DIMENSÃO POLÍTICA DA MAGISTRATURA

o Judiciário nos trilhos da democracia" e partir para uma análise concreta, que encare as dificuldades antidemocráticas ínsitas a este Poder e as supere na concretude, na materialidade (o que será feito no Capítulo 2).

Essa construção, contudo, não pode ser feita se não houver, ainda dentro da dimensão política, a noção do *locus* do Judiciário em uma democracia, isto é, suas limitações e potencialidades para com o regime democrático,[99] pois será essa noção do papel institucional que o Judiciário tem a desempenhar de onde se depurarão os mecanismos necessários para que, a despeito das possibilidades antidemocráticas, esse Poder seja, efetivamente, o corolário político da democracia constitucional.

Nesse sentido, José Eduardo Faria observa que o Poder Judiciário orbita entre as esferas (que se interpenetram) daquilo que é jurídico a rigor e do que é político, em razão do fenômeno a que se denomina "judicialização da política". Assim, em razão da Constituição aberta, houve a interpenetração das esferas, e muitos problemas de macropolítica passaram ao Judiciário e não por sua culpa. Mas sendo assim, ele é obrigado a se pronunciar sobre questões de macrojustiça com base nos ordenamentos da Constituição, definindo coisas que muitas vezes eram dos outros Poderes. Mas, questiona o autor, "com que legitimidade?"[100] O exercício do poder por esse Poder não eleito, que tende a responder as demandas sob uma lógica muitas vezes casuísta, retrospectiva, e que está ligado, inclusive, a elementos subjetivos de uma pessoa ou um pequeno grupo delas, teria alguma compatibilidade democrática, ou essa outorga de Poder seria tão-somente uma "juristocracia",[101] um arbítrio absoluto, como admitido pelos céticos da idoneidade democrática do Poder Judiciário?

---

[99] ZAFFARONI, Eugenio Raúl. *Estructuras judiciales*. Buenos Aires: Ediar, 1994. Disponível em http://www.pensamientopenal.com.ar/articulos/estructuras-judiciales. Acesso em 24.10.2014, p. 27.

[100] FARIA, José Eduardo. "Direito e Justiça no século XXI: a crise da Justiça no Brasil". *Colóquio Internacional – Direito e Justiça no Século XXI*, pp. 1-39, 2003. Disponível em www.ces.uc.pt/direitoXXI/comunic/JoseEduarFaria.pdf, pp. 17/18.

[101] PAIVA, Paulo. "Juristocracia?". *In:* FELLET, André Luiz Fernandes; PAULA, Daniel Giotti de; NOVELINO, Marcelo (coord.). *As novas faces do ativismo judicial*. Salvador: juspodivm, 2013, p. 499.

A possibilidade de se legitimar e de como exercer um papel democrático, segundo Boaventura de Sousa Santos, são, assim, desafios do Poder Judiciário nesse paradigma[102] paradoxal, fraturário, e que não se apresenta clarividente de imediato.

Nesse sentido, o conceito de legitimidade da jurisdição tem atravessado a história de diferentes formas, sendo, no mais das vezes, uma questão de adequação à racionalidade política de determinado tempo-lugar. Por exemplo, na Grécia antiga existiam, para os patrícios, magistrados patrícios, para os plebeus, magistrados plebeus. A legitimidade do julgamento se dava pela paridade de classe do julgador com o julgado, garantindo, pela classe social, a aplicação do Direito correto e os parâmetros morais da decisão. No império romano e no medievo, ao revés, o juiz era visto como uma *longa manus* (seja do Imperador, seja da Coroa), vale dizer, emprestava a legitimidade por representar a vontade do soberano (cuja legitimidade remontava a outras razões, históricas, familiares, divinas etc.).[103] A questão, no entanto, ganha outros contornos na modernidade política, que associa a soberania à ideia de Povo, e a legitimidade para o exercício do Poder à ideia da vontade popular, ao menos representada.[104] Enquanto isso era mais facilmente sobreposto aos Poderes Executivo e Legislativo, o Judiciário, nessa perspectiva, passou a contar com um déficit intrínseco de legitimidade democrática, cuja abstração da *bouche de la loi*, ou seja, um Poder, amarrado, impotente, procura justamente resolver. A figura da boca-da-lei, assim, surge como uma depuração da necessidade lógica para fundamentar o exercício

---

[102] SANTOS, Boaventura de Sousa; PEDROSO, João; BRANCO, Patrícia. *O recrutamento e a formação de magistrados:* análise comparada de sistemas e países da União Europeia. Coimbra: Observatório Permanente da Justiça Portuguesa, 2006. Disponível em http://opj.ces.uc.pt/pdf/ORFM/Recrutamento_formacao_magistrados.pdf, p. 15.

103 DALLARI, Dalmo de Abreu. *O poder dos juízes*. 3ª ed. São Paulo: Saraiva, 2010, p. 11.

[104] HACHEM, Daniel Wunder. GABARDO, Emerson. "O suposto caráter autoritário da Supremacia do interesse público e das Origens do Direito Administrativo". *In:* DI PIETRO, Maria Sylvia Zanella; RIBEIRO, Carlos Vinícios Alves (coord.). *Supremacia do interesse público e outros temas relevantes do Direito Administrativo*. São Paulo: Atlas, 2010, p. 26.

CAPÍTULO 1 - A DIMENSÃO POLÍTICA DA MAGISTRATURA

legítimo da jurisdição em um Estado cuja soberania é popular e o juiz não é eleito.[105] Assim, como explana Carl Schmitt, o *ethos* de legitimidade do Judiciário se encontrava na sua adequação ao Direito – este produzido procedimentalmente através de métodos democráticos – e, assim, sua legitimidade se dava com remissão a essa legitimidade referente,[106] sendo qualquer atuação mais ativa do Judiciário, portanto, também uma amputação da própria soberania popular e do exercício da liberdade do povo.[107]

A diferença que envolve a legitimidade do Judiciário pré e pós modernidade política está justamente em seu caráter formal, não substancial, pois substancialmente legítimo era somente o poder que passa por um processo de legitimação direto, na origem. O Judiciário (e os magistrados), por sua vez, fundamentava sua legitimidade no ordenamento, não na vontade do povo imediata. Nesse sentido, é necessário pontuar que, de fato, observado pela origem, isto é, pela seleção dos membros que exercerão o poder jurisdicional (aspecto da soberania), o Judiciário não possui legitimidade democrática em sua estruturação clássica.[108]

Mesmo Kelsen que, como visto, admitia a não adstrição da tarefa judicante a uma exegese da lei continua a manter um critério de legitimidade meramente formal e autorreferente para o Judiciário, apenas transferindo-o da condição de aplicador autômato da Lei para a própria legitimidade com base na competência outorgada pela Constituição.[109] É uma legitimidade

---

[105] A respeito da eleição para membros do Poder Judiciário, conferir o ponto 2.1.1.2.

[106] SCHMITT, Carl. *Legalidade e legitimidade*. Belo Horizonte: Del Rey, 2007, p. 7.

[107] OMMATI, José Emílio Medauar; FARO, Julio Pinheiro. "De poder nulo a poder supremo: o Judiciário como superego". *A&C – Revista de Direito Administrativo & Constitucional*, vol. 12, n. 49, pp. 177-206, set. 2012, p. 184.

[108] *"La afirmación de origen no democrático de la magistratura es inobjetable, si con la misma se quiere expresar que hay estructuras judiciales que, por su gobierno o por la forma de selección de sus miembros, no son democráticas, como puede ser un judicial verticalizado en forma de ejército, o dependiente o con una integración elitista por cooptación"*. ZAFFARONI, Eugenio Raúl. *Estructuras judiciales*. Buenos Aires: Ediar, 1994. Disponível em http://www.pensamientopenal.com.ar/articulos/estructuras-judiciales. Acesso em 24.10.2014, p. 28.

[109] DALLARI, Dalmo de Abreu. *O poder dos juízes*. 3ª ed. São Paulo: Saraiva, 2010, p. 91.

formal, portanto, derivada do próprio constituinte,[110] e se baseia no argumento de autoridade puro e simples de que o Poder Constituinte originário conferiu ao Judiciário a competência para dizer a norma no caso concreto, donde, sempre que o fizer, será legítimo, porque autorizado pelo constituinte soberano. Trata-se de um critério igualmente formal, porém político-teológico, e fundado na autoridade mítica do constituinte.

Não se nega que esse critério autoritário pode, até hoje, legitimar o Judiciário sem maiores digressões a respeito, no entanto, essa concepção se mantém antidemocrática, pois, ainda que na autorização do constituinte, legitima *a priori* qualquer decisão que o Judiciário vier a tomar, independentemente de seu conteúdo, inclusive decisões solipsistas ou antidemocráticas – retorna-se, portanto, à fratura fundamental: o Judiciário estaria formalmente democraticamente legitimado a tomar materialmente decisões antidemocráticas, o que é um paradoxo do ponto de vista substancial.[111] Nesse ponto, portanto, é possível uma recomposição com o pós-positivismo, observando que a legitimidade positivista é formalmente coerente mas materialmente inútil, isto é, não legitima de fato o exercício da jurisdição. Essa reflexão não é arbitrária ou instrumental (como se se fizesse uso das teorias apenas quando elas são convenientes, sem se preocupar com a coerência), mas porque, o meandro da legitimidade é dinâmico por excelência e não se dá unicamente a partir de um ponto de vista ontológico, mas se dá a todo momento no seio das relações políticas,[112] a legitimidade, assim, é essencialmente relacional,[113] é da própria essência da legitimidade a insuficiência do argumento formalista, uma vez que esse conceito está embebido de reconhecimento intersubjetivo.

---

[110] FRANCO, Fernão Borba. "Recrutamento e o poder do juiz". *In: Revista de Processo*. Ano 22, n. 86, pp. 240-267 abr-jun. 1997, p. 266.

[111] BERGALLI, Roberto. "La quiebra de los mitos. Independencia judicial y selección de los jueces". *Nueva Sociedad*, n. 112, pp. 152-165, abr. 1991, p. 153.

[112] BERGALLI, Roberto. "Selección de jueces y autogobierno de la administración de justicia". *Sociology of penal control within the framework of the sociology of law*. [S.l: s.n.], 1991. pp. 127-160, p. 133.

[113] BOURDIEU, Pierre; PASSERON, Jean-Claude. *La reproducción*: elementos para una teoría del sistema de enseñanza. 2ª ed. Barcelona: Fontamara, 1996, p. 44.

CAPÍTULO 1 - A DIMENSÃO POLÍTICA DA MAGISTRATURA

Roberto Bergalli, convergindo com essa ideia, entende que, no paradigma atual, desde a ascensão do Estado Social o confronto dos juízes com temas políticos, relativos à democracia substantiva, ou temas como igualdade material, que passaram a ser objeto da jurisdição, fez com que o próprio exercício do poder jurisdicional passasse a estar submetido a um juízo de legitimidade material, obrigando os juízes a se vincularem de forma pujante à sua condição de distribuidores da Justiça em sentido substancial. A legitimidade do Judiciário, assim, deixa o plano jurídico e também passa a ser exercida no plano político, na relação de como esse poder passa a ser exercido, que tipo de resposta oferece ao Povo.[114]

Como propala José Renato Nalini, não é mais suficiente o argumento de autoridade para pensar a legitimidade do Judiciário: ela deve se dar para além da mera legitimação formal.[115] Aqui é possível se valer do conceito político de legitimação por *input/output*.[116] A legitimação por *input* (*input legitimacy*) seria aquela relativa à origem da legitimidade, isto é, uma legitimação prévia – como a eleição dos demais Poderes, que, após sua legitimação via *input* através do sufrágio possuem liberdade para exercício do mandato, pois foram legitimados previamente[117] – e a legitimidade por *output*, pelo atingimento de certas finalidades. Na deficiência de legitimidade por *input*, isto é, da origem, ao Poder Judiciário, aquela por *output* se mostra como uma alternativa viável para que esse poder se legitime em sua atuação para além das formalidades.[118] Nesse

---

[114] "Selección de jueces y autogobierno de la administración de justicia". *Sociology of penal control within the framework of the sociology of law*. [S.l: s.n.], 1991. pp. 127-160, p. 134.

[115] "O desafio de criar juízes". In: ALMEIDA, José Mauricio Pinto de; LEARDINI, Márcia (coord.). *Recrutamento e formação de magistrados no Brasil*. Curitiba: Juruá, 2010, p. 107. Em idêntico sentido, também: NALINI, José Renato. *A rebelião da toga*. 2ª ed. Campinas: Millenium, 2008, p. 5.

[116] BRUNKHORST, Hauke. "Unificação desigual: poder transnacional e crise de legitimação na Europa contemporânea". *Novos Estudos – CEBRAP*, n. 76, nov. 2006, p. 114.

[117] SALGADO, Eneida Desiree. *Princípios constitucionais eleitorais*. Belo Horizonte: Fórum, 2010, p. 69.

[118] FRANCO, Fernão Borba. "Recrutamento e o poder do juiz". *Revista de Processo*. Ano 22, n. 86, pp. 240-267 abr-jun. 1997, p. 267.

sentido, é claro que não se despreza a crueza das constatações positivistas. Acaso o Poder Judiciário não se legitime por um *output* democrático, ainda assim será um poder legítimo porque a sua legitimidade constitucional-formal está hígida, no entanto, não será uma legitimidade democrática ampla – esta exige mais do que o mero formalismo.[119] Assim, são os *outputs* (ou, ainda "resultado" ou "saída",[120] "os efeitos sociais" decorrentes do exercício da jurisdição)[121] que podem ser um parâmetro de legitimação verdadeiro do Judiciário em uma democracia, em um Estado fundamentado na soberania popular.[122]

Com a posterior consolidação das teorias pós-positivistas que explicitamente passaram a dispor sobre a função do juiz como representante e garantidor dos interesses dos excluídos,[123] dos interesses débeis, da parcela social que de algum modo sofre processos de marginalização e a respeito da qual a jurisdição pode e deve cumprir alguma função,[124] a legitimidade democrática passou a se vincular igualmente ao cumprimento desses papéis.

Ademais, outro aspecto da legitimidade por *output* reside na própria fundamentação das decisões,[125] isto é, de que não basta oferecer uma

---

[119] ARRUDA, Augusto Francisco Mota Ferraz de. "Formação e recrutamento de juízes". *In:* ALMEIDA, José Maurício Pinto de; LEARDINI, Márcia (coord.). *Recrutamento e formação de magistrados no Brasil.* Curitiba: Juruá, 2007. pp. 29-66, p. 31.

[120] FREITAS, Vladimir Passos de; PALMA, Luis María. "La justicia como sistema". *Documentos de trabajo.* Universidad de Belgrano, n. 306, fev. 2015, p. 7.

[121] CAMPILONGO, Celso Fernandes. "Magistratura, sistema jurídico e sistema político". *In:* FARIA, José Eduardo (coord.). *Direito e justiça:* a função social do Judiciário. São Paulo: Ática, 1989, p. 113.

[122] RUIVO, Fernando. "Aparelho judicial, Estado e legitimação". *In:* FARIA, José Eduardo (coord.). *Direito e Justiça:* a função social do Judiciário. São Paulo: Ática, 1989, pp. 78/79.

[123] Conforme se verticalizará no ponto seguinte.

[124] BERGALLI, Roberto. "La quiebra de los mitos. Independencia judicial y selección de los jueces". *Nueva Sociedad*, n. 112, pp. 152-165, abr. 1991, p. 154.

[125] SANTOS, Boaventura de Souza. "Introdução à sociologia da administração da justiça". *In:* FARIA, José Eduardo (coord.). *Direito e Justiça:* a função social do Judiciário. São Paulo: Ática, 1994, p. 51.

CAPÍTULO 1 - A DIMENSÃO POLÍTICA DA MAGISTRATURA

resposta jurídica com fulcro no ordenamento para o caso, mas deve-se explicar ostensivamente o porquê (aproximando-se, portanto, das teorizações de Alexy ou mesmo Dworkin). Assim, o Juiz passa a ter que dispor de grande capacidade justificatória de suas sentenças, não apenas no consequencialismo, mas na necessidade permanente de legitimação do Poder Judiciário através da resposta e da fundamentação da resposta dada.[126] A fundamentação, ademais, confere transparência e permite o diálogo da decisão com outras instâncias, sua recorribilidade, sua compreensão pelo destinatário,[127] possibilitando, inclusive, o seu controle a respeito, inclusive, da dimensão subjetiva do processo interpretativo, que pode, sendo avaliada em grau recursal como incompatível ou inoportuna, ser reformada. Outrossim, legitimidade democrática também é garantida durante todo o transcorrer processual – não apenas na resposta – devendo o juiz se comunicar livremente com as partes, com os advogados, compreender a opinião pública etc.[128]

Há, assim, uma recomposição, reformulação, guiada pela óptica da soberania popular compromissória no Poder Judiciário. Altera-se a velha imagem dos juízes perante a sociedade, outorgado a eles uma nova face de representação social, fazendo deles portadores de valores emergentes. Como afirma Fernando Ruivo, "para superar a crise de legitimação, o aparelho judicial se veria impelido a abolir o seu estatuto de desconexão com a sociedade".[129] Ganham, assim evidência: independência judicial, a imparcialidade, a profissionalidade e carreira, a responsabilidade, capacidade justificatória, as ideologias públicas e transparentes, afastando qualquer noção de arbitrariedade no exercício

---

[126] NALINI, José Renato. "O desafio de criar juízes". *In:* ALMEIDA, José Mauricio Pinto de; LEARDINI, Márcia (coord.). *Recrutamento e formação de magistrados no Brasil.* Curitiba: Juruá, 2010, pp. 91-109, p. 106.

[127] APPIO, Eduardo. *Discricionariedade política do Poder Judiciário.* Curitiba: Juruá, 2008, p. 43.

[128] NALINI, José Renato. *A rebelião da toga.* 2ª ed. Campinas: Millenium, 2008, pp. 63-67.

[129] RUIVO, Fernando. "Aparelho judicial, Estado e legitimação". *In:* FARIA, José Eduardo (coord.). *Direito e Justiça:* a função social do Judiciário. São Paulo: Ática, 1989, p. 88.

desse poder.[130] Assim, se, por um lado, a legitimidade formal garante a autoridade das decisões jurisdicionais, o exercício de uma jurisdição democrática não tem essa visão como suficiente e busca, para além da remissão formal, garantir sua legitimidade material através da resposta judicial democrática, comprometida com a Constituição, com as minorias, com os direitos fundamentais, enfim, com a função democrática do Judiciário na sociedade,[131] isto é, a função de afirmar o Estado Democrático de Direito,[132] através da composição dos conflitos, do controle de constitucionalidade, de exercer o seu autogoverno[133] para, enfim, ser um concretizador dos objetivos da República e um partícipe na construção de uma realidade emancipatória,[134] como se verá adiante.

Em suma, se o Poder Judiciário, na modernidade política, em um Estado fundamentado da soberania popular, encontra-se diante de um paradoxo e de uma essência antidemocrática, é necessário pensar que ele, ainda assim, se legitime pelo conteúdo de suas ações enquanto Poder (pelo conteúdo de seus julgamentos). Isto é, se legitime na medida em que o exercício do Poder se torna, em si, a concretização da democracia, apesar de ser inicialmente inquinado por seu paradoxo fundante. E, para que ele seja hábil a fazê-lo, é consectário democratizar a magistratura.

---

[130] BERGALLI, Roberto. "Selección de jueces y autogobierno de la administración de justicia". *Sociology of penal control within the framework of the sociology of law*. [S.l: s.n.], 1991. pp. 127-160, p. 136.

[131] COMPARATO, Fábio Konder. "O papel do juiz na efetivação dos direitos humanos". *Revista do Tribunal Regional do Trabalho da 15ª Região*, n. 14, 2001.

[132] LEARDINI, Marcia. "A importância da formação do magistrado para o exercício de sua função política". *In*: ALMEIDA, José Mauricio Pinto de; LEARDINI, Márcia (coord.). *Recrutamento e formação de magistrados no Brasil*. Curitiba: Juruá, 2010. pp. 111-135, p. 117.

[133] ZAFFARONI, Eugenio Raúl. *Estructuras judiciales*. Buenos Aires: Ediar, 1994. Disponível em http://www.pensamientopenal.com.ar/articulos/estructuras-judiciales. Acesso em 24.10.2014, p. 67.

[134] CLÈVE, Clèmerson Merlin. *Para uma dogmática constitucional emancipatória*. Belo Horizonte: Fórum, 2012, p. 30.

CAPÍTULO 1 - A DIMENSÃO POLÍTICA DA MAGISTRATURA

1.2 A MAGISTRATURA DEMOCRÁTICA (PARA UMA JURISDIÇÃO DEMOCRÁTICA)

Para além do formalismo, é preciso reiterar que não há uma democracia sem um Poder Judiciário Democrático. No entanto, um Poder Judiciário Democrático não exsurge como dádiva do acaso, como benesse de seus magistrados, isto é, desvencilhado de uma estrutura institucional que permita o *ius dicere* de forma democrática.[135] Vale dizer, a Administração da Justiça opera através das estruturas institucionais do Poder, que formatam e propiciam a resposta judicial que é dada à sociedade.

E ao estudar-se, a partir de agora, justamente a estrutura do Poder Judiciário, em verdade, está-se falando de uma sorte de elementos certamente interconectados, que, todavia, podem ser analisados isoladamente. Pode-se, como dito, pensar a estrutura mesma, por exemplo, a partir de uma abordagem concreta, analisando a qualidade e quantidade dos prédios em que a tarefa jurisdicional é prestada – se são adequados, se permitem um bom acesso à Justiça, se estão bem equipados, informatizados, se proporcionam a boa prestação dos serviços ao jurisdicionado, se há cartórios e varas suficientes etc. Também é possível analisar a estrutura do Poder Judiciário através de seus servidores, do seu funcionalismo, uma vez que isso também é estruturante para o exercício desse Poder e a efetiva prestação jurisdicional. Ainda, é possível analisar o Poder Judiciário a partir de sua estrutura organizacional, isto é, o organograma das instâncias superiores e inferiores pelas quais a jurisdição é exercida, a divisão de competências, os graus recursais, ou mesmo a efetividade da divisão das Cortes em grupos, turmas ou câmaras. Não escapam a essa discussão temas relevantes como por exemplo a existência da Justiça Militar,[136] ou a

---

[135] ZAFFARONI, Eugenio Raúl. "Dimensión Política de un Poder Judicial Democrático". *Cuadernos de Derecho Penal*, pp. 15-53, 1992. Disponível em http://new.pensamientopenal.com.ar/sites/default/files/2013/09/51zaffaroni.pdf. Acesso em 19.09.2014, p. 16.

[136] Sobre o tema, favoravelmente: PETERSON, Zilah Maria Callado Fadul. "Justiça Militar: uma Justiça bicentenária". *Revista da Escola Nacional da Magistratura*, vol. 2, n. 3, pp. 153-163, 2007. Em sentido contrário: DALLARI, Dalmo de Abreu. *O poder dos juízes*. 3ª ed. São Paulo: Saraiva, 2010, pp. 136-139.

competência da Justiça Eleitoral.[137] Igualmente, também integra a estrutura do Poder Judiciário a magistratura, ou, noutros termos, a magistratura é estruturante ao Poder Judiciário.

Em resumo, compõem a estrutura do Poder Judiciário, dentre outras: a magistratura, o funcionalismo, a estrutura física e a estruturação organizacional das instâncias. Ao passo que tratar da estrutura física é algo mais concreto, que envolve arquitetura, análise de meios para o bom desempenho da jurisdição, os demais fatores que também se têm como estruturantes são eminentemente jurídicos. As instâncias são previstas na Constituição (art. 92); o funcionalismo também possui fulcro constitucional (art. 37), além dos estatutos próprios dos servidores do Poder Judiciário. Na mesma senda, a magistratura possui embasamento constitucional (Título IV, Capítulo III, em conjunto com outras estruturações), disciplinada através da Lei Complementar n. 35/1979, que foi recepcionada pela Constituição (art. 93) e também conhecida como LOMAN, a Lei Orgânica da Magistratura Nacional. Além disso, os regimentos dos Tribunais e o Código de Ética da Magistratura também abalizam essa categoria, dando-lhe o semblante institucional.

Contudo, a segmentação conceitual aqui proposta, isolando a "magistratura" como objeto de estudo, é tênue e muitas vezes a literatura jurídica a entende como sinônimo de "carreira da magistratura" (o que é um engano, uma vez que a carreira é apenas uma das características da magistratura, bem como pode haver magistratura sem carreira, como se verá doravante), tempo de exercício da função de magistrado, judicatura, ou mesmo como sinônimo do próprio Poder Judiciário.[138] A maioria da doutrina, contudo, simplesmente não conceitua a magistratura – ainda que a entenda como uma das peças que formam o panorama do Poder Judiciário e não como seu sinônimo – abordando-a diretamente a partir de seus princípios estatutários e garantias funcionais, uma vez que nem a Constituição, nem a LOMAN, o Código de Processo Civil ou o Estatuto de Ética da Magistratura conceituam o que é "magistratura".

---

[137] Sobre o tema: SALGADO, Eneida Desiree. "Um novo modelo de administração das eleições e de Justiça Eleitoral para o Brasil". *Direito Eleitoral – debates ibero-americanos*. Curitiba: Ithala, 2014, pp. 129-138.

[138] MENDES, Gilmar Ferreira; COELHO, Inocêncio Mártires; BRANCO Paulo Gustavo Gonet. *Curso de Direito Constitucional*. 2ª ed. São Paulo: Saraiva, 2008, p. 933.

CAPÍTULO 1 - A DIMENSÃO POLÍTICA DA MAGISTRATURA

Por ser uma palavra de uso corrente no meio jurídico, sua significação, para a maioria das tratativas, é bastante cotidiana e intuitiva – o que justifica a falta de interesse em conceitua-la. Todavia, no presente estudo, a definição de "magistratura" é essencial e necessita ser esquadrinhada de modo objetivo e preciso, uma vez que o trabalho se calca no argumento de que ela é, como supramencionado, um dos vários aspectos que compõem a estrutura do Poder Judiciário e é através da investigação de como operar a Administração da Justiça a partir de uma magistratura efetivamente democrática que é possível democratizar o Poder Judiciário e, afinal, a jurisdição.

É possível, nesse viés, conceituar, ou, noutros termos, esquadrinhar, a "dimensão" da magistratura, a partir de suas funções.[139] No entanto, a toada funcionalista, embora bastante oportuna não é o que mais supre as necessidades da presente investigação, uma vez que seu escopo, como dito, é repensar os mecanismos institucionais da magistratura. Assim, sem olvidar que as funções são essenciais, é possível conceituar o termo "magistratura" estruturalmente, embora não se tenha encontrado, na literatura jurídica, tal conceituação.

Desse modo, pode-se entender, sem pretensões de esgotamento, que:

> Magistratura é: a forma de estruturação dos agentes que exercem por ofício a jurisdição – compreendendo, nisso, seu recrutamento, treinamento, garantias, correição e relações institucionais existentes entre si, entre os sujeitos de outros Poderes e instituições, bem como os demais cidadãos.

---

[139] É o que faz, por exemplo, Luiz Flávio Gomes. Ainda que em nenhum momento explicitamente defina de maneira funcionalista a magistratura, o argumento central de seu livro, "A Dimensão da Magistratura no Estado Constitucional e Democrático de Direito" gira em torno de apresentar a magistratura depurando as suas funções (resolver litígios, controlar os outros poderes, exercer seu autogoverno, tutelar os direitos e garantias fundamentais e garantir o Estado Democrático de Direito). GOMES, Luiz Flávio. *A dimensão da magistratura:* no Estado Constitucional e Democrático de Direito. São Paulo: Revista dos Tribunais, 1997.

Assim, doravante, ao se falar de "magistratura", observe-se que o conceito é muito mais amplo do que simplesmente do que a noção de "carreira dos juízes", mas, contudo, bastante mais restrito do que um sinônimo de "Poder Judiciário" – sendo, no Estado atual, uma das estruturas desse Poder, apenas.

Cumpre ressaltar que, afora as questões mais verticalizadas como as garantias funcionais, a carreira, os princípios estatutários etc., pouco se estuda a respeito da magistratura em um plano mais abstrato, isto é, diferente das mencionadas garantias funcionais, carreira, princípios estatutários que estão atualmente positivados neste ou naquele documento jurídico. Assim, nota-se uma certa precariedade em se pensar de maneira principiológica, estruturante, manancial, a magistratura – ainda que abundem reflexões sobre aspectos específicos da magistratura. Isto é, há bastantes reflexões, na literatura, a respeito de elementos estruturantes específicos, no entanto, sem ser radicado em um modelo de magistratura que se pretenda, conforme uma premissa orgânica que consiga dar coerência e sentido a esses elementos institucionais específicos).

Com efeito, nesse âmbito se destaca, tanto pelo originalismo quanto pela densidade, a obra de Eugenio Raúl Zaffaroni, "*Estructuras Judiciales*", bem como um estudo complementar, "*Dimensión Política de un Poder Judicial Democrático*", que analisam detidamente os vários modelos históricos de magistratura que estruturaram o Poder Judiciário e, a partir delas, depura modelos ideais com características comuns, mas que demonstram paradigmas distintos de estruturar a magistratura, e, por consequência, o Judiciário. O estudo também foi bastante aproveitado no Brasil através do livro de Luís Flávio Gomes, "*A dimensão da magistratura*".

Assim, cabe recapitular essa ordem de ideias – que, com notoriedade analisa o tema da magistratura "em si" e não apenas os seus elementos circunstanciais – primeiramente para, após, observar como a magistratura, sendo um elemento estruturante do Poder Judiciário, pode se configurar de modo a melhor se compatibilizar com os pressupostos ontológicos, funcionais e normativo-constitucionais que regem o Poder Judiciário.

CAPÍTULO 1 - A DIMENSÃO POLÍTICA DA MAGISTRATURA

1.2.1 Os modelos idealmente superados de magistratura

Estudar "a magistratura" exige um elevado nível de abstração, uma vez que não existe "a magistratura" como estrutura metafísica ideal, mas sim magistraturas que variam conforme o local e o tempo verificado.[140] A magistratura, "como qualquer tema ou instituto jurídico, não é uma joia do tesouro da humanidade, repentinamente descoberta e crescentemente lapidada. Ela é uma produção histórica, inventada e reinventada, dentro de um contexto complexo e conflitivo que é necessário analisar".[141] Assim, o significante "magistratura" possui diferentes significados, seja no Brasil atual, seja no Brasil Império, ou na Inglaterra, Japão, Estados Unidos, Império Romano, União Soviética etc. Mesmo limitando a análise à temporalidade mais recente, em que a noção de magistratura está umbilicalmente ligada ao Estado, que, afinal, detém o monopólio da jurisdição, por consequência cada Estado apresentará uma magistratura diferente da outra, cada qual com suas particularidades.

É possível, contudo, a partir da realidade concreta, sobresumir uma série de modelos ideais, a partir das características, ora em comum, ora distintas, que as magistraturas reais apresentam, em um exercício de certo modo platônico-kantiano-hegeliano. Esse processo, efetuado por Zaffaroni, e ratificado no Brasil por Luís Flávio Gomes,[142] Gilmar Ferreira Mendes, Paulo Branco e Inocêncio Coelho[143] conclui pela existência de três modelos de magistratura na modernidade política – vale dizer, após

---

[140] GOMES, Luiz Flávio. *A dimensão da magistratura:* no Estado Constitucional e Democrático de Direito. São Paulo: Revista dos Tribunais, 1997, p. 16.

[141] A citação, no original, é dedicada ao instituto da subjetividade. No entanto o próprio autor dá à citação a generalidade de se adequar não apenas à subjetividade, mas igualmente a "qualquer tema ou instituto jurídico". FONSECA. Ricardo Marcelo. *Modernidade e Contrato de Trabalho:* do sujeito de Direito à sujeição jurídica. São Paulo: LTr, 2001, p. 29.

[142] GOMES, Luiz Flávio. *A dimensão da magistratura:* no Estado Constitucional e Democrático de Direito. São Paulo: Revista dos Tribunais, 199,7 p. 16.

[143] MENDES, Gilmar Ferreira; COELHO, Inocêncio Mártires; BRANCO Paulo Gustavo Gonet. *Curso de Direito Constitucional.* 2ª ed. São Paulo: Saraiva, 2008, pp. 932/933.

a Revolução Francesa.[144] Ainda que com fulcro na essência em comum das diversas magistraturas experenciadas na prática, não deixam de ser, assim, modelos ideais,[145] a que nenhuma realidade se adequa perfeitamente. Nas magistraturas concretas haverá sempre uma mescla de características, sobrelevando algumas delas,[146] conforme o princípio do modelo que mais fortemente rege a sua configuração jurídica. Assim, "a magistratura de nenhum país, é bem provável, encaixa-se irrestritamente em um só dos modelos traçados. Sempre há uma mescla de características. De qualquer modo, há em alguma medida a preponderância de algumas delas".[147]

Nota-se, também, que enquanto os dois primeiros modelos estão em fase de acabamento, o último ainda está em construção. Também se ressalva que a realidade não é linear e essa evolução dos modelos, em que um se apresenta qualitativa e paradigmaticamente como superação do anterior, só se dá justamente porque se tratam de ideias. Não se trata de ver a história concreta como linear e evolucionista, ignorando as complexidades da concretude, mas sim um evolucionismo no plano ideal (bastante hegeliano, aliás). Assim, em razão disso é coerente falar-se em modelos idealmente superados de magistratura, uma vez que, na realidade, elementos desses modelos ainda poderão ser averiguados no Poder Judiciário deste ou daquele Estado – muitas vezes, aliás, de maneira preponderante, de modo que o próprio Zaffaroni dos modelos classifica a magistratura de determinado Estado como de dado modelo ideal.

Assim, "*los tres modelos estructurales (...) son tres momentos evolutivos y, en cada uno de ellos, se observan las tendencias hacia su superación, siempre en pugna con las tendencias hacia el reforzamiento del modelo y hacia su deterioro*

---

[144] ENTERRÍA, Eduardo García de. *La lengua de los derechos:* la formación del derecho público europeo trás la revolución francesa. Madri: Alianza Editorial, 2001, p. 20.

[145] ZAFFARONI, Eugenio Raúl. *Estructuras judiciales*. Buenos Aires: Ediar, 1994. Disponível em http://www.pensamientopenal.com.ar/articulos/estructuras-judiciales. Acesso em 24.10.2014, pp. 132/133.

[146] GOMES, Luiz Flavio. *A dimensão da magistratura:* no Estado Constitucional e Democrático de Direito. São Paulo: Revista dos Tribunais, 1997, p. 18.

[147] GOMES, Luiz Flavio. *A dimensão da magistratura:* no Estado Constitucional e Democrático de Direito. São Paulo: Revista dos Tribunais, 1997, p. 18.

CAPÍTULO 1 - A DIMENSÃO POLÍTICA DA MAGISTRATURA

a etapas anteriores", em uma oposição dialética cuja síntese *"depende en gran medida del 'ambiente' en que se inserta y con el que se relaciona el sistema judicial, esto es, de las relaciones interactivas de éste con el sistema político y con la sociedad en general"*.[148] Por conseguinte, ratifique-se: a superação dos modelos é apenas ideal, uma vez que elementos de todos eles se concretizam na realidade de um dado sistema Judiciário, e não se dá apenas no microcosmos do Judiciário, mas sim tomada sua inserção social. Assim, observar que há uma superação ideal dos modelos não implica que eles tenham sido superados na prática – pelo contrário, serve de parâmetro abstrato para medir um atraso institucional latente na realidade, como a latino-americana.[149]

Também é digno de nota que mesmo atualmente, no Brasil, vários dos elementos dos três modelos ainda existem na realidade. Contudo, antes de verticalizar-se o estudo para notar como e em qual medida cada um dos institutos dos modelos abaixo se aplica, far-se-á a digressão abstrata de cada um deles, para, após, observar como os modelos se concretizam no Brasil.

Por fim, observe-se que os modelos, embora ideais, o são de modo indutivo, não dedutivo. Ou seja: foram pensados a partir de elementos concretos interseccionados das realidades concretas dos diversos modelos de magistratura, sobresumindo o modelo, e não pensados abstratamente *ex nihilo*, como puro produto da razão. Assim, ao falar-se de superação e de avanço institucional, não se opõe como obstáculo qualquer impossibilidade de concretização, um idealismo absoluto ou uma utopia nefelibata: os modelos todos advêm da experiência concreta, e da mesma forma que um supera o outro idealmente, é possível subsumir as premissas e elementos de cada um deles para os sistemas concretos e institucionais de dada magistratura – o que depende da conjuntura social e da vontade

---

[148] ZAFFARONI, Eugenio Raúl. *Estructuras judiciales*. Buenos Aires: Ediar, 1994. Disponível em http://www.pensamientopenal.com.ar/articulos/estructuras-judiciales. Acesso em 24.10.2014, p. 157.

[149] ZAFFARONI, Eugenio Raúl. *Estructuras judiciales*. Buenos Aires: Ediar, 1994. Disponível em http://www.pensamientopenal.com.ar/articulos/estructuras-judiciales. Acesso em 24.10.2014, p. 117.

política. Seu caráter ideal, contudo, de modo algum se confunde com idealismo, donde não se pode afirmar que são modelos de impossível realização – seu caráter ideal, portanto, de modo algum se confunde com o utópico.

1.2.1.1 Modelo empírico-primitivo

O primeiro modelo ideal que se tem de magistratura moderna é o denominado "empírico-primitivo", que reúne as características norteadoras da magistratura europeia desde o final do século XVIII, após a Revolução Francesa, e que perdurou em grande medida naquele continente durante o século XIX. Cumpre avaliar que, embora evidentemente houvesse magistratura anterior à Revolução Francesa, esse momento é um marco para o entendimento da realidade atual, uma vez que é a partir desse episódio histórico que se pode conceber a consolidação definitiva da modernidade política[150] e a estabilização paradigmática no pensamento do Direito público em relação ao titular do Poder do Estado[151] – o povo e não mais o Rei. Também a própria ideia de jurisdição passa a ser entendida como a mera tarefa de subsumir a lei, garantindo, assim, o governo da vontade geral (e não do arbítrio do monarca ou do magistrado) sobre as situações concretas.[152]

A nomenclatura, embora bastante resgatada por quem se utiliza da doutrina de Zaffaroni, raramente é explicada.

Denomina-se esse primeiro modelo de "empírico" em razão de decorrer da própria experiência política material, isto é, sem uma grande esquematização teórico-abstrata, da França pós-revolucionaria, bem como da Alemanha e Inglaterra no mesmo período histórico. Surgiu das

---

[150] ENTERRÍA. Eduardo Garcia de. *Revolucion Francesa Y Administracion Contemporanea*. Madri: Editorial Civitas, 1994, pp. 23/24.
[151] SEELAENDER, Airton Cerqueira Leite. "O contexto do texto: notas introdutórias à história do direito público na idade moderna". *Seqüência*: Revista do Curso de Pós-graduação em Direito da UFSC, n. 55, Florianópolis: Fundação Boiteux, 2007, p. 259.
[152] ENTERRÍA, Eduardo García de. *La lengua de los derechos:* la formación del derecho público europeo trás la revolución francesa. Madri: Alianza Editorial, 2001, p. 118.

CAPÍTULO 1 - A DIMENSÃO POLÍTICA DA MAGISTRATURA

necessidades pragmáticas do momento. Igualmente, "primitivo" porque foi o modelo mais primário, estruturado com o único fito de resolver os conflitos interprivados, e, assim, estruturar primitivamente o quadro Judiciário, não só na Europa, mas, pouco tempo depois, nas Américas.[153]

Esse primeiro modelo surgiu, então, da pura necessidade de repensar-se a jurisdição, vale dizer, arbitrar a resolução dos conflitos interprivados unicamente. A noção mais importante, nesse primeiro momento, é simplesmente romper com a ideia do juiz como agente do arbítrio,[154] do poder monárquico, e transformá-lo em um aplicador mecânico da lei, o que não exige grandes esquemas de recrutamento, formação, ou garantias institucionais que avalizem a independência judicial nem abertura interpretativa.

O desinteresse na figura pessoal do magistrado será o marco principal desse modelo. Assim, em verdade, o juiz pode vir a ser, nesse esquema, qualquer indivíduo minimamente letrado e sensato, já que o juiz é tido como um mero subsuntor, e, portanto, não necessita de grandes qualificações jurídicas, éticas ou de compreensão da realidade social.[155] Assim, nas magistraturas empírico-primitivas há arbitrariedade na seleção dos juízes, sem uma garantia efetiva de qualificação técnica mínima.[156] Diante disso, é insigne que nesse modelo o recrutamento de novos juízes se dê por desígnios dos Poderes Instituídos, isto é, da vontade política dos representantes de um dos Poderes.

---

[153] ZAFFARONI, Eugenio Raúl. *Estructuras judiciales.* Buenos Aires: Ediar, 1994. Disponível em http://www.pensamientopenal.com.ar/articulos/estructuras-judiciales. Acesso em 24.10.2014, pp. 91/92.

[154] DALLARI, Dalmo de Abreu. *O poder dos juízes.* 3ª ed. São Paulo: Saraiva, 2010, pp. 13-16.

[155] ZAFFARONI, Eugenio Raúl. *Estructuras judiciales.* Buenos Aires: Ediar, 1994. Disponível em http://www.pensamientopenal.com.ar/articulos/estructuras-judiciales. Acesso em 24.10.2014, p. 74.

[156] ZAFFARONI, Eugenio Raúl. "Dimensión Política de un Poder Judicial Democrático". *Cuadernos de Derecho Penal*, pp. 15-53, 1992. Disponível em http://new.pensamientopenal.com.ar/sites/default/files/2013/09/51zaffaroni.pdf. Acesso em 19.09.2014, p. 29.

Sob esse prisma, é possível subclassificar os modelos empírico-primitivos em razão da forma com que se dá a nomeação de seus magistrados, isto é, a partir de qual critério se escolhem os indivíduos nivelados "por baixo":

a) nomeação política pura, unicamente, por critérios próprios e arbitrários dos detentores do poder, seja o Poder Executivo, seja o Legislativo, ou ambos;

b) nomeação por cooptação,[157] quando o órgão supremo do Judiciário seleciona, por seus próprios critérios, os juízes, inclusive da corte suprema;

c) a forma mista, quando a cúpula é nomeada pelos demais Poderes, e ela coopta as demais cortes, que, por sua vez, cooptam os magistrados de primeira instância.[158]

No que tange ao primeiro (a → nomeação política pelos outros Poderes), poder-se-ia argumentar que tais nomeações políticas seriam efetivamente democráticas, uma vez que aquele que nomeia, ainda que por critérios arbitrários, foi, em uma democracia, legitimado pelo voto para exercer os seus critérios e escolher os membros do Judiciário – criando, assim, um filtro democrático de seus membros. Esse argumento, contudo, não subsiste porque se trata de uma baliza que *"en realidad no es republicana, pues se trata de nombramientos autocráticos, no impugnables por quienes no son llamados y que, en definitiva, son meros actos de favorecimiento"*,[159] uma vez que, no máximo, observará critérios de idoneidade mínima para o cargo (como reputação ilibada e notório saber jurídico), sendo

---

[157] Nomenclatura também utilizada por Giacomo Oberto. *Recrutement et formation des magistrats en Europe*: etude comparative. Estrasburgo: Conseil de l'Europe, 2003. Disponível em http://www.coe.int/t/dghl/cooperation/lisbonnetwork/rapports/LivreOberto_fr.pdf, p. 12.

[158] ZAFFARONI, Eugenio Raúl. *Estructuras judiciales*. Buenos Aires: Ediar, 1994. Disponível em http://www.pensamientopenal.com.ar/articulos/estructuras-judiciales. Acesso em 24.10.2014, pp. 116/117.

[159] ZAFFARONI, Eugenio Raúl. *Estructuras judiciales*. Buenos Aires: Ediar, 1994. Disponível em http://www.pensamientopenal.com.ar/articulos/estructuras-judiciales. Acesso em 24.10.2014, p. 140.

CAPÍTULO 1 - A DIMENSÃO POLÍTICA DA MAGISTRATURA

que o apto ao cargo deveria, em uma democracia, ser aquele mais idôneo, e não qualquer um entre aqueles que preencham a idoneidade mínima. A nomeação política é, portanto, no máximo, um critério de idoneidade mínima.

O compromisso democrático para além da formalidade e do argumento de autoridade referente, vale dizer, o compromisso para com o exercício da jurisdição da melhor forma para o povo, é, nesse modelo, mínimo, pois a escolha está refém dos desígnios dos detentores do Poder, anulando, por conseguinte, a independência do Judiciário. Assim, ainda que dos detentores do Poder sejam democraticamente eleitos e nomeiem inspirados por uma vis democrática, a nomeação em si não deixa de ser um ato de favorecimento unilateral e sem garantias para a magistratura.

Os demais Poderes, ademais, são majoritários. Ainda que em composição proporcional, como é o caso do Legislativo, proporcionando representação das minorias, suas deliberações continuam sendo majoritárias. Assim, senão por uma falha sistêmica, jamais será nomeada uma pessoa compromissada com as pautas contramajoritárias. Assim, esse tipo de nomeação oblitera qualquer possibilidade de que o Judiciário cumpra a função de garantir direitos fundamentais contramajoritários.

Outrossim, o efeito mais fugaz do método de seleção por nomeação política pura ou mista é justamente a posição caudatária que o Poder Judiciário assume em relação aos demais, já que os magistrados são indicados conforme o interesse dos governos e seus partidos. Assim, também não é possível falar em função de controle dos demais Poderes.

Não é impossível que a tradição ou a prudência façam levar em consideração um certo nível técnico para algumas nomeações, pois, no geral, ainda é preciso assegurar as decisões dos conflitos. No entanto, preponderarão sempre os interesses políticos, havendo situações em que o indicado será não o tecnicamente melhor, mas aquele com boas relações com os detentores do poder. Por consequência, perde-se a dignidade do Judiciário, que se transforma em um capacho dos outros Poderes, deixando ele mesmo de ser um. E esse efeito não se descaracteriza mesmo nos casos em que somente a Cúpula, ou membros das Cortes ou da

Corte Constitucional são nomeados politicamente, com recrutamento via concurso para os demais, porque *"tiende a la estructura que pretende generar un ejército de técnicos manejados por un pequeño grupo de leales políticos"*.[160]

Ademais, se houver instrumentos como prerrogativas funcionais ("foro privilegiado"), é provável que os Poderes majoritários escolham aqueles que eventualmente serão julgadores seus e de suas ações já pensando no resultado de possíveis julgamentos, comprometendo a imparcialidade do julgamento.

Na cooptação (b) não há esse processo de prostrar o Judiciário como caudatário dos demais Poderes, no entanto, acarreta-se outra característica igualmente nefasta e antidemocrática: a elitização do Poder Judiciário, criando verdadeiras "famílias judiciais",[161] robustecendo o nepotismo de maneira institucionalizada e perpetuando os mesmos sobrenomes no poder. Ademais, não há independência interna da magistratura, pois o juiz, com vista à permanência na Instituição, ou a promoção, fica condicionado a aceitar docilmente os critérios das instâncias superiores, dentro de uma estrutura hierarquizada que tende a se reproduzir e retroalimentar-se (também hereditariamente).[162]

A qualidade técnica, na cooptação, é ligeiramente maior do que na simples nomeação política, pois a elite judiciária tenderá a autopreservar-se, eliminando aqueles que possam desprestigiá-la. De todo modo, manterá sempre uma técnica jurídica de baixo nível

---

[160] ZAFFARONI, Eugenio Raúl. *Estructuras judiciales*. Buenos Aires: Ediar, 1994. Disponível em http://www.pensamientopenal.com.ar/articulos/estructuras-judiciales. Acesso em 24.10.2014, p. 141. Essa noção é válida, contudo, em consonância com todo o modelo empírico-primitivo, em que os juízes das instâncias inferiores não possuem jurisdição constitucional, garantias ou independência;

[161] ZAFFARONI, Eugenio Raúl. "Dimensión Política de un Poder Judicial Democrático". *Cuadernos de Derecho Penal*, pp. 15-53, 1992. Disponível em http://new.pensamientopenal.com.ar/sites/default/files/2013/09/51zaffaroni.pdf. Acesso em 19.09.2014, p. 32.

[162] ZAFFARONI, Eugenio Raúl. *Estructuras judiciales*. Buenos Aires: Ediar, 1994. Disponível em http://www.pensamientopenal.com.ar/articulos/estructuras-judiciales. Acesso em 24.10.2014, p. 123.

CAPÍTULO 1 - A DIMENSÃO POLÍTICA DA MAGISTRATURA

teórico,[163] reiterativa, pouca ou nada criativa e inidônea a produzir juízes independentes ou imparciais. Produz-se, assim, um perfil de juiz classista, apadrinhado, ensimesmado, preconceituoso, que vê o Judiciário como uma corporação de ofício de sua família, seguro da importância da reiteração de ritos e tradições que lhe são, literalmente, familiares, alijado da comunidade e de seus problemas, refratário a qualquer inovação e antidemocrático.[164]

Na forma mista (c), as características de ambos os sistemas tendem a se conjugar, prevalecendo a nomeação política para instâncias superiores e a cooptação para os magistrados do baixo escalão.

Nas três as formas de recrutamento empírico-primitivas, o sistema é bastante hierarquizado, fazendo valer a vontade política das cúpulas (que podem, por sua vez, estar subordinadas à vontade política dos outros Poderes). Assim, a interpretação jurídica tende a ser uniformizada hierarquicamente, vinculando entendimentos sumulados pelas instâncias superiores e homogeneizando hierarquicamente a interpretação e a ideologia dos Tribunais. Cria-se, assim, uma vigilância hierárquica dos magistrados e o controle ideológico das decisões dos juízes pela instância superior, podendo inclusive aplicar sanções àqueles magistrados que não seguem os entendimentos das cúpulas ou têm muitas de suas decisões reformadas.[165]

Isso, contudo, não se reflete em certa segurança jurídica decorrente da cristalização dos entendimentos, uma vez que, comprometida a independência em relação aos outros Poderes, as cúpulas passam a adotar

---

[163] Ou seja, tenta-se garantir minimamente a técnica, o saber tecnicista do Direito, mas não uma cultura jurídica propriamente, isto é, o estudo aprofundado de teorias jurídicas, investigações acadêmicas etc., mas apenas a método de produção de decisões de maneira minimamente aceitável, que garanta a confiabilidade da Instituição, mas, sobretudo, que não se contraponha à vontade das cúpulas.

[164] ZAFFARONI, Eugenio Raúl. *Estructuras judiciales*. Buenos Aires: Ediar, 1994. Disponível em http://www.pensamientopenal.com.ar/articulos/estructuras-judiciales. Acesso em 24.10.2014, pp. 123/124.

[165] BERGALLI, Roberto. "La quiebra de los mitos. Independencia judicial y selección de los jueces". *Nueva Sociedad*, n. 112, pp. 152-165, abr. 1991, p. 163.

comportamentos casuístas, ligadas às disputas empíricas das elites políticas pelo poder,[166] e os próprios membros podem eventualmente ser indicados conforme a ordem do dia, *ad hoc*, conforme espera-se que se posicionem em casos específicos que logo entrarão em pauta. Assim, esse modelo, se prolongado no tempo, causa insegurança jurídica, falta de estímulo ao progresso jurídico, empobrecimento da cultura do país e reduz o Estado de Direito a um Estado puramente legal.[167]

Por esse mesmo motivo, não há controle de constitucionalidade das Leis, ou, se há, é tímido e retraído, uma vez que o Poder Judiciário está comprometido em ratificar a vontade política dos demais Poderes, alijado de independência e adota, assim, uma postura confirmadora dos atos do Executivo ou das Leis, seja por estar comprometido, seja para não causar atritos e desconfortos institucionais que possam colocar em xeque os seus privilégios elitistas e familiares.[168] Assim, também é coerente que, nesses modelos, apenas a Corte Suprema possa realizar o controle de constitucionalidade (concentrado) – cingindo, assim, a jurisdição constitucional e tornado os juízes das instâncias inferiores em aplicadores necessários da Lei, ainda que a entendam inconstitucional.[169]

A hierarquização e tendência à verticalização estão ligadas, na história recente, a governos não democráticos e totalitarismos,[170] em que

---

[166] ZAFFARONI, Eugenio Raúl. *Estructuras judiciales*. Buenos Aires: Ediar, 1994. Disponível em http://www.pensamientopenal.com.ar/articulos/estructuras-judiciales. Acesso em 24.10.2014, pp. 118-123.

[167] ZAFFARONI, Eugenio Raúl. "Dimensión Política de un Poder Judicial Democrático". *Cuadernos de Derecho Penal*, pp. 15-53, 1992. Disponível em http://new.pensamientopenal.com.ar/sites/default/files/2013/09/51zaffaroni.pdf. Acesso em 19.09.2014, p. 29.

[168] ZAFFARONI, Eugenio Raúl. *Estructuras judiciales*. Buenos Aires: Ediar, 1994. Disponível em http://www.pensamientopenal.com.ar/articulos/estructuras-judiciales. Acesso em 24.10.2014, p. 93.

[169] ZAFFARONI, Eugenio Raúl. "Dimensión Política de un Poder Judicial Democrático". *Cuadernos de Derecho Penal*, pp. 15-53, 1992. Disponível em http://new.pensamientopenal.com.ar/sites/default/files/2013/09/51zaffaroni.pdf. Acesso em 19.09.2014, p. 29.

[170] Um exemplo notório é o da magistratura na URSS, em que a lealdade política ao regime – não o conhecimento jurídico – era o requisito para entrar e se manter na

CAPÍTULO 1 - A DIMENSÃO POLÍTICA DA MAGISTRATURA

os chefes dos demais Poderes indicam a cúpula do Judiciário a fim de aparelhar todo este Poder, já que detém controle sobre a indicação do órgão de cúpula, e, assim, de todos os julgados num geral. Isso porque "*es más sencillo controlar a un pequeño cuerpo de amigos que mandan sobre el resto, que controlar directamente a todo un poder judicial, es decir, a los jueces de todas las instancias*".[171]

Por isso mesmo, nas formas empírico-primitivas mais recrudescidas, também não há "carreira" da magistratura, podendo os magistrados serem facilmente demitidos, removidos, rebaixados ou postos à disposição caso desagradem os outros Poderes ou a cúpula, pois não possuem garantias institucionais. Igualmente, como a nomeação se dá por vontade política, atécnica e desvinculada de qualquer progressão em carreira, é possível que um magistrado seja indicado para compor uma Corte, isto é, a instância final, sem pertencer à carreira da magistratura, de acordo com a vontade política dos demais Poderes.[172] Assim, a própria independência do Judiciário ao lidar com interesses que vão de encontro aos demais Poderes fica esvaziada, e, nas palavras de Zaffaroni, "*en algún momento termina por poner en peligro el prudente nivel técnico debido al buen criterio de alguno de los operadores políticos, cuando éste cae finalmente en la tentación de ejercer su arbitrio selectivo considerando al judicial como un botín para los íntimos e incondicionales o como un modo de retribuir favores*".[173]

Assim, esse modelo não é adequado a nenhuma vertente hermenêutica ou a qualquer grande Teoria do Direito – não é, sequer,

---

magistratura. WAGNER, Wenceslaw Joseph. "Alguns comentários sobre a Administração da Justiça na União Soviética". *Revista da Faculdade de Direito UFPR*, vol. 13, n. 2, pp. 11-31, 16 jan. 2007. Disponível em http://ojs.c3sl.ufpr.br/ojs/index.php/direito/article/view/7139. Acesso em: 31 out. 2014, p. 17.

[171] ZAFFARONI, Eugenio Raúl. *Estructuras judiciales*. Buenos Aires: Ediar, 1994. Disponível em http://www.pensamientopenal.com.ar/articulos/estructuras-judiciales. Acesso em 24.10.2014, pp. 113/114.

[172] ZAFFARONI, Eugenio Raúl. *Estructuras judiciales*. Buenos Aires: Ediar, 1994. Disponível em http://www.pensamientopenal.com.ar/articulos/estructuras-judiciales. Acesso em 24.10.2014, p. 135.

[173] ZAFFARONI, Eugenio Raúl. *Estructuras judiciales*. Buenos Aires: Ediar, 1994. Disponível em http://www.pensamientopenal.com.ar/articulos/estructuras-judiciales. Acesso em 24.10.2014, p. 123.

positivista — pois seu compromisso não é com a dogmática, com a coerência, sequer com uma noção de neutralidade, mas unicamente com os poderes instituídos.

Ocorre, assim, dois tipos de "deterioração" da magistratura no modelo empírico-primitivo:

(i) partidarizante
(ii) degradante

A primeira não tem relação necessariamente com a partidarização política, embora possa sê-lo também,[174] mas é muito mais uma "parcialização" do Poder Judiciário, isto é, a perda de sua imparcialidade para julgar, como dito, conforme os desígnios outros, como o do poder econômico, do governo, de determinado partido político, enfim, interesses hegemônicos politicamente, mas distantes do povo e mantenedores do *status quo*. Assim, uma magistratura estruturada de maneira empírico-primitiva é necessariamente conservadora e mantém uma íntima empatia com os poderes instituídos.[175]

No que tange à deterioração degradante (ii), observa-se uma precarização e desvalorização de eventual carreira da magistratura, sobretudo nas primeiras instâncias, com remunerações mais baixas ou infraestrutura mais precária que a das Cortes e das instâncias onde a nomeação política é mais acentuada, concentrando prestígio e respeito. Com a desvalorização dos estratos mais baixos[176] da magistratura, também se compromete a imparcialidade dos julgamentos através da facilitação da corrupção.[177] Essa forma de deterioração "*es producto de estructuras*

---

[174] Indicando para a magistratura membros do Partido que exerce o Poder, ou pessoas ligadas a esse partido. Indicam-se magistrados como indicam-se Ministros, Secretários etc.

[175] GOMES, Luiz Flavio. *A dimensão da magistratura*: no Estado Constitucional e Democrático de Direito. São Paulo: Revista dos Tribunais, 1997, p. 16.

[176] O que é apropriado falar nesse modelo, em que há hierarquização.

[177] ZAFFARONI, Eugenio Raúl. "Dimensión Política de un Poder Judicial Democrático". *Cuadernos de Derecho Penal*, pp. 15-53, 1992. Disponível em http://new.pensamientopenal.com.ar/sites/default/files/2013/09/51zaffaroni.pdf. Acesso em 19.09.2014, p. 36.

CAPÍTULO 1 - A DIMENSÃO POLÍTICA DA MAGISTRATURA

caracterizadas generalmente por remuneraciones muy pobres, que llegan a producir situaciones de verdadera necesidad, abriendo directamente el espacio para la corrupción pecuniaria. La propia estructura genera una selección invertida, porque facilita la supervivencia de los corruptos y de los inhábiles para el ejercicio libre de abogado"[178]. É um problema semelhante ao ainda averiguado em relação às polícias,[179] a quem se paga mal e estão, por conseguinte, mais sujeitas à corrupção e a serem servis a outros poderes (instituídos ou não, legítimos ou não, democráticos ou não).[180] Essa degradação não conhece limites e só aumenta, formando, inclusive, o estereótipo do juiz corrupto no imaginário popular, e acarretando uma descrença na Justiça.[181]

Nessa senda, o modelo empírico-primitivo também descamba em uma deterioração do perfil da magistratura e a perda de sua confiabilidade, de sua imagem perante a sociedade, uma vez que não é democrático, não julga para nem conforme os interesses populares protegidos pela Constituição, mas sim os interesses do governo, seus próprios, ou de seus corruptores.[182]

---

[178] ZAFFARONI, Eugenio Raúl. *Estructuras judiciales*. Buenos Aires: Ediar, 1994. Disponível em http://www.pensamientopenal.com.ar/articulos/estructuras-judiciales. Acesso em 24.10.2014, p. 136.

[179] ZAFFARONI, Eugenio Raúl. *Estructuras judiciales*. Buenos Aires: Ediar, 1994. Disponível em http://www.pensamientopenal.com.ar/articulos/estructuras-judiciales. Acesso em 24.10.2014, p. 190.

[180] ZAFFARONI, Eugenio Raúl. "Dimensión Política de un Poder Judicial Democrático". *Cuadernos de Derecho Penal*, pp. 15-53, 1992. Disponível em http://new.pensamientopenal.com.ar/sites/default/files/2013/09/51zaffaroni.pdf. Acesso em 19.09.2014, p. 36. Não que haja uma relação de causalidade entre a remuneração e a corrupção de determinado agente. Há, no entanto, uma facilitação à corrupção – para além de empecilhos, sociais, morais e éticos – quando uma função de extrema relevância social e política, que lide com valores como a liberdade ou a propriedade dos indivíduos, sub-remunerada, isto é, paga com valores ínfimos em relação aos interesses sob seu jugo.

[181] ZAFFARONI, Eugenio Raúl. "Dimensión Política de un Poder Judicial Democrático". *Cuadernos de Derecho Penal*, pp. 15-53, 1992. Disponível em http://new.pensamientopenal.com.ar/sites/default/files/2013/09/51zaffaroni.pdf. Acesso em 19.09.2014, p. 36.

[182] ZAFFARONI, Eugenio Raúl. *Estructuras judiciales*. Buenos Aires: Ediar, 1994. Disponível em http://www.pensamientopenal.com.ar/articulos/estructuras-judiciales. Acesso em 24.10.2014, p. 135.

Assim, em suma, caracterizam o modelo empírico-primitivo: seleção carecedora de nível técnico, pelo que é regida pela arbitrariedade seletiva; o nível do serviço que se presta, devido à pobreza técnica, é precário; o perfil do juiz pode ser deteriorado por uma tendência partidarizante; sua independência não e assegurada; o controle de constitucionalidade, se existe, é precário e circunstancial; a segurança jurídica é relativa; a cultura jurídica não pode ser rica por falta de estímulo e coloca o próprio Estado de Direito em xeque; o contexto, em geral, será de países não democráticas ou democracias pouco estáveis.[183] Ainda, segundo Luís Flávio Gomes: é marcada a inexistência de concurso público; acentuado nepotismo na arregimentação dos juízes; escolha acentuadamente política, muitas vezes político-partidária; adoção da 'cooptação' como forma de seleção; nível de serviço precário; ausência de grandes discussões jurídicas; juiz de perfil deteriorado, asséptico, neutro, nada politizado; sem nenhum engajamento ético; não possui independência para dirigir o litigio conforme sua consciência e o Direito; subordinação ferrenha, tanto administrativa quanto jurisdicional; submissão aos órgãos superiores, inclusive no que se relaciona com a interpretação das leis; inexistência ou precário controle de constitucionalidade das leis; baixo rendimento operacional; carência de segurança jurídica; cultura jurídica positivista-legalista; pouco estímulo para as evoluções cientificas; ausência de confiança no Judiciário, instituições controladas por um poder central etc.[184]

O modelo empírico-primitivo vigeu como regra na Europa até o final do século XIX (Espanha até 1870, Itália até 1890, França até 1906 por exemplo, quando se começou a selecionar os juízes através de concurso público). Na América Latina, contudo, esse modelo perdurou como regra preponderante até o final do século XX,[185] sendo o Brasil uma exceção.[186]

---

[183] ZAFFARONI, Eugenio Raúl. *Estructuras judiciales*. Buenos Aires: Ediar, 1994. Disponível em http://www.pensamientopenal.com.ar/articulos/estructuras-judiciales. Acesso em 24.10.2014, p. 93.

[184] GOMES, Luiz Flavio. *A dimensão da magistratura:* no Estado Constitucional e Democrático de Direito. São Paulo: Revista dos Tribunais, 1997, p. 16.

[185] ZAFFARONI, Eugenio Raúl. "Dimensión Política de un Poder Judicial Democrático". *Cuadernos de Derecho Penal*, pp. 15-53, 1992. Disponível em http://new.pensamientopenal.com.ar/sites/default/files/2013/09/51zaffaroni.pdf. Acesso em 19.09.2014, p. 30 e 42.

[186] ZAFFARONI, Eugenio Raúl. "Dimensión Política de un Poder Judicial Democrático". *Cuadernos de Derecho Penal*, pp. 15-53, 1992. Disponível em http://

CAPÍTULO 1 - A DIMENSÃO POLÍTICA DA MAGISTRATURA

1.2.1.2 Modelo técnico-burocrático

Com o tempo, as deficiências, problemas e degenerações da escolha atécnica e arbitrária dos magistrados foram demonstrando a necessidade do aperfeiçoamento do quadro de magistrados e, assim, desde a seleção, recrutar-se aqueles mais qualificados para o exercício da jurisdição, bons manejadores da técnica jurídica.[187] É importante notar que essa ideia já era aventada mesmo em momento anterior à Revolução Francesa (até mesmo porque a história não é linear e evolutiva), no entanto só veio a ser adotada pelas grandes potências europeias na transição entre os séculos XIX e XX. Zaffaroni pontua que a necessidade de qualificação técnica para a seleção dos magistrados remonta ao governo de Frederico II, da Prússia, a partir de sua ascensão ao trono em 31 de maio de 1740, que visou estabelecer uma verdadeira burocracia judicial escalonada em carreira, em um modelo que, posteriormente, deu base para noção napoleônica de hierarquia.

Dessa principiologia adveio o modelo denominado "técnico-burocrático", que se aperfeiçoou posteriormente, ao ser adotado pela França, Alemanha, Espanha etc., e cuja tendência mais marcante é a estruturação de uma magistratura em forma de carreira verticalizada, governada pelas cúpulas e ainda focado unicamente em resolver conflitos interprivados através do poder de jurisdição. Esse modelo foi aos poucos sendo adotado pelos países europeus, conforme a necessidade de qualificação técnica da prestação jurisdicional e se manteve incólume a maiores modificações até o fim da II Guerra Mundial.[188] Como observado, na América Latina esse modelo tardou a se concretizar, sendo,

---

new.pensamientopenal.com.ar/sites/default/files/2013/09/51zaffaroni.pdf. Acesso em 19.09.2014, pp. 30-33 e ZAFFARONI, Eugenio Raúl. *Estructuras judiciales*. Buenos Aires: Ediar, 1994. Disponível em http://www.pensamientopenal.com.ar/articulos/estructuras-judiciales. Acesso em 24.10.2014, p. 146.

[187] DALLARI, Dalmo de Abreu. *O poder dos juízes*. 3ª ed. São Paulo: Saraiva, 2010, pp. 23-26.

[188] ZAFFARONI, Eugenio Raúl. *Estructuras judiciales*. Buenos Aires: Ediar, 1994. Disponível em http://www.pensamientopenal.com.ar/articulos/estructuras-judiciales. Acesso em 24.10.2014, p. 92.

até, o final do século XX o Brasil o único país que tendia a adotar boa parcela desse modelo.

A denominação, embora seja bastante evidente a respeito da valorização técnica na magistratura, denota a sua dupla faceta – técnica e também burocrática. "Burocracia", em termos comuns, possui um significado bastante corriqueiro e que ganhou uma valoração bastante negativa, associado à ideia de procedimentos enfadonhos, complexos, desnecessários e, sobretudo, antipragmáticos. No entanto, ainda que tais efeitos sejam uma possibilidade da burocracia, aqui, entende-sê-la em seu sentido weberiano,[189] isto é, como uma forma de exercício da dominação legítima, através de agentes e procedimentos padronizados que visam garantir eficiência e impessoalidade aos atos da administração, característicos do Estado Moderno após o século XIX.[190] Para a realização de tal intuito, são aplicadas uma série de técnicas, tais como a formalidade, impessoalidade, especialização, meritocracia, profissionalização dos agentes, previsibilidade, padronização das ações etc.[191]

Assim, esse modelo busca estruturar a magistratura sob essas premissas, buscando a eficiência a partir dos mesmos pressupostos burocráticos.

Em termos ideais, trata-se de um modelo superador do empírico-primitivo, embora ainda não ice velas democráticas.[192] O modelo técnico-burocrático, como afirma Luiz Flavio Gomes, "tem na magistratura técnica o seu ponto forte",[193] e é justamente essa necessidade de prestação

---

[189] ZAFFARONI, Eugenio Raúl. *Estructuras judiciales*. Buenos Aires: Ediar, 1994. Disponível em http://www.pensamientopenal.com.ar/articulos/estructuras-judiciales. Acesso em 24.10.2014, p. 169.

[190] WEBER, Max. *O que é burocracia*. Disponível em http://www.cfa.org.br/servicos/publicacoes/o-que-e-a-burocracia/livro_burocracia_diagramacao_final.pdf, pp. 9-11.

[191] WEBER, Max. *O que é burocracia*. Disponível em http://www.cfa.org.br/servicos/publicacoes/o-que-e-a-burocracia/livro_burocracia_diagramacao_final.pdf, pp. 37-52.

[192] ZAFFARONI, Eugenio Raúl. *Estructuras judiciales*. Buenos Aires: Ediar, 1994. Disponível em http://www.pensamientopenal.com.ar/articulos/estructuras-judiciales. Acesso em 24.10.2014, p. 138.

[193] GOMES, Luiz Flavio. *A dimensão da magistratura:* no Estado Constitucional e Democrático de Direito. São Paulo: Revista dos Tribunais, 1997, p. 17.

CAPÍTULO 1 - A DIMENSÃO POLÍTICA DA MAGISTRATURA

técnica da jurisdição que será o fator nuclear do qual decorrerão as características estruturantes desse modelo, notadamente em dois pilares bastante marcados:

i) recrutamento por critérios técnicos;
ii) carreira estruturada de modo a prestigiar o bom desempenho técnico e a qualificação.

As magistraturas técnico-burocráticas correspondem a um processo de seleção de juízes com critérios que garantem um nível técnico mínimo, ou seja, desde a inserção do magistrado na magistratura são selecionados aqueles mais bem preparados, segundo critérios de conhecimento jurídico-legal. Essa garantia da técnica pode se concretizar de maneira forte ou fraca/débil. Neste caso, apenas para o ingresso na carreira da magistratura são contabilizados fatores técnicos, sendo o restante da magistratura escalonada conforme critérios arbitrários das cúpulas ou pela antiguidade de seus membros. Por outro lado, a garantia da tecnicidade forte se realiza quando a própria progressão na carreira da magistratura, para além do recrutamento, também se baseia no aprimoramento técnico do juiz, sendo os concursos internos ou a formação continuada o critério para progressão na carreira.[194]

Desnecessário pontuar que o modelo técnico-burocrático é o mais congruente com o positivismo clássico (escola da exegese),[195] que entendia a aplicação do Direito como uma metódica avalorativa.[196] De fato, sob esta égide, é congruente esperar-se que o juiz seja selecionado

---

[194] ZAFFARONI, Eugenio Raúl. "Dimensión Política de un Poder Judicial Democrático". *Cuadernos de Derecho Penal*, pp. 15-53, 1992. Disponível em http://new.pensamientopenal.com.ar/sites/default/files/2013/09/51zaffaroni.pdf. Acesso em 19.09.2014, p. 29.

[195] BERGALLI, Roberto. "Selección de jueces y autogobierno de la administración de justicia". *Sociology of penal control within the framework of the sociology of law*. [S.l: s.n.], 1991. pp. 127-160, p. 130.

[196] HACHEM, Daniel Wunder; NAGAO, Luís Ossamu Gelati. "Justiça e felicidade entre o direito e a moral nas vertentes do positivismo". *In:* GABARDO, Emerson; SALGADO, Eneida Desiree (coord.) *Direito, felicidade e justiça*. Belo Horizonte: Fórum, 2014, p. 77.

apenas com base em critérios técnico-legalistas, isto é, o conhecimento da letra da lei, pois se espera dele que seja justamente o aplicador neutro dos textos legais, e deve fazê-lo de modo profissional, sem os arroubos partidarizantes de uma magistratura nomeada politicamente. Assim, a magistratura técnico-burocrática se estabilizou na Europa juntamente à consolidação do positivismo jurídico clássico, sendo-lhe o modelo mais adequado.[197]

Por consequência, esse modelo está ligado a um Estado legal de Direito e não a um Estado Constitucional de Direito,[198] isto é, que toma a Lei como produto máximo da razão e da vontade geral, e que, portanto, é um mandamento universal a ser aplicado sem qualquer reflexão a respeito de seu conteúdo – inclusive quanto à constitucionalidade. Pode-se dizer que está de acordo com um Estado de Direito legalista, não constitucional. Se coaduna com contextos de estabilidade política, mas, inclusive, períodos autoritários.

No mesmo plano, ainda que que a cultura (conhecimento) jurídica seja mais valorizada que nos modelos empírico-primitivos (afinal, é necessária ao menos para uma boa técnica de subsunção), não estará em paridade com a doutrina, a academia, havendo forte tendência a adotarem-se argumentos exegéticos e pragmáticos, distanciados das discussões de índole mais teórica para além da pura técnica e dos conhecimentos resumidos, de apostilas e manuais.[199]

Isso porque o modelo técnico-burocrático é congruente com a separação metodológica entre o que é puramente jurídico e o que é

---

[197] ZAFFARONI, Eugenio Raúl. "Dimensión Política de un Poder Judicial Democrático". *Cuadernos de Derecho Penal*, pp. 15-53, 1992. Disponível em http://new.pensamientopenal.com.ar/sites/default/files/2013/09/51zaffaroni.pdf. Acesso em 19.09.2014, p. 39.

[198] ZAFFARONI, Eugenio Raúl. "Dimensión Política de un Poder Judicial Democrático". *Cuadernos de Derecho Penal*, pp. 15-53, 1992. Disponível em http://new.pensamientopenal.com.ar/sites/default/files/2013/09/51zaffaroni.pdf. Acesso em 19.09.2014, pp. 29/30.

[199] ZAFFARONI, Eugenio Raúl. *Estructuras judiciales*. Buenos Aires: Ediar, 1994. Disponível em http://www.pensamientopenal.com.ar/articulos/estructuras-judiciales. Acesso em 24.10.2014, p. 94.

CAPÍTULO 1 - A DIMENSÃO POLÍTICA DA MAGISTRATURA

político. Assim, seleciona-se e estrutura-se a magistratura conforme a noção de que o juiz deve ser apenas um ser autômato, aplicador da Lei, sem se imiscuir nas contendas políticas, alheias à técnica jurídica, como visto anteriormente, e, por conseguinte, não precisa refletir criticamente a respeito da lei, apenas conhecer sua literalidade mnemonicamente.

Essa noção, que busca insular o magistrado da esfera política traz algumas das primeiras garantias de independência ao Poder Judiciário – todas de independência externa, isto é, para que o exercício de sua tarefa jurisdicional se dê de forma que essa prestação, que é vista como essencialmente jurídica, não seja influenciada de modo algum pela política, pelo contrário, que dê de modo neutro, asséptico, com respostas claras e evidentes (muitas vezes já enunciadas pela jurisprudência em casos similares, já que a interpretação da Lei, tecnicamente, só admite uma versão correta).[200] Assim, a magistratura técnico-burocrática institui vários dos mecanismos que garantem a independência externa do Judiciário, para que ele, ao mesmo tempo, não se influencie e também não se misture com o âmbito da política sobretudo em relação à carreira[201] e suas garantias (vitaliciedade, inamovibilidade, irredutibilidade dos vencimentos etc.). São garantias institucionais que, nas palavras de Eneida Desiree Salgado, "blindam" o Poder Judiciário "da pressão política e da deformação partidária",[202] e, assim, garantem que julgue sem preocupações de natureza política, receio de sofrer boicotes ou pressões dos demais poderes, ou de que julgue parcialmente aqueles detentores do poder.

Contudo, se, por um lado, garante-se a independência externa do Poder Judiciário, não se lhe garante aquela interna, vale dizer, dos magistrados em relação aos seus superiores hierárquicos. A hierarquia continua hígida no modelo técnico-burocrático, estruturada de modo

---

[200] GOMES, Luiz Flavio. *A dimensão da magistratura:* no Estado Constitucional e Democrático de Direito. São Paulo: Revista dos Tribunais, 1997, p. 17.

[201] ZAFFARONI, Eugenio Raúl. *Estructuras judiciales*. Buenos Aires: Ediar, 1994. Disponível em http://www.pensamientopenal.com.ar/articulos/estructuras-judiciales. Acesso em 24.10.2014, p. 158.

[202] "Um novo modelo de administração das eleições e de Justiça Eleitoral para o Brasil". *Direito Eleitoral:* debates ibero-americanos. Curitiba: Ithala, 2014. pp. 129-138, p. 137.

ainda mais rígido que o empírico-primitivo, uma vez que hierarquia e carreira se intercalam, correspondendo os mais altos hierarcas àqueles membros mais antigos e prestigiados, conforme o modelo napoleônico.[203] Essa noção advém da ideia estrutural de que "não pode haver ordem sem (…) uma vontade que mande e outras vontades que obedeçam às ordens que vem de cima. Logo, o fundamento [da hierarquia] é a própria 'ordem' e 'harmonia' da unidade".[204] Assim, como esse sistema está alinhado com a ideia positivista de neutralidade da lei, da jurisdição e de respostas unívocas, a hierarquia se estrutura de modo a materializar tal vis, configurando o corpo de magistrados tal qual um exército.[205]

A hierarquia ocorre em três níveis: administrativo, jurisdicional e na carreira.

Quanto ao primeiro, trata-se justamente da conferência de poderes administrativos aos membros mais alçados na carreira, confundindo competência jurisdicional com capacidade administrativa. Assim, "o Presidente do Tribunal de Justiça pode dar ordens aos funcionários do Tribunal: pode conceder férias, licenças, pode demitir funcionários, bem como admiti-los".[206]

---

[203] ZAFFARONI, Eugenio Raúl. "Dimensión Política de un Poder Judicial Democrático". *Cuadernos de Derecho Penal*, pp. 15-53, 1992. Disponível em http://new.pensamientopenal.com.ar/sites/default/files/2013/09/51zaffaroni.pdf. Acesso em 19.09.2014, p. 30.

[204] CRETELLA Jr., José. "Fundamentos do direito administrativo". *Revista da Faculdade de Direito, Universidade de São Paulo*, vol. 72, n. 1, p. 299, 1 jan. 1977. Disponível em http://www.revistas.usp.br/rfdusp/article/view/66798. Acesso em 11.11.2014, p. 305. É o conceito fundamento do autor para a hierarquia na Administração Pública, mas que resgata a ideia napoleônica. Cumpre ressaltar que o autor destaca que, no Poder Judiciário não há hierarquia, mas isso se dá porque ele, no caso, analisa a realidade brasileira, e ora o estudo se detém no modelo técnico-burocrático ideal, no qual há hierarquia, ainda que algumas de suas experiências materiais possam ter abandonado essa característica.

[205] ZAFFARONI, Eugenio Raúl. *Estructuras judiciales*. Buenos Aires: Ediar, 1994. Disponível em http://www.pensamientopenal.com.ar/articulos/estructuras-judiciales. Acesso em 24.10.2014, p. 94.

[206] CRETELLA Jr., José. "Fundamentos do direito administrativo". *Revista da Faculdade de Direito, Universidade de São Paulo*, vol. 72, n. 1, p. 299, 1 jan. 1977. Disponível em http://www.revistas.usp.br/rfdusp/article/view/66798. Acesso em 11.11.2014, p. 306.

CAPÍTULO 1 - A DIMENSÃO POLÍTICA DA MAGISTRATURA

A hierarquia jurisdicional, por outro lado, se revela na vinculação dos entendimentos jurisdicionais das instâncias superiores pelas instâncias inferiores, o que pode se dar de duas formas aqui categorizadas: i) ou através da consolidação dos entendimentos em súmulas, às vezes com caráter vinculante, a fim de verticalizar de modo absoluto a intepretação "correta" da lei, sob pena de responsabilização do magistrado;[207] ii) da própria resignação dos magistrados, em padronizar seus julgamentos e não terem suas decisões reformadas, que passam a adotar o entendimento da instância superior, em uma atitude pouco criativa, ou que dá pouco valor às idiossincrasias do caso concreto.

Por fim, a hierarquia na carreira significa escalonar os magistrados de tal modo que aqueles mais próximos do final da carreira também estarão nos postos hierárquicos mais altos, e terão uma série de benefícios em relação àqueles que estão na base da pirâmide.[208] Prospecta desse raciocínio que, independentemente de outros critérios, um magistrado de uma instância superior terá o vencimento-base superior ao da instância inferior. Igualmente, a divisão de competências que distingue as instâncias também será importará uma divisão de importância, tendo as instâncias superiores mais recursos, assessoramento, estrutura material, verbas, do que o que é destinado às instâncias inferiores. Igualmente, a cúpula dos Tribunais será composta apenas por aqueles que estão no final da carreira, havendo disparidade entre a capacidade de voto para escolha da cúpula entre aqueles que estão no topo da pirâmide e os que estão na base.[209]

---

[207] Muito antes da reforma do Judiciário, já existiram em outros episódios históricos: durante o tempo das Ordenações haviam os "assentos" das Casas de Suplicações, ou, na Justiça do Trabalho, em que houve os "prejulgados". Ainda, na constituição cubana, há a perspectiva de hierarquizar os julgados "*desde arriba*" (art. 121), em que os Tribunais Superiores "*impartem instrucciones de carácter obligatorio*", o que, para Luiz Flávio Gomes, coaduna com uma ideia de sistema jurídico fechado, como uma distopia orwelliana. GOMES, Luiz Flavio. *A dimensão da magistratura:* no Estado Constitucional e Democrático de Direito. São Paulo: Revista dos Tribunais, 1997, p. 147.

[208] ZAFFARONI, Eugenio Raúl. *Estructuras judiciales*. Buenos Aires: Ediar, 1994. Disponível em http://www.pensamientopenal.com.ar/articulos/estructuras-judiciales. Acesso em 24.10.2014, pp. 158/159.

[209] GOMES, Luiz Flavio. *A dimensão da magistratura:* no Estado Constitucional e Democrático de Direito. São Paulo: Revista dos Tribunais, 1997, p. 17.

Essa divisão, embora seja administrativa e não jurisdicional, garante que as instâncias superiores tenham mais meios de exercer a jurisdição (geralmente muito bem assessoradas e com farta estrutura), enquanto os magistrados iniciantes encontram-se (assim como no modelo empírico) desvalorizados e assoberbados de trabalho, adotando o entendimento jurisdicional das instâncias superiores para dar conta do volume que lhe é atribuído e, assim, ser promovido e alçar a sua posição hierárquica. Assim, esse sistema detém uma considerável capacidade de autoconservação justamente pela hierarquia na carreira, que gera o chamado "carreirismo",[210] e os próprios magistrados inferiores não questionam a estrutura desigual porque almejam, um dia, galgar seus "benefícios" por estarem no topo da pirâmide hierárquico-funcional.[211]

Nas palavra de Boaventura de Souza Santos, "a organização judicial estruturada de forma piramidal controlada no vértice por um pequeno grupo de juízes de alto escalão, onde o prestígio e a influência social do juiz dependem de sua posição na hierarquia profissional, acaba perpetuando o *ethos* profissional dominante e fortalece o espírito corporativista", e, por conseguinte, "contribui para um isolamento social do Judiciário, fechando-o, enquanto a sociedade em que ele se assenta vai se diversificando e torna-se cada vez mais plural".[212]

Dessas premissas, é simples depurar as características pontuais do modelo técnico-burocrático: estrutura burocrática, hierarquizada; concurso público sem observar a experiência profissional e de vida; nomeação pelo próprio Poder Judiciário; Estado de Direito calcado na legalidade e distante da constitucionalidade; funcionamento formal, sem preocupação com a democracia substancial; pouca sensibilidade às

---

[210] ZAFFARONI, Eugenio Raúl. *Estructuras judiciales*. Buenos Aires: Ediar, 1994. Disponível em http://www.pensamientopenal.com.ar/articulos/estructuras-judiciales. Acesso em 24.10.2014, p. 94.

[211] ZAFFARONI, Eugenio Raúl. *Estructuras judiciales*. Buenos Aires: Ediar, 1994. Disponível em http://www.pensamientopenal.com.ar/articulos/estructuras-judiciales. Acesso em 24.10.2014, p. 159.

[212] SANTOS, Boaventura de Souza. *Para uma revolução democrática da justiça*. 3ª ed. São Paulo: Cortez, 2011, p. 99.

CAPÍTULO 1 - A DIMENSÃO POLÍTICA DA MAGISTRATURA

desigualdades sociais; escasso engajamento ético; tênue preocupação com Direito Internacional, particularmente os Direitos Humanos; rígido positivismo legalista; ausência de questionamentos constitucionais; aplicação irrestrita da Lei; não aceitação da jurisdição internacional; razoável qualidade do serviço; morosidade marcante, decorrente da burocracia; juiz de perfil deteriorado, porque asséptico, neutro, legalista, carreirista; alto apego à jurisprudência estandardizada; submissão administrativa aos superiores hierárquicos; controle funcional verticalizado; pouca afeição ao controle de constitucionalidade; silogismo como método hermenêutico, sem crítica; ausência de eleição universal para as cúpulas; critérios promocionais obscuros ou inexistentes, acentuada predominância da antiguidade; pouco estimulo ao aprimoramento cultural do juiz; juiz pouco politizado.[213]

Observe-se, ademais, que o modelo técnico-burocrático supera muitas das chamadas "deteriorações" que ocorriam no modelo empírico-primitivo, além de, como pontuado, aumentar o nível técnico da prestação jurisdicional. Assim, por valorizar a escolha técnica, por concurso, extirpa idealmente o nepotismo – já que só ocuparão os cargos aqueles melhor habilitados para tanto, independente das relações pessoais com outrem.[214] Igualmente, por sobrevalorizar a carreira e suas garantias, incluindo as vencimentais, repele de modo enfático as possibilidades de corrupção.[215]

A adoção desse modelo, contudo, não se trata de uma mera questão de adequação a uma visão epistemológica do Direito, isto é, se se pretende um Judiciário mais positivista-legalista (que é a visão mais congruente

---

[213] GOMES, Luiz Flavio. *A dimensão da magistratura:* no Estado Constitucional e Democrático de Direito. São Paulo: Revista dos Tribunais, 1997, p. 17.

[214] O que continua hígido mesmo sob a eventual alegação de que é possível haver fraude nos concursos, uma vez que se debruça sobre o modelo ideal, e não pela sua eventual corrupção. Ademais, a questão de possibilidade de fraudes será elaborada no ponto 2.1.1.2.

[215] ZAFFARONI, Eugenio Raúl. "Dimensión Política de un Poder Judicial Democrático". *Cuadernos de Derecho Penal*, pp. 15-53, 1992. Disponível em http://new.pensamientopenal.com.ar/sites/default/files/2013/09/51zaffaroni.pdf. Acesso em 19.09.2014, p. 37.

com a tecnoburocracia) ou menos, porque, fosse apenas isso, o debate incidiria unicamente sobre as conhecidas divergências epistemológicas propriamente, e importaria em verdade o resultado dessa questão de fundo, do qual o modelo de magistratura seria consectário, e, assim, a adoção de uma magistratura técnico-burocrática seria hipoteticamente desejável em algum panorama mais legalista. Noutros termos, para aqueles que defendem o positivismo clássico como melhor modelo, também a magistratura técnico-burocrática o seria, sendo irrelevante debater os modelos de magistratura, mas sim as correntes de interpretação jurídica, das quais a magistratura seria mera consequência. Ocorre, contudo, que a adoção do modelo técnico-burocrático não é simplesmente a forma mais coerente de aplicar a lei segundo uma visão positivista-legalista/exegética, porque, ainda que se entendesse de modo anacrônico que o papel do Judiciário é ser a boca da lei, isto é, que sua função é aplicar a lei de modo neutro, esse modelo traz ínsito a si uma série de deteriorações que, tal como ocorria no modelo empírico-primitivo, impedem uma boa prestação jurisdicional (mesmo dentro de suas próprias premissas), fraudando o que para o próprio modelo é uma boa prestação jurisdicional. Assim, ainda que alinhada em tese com uma perspectiva legalista, na prática a deformação que esse modelo de magistratura acarreta na prestação jurisdicional faz com que mesmo a função de enunciar a lei sofra dessas deturpações, a saber:

a) burocratização;

b) carreirismo;

c) conservadorismo estrutural;[216]

d) perda da identidade do juiz.

Ainda que algumas dessas características se assemelhem, em resultado, ao perfil empírico-primitivo, se dão por motivos outros, completamente distintos. Ademais, conquanto esse modelo acabe

---

[216] Observe-se que, embora seja possível lançar uma sorte de críticas ao conservadorismo, não se trata, por ora, de entender o conservadorismo como algo negativo em si, mas sim como algo negativo em um sistema que se pretende neutro, ou seja, que trai suas pretensões abstratas de assepsia.

CAPÍTULO 1 - A DIMENSÃO POLÍTICA DA MAGISTRATURA

deturpando a própria premissa do sistema legalista, essas deturpações são estruturais, porém escamoteadas, uma vez que o verniz de neutralidade é mantido de forma coerente nesse sistema.[217] Assim, se, ao contrário do anteriormente aventado, entender-se a função do Poder Judiciário como a de dirimir conflitos interprivados de modo neutro, com fulcro na Lei somente, será coerente, em abstrato, pretender estruturar a magistratura em um modelo técnico-burocrático, embora essa pretensão, na prática, seja frustrada em decorrência das deteriorações.

Nessa linha de raciocínio, a primeira deterioração é a chamada "burocratização", que não se refere ao modelo de gestão propriamente — isto é, a racionalização impessoal dos atos, a burocracia — mas sim à deterioração subjetiva, que é a tendência burocratizante em nível pessoal dos operadores do Direito,[218] que passam a assimilar os valores da burocracia (que são valores de gestão) também na sua atividade jurisdicional (isso é, sobrepõem valores de gestão como valores de justiça: "a decisão padronizada será a mais justa", por exemplo). Cria-se, assim a figura do juiz-burocrata, que entende a magistratura como espécie vantajosa de funcionalismo público,[219] e passa a prestar a jurisdição de modo quantitativo e estandardizado.[220] Assim, a burocratização pode ser entendida como a assunção de um ritualismo que leva a cumprir de modo reiterativo, obsessivo e submisso a jurisdição, olvidando os conteúdos ou objetivos da função de julgar.

---

[217] ZAFFARONI, Eugenio Raúl. *Estructuras judiciales*. Buenos Aires: Ediar, 1994. Disponível em http://www.pensamientopenal.com.ar/articulos/estructuras-judiciales. Acesso em 24.10.2014, p. 159.

[218] ZAFFARONI, Eugenio Raúl. *Estructuras judiciales*. Buenos Aires: Ediar, 1994. Disponível em http://www.pensamientopenal.com.ar/articulos/estructuras-judiciales. Acesso em 24.10.2014, p. 158.

[219] ARRUDA, Augusto Francisco Mota Ferraz de. "Formação e recrutamento de juízes". *In:* ALMEIDA, José Maurício Pinto de; LEARDINI, Márcia (coord.). *Recrutamento e formação de magistrados no Brasil*. Curitiba: Juruá, 2007. pp. 29-66, p. 31.

[220] ZAFFARONI, Eugenio Raúl. "Dimensión Política de un Poder Judicial Democrático". *Cuadernos de Derecho Penal*, pp. 15-53, 1992. Disponível em http://new.pensamientopenal.com.ar/sites/default/files/2013/09/51zaffaroni.pdf. Acesso em 19.09.2014, p. 33.

A burocratização ocorre como uma reação, um "mecanismo de defesa"[221] e ao mesmo tempo de retração contra a subordinação e as dependências interna e externa. Isso porque o magistrado inserto em um modelo técnico-burocrático está sob a influência de diversos fatores, como "*la jurisprudencia obligatoria formal (...), la promoción o carrera, el ataque político, la injuria y la difamación, las sanciones administrativas, las presiones políticas, los consejos policiales, etc*".[222] para aqueles que não se formatarem à estrutura hierárquica e não se submeterem à lógica, aos valores, às interpretações, ritos e costumes dos hierarcas superiores. Assim o magistrado assimila a postura burocrática porque se vê obrigado a "dançar conforme a música", e entende que não fruirá nenhum benefício agindo de maneira contrassistêmica, perdendo, com o tempo, o ânimo em desempenhar a magistratura de maneira criativa e preocupada com a Justiça.[223] Ao revés, ao adotar uma postura desengrenada com o ordenamento hierárquico, suas decisões serão reformadas e a sua ascensão funcional fica comprometida por não incorporar e reproduzir os valores e ações daquela estrutura.

Igualmente por isso haverá uma tendência à negação consciente ou inconsciente da resolução dos conflitos, ou, ainda, resoluções evasivas. Isto é, frente a qualquer decisão suscetível de gerar conflitos, que não possua uma resposta estandardizada, que implique a tomada de uma decisão controversa, ou de temas delicados que exijam do magistrado a adoção de uma postura não autoevidente, capaz de torná-lo malvisto pela escolha feita, elude-se o conflito, apelando para algum recurso formal; plantando alguma incompetência; não conhecendo em razão de pormenores; ignorando a fungibilidade etc.[224] Vale dizer, o magistrado,

---

[221] ZAFFARONI, Eugenio Raúl. "Dimensión Política de un Poder Judicial Democrático". *Cuadernos de Derecho Penal*, pp. 15-53, 1992. Disponível em http://new.pensamientopenal.com.ar/sites/default/files/2013/09/51zaffaroni.pdf. Acesso em 19.09.2014, p. 37.

[222] ZAFFARONI, Eugenio Raúl. "Dimensión Política de un Poder Judicial Democrático". *Cuadernos de Derecho Penal*, pp. 15-53, 1992. Disponível em http://new.pensamientopenal.com.ar/sites/default/files/2013/09/51zaffaroni.pdf. Acesso em 19.09.2014, p. 37.

[223] NALINI, José Renato. *A rebelião da toga*. 2ª ed. Campinas: Millenium, 2008, p. 29.

[224] ZAFFARONI, Eugenio Raúl. *Estructuras judiciales*. Buenos Aires: Ediar, 1994.

CAPÍTULO 1 - A DIMENSÃO POLÍTICA DA MAGISTRATURA

por decorrência da burocratização, passa a adotar uma postura evasiva quando as circunstâncias dos fatos não o permitem agir como o burocrata ao qual está formatado para agir (*hard cases*, *leading cases*, conflitos políticos e sindicais, questões de grande controvérsia na sociedade etc.). A preocupação maior é quantificar-se a resolução do caso, com ou sem o julgamento do mérito, do que propriamente oferecer uma prestação jurisdicional material, e, assim, evitar adentrar o conflito dos autos em detrimento de formalidades que poderiam ser superadas passa a ser uma atitude praticada e corriqueira, em evidente malefício às partes.

Assim, com o intuito de evitar conflitos e manterem-se no sistema, os operadores (juízes-burocratas) devem ocultar suas ideologias, buscando afirmar que são assépticos e que decidem de maneira não ideológica, o que é uma grande falácia, como observado anteriormente. Com o transcorrer do tempo, eventualmente os magistrados substituem a sua própria visão de mundo pelo sistema axiológico-normativo do ordenamento jurídico-político em que estão inseridos.[225] Preocupados em não macular suas decisões com a falta de neutralidade ou sua própria ideologia, tomam a Lei e o Estado como parâmetro ético inafastável, que não é apenas a opção que deve ser seguida por uma legitimidade formal, mas é, também, o justo.

Por decorrência, frustra-se qualquer capacidade criativa e imaginativa dos juízes, que perdem o interesse pela própria jurisdição, pela materialidade dos conflitos envolvidos, e, em verdade, por qualquer coisa para além da rotina e temas burocráticos, como requisitos para promoção ou técnicas de aumento salarial (que funções podem cumular, por exemplo). Assim, a obsessão quantitativa dos processos, a carreira, a hierarquia e a burocracia em si assumem a centralidade das preocupações do magistrado,[226] donde a preocupação de estar sendo justo ou passam

---

Disponível em http://www.pensamientopenal.com.ar/articulos/estructuras-judiciales. Acesso em 24.10.2014, p. 158.

[225] ZAFFARONI, Eugenio Raúl. *Estructuras judiciales*. Buenos Aires: Ediar, 1994. Disponível em http://www.pensamientopenal.com.ar/articulos/estructuras-judiciales. Acesso em 24.10.2014, p. 159.

[226] ZAFFARONI, Eugenio Raúl. *Estructuras judiciales*. Buenos Aires: Ediar, 1994.

ao largo de suas inquietações, de seu empenho na tarefa de jurisdizer (afinal, para a lógica desse sistema, se está aplicando a Lei de modo neutro, e se está repetindo ritualisticamente as decisões estandardizadas e padronizadas segundo a hierarquia, "inequivocamente" está sendo justo).

A burocratização do magistrado, assim, é um processo que pode ser comparado, justaposto, assemelhado, ao processo de alienação (ou trabalho estranhado) da teoria marxista. Aliás, o processo de alienação em Marx é entendido justamente a partir do realinhamento das forças de produção em uma sociedade industrial, em que se burocratiza (e torna eficiente) a fabricação, dentre outros, por processos como a linha de produção fordista, atribuindo aos trabalhadores tarefas específicas a serem desempenhadas, mas que foram pensadas e determinadas por outrem, o que resume o trabalhador a sua condição de mera força-de-trabalho.[227] Nas palavras de Marx, "a alienação do trabalhador no seu produto significa não só que o trabalho se transforma em objeto, assume uma existência externa, mas que existe independentemente, fora dele e a ele estranho, e se torna um poder autônomo em oposição com ele; que a vida que deu ao objeto se torna uma força hostil e antagônica".[228] Assim, o sujeito, que repete de modo mecânico determinada tarefa, embora realize trabalho e modifique a natureza produzindo valor, não relaciona, não reconhece o seu trabalho no produto final.[229] Assim, aliena-se, desumaniza-se, desnaturaliza-se, uma vez que o conceito de alienação tem a dupla faceta de "estranhamento" (o resultado do trabalho não tem relação para com quem nele trabalhou, perde-se o vínculo entre o trabalhador e a responsabilidade pelo resultado do trabalho) e de "perda de consciência" (o trabalhador desumaniza-se e se desloca das suas relações políticas, sociais, bem como a de outros indivíduos. Desumaniza-se porque

---

Disponível em http://www.pensamientopenal.com.ar/articulos/estructuras-judiciales. Acesso em 24.10.2014, p. 162.

[227] MARX, Karl. *Manuscritos econômico-filosóficos*. São Paulo: Boitempo, 2008, p. 81.

[228] MARX, Karl. *Manuscritos econômico-filosóficos*. São Paulo: Boitempo, 2008, p. 83.

[229] BARROS, José D'Assunção. "O conceito de alienação no jovem Marx". *Tempo Social, Revista de sociologia da USP*, vol. 23, n. 1, pp. 223-245, jun. 2011. Disponível em http://www.scielo.br/pdf/ts/v23n1/v23n1a11.pdf, p. 235.

CAPÍTULO 1 - A DIMENSÃO POLÍTICA DA MAGISTRATURA

esgota-se em um trabalho mecânico fantasmagoricamente dissociado da circulação de mercadorias em toda a sociedade, no qual ele não se reconhece, não vislumbra a relação do seu trabalho com a totalidade, e sua satisfação se resume aos prazeres animalescos (comer, dormir, procriar). Assim, como não-humano, não-relacional, mas mera força de trabalho, alheia-se como sujeito da realidade que o circunda).[230] Por conseguinte pouco importa o resultado produzido, uma vez que o foco do trabalho alienado passa a ser o próprio recebimento do salário.[231] O trabalho, assim, passa a ser visto como excruciante, enfadonho, que não traz satisfações pessoais em si, mas é necessário para ter acesso ao capital que nutre as suas necessidades básicas e os prazeres que estão fora do ambiente de trabalho.[232]

É, *mutatis mutandis*, o que ocorre com o juiz-burocrata, que se aliena do resultado de sua prestação jurisdicional, eximindo da sua consciência a responsabilidade dos julgamentos através da repetição de entendimentos estandardizados, seja pela repetição jurisprudencial, seja pela confecção de atos decisórios em que se mudam apenas alguns detalhes como o nome das partes e o número do processo (ou, na linguagem forense corriqueira, os "modelos" ou "chapão"). Há uma fetichização dos resultados quantitativos, de modo que o juiz passa a ser indiferente com a situação de justiça ou injustiça concreta que, na prática, pode decorrer de sua decisão, alienando sua responsabilidade política pelo julgamento. Ao mesmo tempo, a magistratura torna-se apenas um meio de obter-se uma boa remuneração pública, como já observado, e o recebimento desses vencimentos, a garantia de estabilidade e a progressão na carreira tornam-se as preocupações do magistrado, que não se satisfaz plenamente no desempenho da boa atividade jurisdicional, mas trabalha julgando porque quer obter os vencimentos, as vantagens da carreira e da promoção, não uma jurisdição justa. Assim, o juiz-burocrata estará

---

[230] MARX, Karl. *Manuscritos econômico-filosóficos*. São Paulo: Boitempo, 2008, pp. 84-90.
[231] LUZ, Ricardo Santos da. *Trabalho alienado:* a base do capitalismo. Dissertação (Mestrado) – Faculdade de Filosofia da Pontifícia Universidade Católica do Rio Grande do Sul, Porto Alegre, 2008, p. 42.
[232] MARX, Karl. *Manuscritos econômico-filosóficos*. São Paulo: Boitempo, 2008, pp. 85/86.

alienado do processo, despachando mecanicamente, desinteressado em realizar audiências ou de resolver casos que fujam do modelo padrão. Igualmente, compenetra-se no trabalho alienado e produtivista, isolando-se da sociedade, da política e até das relações pessoais. Donde o juiz-burocrata é um juiz alienado (da realidade, da justiça, de si, do seu papel e de suas potencialidades políticas). Por consequência, tem, em seu trabalho, verdadeiro enfado, uma atividade sofrível, o que causa danos incalculáveis aos jurisdicionados.[233]

Se o icônico "Tempos Modernos" de Chaplin é uma caricatura representativa do trabalhador alienado, que repete mecanicamente uma função, impedindo-o de viver e pensar para além do seu trabalho na linha de produção, não parece exagero, como sugerido no Prefácio, que a magistratura técnico-burocrática leva a um verdadeiro "fordismo judicial". Impede, assim, a consciência política deste agente de poder, suas relações interpessoais, bem como sua responsabilidade pelo fruto do trabalho.

A burocratização acarreta uma degeneração que muitas vezes chega a ser psíquica, mas que sempre é humana e ética. Ademais, com o tempo, os operadores que chegam às cúpulas estão tão burocratizados, sacrificaram a tal ponto sua originalidade, que fica incapacitado para inovar, pois formataram-se em um sistema alienante, de mera reprodução dos julgados e repelente a novas interpretações, anacrônico às mudanças sociais mais sensíveis.[234] Mesmo as mudanças sociais institucionalizadas pelos demais Poderes, como leis ou políticas públicas progressistas, passam a ser obstaculizadas pelo Judiciário, que tende a preservar o seu entendimento padrão em detrimento da inovação da Lei. Questões formais e pormenores, como incisos de regimentos internos, passam a impedir a realização de direitos constitucionalmente garantidos.

Para além da burocratização, o modelo técnico-burocrático gera a figura do "juiz asséptico" (segunda deterioração), que julga os demais

---

[233] NALINI, José Renato. "A vocação transformadora de uma escola de juízes". *Revista da Escola Nacional da Magistratura*, vol. 2, n. 4, pp. 21-33, 2007, pp. 23/24.

[234] ZAFFARONI, Eugenio Raúl. *Estructuras judiciales*. Buenos Aires: Ediar, 1994. Disponível em http://www.pensamientopenal.com.ar/articulos/estructuras-judiciales. Acesso em 24.10.2014, p. 159.

CAPÍTULO 1 - A DIMENSÃO POLÍTICA DA MAGISTRATURA

porque está em uma posição de superioridade humana, ética e moral, donde decorre uma grande deterioração da identidade pública dos juízes. Assim, o magistrado se coloca com altivez divinal, acima do bem e do mal, dos conflitos mundanos e dos problemas humanos, e assume uma postura moralista *"de quien afirma estar combatiendo los perores males y flagelos de toda la humanidad y deteniendo los genocidios, la rigidez agobiante que se traduce en conflictos familiares, cuando no en una verdadera quiebra depresiva"*, promovendo, assim, uma ditadura ética reacionária.[235]

Nessa índole de sobrelevar, sacralizar, distinguindo a pessoa do magistrado de um ser-humano comum, que interpreta, que tem opiniões, que é falível, que tem preconceitos, que se irrita, que tem variações de humor, expurga-se estruturalmente do magistrado a sua função política, o que normalmente ocorre assemelhando a magistratura com a figura do "sacerdócio", distante das disputas de poder e relações da sociedade, e a judicatura como uma "missão divina".[236] Assim, o bom magistrado passa a ser visto como aquele que não se manifesta, senão nos autos, que mantém uma distância segura da sociedade, que tem orgulho de não se contaminar pelo clamor da opinião pública, enfim, um ser encastelado, distante e alheio aos movimentos da sociedade que integra.[237]

Segundo Zaffaroni, *"el juez se pierde en una extraña y nebulosa imagen de santo y padre severo y moralista que condena al mundo"*.[238] Cria-se, perante a sociedade, o estereótipo do juiz como "pai severo", "conservador", asséptico, da magistratura como um gueto, que acaba por confundir a

---

[235] ZAFFARONI, Eugenio Raúl. *Estructuras judiciales*. Buenos Aires: Ediar, 1994. Disponível em http://www.pensamientopenal.com.ar/articulos/estructuras-judiciales. Acesso em 24.10.2014, pp. 159/160.

[236] DALLARI, Dalmo de Abreu. *O poder dos juízes*. 3ª ed. São Paulo: Saraiva, 2010, p. 56.

[237] PACHÁ, Andréa Maciel. "A necessidade de adequar a formação dos magistrados como agentes de aplicação das normas jurídicas, no mundo em permanente mudança". *Curso de Constitucional: normatividade jurídica*. Rio de Janeiro: EMERJ, 2013. pp. 11-24, p. 16.

[238] ZAFFARONI, Eugenio Raúl. *Estructuras judiciales*. Buenos Aires: Ediar, 1994. Disponível em http://www.pensamientopenal.com.ar/articulos/estructuras-judiciales. Acesso em 24.10.2014, pp. 160/161.

própria imagem pessoal com a função da magistratura: o juiz passa a incorporar a sua profissão e o papel social que ela representa como algo constitutivo de sua personalidade, como se a magistratura fosse um título honorífico e não uma profissão como qualquer outra, se portando com altivez que denote o seu *status* diferenciado da média dos cidadãos, o que o acompanha inclusive na vida privada, na intimidade, nos círculos sociais, no trato com as pessoas e outras autoridades, vistas por ele como "inferiores". Passa a julgar e impor-se como o padrão ético de correção em todos os âmbitos de sua vida, não apenas como judica (o que é totalmente antagônico com a ideia de profissionalização e impessoalidade da burocracia). Igualmente, arroga-se privilégios, autoridade, pronomes de tratamento e reconhecimento especial mesmo em momentos em que a pessoa que é magistrada não está exercendo a magistratura, como se fosse um tipo diferenciado de cidadão, uma espécie de integrante de uma casta social superior, vivendo em uma sociedade como se ainda houvessem títulos de nobreza ligados ao ofício ou corporação.

Por consequência, o Poder Judiciário como um todo passa a agir como uma espécie de "grilo-falante", encarando a sociedade de modo infantilizado e lançando-lhe ares paternalistas, e a sociedade identifica no Judiciário esse papel castrador, repressivo e de guia dos parâmetros morais de correição, ou, noutros termos, um superego da sociedade.[239] Assim, edifica-se uma ideia de "papel" arquetípico do juiz no imaginário popular que está vinculado ao indivíduo, à pessoa, e não à função (*"el 'juez padre severo' debe continuar con su rol fuera de su ámbito funcional, en su familia, en su club, con sus amigos, etc"*) [240], passando a precisar necessariamente ser uma pessoa recatada e parcimoniosa mesmo na intimidade. Para assumir esse perfil, a pessoa passa a ser treinada desde a

---

[239] OMMATI, José Emílio Medauar; FARO, Julio Pinheiro. "De poder nulo a poder supremo: o Judiciário como superego". *A&C – Revista de Direito Administrativo & Constitucional*, vol. 12, n. 49, pp. 177-206, set. 2012, p. 183.

[240] ZAFFARONI, Eugenio Raúl. *Estructuras judiciales*. Buenos Aires: Ediar, 1994. Disponível em http://www.pensamientopenal.com.ar/articulos/estructuras-judiciales. Acesso em 24.10.2014, p. 165.

CAPÍTULO 1 - A DIMENSÃO POLÍTICA DA MAGISTRATURA

adolescência,[241] introjetando os valores do *status quo* e conformação ao sistema, demonstrando similitude com os princípios e valores burocráticos e eunucos cultivados por aqueles que já são magistrados. Passa a haver, assim, pessoas com "perfil" de magistrado (aquelas que foram bem formatadas no processo de socialização, de subjetivação foucaultiano), e outras que não possuem esse "perfil" – o que é um critério completamente desvencilhado da própria técnica jurídica cultuada por esse mesmo modelo (por isso mesmo é uma degeneração intrassistêmica). Assim, mesmo a capacidade para ser bom juiz, uma vez que o "perfil" se funda em um estereótipo social, decorrente das degenerações técnicas, mas que se desvencilha da técnica em si.[242] Assim, a assepsia, a superioridade, que o juiz técnico-burocrata precisa a assumir frauda a própria tecnoburocracia.

Essa noção desumanizadora e externalista, que impende que o magistrado se coloque como algo divinal, não-humano, asséptico, eunuco, é, também um perigo à saúde física e psicológica do magistrado, que, em verdade, sempre será um ser-humano e não o arquétipo de juiz perfeito e divinal que quer ser, que estruturalmente se exige que seja e que socialmente se espera que seja. O magistrado, assim, necessita mentalizar "*mecanismos de huida para neutralizar la culpa que genera no ser quien todos pretenden que sea alguien, y que además lo traten como si lo fuera, sabiendo que nunca puede serlo. Esta lacerante sensación de protagonizar un comportamiento psicopático, no puede menos que traducirse en trastornos individuales y sociales, familiares y en ocasiones públicos*".[243] O juiz técnico-

---

[241] Muitos autores brasileiros, inclusive, defendem contemporaneamente que a formação do magistrado "vem de berço". Entre eles: LEARDINI, Marcia. "A importância da formação do magistrado para o exercício de sua função política". *In*: ALMEIDA, José Mauricio Pinto de; LEARDINI, Márcia (coord.). *Recrutamento e formação de magistrados no Brasil*. Curitiba: Juruá, 2010. pp. 111-135, p. 130 e NALINI, José Renato. *Ética da magistratura*: comentários ao código de ética da magistratura nacional – CNJ. 3ª ed. São Paulo: RT, 2012, p. 212.

[242] ZAFFARONI, Eugenio Raúl. *Estructuras judiciales*. Buenos Aires: Ediar, 1994. Disponível em http://www.pensamientopenal.com.ar/articulos/estructuras-judiciales. Acesso em 24.10.2014, p. 165.

[243] ZAFFARONI, Eugenio Raúl. *Estructuras judiciales*. Buenos Aires: Ediar, 1994. Disponível em http://www.pensamientopenal.com.ar/articulos/estructuras-judiciales. Acesso em 24.10.2014, pp. 160/161.

burocrata, assim, com o tempo tende a fragilizar-se física e mentalmente, e ainda transmitirá os efeitos dessa condição em ocasiões sociais, no âmbito familiar ou em suas próprias decisões, podendo apresentar traços de psicopatia e paranoia[244] decorrentes de sua frustração em não ser aquilo que as expectativas sociais se lhe exigem e estar obstinado em superar as possibilidades humanas.

Sem desbordar da análise ora abstrata dos modelos, é possível exemplificar esse fenômeno a partir da observação de que muitas vezes esse tipo de exigência será não apenas esperado e reproduzido por esquemas de microfísica do poder, isto é, das relações sociais, de modo a disciplinar as condutas individuais, mas estarão de fato institucionalizadas. É, por exemplo, o caso do Código de Ética da Magistratura do CNJ que expõe: "Art. 16 – O magistrado deve comportar-se na vida privada de modo a dignificar a função, cônscio de que o exercício da atividade jurisdicional impõe restrições e exigências pessoais distintas das acometidas aos cidadãos em geral". A expressão é notoriamente vaga, e retornar-se-á a esta questão no ponto 2.3.2, uma vez que o objeto, por ora são os modelos ideais e não a realidade concreta, mas é lícito o questionamento da relação entre o comportamento privado do magistrado e o bom desempenho da magistratura, como se a magistratura fosse, em si, algo inafastável da pessoa do juiz e que é uma profissão diferente de qualquer outra, como professor, médico ou gari. Ademais, o distanciamento do "cidadão em geral" é justamente calcado em uma noção de assepsia, de superioridade, que acarreta nesses desvios supramencionados e muito mais impedem que o juiz ofereça uma boa prestação jurisdicional, assumindo seu papel político e efetivando a Constituição, do que qualquer outra coisa. Ainda na trincheira dos exemplos, essa conduta é coerente com o Tribunal que entende que "o magistrado não se desvencilha da relevância da sua função na sociedade, mantidos deveres e prerrogativas, mesmo que em horário de descanso" sendo desacato com dano moral *in re ipsa* dizer que o juiz não é Deus,[245]

---

[244] COUTINHO, Jacinto Nelson de Miranda. *O papel do novo julgador no Processo Penal*. Rio de Janeiro: Renovar, 2001, p. 24.
[245] RIO DE JANEIRO. Tribunal de Justiça. Acórdão no Agravo Interno na Apelação

CAPÍTULO 1 - A DIMENSÃO POLÍTICA DA MAGISTRATURA

portanto; ou haver um juiz que exigiu judicialmente ser chamado de Doutor pelo porteiro do prédio que em dada situação havia se endereçado a ele por "você" e "cara".[246]

Igualmente, também desempenha o papel de alienar o juiz de sua humanidade a sobrevalorização do produtivismo, já mencionado, albarroando-se os cartórios das varas com muitos processos para poucos magistrados. Para tanto, como o volume de trabalho é acentuado e não há possiblidade material de o magistrado dar conta dele, há delegação de funções, mesmo jurisdicionais, para assessores ou mesmo estagiários que elaboram "minutas" de despachos, decisões, sentenças, votos etc. O próprio fato de recorrer-se às decisões estandardizadas, em que há modelo pronto, e, assim, pouca criatividade, facilita a adoção desse recurso. A questão, contudo, não é propriamente a "terceirização" do trabalho jurisdicional para pessoas que presumidamente são menos dominadoras da técnica do que o magistrado concursado, mas sim porque através dessa lógica cria-se uma ficção de que os magistrados detêm a jurisdição, mas aqueles que exercem o verdadeiro poder decisório são os empregados a eles subordinados. Ou seja: o juiz (sobretudo nas instâncias inferiores) na prática, se quiser dar vazão ao volume de trabalho, vê-se dependente de seus subordinados, e passa a não poder exercer a jurisdição de modo livre, segundo a sua consciência. Os magistrados ao verem-se condicionadas aos próprios assessores, têm afetada de modo pujante a sua autoestima, aguçando o seu comportamento paranoico e a "juízite", podendo muitas vezes tornarem-se chefes abusivos como mecanismo de defesa.[247] Nessa lógica, favorecer-se-á a instituição de cargos de assessoria de livre nomeação e exoneração – não tanto pela relação de confiabilidade entre assessor/estagiário e o juiz, mas para manter a relação de poder

---

Cível n. 0176073-33.2011.8.19.0001. Relator: Desembargador José Carlos Paes. Unânime. DJe: 14/12/2014.

[246] BRASIL. Supremo Tribunal Federal. Acórdão no Agravo de Instrumento n. 860.598/RJ. Relator: Ministro Ricardo Lewandowski. Unânime. DJe: 22/04/2014, Disponível em http://s.conjur.com.br/dl/decisao-recurso-juiz-doutor.pdf;

[247] ZAFFARONI, Eugenio Raúl. *Estructuras judiciales*. Buenos Aires: Ediar, 1994. Disponível em http://www.pensamientopenal.com.ar/articulos/estructuras-judiciales. Acesso em 24.10.2014, p. 162.

e subordinação vertical incólume, prejudicando sobremaneira a profissionalização da função de assessoria.[248]

Por fim, há a deterioração ora denominada de "conservadorismo estrutural". Importante notar que, nesse modelo em princípio, como dito, há um ocultamento e supressão de manifestações ideológicas por parte de seus membros, sejam ideologias progressistas, conservadoras, de esquerda, de direta etc. Todavia, o sistema técnico-burocrático tende a observar algumas atitudes como "mais ideológicas" do que outras. As atitudes ideológicas do juiz alinhadas com o *establishment* em geral não são vistas como desbordos da neutralidade, mas mera acolhida dos valores neutros, que são os valores do sistema jurídico e os valores hegemônicos na sociedade política. Ao revés, é considerada extremamente ideológica e incongruente com a função jurisdicional o alinhamento oposicionista, vínculos com o sindicalismo ou movimentos sociais, participação em grupos progressistas, protestos, participação ou assistência em manifestações artísticas avançadas. Assim, o juiz conservador não será visto como um agente ideológico, ao passo que o juiz que eventualmente se "atreva" a ser progressista será reprochado e sua atitude vista como incongruente com a magistratura. Essa aproximação entre a magistratura técnica e o conservadorismo se dá porque o contato com o *establishment* é positivo para a estabilidade, pois conserva as estruturas, e isso é desejado pela burocracia, pois a manutenção da estrutura é garante de uma prestação eficiente e estandardizada.

Nessa toada, os magistrados, nesse modelo, acercam a expressar tendências "*elitistas, reaccionarias o antidemocráticas, pero no por una auténtica convicción ideológica, sino por meras razones de seguridad*", porque a conservação do *status quo* mantém a burocratização que estrutura as suas carreiras, e serão repreendidos pelos altos hierarcas ao mostrarem-se contra as estruturas dominantes. Assim, consolida-se a noção de que os juízes são conservadores por definição, encarando uma deformação de um modelo de magistratura como se fosse uma característica universal

---

[248] BACELLAR FILHO, Romeu Felipe. "Profissionalização da função pública: a experiência brasileira". *Revista de Direito Administrativo*, vol. 232, pp. 1-9, 2003, p. 9.

CAPÍTULO 1 - A DIMENSÃO POLÍTICA DA MAGISTRATURA

da magistratura.[249] Pontue-se que essa consolidação de conservadorismo ligada à imagem do Poder Judiciário tende a se reforçar e auto-alimentar-se, pois, diante da impressão de que o Judiciário é inegavelmente uma instituição conservadora e que não é possível conseguir mudanças estruturais nesse Poder, aqueles e aquelas interessados em resguardar os direitos humanos, constitucionais ou avanços socialmente candentes irão se afastar do exercício de sua função nesse Poder. Assim, o Judiciário passa a ser visto tanto menos como uma das instituições jurídicas que podem efetuar uma transformação positiva na sociedade, mas justamente sua contraface: um empecilho conservador à transformação social. Donde os juristas que objetivem atuar de modo mais pujante na sociedade muitas vezes preferirão outras profissões, como a advocacia privada, a Defensoria Pública, o Ministério Público etc., resguardando um filtro involuntário de que apenas se sentirão vocacionados para a magistratura os bacharéis mais conservadores e que se adéquem ao sobredito "perfil" do magistrado conforme esse imaginário popular sobre-humano e reacionário.

Assim, o modelo técnico-burocrático, embora afaste muitas das degenerações presentes no modelo empírico-primitivo, garantindo uma aplicação técnica, qualificada, do Direito, bem como a independência externa, ainda possui uma forte hierarquização e uma série de degenerações que debilitam o exercício da jurisdição, de modo que ela não dá conta de cumprir a todas as funções que lhe caracterizam e estruturam. Assim, um Poder Judiciário estruturado em uma magistratura técnico-burocrática, embora seja um Poder, o será parcialmente.

1.2.2 O Modelo Democrático

Antes de se adentrar essa seção de análise, é importante reforçar que, mais do que um modelo acabado, como os dois antecedentes, a democratização da magistratura é uma tendência, não uma estrutura,

---

[249] ZAFFARONI, Eugenio Raúl. *Estructuras judiciales*. Buenos Aires: Ediar, 1994. Disponível em http://www.pensamientopenal.com.ar/articulos/estructuras-judiciales. Acesso em 24.10.2014, p. 163.

constatada em alguns dos Poderes Judiciários contemporâneos. Assim, a análise desse modelo de magistratura, diferente dos demais, não pode evidenciar características prontas e acabadas que necessariamente refletem o que deve ser uma magistratura democrática. Vale dizer, podem-se unicamente indicar as características que levam à recente convergência à democratização, mas não um modelo democrático totalmente aperfeiçoado em si.[250] Por conseguinte, a magistratura democrática, ainda que possa ser descrita e pensada, é, também, não um objeto de análise estático, mas em construção, em que a própria reflexão a respeito também contribui para a sua consolidação, uma vez que é sempre possível pensar novas formas de realizar as suas premissas. Ademais, não é uma tendência aleatória: pelo contrário, é característica das democracias desenvolvidas e estabilizadas.[251]

Se, por um lado, é um modelo que essencialmente quebra com a hierarquia e reforça a independência, além de evitar a elitização judicial e passa a admitir a porosidade do Poder Judiciário à intervenção e representação popular, ele não se constitui como a negativa estrutural e essencial do modelo técnico-burocrático. Isto é, a essência do modelo que lhe precede – a seleção técnica – não é abandonada pelo modelo democrático, no entanto, ela assume outro viés, e é apenas mais uma das diversas ideias que nucleiam esse modelo.[252] Por conseguinte, enfatizo que o modelo democrático não nega a essência do modelo técnico, apenas passa a fazê-la conviver com diversas outras premissas. Desse modo, muitas das características presentes no modelo técnico continuam perenes, sobretudo aquelas ligadas à burocracia, como, por exemplo, a valorização da especialização, a impessoalidade, a divisão de competências,

---

[250] ZAFFARONI, Eugenio Raúl. *Estructuras judiciales*. Buenos Aires: Ediar, 1994. Disponível em http://www.pensamientopenal.com.ar/articulos/estructuras-judiciales. Acesso em 24.10.2014, p. 185.

[251] ZAFFARONI, Eugenio Raúl. "Dimensión Política de un Poder Judicial Democrático". *Cuadernos de Derecho Penal*, pp. 15-53, 1992. Disponível em http://new.pensamientopenal.com.ar/sites/default/files/2013/09/51zaffaroni.pdf. Acesso em 19.09.2014, p. 30.

[252] GOMES, Luiz Flavio. *A dimensão da magistratura:* no Estado Constitucional e Democrático de Direito. São Paulo: Revista dos Tribunais, 1997, p. 17.

CAPÍTULO 1 - A DIMENSÃO POLÍTICA DA MAGISTRATURA

a legalidade etc. No entanto, isso passa a existir como um pressuposto e não como a finalidade da magistratura. Ademais, as outras características essenciais que passam a estruturar a magistratura democrática acabam por evitar as degenerações do modelo técnico-burocrático. Assim, ao contrário da relação que acontece entre o modelo empírico-primitivo/técnico-burocrático, o que se dá entre o técnico-burocrático/democrático é a sua superação através de seu aperfeiçoamento e combate às degenerações sistêmicas, e não a pura negação de suas características essenciais.[253]

1.2.2.1 Histórico e elementos

Sobre as ruínas da Europa no segundo pós-guerra surgiram as tentativas de superação das magistraturas técnico-burocráticas, não tanto por seu fracasso técnico, mas por seu fracasso político.[254] Fracasso esse que ficou demonstrado sobretudo com o episódio da Segunda Guerra Mundial e a ascensão dos regimes nazifascistas na Europa: o número sem precedentes de mortes provocadas pela Grande Guerra, principalmente após a explosão das ogivas atômicas, davam à humanidade uma demonstração de uma face negativa do progresso tecnológico, que ignorava fronteiras e punha em xeque a própria existência da sociedade. Igualmente, o nazismo, o fascismo, e em parte também as experiências stalinista e maoísta, sob o fulcro da união nacional, da fortificação do Estado, da economia e da qualidade de vida da população foram capazes de demonstrar que também o aparelho estatal – aceito desde a modernidade como emancipador, instrumento garantidor de direitos – é capaz de dar mote a acontecimentos, como, por exemplo, o holocausto, e, ainda assim, encontrar ampla satisfação e legitimação popular.

---

[253] ZAFFARONI, Eugenio Raúl. *Estructuras judiciales*. Buenos Aires: Ediar, 1994. Disponível em http://www.pensamientopenal.com.ar/articulos/estructuras-judiciales. Acesso em 24.10.2014, p. 170.

[254] ZAFFARONI, Eugenio Raúl. *Estructuras judiciales*. Buenos Aires: Ediar, 1994. Disponível em http://www.pensamientopenal.com.ar/articulos/estructuras-judiciales. Acesso em 24.10.2014, p. 167.

Tal cenário pouco promissor também se refletiu diretamente no Direito material e também nas instituições, pois exigia a reelaboração do próprio papel do Estado perante a nova realidade sucumbente. Observa-se um movimento na tentativa de proteger o ser humano naquilo que fosse o seu âmago mais essencial: a sua dignidade.

Nesse contexto, as experiências do Judiciário nos contextos autoritários e totalitários demonstraram que esse Poder, atado às amarras burocráticas da Lei, aplicada de maneira pretensamente neutra, repetindo entendimentos estandardizados, sem controle de constitucionalidade, de maneira a evitar conflitos com os Executivos e Legislativos, incorporando os valores do *establishment* como critérios éticos de atuação etc., tornou-o refém das circunstâncias políticas mais bárbaras, atônito fronte às atuações de um poder que aplica ou deixa de aplicar a Lei conforme o paradigma da exceção, conivente com a "banalidade do mal" como só um bom burocrata pode ser, servil, enfim, à perpetuação da política governamental fascista, nazista e mesmo as demais políticas que foram levadas na primeira metade do século XX. Nomeadamente, a debilidade do Judiciário italiano permitiu muitos dos excessos do fascismo; o descontrole de Weimar facilitou uma centralização hitleriana, em processos ultracesaristas.[255]

O Judiciário, que teoricamente deveria distribuir a Justiça, resguardar direitos, se viu inidôneo para cumprir a sua missão mais basilar – um Poder impotente, incapaz de dar qualquer resposta satisfatória à sociedade. A miséria da técnica que estruturava a magistratura, além de uma conspícua relação entre as cúpulas e o poder instituído, se mostraram como os grandes óbices para que qualquer dos agentes desse poder pudesse desviar com efetividade dessa atuação sufocada, demonstrando, por conseguinte, que a mudança necessária no Poder Judiciário não era apenas uma questão de pessoas, mas de uma profunda alteração nas estruturas judiciais que haviam levado a essas atitudes.

---

[255] ZAFFARONI, Eugenio Raúl. *Estructuras judiciales*. Buenos Aires: Ediar, 1994. Disponível em http://www.pensamientopenal.com.ar/articulos/estructuras-judiciales. Acesso em 24.10.2014, p. 168.

CAPÍTULO 1 - A DIMENSÃO POLÍTICA DA MAGISTRATURA

Urgia a necessidade reformar radicalmente todas as instituições, incluindo o Poder Judiciário, para não permitir que situações como aquelas, sobretudo as graves violações a direitos humanos amparadas pela legalidade, voltassem a acontecer. Nesse sentido, também se mostrou necessário repensar radicalmente a estrutura desse Poder – dentre elas a forma da magistratura – de maneira praticamente *ex nihilo*, uma vez que as potências politicamente estáveis da época não poderiam servir de parâmetro para a Europa continental em processo de reestruturação no segundo pós guerra.[256]

Outro fator estruturante nesse processo que culminou na democratização da magistratura é o próprio movimento de constitucionalização do Direito. Assim, era necessário pensar um modelo de magistratura hábil a manusear esse aparato constitucional, aplicando de maneira sólida a Lei Maior e, assim, efetivando o controle difuso e incidental de constitucionalidade, isto é, que superasse o simples nível técnico-legal e administrasse, também, um nível técnico-constitucional, que garantisse uma administração judicial independente e conseguisse protagonizar a passagem do Estado legal de Direito para o Estado Constitucional de Direito.[257] A magistratura democrática, assim, é a magistratura coerente com o pós-positivismo, com a constitucionalização do Direito, com as garantias políticas e fundamentais, com a dignidade humana acima da Lei etc. É o modelo que busca a concretização dos valores constitucionais a todo momento e acima do mero legalismo de subsunção técnica.

---

[256] A URSS vivia sob o regime stalinista, com um Judiciário notadamente empírico-primitivo e caudatário ao Partido Comunista. Na Inglaterra encontrava-se um sistema de *common law* sem controle constitucional, inidôneo a refrear os desbordos do Poder nos Estados que se reestruturavam juridicamente também através de novas Constituições. Por fim, os EUA possuíam juízes eleitos nas acirradas disputas de um sistema bipolar, o que não era coerente com a manutenção da vis técnica do Judiciário e que, ao mesmo tempo, resguardasse o direito das minorias. ZAFFARONI, Eugenio Raúl. *Estructuras judiciales*. Buenos Aires: Ediar, 1994. Disponível em http://www.pensamientopenal.com.ar/articulos/estructuras-judiciales. Acesso em 24.10.2014, p. 168.

[257] ZAFFARONI, Eugenio Raúl. "Dimensión Política de un Poder Judicial Democrático". *Cuadernos de Derecho Penal*, pp. 15-53, 1992. Disponível em http://new.pensamientopenal.com.ar/sites/default/files/2013/09/51zaffaroni.pdf. Acesso em 19.09.2014, p. 40.

Uma medida aplicada desde logo e que denota a democratização foi, por conseguinte, a profunda difusão do controle de constitucionalidade; a instituição de uma Corte Constitucional separada das instâncias comuns do Poder Judiciário ou da última instância, vocacionada unicamente para o controle concentrado; a criação de conselhos da magistratura como órgão de Administração da Justiça desvinculado das cúpulas dos Tribunais e da antiga noção hierárquica que estruturava presidências e corregedorias.[258] No entanto, ainda assim não é possível dizer que tais instituições ocorreram de maneira espontânea e idêntica em todos os países. Nesse sentido, Zaffaroni aponta que, em que pese tentativas de democratização na Alemanha, no Benelux, França e Espanha, o modelo que mais rapidamente se verteu na direção democrática e de autonomia foi o italiano, com grande benefício e rápido progresso institucional e jurídico naquele país no *aftermath* fascista.[259]

Nesse sentido, é interessante observar que a magistratura em tratada em seção específica da constituição, distinta, inclusive, da seção do Poder Judiciário no geral. Ou seja, para além de outros elementos estruturantes do Judiciário, a magistratura é regrada expressamente pelo texto constitucional, especificamente no *Titolo IV* da *Costituzione della Repubblica Italiana* entre os artigos 101 a 113,[260] onde são estabelecidas, dentre outras, as seguintes diretivas: a Justiça é administrada em nome do povo e os juízes estão submetidos unicamente à Lei (art. 101); o exercício da jurisdição se dá unicamente por magistrados, sendo a participação popular na administração da Justiça regulada por lei (art. 102); institui o Conselho Superior da Magistratura, formado de maneira eclética pelo Presidente da República, o presidente da Corte de Cassação e Procurador Geral (*Parquet*) e os demais integrantes são eleitos (2/3 por

---

[258] ZAFFARONI, Eugenio Raúl. *Estructuras judiciales*. Buenos Aires: Ediar, 1994. Disponível em http://www.pensamientopenal.com.ar/articulos/estructuras-judiciales. Acesso em 24.10.2014, p. 96.

[259] ZAFFARONI, Eugenio Raúl. "Dimensión Política de un Poder Judicial Democrático". *Cuadernos de Derecho Penal*, pp. 15-53, 1992. Disponível em http://new.pensamientopenal.com.ar/sites/default/files/2013/09/51zaffaroni.pdf. Acesso em 19.09.2014, p. 44.

[260] Disponível em http://www.governo.it/Governo/Costituzione/2_titolo4.html.

CAPÍTULO 1 - A DIMENSÃO POLÍTICA DA MAGISTRATURA

todos os magistrados do país e 1/3 pelos professores titulares universitários e advogados com mais de quinze anos de carreira) (art. 104); é o Conselho Superior da Magistratura que regula a organização judiciária, as admissões, nomeação, transferências, promoções e as medidas disciplinares dos magistrados (art. 105); as nomeações são sempre por concurso, no entanto, o Conselho Superior da Magistratura pode chamar para compor as Cortes de Cassação (tribunais de apelação) professores universitários titulares de disciplinas jurídicas ou advogados com mais de quinze anos de atuação, quando possuírem "*meriti insigni*" (art. 106) (há, assim, grande valorização do saber acadêmico, para além do técnico); há inamovibilidade e garantia do devido processo para remoção (art. 107); há horizontalidade entre todos os magistrados do país, isto é, "*i magistrati si distinguono fra loro soltanto per diversità di funzioni*"[261] (art. 107); todas as decisões judiciais precisam ser motivadas (art. 111).

Não se trata de entender a organização constitucional da magistratura italiana capitaneando o processo de democratização, sendo-lhe o modelo acabado a ser seguido, mas certamente é um dos exemplos que mais incorporam as sobreditas tendências à democratização, aprimorando a tecnoburocracia. Sua importância histórica, assim, que norteou diversos processos de efetiva democratização, não pode ser negada, donde da mera leitura da estrutura judicial da magistratura italiana é possível depurar uma série de características das magistraturas democráticas. Desde logo, assim é possível observar que nas magistraturas democráticas (ou, ainda, democráticas de Direito) estão asseguradas as garantias da qualidade mínima técnico-jurídica do modelo burocrático forte (concurso público), mas se diferenciam da sistemática anterior porque há sobrelevada independência (interna e externa) dos juízes. Há, ademais, a transferência da Administração da Justiça ("*gobierno del poder judicial*", nos termos de Zaffaroni) a um órgão diferente do Executivo ou da Suprema Corte, sendo este órgão formado majoritariamente por juízes (isto é, garantindo o autogoverno e independência) e uma minoria de juristas independentes indicados pela representação popular (ou seja,

---

[261] "Os magistrados se distinguem entre si apenas pela diversidade de atribuições". Tradução livre.

ainda que independente, sem perder o diálogo institucional com os outros Poderes e com a sociedade).[262] Há quem afirme, inclusive, que a característica essencial para definir um modelo como democrático é a existência de um Conselho de autogoverno é o ponto nodal que distingue uma estrutura concreta da magistratura como sendo democrática ou não.[263]

Como dito, a técnica jurídica continua resguardada como valor necessário para o bom exercício da jurisdição, e, por conseguinte, continua valorizada, por exemplo, nas formas de recrutamento, que se mantém técnicas, isto é, através de concurso público que avalie o conhecimento jurídico do candidato. No entanto, há diversas modificações na sistemática dos concursos que buscam perfazê-lo, aprimorando os mecanismos de seleção, tornando-os mais democráticos, mais permeados pela sociedade, com vis ao manejo de boas técnicas de controle de constitucionalidade e hermenêutica constitucional. Contam também com a valorização da cultura jurídica, dos altos estudos, isto é, do saber acadêmico aprofundado, crítico-reflexivo, que alinhave teoria, crítica e prática, e não meramente o saber autômato-mecanicista, profissional.[264]

Diante dessas linhas gerais, Zaffaroni traça os vértices estruturais do modelo democrático como sendo:

i) a Administração plural da Justiça, garantida sobretudo pelo voto

---

[262] ZAFFARONI, Eugenio Raúl. "Dimensión Política de un Poder Judicial Democrático". *Cuadernos de Derecho Penal*, pp. 15-53, 1992. Disponível em http://new.pensamientopenal.com.ar/sites/default/files/2013/09/51zaffaroni.pdf. Acesso em 19.09.2014, p. 30.

[263] BANDEIRA, Regina Maria Groba. *Seleção dos magistrados no direito pátrio e comparado*. Viabilidade legislativa de eleição direta dos membros do Supremo Tribunal Federal. Brasília: [s.n.], 2002. Disponível em http://www2.camara.leg.br/documentos-e-pesquisa/publicacoes/estnottec/tema6/pdf/200366.pdf, p. 3. Contudo, não endosso essa leitura. Existir um conselho da magistratura (como o CNJ) sem dúvida abre muitas alas para a efetivação de um caminho democrático, mas não é o único elemento definidor.

[264] ZAFFARONI, Eugenio Raúl. *Estructuras judiciales*. Buenos Aires: Ediar, 1994. Disponível em http://www.pensamientopenal.com.ar/articulos/estructuras-judiciales. Acesso em 24.10.2014, pp. 94/95.

CAPÍTULO 1 - A DIMENSÃO POLÍTICA DA MAGISTRATURA

igualitário de todos os juízes para questões que envolvam esse tema;

ii) a desierarquização administrativa dos colegiados, isto é, os órgãos colegiados, como os Tribunais, passam a ser somente divisões de competência e não têm relação nenhuma com a Administração da Justiça. As Cortes deixam de ser cúpulas, não desempenham funções administrativas ou correcionais, que passam a ser desempenhadas pelo Conselho democraticamente eleito;

iii) formas de participação direta dos cidadãos nas decisões que envolvem a Administração da Justiça, mas não da jurisdição (garantida a independência do magistrado);

iv) publicidade dos atos, consagrados pela oralidade, supressão de sessões secretas ou a portas fechadas (incluindo das próprias decisões colegiadas e a discussão entre os magistrados) etc.;

v) pluralidade entre os membros que formam o tribunal constitucional.[265]

A partir de mudanças estruturais dessa envergadura a própria magistratura e o modo pelo qual a jurisdição é exercida acabam se reconfigurando. Nesse sentido, sucintamente Luiz Flávio Gomes pontua algumas das características que passam a ser verificadas em uma magistratura democrática: *i)* existência de mecanismos democráticos no processo seletivo; *ii)* reduzido formalismo, havendo primazia do conteúdo sobre a forma, isto é, busca-se, quando possível, superar as formalidades e encarar as questões de direito material; *iii)* passa a haver a valorizado do controle de constitucionalidade das leis e dos atos do poder político como função precípua do magistrado; *iv)* por conseguinte, há uma politização do juiz, bem como engajamento ético do magistrado; *v)* passa a haver valorização e interlocução do Direito positivo-estatal com o Direito Internacional, sobretudo no que diz respeito aos Direitos Humanos e à tutela dos direitos fundamentais, que passam a abalizar a aplicação cotidiana do Direito; *vi)* o juiz passa a ter uma mentalidade

---

[265] ZAFFARONI, Eugenio Raúl. *Estructuras judiciales*. Buenos Aires: Ediar, 1994. Disponível em http://www.pensamientopenal.com.ar/articulos/estructuras-judiciales. Acesso em 24.10.2014, p. 172.

pouco burocratizada; *vii)* há a dissociação do magistrado da imagem do "pai severo" ou do "bom pai de família", deixando para trás moralismos e equiparando-o ao cidadão comum do ponto de vista ético; *viii)* há uma independência real, seja perante os poderes externos (*ad extra*), seja perante os poderes do próprio Judiciário (*ad intra*); *ix)* há controle de constitucionalidade concentrado ao lado do controle difuso; *x)* a atribuição do controle centralizado a um órgão democraticamente composto; *xi)* há a profunda recusa de qualquer forma de cooptação ou de partidarização das nomeações; *xii)* há suficiente segurança jurídica, com estabilidade jurisprudencial, que, no entanto, não se confunde com petrificação, congelamento ou verticalização — isto é, a jurisprudência se consolida pela sua qualidade e não porque a estrutura da magistratura o impõe;[266] *xiii)* assim, a magistratura torna-se pluralística e dinâmica, bem como as decisões judiciais; *xiv)* fica garantida a ampla liberdade de associação entre os magistrados ou entre os segmentos de magistrados; *xv)* há grande preocupação com a construção de um Estado Democrático e Constitucional como papel do Poder Judiciário; *xvi)* há bom funcionamento institucional decorrente do engajamento ético dos magistrados, o que gera um compromisso na qualidade da prestação jurisdicional, deixando a carreira de ser a preocupação da magistratura para dar lugar à boa prestação jurisdicional; *xvii)* assim, há o avanço do Estado de Direito para o Estado Constitucional de Direito; *xviii)* a responsabilização do magistrado é aferida por um órgão democraticamente constituído; *xix)* voto igualitário entre todos os magistrados; *xx)* desierarquização; *xxi)* o magistrado exerce diretamente a cidadania e participa da vida da comunidade, não é insulado, não vive um "monastério" ou um "sacerdócio", critica e é criticado pela sociedade, pois não é dotado de autoridade divinal, dentre outras, já arroladas.[267]

As características decorrem umas das outras, de modo a estruturar de maneira coerente e coeso uma magistratura democrática,

---

[266] ZAFFARONI, Eugenio Raúl. *Estructuras judiciales*. Buenos Aires: Ediar, 1994. Disponível em http://www.pensamientopenal.com.ar/articulos/estructuras-judiciales. Acesso em 24.10.2014, p. 188.

[267] GOMES, Luiz Flavio. *A dimensão da magistratura:* no Estado Constitucional e Democrático de Direito. São Paulo: Revista dos Tribunais, 1997, pp. 17/18.

CAPÍTULO 1 - A DIMENSÃO POLÍTICA DA MAGISTRATURA

no entanto, observadas essas diretivas apontadas por Zaffaroni e Luiz Flávio Gomes, é possível prospectar princípios estruturantes da magistratura democrática, isto é, significantes que traduzem esta miríade de características deles decorrentes e que são sobremaneira ressaltadas por ambos os autores como essenciais a uma magistratura democrática.[268]

Ademais, se, por um lado, a magistratura técnico-burocrática possui um único princípio basilar – qual seja, a seleção técnica forte e carreirista – no modelo democrático são diversos princípios norteadores, sem um escalonamento de importância. É possível deduzir, do apontado, os seguintes:

i) politização do Judiciário;

ii) independência interna e externa;

iii) seleção e aprimoramento técnicos fortes (entendida a técnica, contudo, não como o tecnicismo mecânico, mas como a aplicação prática do Direito com interlocução constitucional e conhecimento dogmático-crítico, não meramente exegeta ou positivista);

iv) constitucionalização da jurisdição;

v) horizontalidade (entre os magistrados e entre o Judiciário e a sociedade);

vi) autogoverno da Administração da Justiça, feita por um órgão eleito e externo à estrutura jurisdicional.[269]

Assim, como se observa, esse modelo quebra com a hierarquia e reforça a independência, mantendo as garantias da magistratura consolidadas pelo modelo técnico burocrático, mas as expandindo, sobretudo no que diz respeito às garantias de independência interna,

---

[268] Ainda que não abalizem como "princípios estruturantes" ou algo do gênero.

[269] ZAFFARONI, Eugenio Raúl. *Estructuras judiciales*. Buenos Aires: Ediar, 1994. Disponível em http://www.pensamientopenal.com.ar/articulos/estructuras-judiciales. Acesso em 24.10.2014, pp. 186/187.

além de evitar a elitização judicial e admitindo a intervenção da representação popular.[270]

Observe-se que tais características e princípios norteadores, além de cumprirem a mencionada função de potencializar o Judiciário a cumprir uma efetiva função social de resguardar direitos de maneira proativa, isto é, em uma relação de igualdade com os demais Poderes e os possíveis abusos que esses possam cometer, também acaba-se por fornecer uma solução estrutural às deteriorações dos modelos anteriores (posição caudatária, partidarização, corrupção, carreirismo, burocratização, alienação etc.). Assim, com a democratização da magistratura, a qualidade da jurisdição prestada como um todo apresenta inevitáveis melhoras graças à redução da formalização e através do impulso proporcionado pelo controle permanente de constitucionalidade.[271]

Isso também acarreta uma modificação da própria imagem do Poder Judiciário perante a sociedade, fortalecendo, inclusive, a sua legitimidade. A própria pluralidade que passa a dar o tom da jurisdição faz com que as decisões, num todo, precisem dialogar umas com as outras, confrontando eventuais divergências interpretativas decorrentes das plúrimas cosmovisões ou ideologias que irão formar o espectro ideológico do Judiciário, que passa a se parecer com o espectro ideológico diverso da própria sociedade, e não meramente um (o do *status quo*). Assim, a imagem burocrática do "pai severo" no imaginário popular – que cumpre um desserviço à legitimidade do Poder Judiciário – passa a figurar entre as anedotas de uma geração antepassada de juízes, advindo os magistrados a reconhecer e assumir a sua própria humanidade, falibilidade, não neutralidade. Assim, no que ainda seja possível falar a respeito de um "perfil" de juiz, vige o perfil de juiz cidadão, partícipe da vida comunitária, atento às agruras políticas e à realidade concreta dos

---

[270] ZAFFARONI, Eugenio Raúl. "Dimensión Política de un Poder Judicial Democrático". *Cuadernos de Derecho Penal*, pp. 15-53, 1992. Disponível em http://new.pensamientopenal.com.ar/sites/default/files/2013/09/51zaffaroni.pdf. Acesso em 19.09.2014, p. 30.

[271] ZAFFARONI, Eugenio Raúl. *Estructuras judiciales*. Buenos Aires: Ediar, 1994. Disponível em http://www.pensamientopenal.com.ar/articulos/estructuras-judiciales. Acesso em 24.10.2014, pp. 94/95.

CAPÍTULO 1 - A DIMENSÃO POLÍTICA DA MAGISTRATURA

jurisdicionados. O Judiciário passa a ter "a cara do povo", democratiza-se não apenas internamente, mas deixa de se ver e de se apresentar de maneira divinal; busca sua legitimidade na democracia, e não no exercício de poder simbólico decorrente de superioridade cultural, elitizada.

Por consequência, isso também alivia ao magistrado a culpa de não poder alcançar o modelo sobre-humano asséptico imposto na tecnoburocracia. Assim, evitam-se as deteriorações psicológicas, físicas e éticas do magistrado individualmente, permitindo ao magistrado adotar atitudes mais autênticas e criativas.

Nesse sentido, é evidente que o modelo democrático, portanto, funciona para extirpar os preconceitos étnicos, raciais, ideológicos, religiosos, de gênero, sexualidade etc., que são facilmente ocultáveis através do formalismo nos outros modelos e que visam selecionar agentes que reproduzam os mesmos preconceitos, mantendo o sistema.[272] Assim, o Poder Judiciário não se diversifica apenas na variedade de posições, mas também fisicamente acaba recepcionando pessoas das mais diferentes etnias, cores de pele, religiões, orientações sexuais e identidades de gênero – o que antes não era impossível, mas era extremamente obstaculizado pela noção de "perfil" da magistratura e das deteriorações que acabaram por escamotear os preconceitos e filtrar também as minorias na composição desse Poder. Assim, o Poder Judiciário deixa de ser, como dito, um poder reacionário para ser um poder democrático, democratizado e que busca efetivar a democracia.[273]

A horizontalidade – ou quebra da hierarquia – *"permite al juez decidir sin atarse a criterios o simpatías, antipatías, preferencias, gustos o arbitrariedad de los tribunales de segunda instancia o de casación"*: o juiz decide conforme a sua convicção. Com isso não há nada estruturante que vincule

---

[272] ZAFFARONI, Eugenio Raúl. *Estructuras judiciales*. Buenos Aires: Ediar, 1994. Disponível em http://www.pensamientopenal.com.ar/articulos/estructuras-judiciales. Acesso em 24.10.2014, p. 189.

[273] ZAFFARONI, Eugenio Raúl. *Estructuras judiciales*. Buenos Aires: Ediar, 1994. Disponível em http://www.pensamientopenal.com.ar/articulos/estructuras-judiciales. Acesso em 24.10.2014, p. 163.

o seu entendimento, donde decorre que cada resposta para os casos concretos que analisa são de sua inteira responsabilidade. Vale dizer, o juiz não se aliena do resultado, não ignora a responsabilidade pelo julgado pelo fato de que a instância superior decide dessa ou daquela forma, a justiça ou a justeza da decisão passam a ser da alçada de suas preocupações particulares. Assim, o juiz não repete mecanicamente procedimentos e entendimentos estandardizados, não superestima a produção quantitativa, como uma linha de produção, e, por conseguinte, não se aliena do processo e da lide que está sendo discutida (daí a sua preocupação com a justiça material e a superação de formalismos transponíveis).[274]

Por fim, no que tange à corrupção (uma das formas mais recrudescidas de degeneração), que é facilitada no modelo empírico primitivo e dificultada no técnico-burocrático, observa-se que ela passa a ser ainda menos possível no modelo democrático, inicialmente porque o magistrado, que não é um alienado, não vê no seu trabalho uma mera fonte de renda, mas sim identifica-se com a responsabilidade de decidir. Assim, como há identificação entre o magistrado e o fruto de seu trabalho, a sua decisão, com maior dificuldade ele irá abrir mão das exigências éticas e macular o resultado do trabalho pelo que se sente responsável. No entanto, embora seja digno de nota que a corrupção não é apenas uma questão estrutural da magistratura, mas da própria sociedade. Assim, independentemente do modelo de magistratura adotado, sempre será possível haver magistrados corruptos, de modo que a corrupção é inexpurgável apenas através da estrutura da magistratura. No entanto, para além de manter as garantias do modelo técnico-burocrático, valorizando o magistrado, que passa a se preocupar com a sua reputação, o modelo democrático também enfraquece a corrupção pela própria noção de horizontalidade. No modelo anterior, por haver hierarquia, verticalização e cúpulas, ocorre uma cumplicidade dos corregedores com seus pares, isto é, com os magistrados do alto escalão, em geral os desembargadores, fiscalizando unicamente de fato os juízes do primeiro

---

[274] ZAFFARONI, Eugenio Raúl. *Estructuras judiciales*. Buenos Aires: Ediar, 1994. Disponível em http://www.pensamientopenal.com.ar/articulos/estructuras-judiciales. Acesso em 24.10.2014, p. 188.

CAPÍTULO 1 - A DIMENSÃO POLÍTICA DA MAGISTRATURA

grau.[275] Em um modelo democrático horizontal, há, ao invés, uma rede de observação, já que mesmo os magistrados no final de carreira poderão sofrer correições e, inclusive, vigilância dos recém-ingressos. Há, assim, uma vigilância constante, não havendo magistrados menos passíveis de sanção por figurarem no final de suas carreiras e estarem no topo de uma pirâmide hierárquica.

Além da própria horizontalização, a existência de um Conselho externo e eleito para funcionar as competências disciplinares e exigir as responsabilidades dos magistrados garante o acesso de qualquer magistrado a esses órgãos de controle, uma vez que não correria o risco de estar denunciando um "superior", e, ainda, denunciando para alguém que tem com o denunciado relações de compadrio ou comprometimento. E mesmo os membros do Conselho também são passíveis de sanção, ainda que detenham funções correcionais, uma vez que são eleitos e, assim, podem ser "puníveis" através do poder do voto, caso estejam sendo corruptos.[276] Assim, mesmo os membros do Conselho, além de estarem submetidos às responsabilizações normais e horizontais, também estão submetidos a um controle político, não havendo, faticamente, nenhum magistrado superior aos demais.

De tal modo, não é desarrazoado afirmar que o modelo democrático, como o próprio nome aponta, é efetivamente o verdadeiro modelo das democracias desenvolvidas.[277]

Essas premissas se desenvolvem em muitos mais mecanismos objetivos e pontuais em vários pormenores, sobretudo ao verticalizar-se a análise dos princípios abstratos para os mecanismos concretos. Isso, contudo, é o objeto doravante analisado.

---

[275] DALLARI, Dalmo de Abreu. "A hora do Judiciário". *Revista da Escola Nacional da Magistratura*, vol. 1, n. 1, pp. 10-16, 2006, p. 14.

[276] ZAFFARONI, Eugenio Raúl. *Estructuras judiciales*. Buenos Aires: Ediar, 1994. Disponível em http://www.pensamientopenal.com.ar/articulos/estructuras-judiciales. Acesso em 24.10.2014, p. 188.

[277] ZAFFARONI, Eugenio Raúl. "Dimensión Política de un Poder Judicial Democrático". *Cuadernos de Derecho Penal*, pp. 15-53, 1992. Disponível em http://new.pensamientopenal.com.ar/sites/default/files/2013/09/51zaffaroni.pdf. Acesso em 19.09.2014, p. 30.

Por fim, pontue-se que os defensores das estruturas empíricas, partidarizadas, e, também, aqueles das burocráticas, buscando negar os benefícios do propugnado modelo democrático e a defendendo superioridade dos modelos anteriores – em auxílio ao *status quo* – "*clamaron contra las estructuras democráticas por el riesgo de partidización de los jueces*",[278] isto é: argumenta-se que a politização do Judiciário e a quebra com as estruturas empíricas ou mesmo as burocráticas acaba inquinando esse Poder em questões políticas que não são de sua alçada, comprometendo a imparcialidade das decisões e a própria justiça da jurisdição. Esse modelo, para esse tipo de crítica conservadora, passa ser entendido não como uma superação, mas uma falência do próprio Judiciário. A horizontalidade passa a ser vista – até com certo receio – como falta de ordem e estruturação garantidas pela hierarquia. A politização passa a ser atacada como ativismo exacerbado. O contato do magistrado com a comunidade, com movimentos e dinâmicas sociais alegadamente o tornariam um agente de um projeto ideológico particular, tal qual os filiados aos partidos políticos. O controle de constitucionalidade passa a ser tratado como fraude à Lei e desrespeito à vontade popular expressa pelos representantes eleitos. A postura criativa e a ausência de vinculação estrutural aos precedentes como sinônimo de insegurança jurídica.

Contudo, nas palavras de Zaffaroni, "*el pluralismo interno de las estructura condiciona controles recíprocos y sus respectivas denuncias, lo que limita el riesgo y la tentación de partidización*", e, igualmente, "*como no deben su nombramiento y tampoco temen su remoción por la acción de ningún partido, su filiación ideológica, pese a ser conocida, no los sitúa como engranajes de ningún aparato partidario*".[279] Aliás, é justamente a postura de não neutralidade e politização que torna as decisões judiciais transparentes e o processo de interpretação jurídica como ato também de vontade algo claro e atribui ao juiz a responsabilidade pelo julgado,[280] o que repele o aparelhamento

---

[278] ZAFFARONI, Eugenio Raúl. *Estructuras judiciales*. Buenos Aires: Ediar, 1994. Disponível em http://www.pensamientopenal.com.ar/articulos/estructuras-judiciales. Acesso em 24.10.2014, p. 188.

[279] *Estructuras judiciales*. Buenos Aires: Ediar, 1994. Disponível em http://www.pensamientopenal.com.ar/articulos/estructuras-judiciales. Acesso em 24.10.2014, p. 188.

[280] APPIO, Eduardo. *Discricionariedade política do Poder Judiciário*. Curitiba: Juruá, 2008, p. 43.

CAPÍTULO 1 - A DIMENSÃO POLÍTICA DA MAGISTRATURA

do Judiciário à vontade política de um partido, uma vez que, tomando tal atitude, sua legitimidade estaria seriamente comprometida. Assim, "cada sentença" torna-se "um espaço participatório, atribuindo-lhe um sentido de efetiva emancipação".[281] Donde a magistratura democrática, justamente por sua transparência, sujeita pela rede de controle não hierárquico e controle democrático do Poder, impede o seu aparelhamento e a veiculação de interesses partidarizados. O revés, no entanto (tomar uma atitude partidarizada sob o verniz da neutralidade) é muito mais possível – ou seja, essa acusação, feita ao modelo democrático, em verdade é muito mais possível nos outros modelos, mas escamoteada pelas próprias premissas dos mesmos.

1.2.2.2 Porque o modelo democrático é o mais coerente com a Constituição Federal de 1988

A magistratura, estruturando-se através das instituições que disciplinam formalmente os exercentes da jurisdição por ofício, em geral é disciplinada por uma complexidade de normativas, desde regras gerais previstas na Constituição, até, no caso brasileiro, a Lei Orgânica da Magistratura Nacional, Regimentos Internos dos Tribunais e leis específicas das unidades da federação a qual os Tribunais estão vinculados, Código de Ética da magistratura etc. A dimensão da magistratura, assim, pode ser extraída normativamente desses textos legais, donde é possível, a partir dos elementos que estão textualmente previstos, identificar qual modelo prepondera na magistratura de determinada realidade. No entanto, não são apenas as normativas específicas a respeito do Poder Judiciário que fornecem elementos capazes de dimensionar a magistratura – isso porque também a própria previsão de direitos substanciais e instrumentos jurídicos para efetivá-los, que não passem ao largo do Judiciário, também acabam, indiretamente, por estruturar (ou, ao menos,

---

[281] VERONESE, Josiane Rose Petry. "O Poder Judiciário: instrumento de transformação social?". *Revista Sequência,* Florianópolis, n. 30, pp. 37-44, 1995. Disponível em http://egov.ufsc.br/portal/sites/default/files/anexos/1078-1092-1-PB.pdf. Acesso em 17.11.2014, p. 44.

ter a vis de estruturar) a magistratura. Desse modo, encontrar qual é o modelo de democracia mais compatível com o texto constitucional de 1988, para além de analisar apenas a disciplina constitucional do Poder Judiciário e a Lei Orgânica (que é Lei Complementar), a própria sistemática constitucional também é necessária. Isto é – se a Constituição prevê, por exemplo, uma série de garantias e direitos fundamentais e instrumentos judiciais para efetivá-los, certamente a conclusão que decorre é de que pretende uma magistratura mais independente e proativa, por exemplo, como será melhor visto doravante. Nesse diapasão, perscrutar o modelo previsto constitucionalmente é, ao mesmo tempo, uma tarefa de analisar a estruturação da magistratura conforme aquilo que a Constituição prevê, mas, também, atentar-se para a função que a Lei Maior a atribui. Por conseguinte, explanar o porquê que capitula essa seção é, também, a contraface do que já foi observado anteriormente (ponto 1.1.3), uma vez que, como exposto, a função do Poder Judiciário também é estruturante.

Assim, se "ao juiz cabe efetivar o Estado Democrático de Direito"[282], é de se observar que o modelo mais adequado é o democrático, pois só ele se dispõe à realização de um projeto a partir da atuação política independente do Judiciário, enquanto o empírico-primitivo se prostra perante a vontade dos outros Poderes e o técnico-burocrático se nulifica, isto é, não é idôneo a realizar projeto algum, apenas confirmar a ordem vigente.

Contudo, cumpre denotar, observada a temporalidade do marco teórico adotado, que na América Latina, até o início do século XXI não havia nenhum Estado cuja magistratura poderia se enquadrar como democrática.[283] Pelo contrário, todas as análises a respeito, que datam o final dos anos 1990, entendiam que a América Latina, incluído o Brasil,

---

[282] LEARDINI, Marcia. "A importância da formação do magistrado para o exercício de sua função política". *In*: ALMEIDA, José Mauricio Pinto de; LEARDINI, Márcia (coord.). *Recrutamento e formação de magistrados no Brasil*. Curitiba: Juruá, 2010. pp. 111-135, p. 117.

[283] ZAFFARONI, Eugenio Raúl. "Dimensión Política de un Poder Judicial Democrático". *Cuadernos de Derecho Penal*, pp. 15-53, 1992. Disponível em http://new.pensamientopenal.com.ar/sites/default/files/2013/09/51zaffaroni.pdf. Acesso em 19.09.2014, p. 31.

CAPÍTULO 1 - A DIMENSÃO POLÍTICA DA MAGISTRATURA

possuía instituições judiciais meramente copiadas das estruturas estadunidenses e europeias de diferentes momentos históricos, promovendo uma miríade de instituições que formava uma magistratura em grande medida deformada e incoerente.[284] Para além do apontamento de Zaffaroni de que o Brasil era o único país latino-americano dotado de uma magistratura técnico-burocrática, restando os demais ao empírico-pimitivismo, o então magistrado brasileiro Luiz Flávio Gomes, em 1997 (sete anos antes da Reforma do Judiciário, portanto) também corroborava tal enviesamento, observando que, no entanto, havia certa volatilidade na magistratura, que, sob a pecha de estar passando por uma alegada crise, poderia tanto retroceder para o modelo empírico-primitivo quanto evoluir para o modelo democrático.[285] Após a virada do milênio, como já pontuado, restaram escassas as análises abstratas a respeito dos modelos de magistratura no Brasil – havendo uma tendência bastante intuitivista e pontual da literatura jurídica em analisar institutos específicos que reestruturaram a magistratura, como as súmulas vinculantes ou o Conselho Nacional de Justiça, sem, contudo, fazê-lo sob o prisma de um dos modelos de magistratura. Assim, tendo em vista que, das análises que especificamente tratam do tema (apontando o Brasil como modelo de magistratura técnico-burocrática na América Latina) até os dias de hoje (com escassez de análises nesse sentido), cumpre pontuar que não há uma resposta dada sobre qual é o atual modelo de magistratura brasileira – de modo que preme tal análise: é necessário dar-se tal resposta. Dalmo Dallari afirma que é o tempo de uma nova magistratura, em que o juiz não está submetido como autômato aplicador da lei, inserido na política, radicalmente independente, com espírito democrático e visionário da Administração da Justiça,[286] porém, apesar de indicar que o horizonte corresponde a muitas das características da magistratura

---

[284] ZAFFARONI, Eugenio Raúl. "Dimensión Política de un Poder Judicial Democrático". *Cuadernos de Derecho Penal*, pp. 15-53, 1992. Disponível em http://new.pensamientopenal.com.ar/sites/default/files/2013/09/51zaffaroni.pdf. Acesso em 19.09.2014, p. 16.

[285] GOMES, Luiz Flavio. *A dimensão da magistratura*: no Estado Constitucional e Democrático de Direito. São Paulo: Revista dos Tribunais, 1997, p. 19.

[286] DALLARI, Dalmo de Abreu. *O poder dos juízes*. 3ª ed. São Paulo: Saraiva, 2010, p. 63.

democrática, não o expressa cabalmente. Se, no final do século XX, com facilidade se afirmava que a magistratura brasileira adotava o modelo técnico-burocrático, a resposta atual é, contudo, mais complexa, que passa pela tarefa outorgada ao Poder Judiciário pela Constituição e os instrumentos oferecidos para que esse poder, sobretudo no tocante à magistratura, têm para cumprir essa tarefa.

Nesse sentido, é importante observar que, "a despeito do arcaísmo de sua engenharia institucional, a Constituição do Brasil de 1988 foi aquela que mais acreditou no Judiciário",[287] buscou mudar o perfil do Poder Judiciário, tornando-o mais sensível às mudanças sociais e, também trazendo proximidade com a população, celeridade e efetividade[288] – robusteceu, igualmente, o sistema de microjustiça. Isso, entende a doutrina, é um ponto extremamente positivo da nova dimensão jurisdicional, porque enfraquece a justiça privada, a vingança, as milícias, presentes sobretudo nos vácuos institucionais do Estado, como as favelas.[289] A Constituição, assim, intui um Judiciário amplamente acessível ao Povo, de modo a poder jurisdizer a respeito da maior gama possível das contendas da vida dos cidadãos, e não apenas aqueles de acordo com as formas jurídicas de uma classe hegemônica.[290] Assim, a Constituição Cidadã "escancarou as portas do Poder Judiciário à sociedade. Embora não houvesse fonte confiável de pesquisa, estima-se que até 1988, a cada ano, ingressavam no Judiciário brasileiro, cerca de 350.000 novos processos. Passados dez anos da promulgação da Constituição, esse

---

[287] NALINI, José Renato. *A rebelião da toga*. 2ª ed. Campinas: Millenium, 2008, p. 46. Esse arcaísmo institucional é justamente a manutenção da estrutura técnico burocrática para um Judiciário com papel democrático, como se verá no ponto seguinte.

[288] SADEK, Maria Tereza; ARANTES, Rogério Bastos. "A crise do Judiciário e a visão dos juízes". *Revista USP*, n. 21, pp. 34-45, 30 maio 1994. Disponível em http://www.revistas.usp.br/revusp/article/view/26934. Acesso em 31.10.2014, pp. 36/37.

[289] SLAKMON, Catherine; OXHORN, Philip. "O poder de atuação dos cidadãos e a micro-governança da justiça no Brasil". *Novas Direções na Governança da Justiça e da Segurança*. Brasília: Ministério da Justiça, 2006, pp. 31-57, p. 37.

[290] GARCIA. Ailton Stropa. "Desburocratização do Poder Judiciário". *In: Revista de Processo*, vol. 15, n. 60, pp. 89-107, out-dez 1990, p. 97.

CAPÍTULO 1 - A DIMENSÃO POLÍTICA DA MAGISTRATURA

número saltou para 1.500.000.[291] No ano de 2009, já com dados consolidados pelo Conselho Nacional de Justiça, foram 25,5 milhões de processos ajuizados, a chamada explosão de litigiosidade".[292] Assim, a Constituição pretende um Judiciário mais plural, em seus valores e em sua composição, que respeite e promova a diversidade.

Assim, incumbiu ao Judiciário a tarefa de democratizar-se, acompanhando as modificações da sociedade civil, "no sentido das necessidades e aspirações desta última". Assim, pensou um Judiciário dinâmico, avesso a julgamentos estandardizados, formas burocráticas, conceitos estanques e, sobretudo, coniventes com o *status quo*. Outrossim, a fim de conseguir estar paritário à sociedade, torna-se imperiosa ao magistrado uma consciência crítica, de que não mais é possível isolar-se em seu gabinete, alheio ao mundo que o circunda,[293] tipo de reflexão extremamente avessa aos modelos idealmente superados de magistratura e só compatível com o democrático.

Também ampliou o papel da magistratura não só em relação a "popularizá-la", mas também alargou seu âmbito de competências a fim de que pudesse efetivar esses compromissos. A título exemplificativo, o controle difuso de constitucionalidade permitiu aos juízes um novo paradigma, conjugando à função jurisdicional funções políticas das quais não podem se desvencilhar,[294] donde devem pensar não apenas burocraticamente, mas politicamente, ser cônscios de sua dimensão política, de sua legitimidade, de seu papel a cumprir na sociedade. A fim

---

[291] NALINI, José Renato. *A rebelião da toga*. 2ª ed. Campinas: Millenium, 2008, p. 47.

[292] PACHÁ, Andréa Maciel. "A necessidade de adequar a formação dos magistrados como agentes de aplicação das normas jurídicas, no mundo em permanente mudança". *Curso de Constitucional*: normatividade jurídica. Rio de Janeiro: EMERJ, 2013. pp. 11-24, p. 14.

[293] VERONESE, Josiane Rose Petry. "O Poder Judiciário: instrumento de transformação social?". *Revista Sequência,* Florianópolis, n. 30, pp. 37-44, 1995. Disponível em http://egov.ufsc.br/portal/sites/default/files/anexos/1078-1092-1-PB.pdf. Acesso em 17.11.2014, p. 44.

[294] BERGALLI, Roberto. "Selección de jueces y autogobierno de la administración de justicia". *Sociology of penal control within the framework of the sociology of law*. [S.l: s.n.], 1991. pp. 127-160, p. 131.

de garantir o exercício independente de sua função política, garantiu toda a série de cânones da independência judicial.[295] Por conseguinte, o juiz brasileiro pretendido pela Constituição é uma série de coisas, mas inexoravelmente não é um burocrata.

Outrossim, segundo José Eduardo Faria, "o Judiciário teve sua discricionariedade ampliada na dinâmica do processo de redemocratização e reconstitucionalização do País, sendo levado a assumir o papel de revalidador, legitimador, legislador e até de instância recursal[296] das próprias decisões do sistema político, formado pelo Executivo, pelo Legislativo e pelo Ministério Público",[297] o que o obriga a não ter uma postura meramente monástica e dialogar com as outras instâncias, ouvir a sociedade, medir seus poderes ora sendo ativista, ora autocontendo-se. Enfim, é um papel que não cabe na tecnoburocracia.

Institucionalmente, a Constituição Federal pouco mudou o Judiciário, sobretudo antes da Emenda Constitucional n.45/2004.[298] Ainda há uma série de instrumentos institucionais das magistraturas idealmente superadas (nomeação política para os Tribunais Superiores e para o Quinto Constitucional, que também despreza a consolidação da carreira; por exemplo). Se, por um lado, a Constituição outorga ao Judiciário um papel que só é coerente com a magistratura democrática, sua estruturação, por vezes não guarda coerência com as próprias premissas. Assim, observa-se que a Constituição Federal de 1988 ainda apresenta um misto dos três modelos, situando-se em um híbrido entre

---

[295] SADEK, Maria Tereza; ARANTES, Rogério Bastos. "A crise do Judiciário e a visão dos juízes". *Revista USP*, n. 21, pp. 34-45, 30 maio 1994. Disponível em http://www.revistas.usp.br/revusp/article/view/26934. Acesso em 31.10.2014, p. 37.

[296] O termo aqui, deve ser tomado em sua generalidade e seu aspecto sociológico e não jurídico-formal, até mesmo por ser extraído de um ensaio da sociologia.

[297] FARIA, José Eduardo. "Direito e Justiça no século XXI: a crise da Justiça no Brasil". *Colóquio Internacional – Direito e Justiça no Século XXI*, pp. 1-39, 2003. Disponível em www.ces.uc.pt/direitoXXI/comunic/JoseEduarFaria.pdf, p. 16.

[298] NALINI, José Renato. *A rebelião da toga*. 2ª ed. Campinas: Millenium, 2008, p. 46. Esse arcaísmo institucional é justamente a manutenção da estrutura técnico burocrática para um Judiciário com papel democrático, como se verá no ponto seguinte.

CAPÍTULO 1 - A DIMENSÃO POLÍTICA DA MAGISTRATURA

a magistratura técnico-burocrática (que permaneceu institucionalmente e ainda é semelhante à da década de 1990), e a democrática (em relação ao papel a desempenhar) com resquícios de elementos empírico-primitivos (como as nomeações políticas de pessoas estranhas à carreira da magistratura para ocuparem funções jurisdicionais nas Cortes). No entanto, do mesmo modo que a Reforma do Judiciário veio, dentre outros motivos, para adequar a estrutura do Judiciário aos objetivos outorgados pela Constituição, observa-se uma tendência a adequar as estruturas para atender os objetivos e não o contrário, donde, ainda que se reconheça que a Lei Maior não outorgou ao Judiciário todos os mecanismos institucionais para satisfazer os objetivos que atribuiu ao Terceiro Poder, certamente isso não torna menos contundente a conclusão de que esses objetivos só podem ser efetivados a contendo por um dos modelos de magistratura, o democrático.

1.2.3 Marujos no avião: o grande entrave para uma magistratura democrática

Apesar de a magistratura democrática ser o modelo mais coerente com a Constituição de 1988, não significa *de per si*, que ela seja executada, até mesmo porque a própria Constituição prevê instrumentos que divergem de uma democratização efetiva do Judiciário, ao mesmo tempo que outorga e exige dele que o seja. Se isso, do ponto de vista ideal é de todo incoerente, é perfeitamente compreensível a partir do plano político, uma vez que a Constituição é fruto das próprias incoerências e pluralidades da sociedade. Eneida Desiree Salgado avalia essa questão a partir da dinâmica verdadeiramente caótica que permeou a comissão de sistematização da Assembleia Nacional Constituinte, pontuando que "a Constituição não reflete o melhor conteúdo possível (...). O projeto, no entanto, não é o pior possível, pois afasta as emendas reacionárias (...). O que está positivado é, assim, o possível. E é o suficiente para a realização da democracia".[299] Só seria possível uma

---

[299] *Constituição e Democracia*: tijolo por tijolo em um desenho (quase) lógico. Vinte anos de construção do projeto democrático brasileiro. Belo Horizonte: Fórum, 2007, pp. 169-199.

Constituição e um ordenamento jurídico perfeitamente coerente conforme um modelo ideal através da implantação autoritária desse modelo, o que, contudo, seria profundamente antidemocrático, traindo as próprias premissas do modelo defendido. Tais incoerências da própria realidade normativa assim, embora devam ser criticadas e superadas, como se verá no capítulo seguinte, são próprias de um processo dialético de construção da República.

Como afirma Zaffaroni, *"el vuelo democratico se sostine con múltiples turbinas, y no siempre todas funcionan bien y algunas ni siquiera funcionan"*.[300] A democracia no Judiciário brasileiro, seguindo a metáfora do autor, ainda é um voo por alçar, com muitas turbinas que ainda não funcionam bem, até mesmo porque esse avião – alegoricamente – também precisará dos pilotos mais idôneos para pilotá-lo. Imaginando, ainda na mesma alegoria, que nada adianta toda a maquinaria de ponta, que esse avião possa ultrapassar a velocidade do som, se seu piloto é um marinheiro, versado em náutica e não em aeronáutica. As potencialidades do maquinário aeronáutico não serão utilizadas. E, se eventualmente o marinheiro conseguir tirar a aeronave do chão, correrá o grande risco de logo mais espatifá-la ou causar um acidente de grandes proporções, pois não está familiarizado com muitos dos botões e alavancas da cabine de comando, já que, naturalmente, não sabe pilotar um avião, mas sim navegar um navio. O maquinário, a tecnologia jurídica, mudou a forma de ser operado – e precisa de operadores qualificados.

Como visto, o juiz possui, atualmente, uma virada paradigmática em seu papel, passando a ser um operador político protagonista da aplicação de uma constituição dirigente e principiológica. Esse novo papel, contudo, acaba por ser também um problema de Administração da Justiça, uma vez que o Judiciário muitas vezes será instado a resolver problemas de índole política, casos difíceis, ponderação de princípios, conflitos sociais com múltiplos indivíduos, muitas vezes

---

[300] ZAFFARONI, Eugenio Raúl. *Estructuras judiciales*. Buenos Aires: Ediar, 1994. Disponível em http://www.pensamientopenal.com.ar/articulos/estructuras-judiciales. Acesso em 24.10.2014, p. 16.

CAPÍTULO 1 - A DIMENSÃO POLÍTICA DA MAGISTRATURA

de impossível individualização, sem que haja um contexto processual, procedimental ou jurídico clássico para debater ou dar uma resposta a essas questões.[301]

Essa mudança de papel é justamente o paralelo necessário e coerente que se dá entre a superação do positivismo no campo da aplicação para a superação da tecnoburocracia no âmbito da magistratura.[302] Contudo, passando o estudo à realidade concreta doravante, o que se observa é que essa mudança paradigmática não ocorreu com a harmonia idealmente pretendida, de modo que restou estabelecida, por um lado, a superação teórica do positivismo, mas, por outro, a magistratura continuou a se estruturar segundo um paradigma sobretudo técnico-burocrático alinhado com o positivismo exegético, ou, noutras palavras, tenta-se operar o maquinário constitucional novo segundo a técnica velha, o que impossibilita que suas potencialidades sejam alcançadas, e que muitas vezes pode causar um desastre.

Na descrição precisa de Andréa Pachá: "o Judiciário, entretanto, apesar do novo desenho constitucional, com a responsabilidade de protagonizar políticas públicas, chamado a intervir diretamente na vida política e social do país, não sofreu, na ocasião, nenhuma mudança, quer na sua composição, quer na sua gestão. O mesmo poder, historicamente pesado, burocrático, encastelado, viu-se, de uma hora para outra, chamado a protagonizar o cenário político nacional".[303] As consequências desse movimento são enfáticas, pois acabou-se confiando esses poderes e objetivos a cumprir a pessoas formadas pela escola antiga, e, sobretudo,

---

[301] ALBERTO, Tiago Gagliano Pinto. "Poder Judiciário, políticas públicas e Administração da Justiça". *Revista Judiciária do Paraná*, vol. 7, n. 4, pp. 201-230, nov. 2012, pp. 211/212.

[302] BERGALLI, Roberto. "Selección de jueces y autogobierno de la administración de justicia". *Sociology of penal control within the framework of the sociology of law*. [S.l: s.n.], 1991. pp. 127-160, p. 131.

[303] PACHÁ, Andréa Maciel. "A necessidade de adequar a formação dos magistrados como agentes de aplicação das normas jurídicas, no mundo em permanente mudança". *Curso de Constitucional: normatividade jurídica*. Rio de Janeiro: EMERJ, 2013. pp. 11-24, p. 22.

a uma estrutura judicial que estava perfeitamente amoldada e operava sob a lógica positivista, da mera subsunção.[304]

Noutros termos, o grande entrave da jurisdição atual é o de ainda se lidar com "um juiz que estudou na Faculdade em que tudo se resolve à luz do silogismo e da subsunção. Mas esta se mostra insuficiente para resolver os conflitos".[305] No entanto, como visto anteriormente, os termos abertos, a Constituição principiológica, não significam a dissolução do Direito, de parâmetros, e, sobretudo, não são sinônimo de decisionismo, de escola do direito livre ou qualquer outra coisa que o valha.

Todavia, a mensagem de que o sistema jurídico é aberto (que a lei não é absoluta, que o juiz pode afastar a sua incidência, que a validade de um ou de outro princípio dependerá do caso concreto) para um magistrado que opera segundo a lógica positivista (seja exegética, seja pós-exegética) é traduzida muitas vezes como a liberação para que se decida conforme a moral privada ou o seu sentimento pessoal de justiça, mesmo *contra legem*, e mesmo contra a Constituição.[306] E, como visto no ponto 1.1, efetivamente podem decidir assim com uma legitimação formal, mas, assim o fazendo, distanciam o Judiciário da democracia e dos objetivos da República e intensificam a fratura fundamental, o paradoxo do Judiciário. Assim, no descompasso entre um paradigma pós-positivista e uma magistratura formatada ainda em grande parte na tecnoburocracia, muitas vezes o caráter antidemocrático do Judiciário se intensifica; o novo papel constitucional do juiz passa a ser um instrumento contrário e não favorável à concretização dos objetivos fundamentais da República.

Não que as decisões neguem expressamente a Constituição (em geral textualmente a afirmam), mas qualquer tipo de fundamento – ou, na ausência dele o "princípio da razoabilidade" – passa a ser válido segundo esse entendimento dadaísta do que é o pós-positivismo. Isso faz com que o Judiciário oscile, conforme a conveniência do julgador,

---

[304] NALINI, José Renato. *A rebelião da toga*. 2ª ed. Campinas: Millenium, 2008, p. 22.
[305] NALINI, José Renato. "A formação do juiz após a Emenda à Constituição n. 45/04". *Revista da Escola Nacional da Magistratura*, vol. 1, n. 1, pp. 17-24, 2006, pp. 19/20.
[306] DALLARI, Dalmo de Abreu. *O poder dos juízes*. 3ª ed. São Paulo: Saraiva, 2010, p. 35.

CAPÍTULO 1 - A DIMENSÃO POLÍTICA DA MAGISTRATURA

entre uma postura ainda extremamente legalista ou enverede para a judicialização excessiva,[307] sem que isso lhe pareça incoerente,[308] porque é isso que lhe parecem servir os princípios e o ferramental de hermenêutica constitucional: para fazer o que bem entende. Há, assim, uma profunda incompreensão do que é o pós-positivismo, criando espantalhos intelectuais da postura positivista a fim de permear o Direito com conceitos arbitrários de justiça e moral, desrespeitando a própria democracia.[309] Assim, as grandes potencialidades de um Direito neoconstitucionalista, pós-positivista, manejado, contudo, por pessoas que veem o mundo através de um paradigma técnico-burocrático leva, então, aos maiores solipsismos, decisionismos etc., pois o magistrado, liberto das "amarras" de ser a boca da lei, passa a agir segundo seu bel

---

[307] BARROSO, Luís Roberto. "Da falta de efetividade à judicialização excessiva: direito à saúde, fornecimento gratuito de medicamentos e parâmetros para a atuação judicial". *In*: SOUZA NETO, Cláudio Pereira de; SARMENTO, Daniel (coord.). *Direitos sociais*: fundamentos, judicialização e direitos sociais em espécie. Rio de Janeiro: Lumen Juris, 2008. pp. 875-903.

[308] GUERRA, Gustavo Rabay. *O papel político do Judiciário em uma democracia qualificada*: a outra face da judicialização da política e das relações sociais. vol. 4, 2008. Disponível em http://revistaeletronicardfd.unibrasil.com.br/index.php/rdfd/article/view/136/132. Acesso em 19.09.2014, p. 3.

[309] ALMEIDA, Bruno Torrano Amorim de. "Contra o pós-positivismo: breve ensaio sobre o conteúdo e a importância teórica do positivismo jurídico". *In: Revista do Instituto do Direito Brasileiro*, vol. 11, pp. 6455-6506, 2012. No mesmo sentido. ALMEIDA. Bruno Torrano Amorim de. *Democracia e Respeito à Lei*. Rio de Janeiro: Lumen Juris, 2015. O eminente autor trabalha, nessas e em outras obras, incisiva e cáustica crítica ao fenômeno que no Brasil se entende sobre "pós-positivismo", sobretudo o que ele denomina "pós-positivismo forte", ou seja, o que pontua que o positivismo está filosófica e historicamente superado (nas teorias de Streck e Barroso, respectivamente, por exemplo). Para o autor, a própria noção pós-positivista, como é trabalhada no Brasil, traz diversos problemas em si mesma, e, assim, traz instigante visão, menos leniente com o pós-positivismo do que a trabalhada por mim neste livro, sobre tal paradigma. A despeito de observar *a priori* uma possibilidade de diálogo entre os problemas aqui esposados e os tratados por Torrano, o presente livro praticamente isenta, absolve, a teoria pós-positivista de qualquer crítica e encara-o como uma realidade dada, tal qual descrita por Streck, Barroso e outros, e busca situar na esfera da magistratura, – não da teoria do direito ou da hermenêutica – a elaboração de uma proposta. Contudo, sinaliza-se que a crítica do pós-positivismo e seu (ab)uso nacional também perpassam por uma magistratura mais democrática, menos "vanguarda iluminista", e que, assim, sugere-se ao leitor a apropriação deste debate, difundida pelo referenciado autor.

prazer, indiferente à hermenêutica constitucional adequada ou nos objetivos da República a concretizar. Cria-se, assim, o que chamo de dadaísmo jurisprudencial, e os magistrados sentem-se habilitados a dizer "qualquer coisa sobre qualquer coisa".[310]

Como diz Torrano, "com um bom treinamento retórico, o (...) magistrado, mergulhado na confusão entre o conceito de Direito e conceito de Justiça, pode invocar algum princípio moralmente corretivo, em tese constitucionalmente normativo – e só em tese! –, para declarar a *inconstitucionalidade* de leis que não o agradam"[311]. A jurisprudência, assim, passa a ser um caleidoscópio, ordenando-se conforme é instada: "como exemplos de tal mudança da paisagem atitudinal, sopesam-se decisões que vão do racismo e sexismo explícitos – como aquela proferida por um juiz mineiro que considerou inconstitucional a Lei Maria da Penha e diabólicas as mulheres – (...) – até as recentes construções jurisprudenciais que, (re)habilitando instrumentos constitucionais legítimos e democráticos, como o mandado de injunção para efetivar o direito de greve no serviço público, ressignificam a gramática dos direitos fundamentais"[312] O Poder Judiciário, assim, admite os poderes conferidos pela Constituição para efetivar direitos fundamentais e fazer valer a Constituição, mas não admite as suas responsabilidades (o que, aliás, é uma conduta antiética, como se verá no ponto 2.3.2), isto é, as responsabilidades de exercer uma jurisdição constitucional, que se dê de forma racional, fundamentada, coerente, a partir de um método que afaste o decisionismo. Esse tipo de manejo da hermenêutica constitucional, assim, pode gerar tanto as decisões mais emancipadoras, quanto pode declarar a inconstitucionalidade da lei que vise proteger mulheres em situação de risco.

---

[310] ALMEIDA. Bruno Torrano Amorim de. *Democracia e Respeito à Lei*. Rio de Janeiro: Lumen Juris, 2015, p. 29.

[311] ALMEIDA. Bruno Torrano Amorim de. *Democracia e Respeito à Lei*. Rio de Janeiro: Lumen Juris, 2015, p. 20.

[312] GUERRA, Gustavo Rabay. *O papel político do Judiciário em uma democracia qualificada:* a outra face da judicialização da política e das relações sociais. vol. 4, 2008. Disponível em http://revistaeletronicardfd.unibrasil.com.br/index.php/rdfd/article/view/136/132. Acesso em 19.09.2014, pp. 3/4.

CAPÍTULO 1 - A DIMENSÃO POLÍTICA DA MAGISTRATURA

Esse fenômeno ocorre, por exemplo, na ponderação vulgarmente feita. "A ponderação – nos termos propalados por seu criador, Robert Alexy – não é uma operação em que se colocam os dois princípios em uma balança e se aponta para aquele que 'pesa mais' (*sic*), algo do tipo 'entre dois princípios que colidem, o intérprete escolhe um' (*sic*)",[313] porque a ponderação é um método, não uma escolha arbitrária. Isso quando não há uma escolha preordenada, totalmente ideológica, de um princípio ou de um direito sobre o outro, como a absolutização do direito à propriedade em face à função social da propriedade, da feição subjetiva do direito à reforma agrária ou à moradia,[314] fantasiada de ponderação – o que é tanto menos um problema hermenêutico em si e tanto mais um problema de Administração da Justiça e de ideologia dos juízes.

Não que o juiz esteja obrigado a usar a teoria de Alexy para ponderar princípios. O que não pode, contudo, é invocar ponderação, acreditar que está ponderando, quando, em verdade está sendo solipsista, porque não é isso que a abertura constitucional e um Estado Constitucional de Direito significam. A fundamentação das decisões, assim, passa a ser um embuste – não feito de má-fé – pois muitas vezes se reivindica uma ponderação, um princípio metalegal ou o curinga princípio da razoabilidade para aplicar a lei do jeito que, intimamente, se entende o melhor – vertendo a jurisdição constitucional como um instrumento antidemocrático de sobreposição da vontade individual do magistrado em relação às leis.

A vontade e a ideologia do juiz, como já observado, serão sempre componentes das decisões. No entanto, a esfera fundamental de controle desse tipo de elemento é justamente a fundamentação (na medida em

---

[313] STRECK, Lenio Luiz. "O (pós-)positivismo e os propalados modelos de juiz (Hércules, Júpiter e Hermes) – dois decálogos necessários". *Revista de direitos e garantias fundamentais*, n. 7, pp. 15-45, 2010. Disponível em http://www.fdv.br/sisbib/index.php/direitosegarantias/article/view/77, p. 37.

[314] MACHADO, João Marcelo Borelli. "Violência judicial contra os movimentos populares no Paraná". *Revista da Faculdade de Direito UFPR*, vol. 43, 10 jan. 2007. Disponível em http://ojs.c3sl.ufpr.br/ojs/index.php/direito/article/view/7017. Acesso em 31.10.2014, pp. 13/14.

que mostra as razões, a compatibilização da decisão com a coerência do ordenamento e da jurisprudência etc.), que é fraudada no manejo inadequado da hermenêutica constitucional. Em vez de se afirmar que se decide dessa ou daquela forma porque em determinado caso o magistrado acredita que determinada política pública é boa ou ruim – revelando suas razões e permitindo o controle – reivindicam-se princípios etéreos e resolve o caso sem mostrar os motivos de ordem jurídica e metajurídica que levaram à decisão. Isto é, na prática, a vontade do julgador passa a ser mais relevante que a Lei ou que a Constituição, sendo esta última apenas uma forma de dar um verniz jurídico ao solipsismo.[315] Noutros termos, o pós-positivismo passa a ser instrumentalizado para dar ainda mais força àquilo que pretende impedir – o decisionismo – porque a conjugação das condições materiais (a Administração da Justiça empirista, a postura positivista dos magistrados, suas pretensões de aplicar uma Constituição aberta e a ontológica possibilidade de voluntarismo) o permite.

Baseadas na "ideologia do caso concreto" e no decisionismo incontido dos intérpretes, por consequência as decisões passam a não apresentar qualquer coerência entre si, sobretudo em relação a suas fundamentações, uma vez que os fundamentos verdadeiros – isto é, as injunções pessoais-morais-políticas dos juízes ou Tribunais – não foram verdadeiramente expostos. Assim, quando oportuno, quando o juiz entende que a lei é boa, justa etc. há uma "devoção ao Código", à parte a supremacia da Constituição, que deixa de ser aplicada por diversos fundamentos (reserva do possível, afirmação de seu caráter programático, separação dos Poderes etc.). Noutras situações, pelo contrário, quando o aplicador não concorda com a lei ou com a ação/omissão estatal, mesmo que elas estejam de acordo com as diretrizes constitucionais, qualquer fundamento é suficiente para que se afaste a lei/ato/omissão,

---

[315] STRECK, Lenio Luiz. "O (pós-)positivismo e os propalados modelos de juiz (Hércules, Júpiter e Hermes) – dois decálogos necessários". *Revista de direitos e garantias fundamentais*, n. 7, pp. 15-45, 2010. Disponível em http://www.fdv.br/sisbib/index.php/direitosegarantias/article/view/77, pp. 35/36.

CAPÍTULO 1 - A DIMENSÃO POLÍTICA DA MAGISTRATURA

em um fraudado exercício de jurisdição constitucional.[316] Por conseguinte, a jurisprudência verte para um extremado solipsismo, biografismo, muitas vezes se tornando uma jurisprudência sentimental[317] (ou seja, os sentimentos do juiz em relação a dor e ao sofrimento de uma das partes pode tornar absoluto o seu direito – no entanto, se a situação não comover, facilmente o direito, ainda que insculpido no texto constitucional, não será subsumido por uma razão qualquer). Passa a ser um fator mais decisivo para a solução do caso a empatia do juiz do que as regras jurídicas aplicáveis. Vale dizer, os juízes passam a resolver as questões conforme sua mera visão de mundo particular, sua própria consciência, e não os valores entabulados na Constituição,[318] que passa a ser instrumentalizada pela vontade do juiz e não da comunidade – em razão de uma incongruência sistêmica entre a estrutura de Administração da Justiça e o paradigma de jurisdição.

Um exemplo prático pode tornar concreta a explicação ora feita. Abaixo observe-se dois casos julgados por um Tribunal de Justiça do país, ambos da mesma Câmara, do mesmo relator e julgados na mesma sessão, ou seja, no mesmo dia. O primeiro deles diz respeito a um pleito de fornecimento de medicamento pelo Estado e o segundo a uma Ação Civil Pública ajuizada pelo Ministério Público a fim de obrigar o Estado a interditar um estabelecimento carcerário que não possuía condições mínimas de habitabilidade e salubridade, e, assim, com base na dignidade da pessoa humana, nos direitos humanos assegurados no art. 5º, III e XLIX da Constituição, segundo os quais "ninguém será submetido a tortura nem a tratamento desumano ou degradante", pugnou pelo mandamento judicial ante a omissão Estatal a fim de garantir a dignidade dos presos. A Constituição é o principal diploma legal que fundamenta

---

[316] DALLARI, Dalmo de Abreu. "A hora do Judiciário". *Revista da Escola Nacional da Magistratura*, vol. 1, n. 1, pp. 10-16, 2006, p. 11.

[317] OMMATI, José Emílio Medauar; FARO, Julio Pinheiro. "De poder nulo a poder supremo: o Judiciário como superego". *A&C – Revista de Direito Administrativo & Constitucional*, vol. 12, n. 49, pp. 177-206, set. 2012, p. 190.

[318] MAUS, Ingeborg. *O Judiciário como superego da sociedade*. Tradução de Geraldo de Carvalho e Garcélia Batista de Oliveira Mendes. Rio de Janeiro: Lumen Juris, 2010, p. 17.

ambos os pedidos – notadamente a dignidade da pessoa humana. Em um caso, contudo, a tutela visa beneficiar uma pessoa doente e em outro visa beneficiar presos.

> APELAÇÃO CÍVEL E REEXAME NECESSÁRIO CONHECIDO DE OFÍCIO – AÇÃO CIVIL PÚBLICA – PACIENTE PORTADOR DE ESCLEROSE MÚLTIPLA QUE NECESSITA DO MEDICAMENTO "TYSABRI" PARA SEU ADEQUADO TRATAMENTO – SENTENÇA DE PROCEDÊNCIA DO PEDIDO, CONDENANDO O RÉU AO FORNECIMENTO DA MEDICAÇÃO – DECISÃO ESCORREITA – DEVER DO ESTADO EM ASSEGURAR TRATAMENTO ADEQUADO E EFICAZ, COM O MENOR SOFRIMENTO POSSÍVEL PARA VIABILIZAR A DIGNIDADE DA PESSOA HUMANA E A VIDA – DESNECESSIDADE DE REALIZAR PERÍCIA – LAUDO MÉDICO É SUFICIENTE PARA ATESTAR A IMPRESCINDIBILIDADE DO TRATAMENTO – REMÉDIO QUE NÃO CONSTA NOS PROTOCOLOS CLÍNICOS DO SUS – IRRELEVÂNCIA – TESE DA RESERVA DO POSSÍVEL NÃO ACEITA – ENUNCIADO N. 29 DESTA CORTE – REFORMA DA SENTENÇA NO TOCANTE AO PAGAMENTO DAS DESPESAS PROCESSUAIS – ESTADO DEVERÁ ARCAR COM O VALOR DAS CUSTAS – APLICAÇÃO DO PRINCÍPIO DA CAUSALIDADE – APELAÇÃO CÍVEL CONHECIDA E DESPROVIDA – SENTENÇA PARCIALMENTE REFORMADA EM SEDE DE REEXAME NECESSÁRIO, CONHECIDO DE OFÍCIO.[319]
>
> APELAÇÃO CÍVEL – AÇÃO CIVIL PÚBLICA PARA INTERDIÇÃO DA CARCERAGEM DA DELEGACIA DE CIANORTE – PRETENSÃO DE REFORMAR A CADEIA PÚBLICA PARA QUE ESTA ATENDA ÀS CONDIÇÕES DE HABITABILIDADE (INSTALAÇÕES ELÉTRICAS, HIDRÁULICAS, SANITÁRIAS) E REMOÇÃO DE PRESOS – PRECARIEDADE DAS INSTALAÇÕES E SUPERLOTAÇÃO – SENTENÇA QUE EXTINGUIU O PROCESSO SEM RESOLUÇÃO DO MÉRITO ANTE A IMPOSSIBILIDADE

---

[319] TJPR – 4ª C.Cível – AC – 1127620-9 – Santa Helena – Unânime – J. 12.08.2014.

CAPÍTULO 1 - A DIMENSÃO POLÍTICA DA MAGISTRATURA

> JURÍDICA DO PEDIDO – INSURGÊNCIA DO MINISTÉRIO PÚBLICO – NÃO ACOLHIMENTO – IMPOSSIBILIDADE DE INTERFERÊNCIA DO PODER JUDICIÁRIO NAS POLÍTICAS PÚBLICAS – PRINCÍPIO DA SEPARAÇÃO DOS PODERES – ATOS DE GESTÃO PÚBLICA DEVEM SER PRATICADOS PELO ADMINISTRADOR, DEPENDENDO DE PLANEJAMENTO ADMINISTRATIVO E FINANCEIRO – PRECEDENTES – SENTENÇA MANTIDA – APELAÇÃO CÍVEL CONHECIDA E DESPROVIDA.[320]

Ou seja, em um caso a determinação judicial de que o Estado forneça medicamentos, ainda que sem perícia, ainda que contra os protocolos clínicos do SUS, ainda que se pondere a reserva do possível – vale, afinal, a dignidade humana para "o menor sofrimento possível" e a absolutização da dimensão subjetiva do direito à saúde do art. 196 da Constituição (para além de conhecer de ofício o Reexame Necessário a fim de alterar a sentença em desfavor da Fazenda Pública). Nesse, como em muitos outros casos, as decisões judiciais "acabam por colocar em xeque o prosseguimento das políticas públicas, atravancando o planejamento regular das ações administrativas voltadas à universalidade da população e prejudicando o emprego racionalizado dos recursos públicos",[321] transformando o Judiciário, segundo Daniel Wunder Hachem, em uma "porta das esperanças".[322] Não se avalia, assim, sequer a justificativa apresentada pelo Poder Público para o não fornecimento da medicação, a gestão dos recursos, os protocolos clínicos, ao contrário do que recomenda Saulo Lindorfer Pivetta.[323]

---

[320] TJPR – 4ª C.Cível – AC – 1166541-1 – Cianorte – Por maioria – J. 12.08.2014.

[321] HACHEM, Daniel Wunder. *Tutela administrativa efetiva dos direitos fundamentais sociais:* por uma implementação espontânea, integral e igualitária. Tese (doutorado). Universidade Federal do Paraná. Setor de Ciências Jurídicas, Programa De Pós-Graduação em Direito, 2014, p. 50.

[322] HACHEM, Daniel Wunder. *Tutela administrativa efetiva dos direitos fundamentais sociais:* por uma implementação espontânea, integral e igualitária. Tese (doutorado). Universidade Federal do Paraná. Setor de Ciências Jurídicas, Programa De Pós-Graduação em Direito, 2014, p. 48.

[323] *Direito fundamental à saúde:* regime jurídico-constitucional, políticas públicas e controle

Já no tocante à dignidade humana do preso, proibição à tortura e não submissão a tratamento desumano ou degradante, havia, segundo o mesmo Tribunal, impossibilidade jurídica do pedido em razão de ser vedado ao Judiciário interferir em políticas públicas (afinal, essas estão sujeitas a atos de gestão pública que devem ser praticados pelo administrador, dependendo de planejamento administrativo e financeiro, devendo-se observar a separação dos Poderes). Sem adentrar a discussão específica quanto ao mérito de cada um dos excertos jurisprudenciais, observa-se que a um a dignidade da pessoa humana (ou, ainda, o menor sofrimento possível) não encontrou páreo (financeiro, administrativo etc.) que pudesse obstaculizar a sua efetividade; em outro, a despeito de toda argumentação calcada na jusfundamentalidade dos direitos perquiridos, a alegada impossibilidade de o Judiciário interferir em políticas públicas fundamentou um óbice processual-formal intransponível. No caso, o doente comove – até porque todos e todas estão sujeitos à moléstias, e o juiz possui a percepção da gravidade da situação que, unida à falta de técnica hermenêutica constitucional, convola na inderrotabilidade das pretensões de medicamento; já o cidadão preso não goza de todo essa empatia. É a epítome de uma das deteriorações burocráticas – em que o magistrado, ao defrontar-se perante um caso não estandarizado e que exija a tomada de uma posição política, preferencialmente optará pelo não enfrentamento da questão material dos autos, resolvendo o processo em razão de formalidades.[324] Como atesta Eneida Desiree Salgado, "deixou de ser uma anedota a existência, em um mesmo tribunal (...) e na mesma sessão, de julgamentos sobre questões assemelhadas (...) em sentidos opostos".[325]

Ora, ou é dado ao juiz controlar políticas públicas ou não é. Independente do mérito, se é possível controlar políticas públicas de medicamentos, tornar irrelevantes protocolos clínicos, reserva do possível etc. para determinar o fornecimento de medicamento, não há impossibilidade jurídica do pedido nem separação de Poderes que impeça

---

judicial. Dissertação (mestrado). Universidade Federal do Paraná. Setor de Ciências Jurídicas, Programa de Pós-Graduação em Direito, 2014, pp. 227/228.
[324] ZAFFARONI, Eugenio Raúl. *Estructuras judiciales*. Buenos Aires: Ediar, 1994. Disponível em http://www.pensamientopenal.com.ar/articulos/estructuras-judiciales. Acesso em 24.10.2014, p. 158.
[325] *Princípios constitucionais eleitorais*. Belo Horizonte: Fórum, 2010, p. 18.

CAPÍTULO 1 - A DIMENSÃO POLÍTICA DA MAGISTRATURA

a análise da pretensão de interditar um presídio (mesmo que ela fosse, porventura, improcedente).[326]

Não é o caso, aqui, de discutir se é possível ou não judicializar políticas públicas dessa maneira em qualquer um dos casos, mas, sim, os motivos que levam a esse quadro (ignorar qualquer elemento contrário para garantir um direito a uma pessoa e, logo depois, utilizar todos os argumentos que foram julgados improcedentes na decisão anterior para caracterizar a impossibilidade de sequer analisar o mérito do pedido dos presos). É um caso sintomático e que não se trata de um mero *error in judicando* ou um resultado acidental. Trata-se de uma postura que faz sentido na estrutura de Administração da Justiça atual e cumpre um determinado papel do Poder Judiciário perante o *status quo*. Essa dificuldade estrutural, contudo, não é tão clarividente a princípio e sugeriria ser uma solução mais simples apontar problemas pessoais dos magistrados.

Não são necessárias grandes incursões dworkinianas para observar que as decisões não guardam coerência e intuir, portanto, que não foram as razões que constam da fundamentação que deram azo ao voto proferido. Mas a hermenêutica constitucional, sem dúvida, foi a forma juridicamente encontrada para justifica-las em ambos.

Uma das consequências desse fenômeno na jurisdição – e sobretudo na jurisdição constitucional – brasileira é o que Lenio Streck chama de "estado de natureza hermenêutico". Para o jusfilósofo, resgatando a metáfora do contratualismo hobbesiano, assim como no estado de natureza metaforicamente todos os homens são infinitamente livres e podem tentar satisfazer todos os seus instintos, o incorreto manejo da hermenêutica constitucional (que possibilita ao magistrado recair em

---

[326] Observe-se que, algum tempo após, o STF resolveu a questão firmando tese em Repercussão Geral, no verbete que se segue: "*RE 592581* – É lícito ao Judiciário impor à Administração Pública obrigação de fazer, consistente na promoção de medidas ou na execução de obras emergenciais em estabelecimentos prisionais para dar efetividade ao postulado da dignidade da pessoa humana e assegurar aos detentos o respeito à sua integridade física e moral, nos termos do que preceitua o art. 5º, XLIX, da Constituição Federal, não sendo oponível à decisão o argumento da reserva do possível nem o princípio da separação dos poderes".

decisionismos e solipsismos, sem nenhum critério para além da vontade do intérprete) gera uma "guerra de todos os intérpretes contra todos os intérpretes", já que qualquer interpretação é permitida. "Cada intérprete parte de um 'grau zero' de sentido. Cada intérprete reina nos seus 'domínios de sentido', com seus próprios métodos, metáforas, metonímias, justificativas etc. Os sentidos 'lhe pertencem' como se estivessem a sua disposição (...). Nessa 'guerra' entre os intérpretes – afinal, cada um atua solipsisticamente nos seus 'domínios de sentido' – reside a própria morte do sistema jurídico".[327] Emerson Gabardo observa o mesmo fenômeno – o qual denomina "histeria narcisista" jurisprudencial – que convola em uma utilização pragmática da equidade em detrimento da objetividade nas decisões.[328] Essa conjuntura, como observa Zaffaroni no início deste livro, permite que magistrados, mesmo concursados, mesmo sabedouros da lei, da doutrina e da jurisprudência venham a *"sostener argumentos que ningún folleto del último estante polvoriento de la más olvidada biblioteca jurídica podría apuntalar"*.

Assim, a malversação da engenharia constitucional é o que permite justamente o oposto do que o estructo do pós-positivismo, isto é, o decisionismo – que, por sua vez, não é praticado por uma índole dos magistrados em sobrepor a sua vontade aos demais, mas sim porque se exige que o antes formado aplicador mecânico da Lei faça o manejo da hermenêutica constitucional e aplique princípios, valores, normas abertas, que efetive feição subjetiva de direitos fundamentais de dupla feição etc., sem haver estrutura idônea para tanto. Não é um problema, assim, propriamente de interpretação, mas, como dito, de Administração da Justiça, isto é, de quem forma, materialmente, o corpo da magistratura e se essas pessoas estão habilitadas tecnicamente a exercer a jurisdição em um paradigma neoconstitucionalista.

---

[327] STRECK, Lenio Luiz. "O (pós-)positivismo e os propalados modelos de juiz (Hércules, Júpiter e Hermes) – dois decálogos necessários". *Revista de direitos e garantias fundamentais*, n. 7, pp. 15-45, 2010. Disponível em http://www.fdv.br/sisbib/index.php/direitosegarantias/article/view/77, pp. 28/29.

[328] GABARDO, Emerson. *Crítica ao fenômeno meta-positivista e sua impactação na mentalidade constitucional e nas decisões administrativas contemporâneas*. Curitiba, 2015. 189f. Tese (Concurso de Professor Titular). Escola de Direito. Pontifícia Universidade Católica do Paraná, 2015.

CAPÍTULO 1 - A DIMENSÃO POLÍTICA DA MAGISTRATURA

A crítica, contudo, não pode recair na mera retórica – às vezes extremamente sofisticada, mas sem poderes de alterar a realidade –, irresignando-se com a atividade jurisdicional como se fosse um defeito pessoal dos magistrados não aplicar a Constituição de modo tecnicamente melhor, até porque, como se verá, o sujeito foi selecionado e formado conforme a sua habilidade técnica para fazer outra coisa, não aplicar a Constituição. Donde não se lhe pode atribuir culpa subjetiva.

Ainda assim, uma decisão não terá menos autoridade, não será menos formalmente legitimada, e, sobretudo, não estará menos capacitada de definir a realidade através da violência legítima do Direito porque ponderou princípios sem respeitar o esquema quase matemático de Alexy ou porque não é a decisão mais perfeita segundo os critérios do juiz-Hércules de Dworkin, ou, ainda, porque diz que fez tudo isso, mas não fez.

No entanto, parece muito mais fácil generalizar, tornando o problema fora da esfera de solução, ou atribuindo o problema aos sujeitos ou à casta (tal magistrado e incompetente, ou: os magistrados são, essencialmente, déspotas solipsistas, incapazes de aplicar o Direito de forma correta, e ser julgado por bom magistrado não é caso de estrutura, mas caso de sorte). Esse tipo de pensamento é a miséria da crítica, pois ou é a crítica retrospectiva, reacionária (que, diante dos problemas que surgem do novo paradigma, pretendem retornar ao modelo anterior), ou é a crítica desesperançosa (de que não se pode avançar).

O horizonte, contudo, não está no retrocesso nem no conformismo. Não se trata de negar todas as potencialidades que se atribuiu ao Judiciário nos últimos anos. Pelo contrário, deve-se pensar que, concomitante a isso, também quem opera e como opera essas novas funcionalidades do Judiciário deve ser objeto de preocupações (o que em geral nunca foi feito, até mesmo porque, como diz Zaffaroni, pensar a magistratura sob esse viés parece beirar o desacato). Vale dizer, muito se pensou, muito se falou, no Brasil, a respeito da nova função do Judiciário, mas pouco se disse a respeito de sua estrutura, que ainda é antiga e descompassada com a Constituição. Para que o Judiciário cumpra seu novo papel, não basta a estrutura arcaica e alinhada com o positivismo. De nada adiantarão todas as garantias legais, toda envergadura constitucional, se a mentalidade do juiz se mantiver a mesma.[329] Atribuir funções a qualquer um dos Poderes sem se pensar os mecanismos que vão possibilitar que essas funções sejam efetivadas só irá gerar situações disparatadas, endossando uma falsa noção de crise funcional (como se o problema fosse apenas o neocontitucionalismo ou o pós-positivismo) e não um desarranjo institucional. Uma magistratura democrática, como requer a Constituição de 1988, necessita ser implementada a fim de que estrutura e função do Judiciário andem contemporaneizados, sincrônicos. Assim, não se trata de conter o Judiciário limitando seus poderes, mas sim pensar, estruturalmente, mecanismos que garantam que esses poderes serão direcionados de uma maneira satisfatória e congruente com o que se espera deles. Retornando à metáfora de início, os mais exímios e habilitados marinheiros pouco saberão sobre pilotagem de aviões, pois da náutica para a aeronáutica sem dúvida há uma mudança paradigmática, qualitativa, ainda que haja certa semelhança com o paradigma anterior (não por menos, muitos dos termos da aviação são os mesmos da marinha, o que nem por isso torna um marinheiro menos leigo na pilotagem de aviões). Se há, também, uma mudança paradigmática entre o legalismo e o constitucionalismo, é certo que os operadores desse novo, moderno, sofisticado, maquinário não podem ser formados e selecionados conforme a escola antiga, sob risco de a máquina desempenhar resultados absurdos.

É preciso, assim, repensar a Administração da Justiça, porque só uma magistratura democrática poderá efetivar uma Constituição democrática, cidadã.[330] A democratização do Judiciário, assim, surge como uma necessidade para a aplicação do projeto constitucional, porque esse projeto só será efetivado quando todos os Poderes estiverem dispostos e habilitados para tornar a reserva de justiça da Lei Maior em realidade.

---

[329] COUTINHO, Jacinto Nelson de Miranda. "Novo Código de Processo Penal, Nova Mentalidade". *Revista de Ciências Jurídicas e Sociais da Unipar*, vol. 12, pp. 183-376, 2009, p. 185.

[330] BERGALLI, Roberto. "Selección de jueces y autogobierno de la administración de justicia". *Sociology of penal control within the framework of the sociology of law*. [S.l: s.n.], 1991. pp. 127-160, p. 128.

Interlúdio

O HOMEM DETRÁS DA CORTINA

Quem julga?

Se a neutralidade é um mito derrocado, a ideologia sempre estará presente no processo de aplicação do Direito, e cada indivíduo possui uma cosmovisão bastante particular, resultante do meio social em que vive, de suas experiências etc., significa, igualmente, que o sujeito, o indivíduo em si, incumbido de julgar, certamente é um fator relevante para o resultado do julgamento. Nesse sentido, o Poder Judiciário brasileiro é composto por uma infinidade de pessoas (em 2013, o Brasil apresentava 16.429 magistrados, sendo que 13.841 (84%) atuam na primeira instância e 2.305 (14%) são desembargadores. Somam-se a esses os 77 ministros atuantes nos quatro tribunais superiores (STF, STJ, TST, TSE e STM), além dos juízes de Turmas Recursais e Turmas Regionais de Uniformização).[331] Esses magistrados são individualmente distintos entre si: homens, mulheres, brancos, negros, heterossexuais, homossexuais, de origem social rica, classe média, ou, eventualmente, pobre, das capitais, do interior, de direita, de esquerda, centristas, conservadores, progressistas, liberais, autoritários, pessoas com ou sem deficiência física, enfim, há

---

[331] BRASIL, Conselho Nacional de Justiça. *Justiça em Números*. Brasília: CNJ, 2014, p. 33.

uma diversidade imensa de pessoas que ocupam cargos no Poder Judiciário. Se há alguma coisa individual, contudo, que ainda todas elas compartilham, é a cissexualidade, isto é, não há notícia de juiz ou juíza transexual, travesti ou transgênero.

No entanto, a diversidade do Poder Judiciário não importa que ele seja diverso e plural como é diversa e plural a sociedade brasileira. Sem se olvidar, como visto, que os modelos de magistratura atuam através de mecanismos institucionais, e esses mecanismos institucionais buscam formatar um determinado perfil de indivíduo,[332] nota-se que há uma tendência de perfil, um "tipo-médio", também para a magistratura brasileira. Esse perfil diz, é claro, muito mais a uma postura jurídica do que propriamente à individualidade das pessoas, sobretudo a partir da lógica técnico-burocrática positivista de neutralidade, e, se o magistrado é pressuposto neutro, asséptico, nesse modelo, pouco importariam as suas idiossincrasias individuais, donde esse tipo de característica seria irrelevante estruturalmente. Basta que seja o melhor tecnicamente. Contudo, como já exposto, a lógica técnico-burocrática acaba deturpando seus próprios pressupostos através de suas deteriorações, estabelecendo fortemente a noção de perfil de magistrado com base em uma série de noções sociais pré-estabelecidas, que, juntamente com as demais condições estruturais da sociedade, acabam por formar uma tendência a um perfil de pessoa de juiz, para além do perfil de exercício de judicatura.

Quando se fala de Poder Judiciário, de juiz, ainda "é muito comum argumentar-se como se o juiz existisse fora da realidade e não fosse influenciado por ela",[333] havendo um desinteresse bastante grande em definir as características de quem julga e os impactos dessas características no julgamento.[334] É necessário, portanto, trazer a discussão para termos concretos, e descortinar aqueles que exercem a jurisdição no Brasil.

---

[332] ZAFFARONI, Eugenio Raúl. "Dimensión Política de un Poder Judicial Democrático". *Cuadernos de Derecho Penal*, pp. 15-53, 1992. Disponível em http://new.pensamientopenal.com.ar/sites/default/files/2013/09/51zaffaroni.pdf. Acesso em 19.09.2014, p. 34.

[333] DALLARI, Dalmo de Abreu. *O poder dos juízes*. 3ª ed. São Paulo: Saraiva, 2010, p. 89.

[334] PERISSINOTTO, Renato Monseff; ROSA, Paulo Vinícios Accioly Calderari da; PALADINO, Andrea. "Por uma sociologia dos juízes: comentários sobre a bibliografia

INTERLÚDIO - O HOMEM DETRÁS DA CORTINA

Um primeiro fator a se considerar é a cor/raça dos magistrados. Segundo o CNJ:[335]

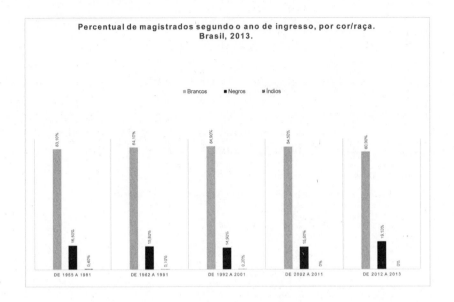

Observa-se, assim, que os negros, de 1982 a 2011, tiveram menos participação nos quadros do Poder Judiciário do que tinham entre 1955 a 1981, apenas superando esse valor após 2012, quando muitos Tribunais passaram a utilizar a política de cotas em seus concursos. Segundo o observatório da população negra da Secretaria de Assuntos Estratégicos do Governo Federal, 51% da população brasileira é negra.[336] Infelizmente não se acharam dados a respeito do percentual de negras e negros nos cursos de Direito no Brasil, levando em consideração que boa parte do percentual "represado" em verdade não o é no momento de ingresso no Judiciário, mas sim no momento de ingresso na Universidade, em que essa população sequer preenche as cotas raciais. De todo modo, é inegável

---

e sugestões de pesquisa". *In:* ALMEIDA, José Maurício Pinto de; LEARDINI, Márcia (coord.). *Recrutamento e formação de magistrados no Brasil.* Curitiba: Juruá, 2010, p. 167;

[335] BRASIL, Conselho Nacional de Justiça. *Censo do Poder Judiciário.* Brasília: CNJ, 2014. Disponível em http://www.cnj.jus.br/images/dpj/CensoJudiciario.final.pdf, p. 39.

[336] Disponível em http://www.sae.gov.br/site/?p=11130.

que o Poder Judiciário se diferencia da sociedade brasileira na cor/raça/etnia, havendo uma tendência a que os magistrados sejam brancos, ao contrário da população brasileira, que é majoritariamente negra.

Outra questão sensível é a relativa à opressão de gênero. Segundo Nalini "a Justiça impediu que a mulher se tornasse juíza enquanto fosse possível" e se mantém refratário a ela até hoje.[337] Segundo o Instituto Brasileiro de Geografia e Estatística (IBGE), o Brasil é composto em sua maioria por mulheres (51,5%).[338] De acordo com o Censo da Educação Superior, as mulheres também são maioria no curso de Direito, superando a média da população nacional (55,6%),[339] contudo, cerca de $^1/_2$ dos magistrados ainda são homens, como demonstra o CNJ:[340]

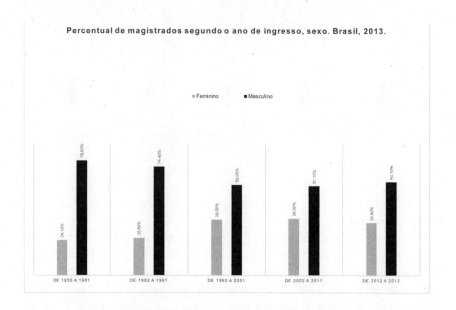

Percentual de magistrados segundo o ano de ingresso, sexo. Brasil, 2013.

---

[337] NALINI, José Renato. *A rebelião da toga*. 2ª ed. Campinas: Millenium, 2008 p. 77.

[338] Disponível em http://www.ibge.gov.br/apps/snig/v1/?loc=0&cat=1,2,-2,-3,128&ind=4707.

[339] BRASIL, Ministério da Educação. *Censo da Educação Superior 2013*. Brasília: MEC, 2013. Disponível em http://download.inep.gov.br/educacao_superior/censo_superior/apresentacao/2014/ coletiva_censo_superior_2013.pdf, p. 19.

[340] BRASIL, Conselho Nacional de Justiça. *Censo do Poder Judiciário*. Brasília: CNJ, 2014. Disponível em http://www.cnj.jus.br/images/dpj/CensoJudiciario.final.pdf, p. 37.

INTERLÚDIO - O HOMEM DETRÁS DA CORTINA

Observa-se que, ao longo dos anos há uma tendência de aumento da participação das mulheres na judicatura, refreada no período 2012-2013. De todo modo, a magistratura ainda é uma tarefa predominantemente masculina, portanto. Esses dados permitem a mesma conclusão que o gráfico anterior (de que o Judiciário não reflete a sociedade nesse tocante), mas, também, outra. Sendo as mulheres maioria nos cursos de Direito do país, e apenas $^1/_3$ dos magistrados, essa situação pode ser levada por algum dos seguintes motivos: ou as mulheres ontologicamente não têm interesse pela magistratura, ou a magistratura estrutura-se de modo a não incorporar mulheres em seus quadros, ou ambos. Isso porque as mulheres, como se vê, escolhem, com mais frequência do que os homens, o curso de Direito, no entanto, não obtêm, na mesma proporção, cargos na magistratura. Isso reflete muito questões da própria opressão de gênero social, que realmente pode afastar a mulher da carreira da magistratura em razão de ter que ir ao interior, quando há muitas expectativas sociais de que ela se subalterne ao domicílio do marido, case, tenha filhos, que cuide deles, que desempenhe as tarefas domésticas etc. – concepção que a luta feminista se esforça diuturnamente para desconstruir. Não é possível, contudo, transferir toda a responsabilidade às causas estruturais sociais, como se não fosse um problema também presente em especificidade no Judiciário. Conforme comprovou Fernando Fontainha, na Escola da Magistratura do Rio de Janeiro, 69,18% do alunado era composto por mulheres (logo, 30,82% de homens, ou seja, mais do que invertendo a proporção de magistrados).[341] São resultados locais, não comparáveis *ceteris paribus* à realidade nacional brasileira, no entanto, intuem uma conclusão: as mulheres são maioria na população, são ainda mais numerosas nos cursos de Direito e, eventualmente, muito mais numerosas entre os e as que frequentam o curso preparatório da Escola da Magistratura. O filtro, portanto, responsável por essa disparidade é o próprio método de recrutamento e o perfil do magistrado é tendencialmente homem e a magistratura uma atividade masculina.[342]

---

[341] FONTAINHA, Fernando Castro. "O perfil do aluno da EMERJ: um estudo sobre 'concursandos'". *Revista da EMERJ*, v. 14, n. 56, pp. 7-31, dez. 2011. Disponível em http://www.emerj.tjrj.jus.br/revistaemerj_online/edicoes/revista56/revista56_7.pdf, p. 10.
[342] ZAFFARONI, Eugenio Raúl. *Estructuras judiciales*. Buenos Aires: Ediar, 1994.

O estudo do CNJ ainda traz outros dados interessantes, por exemplo, 1,1% dos magistrados declararam estar em relacionamentos homossexuais,[343] mas não há base de comparação segura ou dados oficiais conclusivos nesse mesmo sentido em relação ao Brasil ou mesmo mundialmente, sendo todos os índices bastante divergentes entre si. Há ainda menos magistrados que sejam pessoas com deficiência (0,8%),[344] valor muito inferior à média da população brasileira (24%, segundo o Governo Federal).[345]

Esses dados, assim, permitem formar o perfil-médio do juiz brasileiro quanto ao gênero, raça e orientação sexual e aptidões físicas, sendo seguramente, quanto aos dois primeiros um perfil divergente da maioria da população brasileira.

Mas, e isso importa?

Há, estudos que analisam que a cor[346] ou o gênero,[347] influenciam efetivamente no resultado final da decisão, o que também se confirma na tradição forense de o Ministério Público preferir que as juradas formem o conselho de sentença, ou, nas Varas de Família, a preferência das futuras

---

Disponível em http://www.pensamientopenal.com.ar/articulos/estructuras-judiciales. Acesso em 24.10.2014, p. 189.

[343] BRASIL, Conselho Nacional de Justiça. *Censo do Poder Judiciário*. Brasília: CNJ, 2014. Disponível em http://www.cnj.jus.br/images/dpj/CensoJudiciario.final.pdf, p. 47.

[344] BRASIL, Conselho Nacional de Justiça. *Censo do Poder Judiciário*. Brasília: CNJ, 2014. Disponível em http://www.cnj.jus.br/images/dpj/CensoJudiciario.final.pdf, p. 44.

[345] Disponível em http://www.pessoacomdeficiencia.gov.br/app/sites/default/files/publicacoes/cartilha-censo-2010-pessoas-com-deficienciareduzido.pdf .

[346] STEFFENMEIER, Darell; BRIT, Chester L. "Judges' race and judicial decision makin: Do black judges sentence differently?". *Social sciente quarterly*, vol. 82, n, 4, pp. 749-764, dez. 2001. Disponível em http://onlinelibrary.wiley.com/doi/10.1111/0038-4941.00057/abstract, p. 755.

[347] STEFFENSMEIER, Darrel; HERBERT, Chris. "Women and men policymakers: Does the judge's gender affect the sentencing of criminal defendants?". *Social Forces*, vol. 77, pp. 1153-1196, 1999. Disponível em http://sf.oxfordjournals.org/content/77/3/1163.abstract .

ex-mulheres por terem o divórcio julgado por uma juíza[348] etc. Da mesma forma, contudo, há pesquisas que afirmam que os juízes negam mais pedidos de soltura quando estão com fome,[349] motivo pelo qual esse tipo de pesquisa empirista deve ser apreendida *cum granu salis*. Isto é, esse tipo de constatação não pode levar à ideia de que se a jurisdição se exerce em um decisionismo puro solipsista, e, ainda mais, esse decisionismo é fruto das idiossincrasias individuais de cada magistrado, sendo impossível haver uma resposta judicial democrática da maioria dos juízes, sendo uma característica individual mais importante que a Lei ou a Constituição para o resultado. Essa constatação hipotética é falaciosa, perniciosa, leva a um behaviorismo judicial e é incompatível com uma magistratura democrática e com o próprio Estado Democrático de Direito, ignora as relações intersubjetivas, a Lei, a normativa constitucional e a capacidade de mecanismos de Administração da Justiça em criar um padrão de juiz.

A questão que se denota a partir dessa identificação de perfil não visa reconduzir à pessoa magistrada a responsabilidade individual e solipsista pela democracia (ou falta dela) no Judiciário, mas demonstrar que o "perfil" do Poder Judiciário estruturalmente, e não pessoalmente, se afasta do perfil da sociedade brasileira e isso sim tem o seu valor enquanto constatação. Não se trata de um retorno apologético, por exemplo, à lógica grega antirrepublicana de que o melhor habilitado para julgar uma pessoa é aquela da mesma "categoria social" dos julgados, como já comprovou a Justiça do Trabalho ao eliminar os juízes classistas. O que importa, assim, é observar que, se a sociedade brasileira se estrutura de uma forma e o Judiciário diverge agudamente dessa estruturação, significa que esse Poder tem sido composto tendencialmente por alguns grupos sociais em detrimento de outros (mais homens em detrimento das mulheres, por exemplo), e isso subjaz a uma ideologia bastante elitista que serve como crivo de perfil da magistratura, estruturando esse Poder, tendencialmente, a favorecer certos grupos sociais em detrimento de

---

[348] NALINI, José Renato. *Ética da magistratura*: comentários ao código de ética da magistratura nacional – CNJ. 3ª ed. São Paulo: RT, 2012, p. 111.

[349] Disponível em http//www.conjur.com.br/2014-jun-05/juiz-fome-ou-almocou-mal-julgar-nossas-causas.

outros através de sua estrutura institucional,[350] revelando uma racionalidade predominante subjacente ao Judiciário. Assim, a Justiça não pode estar vendada a esse tipo de indicativo – não para desacreditar no Judiciário ou na idoneidade do magistrado-típico de oferecer uma resposta democrática – mas sim para observar que esse Poder tende a privilegiar, em sua composição, os grupos sociais favorecidos. E isso, para além do óbvio desrespeito à igualdade, tende a gerar, outrossim, uma jurisprudência conservadora e de valores elitistas, porque, estruturalmente o Judiciário tem buscado esse perfil.[351] A consolidação de um perfil, portanto, não é a causa de eventual déficit democrático. Ao invés: é por haver um déficit democrático que há um perfil como esse. Assim, o perfil é apenas um sintoma, não a causa.

Não se trata de buscar na magistratura um espelho da sociedade por si só (até mesmo porque as causas serão julgadas por pessoas específicas, às vezes monocraticamente, não um parlamento, que deve refletir a pluralidade social), mas demonstrar que essa disparidade acentuada da magistratura em relação à sociedade significa que esse Poder é menos plural do que deveria e tem privilegiado alguns grupos sociais em detrimento de outros, o que é incompatível com uma magistratura democrática. Como afirma Nalini, "uma nação que adota o pluralismo como valor fundamente talvez não pretenda um padrão para juiz (...). Uma sociedade heterogênea não pode pretender um parâmetro homogêneo para os seus agentes políticos",[352] donde, se é possível traçar tendencialmente um perfil, um tipo-médio de juiz, significa que o caminho da democratização ainda deve ser trilhado.

---

[350] ZAFFARONI, Eugenio Raúl. "Dimensión Política de un Poder Judicial Democrático". *Cuadernos de Derecho Penal*, pp. 15-53, 1992. Disponível em http://new.pensamientopenal.com.ar/sites/default/files/2013/09/51zaffaroni.pdf. Acesso em 19.09.2014, p. 35.

[351] LEARDINI, Marcia. "A importância da formação do magistrado para o exercício de sua função política". *In*: ALMEIDA, José Mauricio Pinto de; LEARDINI, Márcia (coord.). *Recrutamento e formação de magistrados no Brasil*. Curitiba: Juruá, 2010. pp. 111-135, p. 130.

[352] NALINI, José Renato. *A rebelião da toga*. 2ª ed. Campinas: Millenium, 2008, p. XXIII.

INTERLÚDIO - O HOMEM DETRÁS DA CORTINA

Uma magistratura democrática, como dito, deixa o Judiciário com "a cara do povo", dentro de toda a sua diversidade, não porque esse é um fim em si mesmo, mas sim porque essa diversidade é um indicativo de que o Judiciário está mais aberto a todas as ideologias, todos os grupos sociais, convive em um ambiente democrático,[353] conforme pugna a Constituição,[354] e seguramente todo e qualquer magistrado integrante será um magistrado recrutado, formado e atuante conforme uma ética democrática – independentemente de ser homem, mulher, branco, negro, homossexual, heterossexual, com ou sem deficiência, cisgênero ou pessoa trans ou qualquer tipo de idiossincrasia social estruturante.

Ao revés, a magistratura que acaba por se formar tendencialmente através de grupos privilegiados demonstra sua afinidade com certos valores específicos em detrimento da pluralidade, o que é antidemocrático e enfraquece a legitimidade do Poder Judiciário, bem como a sua idoneidade a dar respostas democráticas para a sociedade.

Pontualmente às nove da manhã seguinte, o soldado das barbas verdes veio procurar os viajantes, e quatro minutos depois todos entraram na Sala do Trono do Grande Oz.

Claro que cada um deles esperava ver o Mágico na forma que tinha assumido antes, e todos ficaram muito surpresos quando olharam em volta e não viram ninguém no salão. Ficaram perto da porta e bem juntinhos uns dos outros, porque o silêncio da sala vazia era mais assustador que qualquer das formas que Oz tinha assumido.

Em seguida ouviram uma Voz que parecia vir de algum ponto perto do alto da grande cúpula do teto, e a voz disse, em tom solene:

— Sou Oz, Grande e Terrível. Por que vocês me procuram?

Olharam por todo o salão, e então, sem ter encontrado ninguém, Dorothy perguntou:

---

[353] ZAFFARONI, Eugenio Raúl. *Estructuras judiciales*. Buenos Aires: Ediar, 1994. Disponível em http://www.pensamientopenal.com.ar/articulos/estructuras-judiciales. Acesso em 24.10.2014, p. 189.

[354] CLÈVE, Clèmerson Merlin. *Para uma dogmática constitucional emancipatória*. Belo Horizonte: Fórum, 2012, p. 35.

— Onde o senhor está?

— Estou em toda parte — respondeu a Voz. — Mas sou invisível aos olhos dos mortais. Agora vou me instalar no meu trono, para que vocês possam conversar comigo.

E realmente a Voz nesse momento parecia sair do próprio trono; eles se aproximaram dele e ficaram em fila enquanto Dorothy dizia:

— Viemos cobrar sua promessa, ó grande Oz.

— Que promessa? — perguntou Oz.

— O senhor prometeu me mandar de volta para o Kansas depois que a Bruxa Má fosse destruída — disse a menina.

— E prometeu me dar um cérebro — disse o Espantalho.

— E prometeu me dar um coração — disse o Lenhador de Lata.

— E prometeu me dar coragem — disse o Leão Covarde.

— A Bruxa Má foi realmente destruída? — perguntou a Voz, e Dorothy achou que ela estava um pouco trêmula.

— Foi — respondeu a menina. — E derretida por mim, com um balde de água.

— Minha nossa — disse a Voz. — Tão de repente! Bem, venham me procurar amanhã, preciso de tempo para pensar no assunto.

— Pois já teve tempo de sobra — respondeu o Lenhador de Lata, irritado.

— Não vamos esperar nem mais um dia! — disse o Espantalho.

— O senhor precisa cumprir as promessas que nos fez! — exclamou Dorothy.

O Leão achou que podia ser o caso de assustar o Mágico, e então soltou um rugido longo e muito alto, tão feroz e assustador que Totó pulou para longe alarmado e tropeçou na cortina que ficava num dos cantos do salão.

Quando a cortina caiu, num estrondo, eles olharam naquela direção e ficaram muito admirados. Porque viram de pé, bem no lugar que a cortina escondia, um velhinho miúdo, careca e com o rosto todo enrugado, que parecia tão surpreso quanto eles. O Lenhador de Lata, erguendo o machado, correu para o homenzinho, gritando:

— Quem é você?

INTERLÚDIO - O HOMEM DETRÁS DA CORTINA

— *Sou Oz, Grande e Terrível* — *disse o homenzinho com voz trêmula.*
— *Mas não me acerte com esse machado, por favor! Eu faço qualquer coisa que vocês me pedirem.*

Nossos amigos olharam para ele, surpresos e admirados.

— *Eu achava que Oz era uma Cabeça imensa* — *disse Dorothy.*

— *Eu achava que Oz era uma Linda Dama* — *disse o Espantalho.*

— *Eu achava que Oz era um Monstro Terrível* — *disse o Lenhador de Lata.*

— *Eu achava que Oz era uma Bola de Fogo* — *exclamou o Leão.*

— *Não, estão todos errados* — *disse o homenzinho em tom humilde.* — *Eu só estava fazendo de conta.*

— *Fazendo de conta!* — *exclamou Dorothy.* — *Você não é um Grande Mágico.*

— *Fale baixo, querida* — *disse ele.* — *Não fale tão alto, ou vão ouvir o que diz; e vai ser a minha ruína. Todo mundo acha que eu sou um Grande Mágico.*

— *E não é?* — *perguntou ela.*

— *Nem um pouco, querida; sou um simples homem comum.*

— *Mais do que isso* — *disse o Espantalho, em tom contrariado.* — *Você é um farsante.*

— *Exatamente!* — *declarou o homenzinho, esfregando as mãos como que satisfeito.* — *Eu sou uma farsa.*

BAUM, Lyman Frank. *O mágico de Oz*

Capítulo 2

(RE)ESTRUTURAÇÃO DA MAGISTRATURA NO BRASIL

A grande tensão do Poder Judiciário contemporâneo se dá em como fazer para que a aplicação das leis, da Constituição, de direitos e princípios que muitas vezes são conflitivos seja dada de maneira coerente. Contudo, nas palavras de Clève, "esse trabalho de adequação – 'filtragem' (negativa de aplicação de determinados dispositivos e interpretação de outros conforme a Constituição) – não é fácil. Nem todos estão preparados para leva-lo adiante".[355] Ademais, se há um fator político-ideológico inexorável em qualquer decisão judicial, como fazer para que os magistrados (muitos deles formados antes de 1988) decidam de modo ordenado conforme os ditames da Lei Maior? Isto é, que não veiculem, em suas decisões, ideologias contrárias aos objetivos fundamentais da República.[356] Como é possível garantir a legitimidade democrática de um agente que ao mesmo tempo deve ser um aperfeiçoado técnico jurídico e também um agente político?[357]

---

[355] CLÈVE, Clèmerson Merlin. *Para uma dogmática constitucional emancipatória*. Belo Horizonte: Fórum, 2012, p. 46.

[356] FARIA, José Eduardo. "Direito e Justiça no século XXI: a crise da Justiça no Brasil". *Colóquio Internacional – Direito e Justiça no Século XXI*, pp. 1-39, 2003. Disponível em www.ces.uc.pt/direitoXXI/comunic/JoseEduarFaria.pdf, p. 8.

[357] DALLARI, Dalmo de Abreu. *O poder dos juízes*. 3ª ed. São Paulo: Saraiva, 2010, p. 28.

Por que o Judiciário, no tocante aos seus magistrados, é o que é, e não outra coisa?

Segundo Zaffaroni, *"en una sociedad nadie nace por generación espontánea: ni los jueces, ni los policías, ni – por cierto – los políticos. Si cada uno de ellos tiende a ser como es, es porque así tiende a moldearlo la institución en que se enrolan"*.[358] Por conseguinte, qualquer instituição é uma estrutura de poder que tende a se reproduzir, isto é, que cria seus agentes, os formam e modela suas atitudes e imagem. Essas estruturas, assim, tendem a formar um perfil homogêneo de indivíduos, que também passam a dar continuidade as estruturas que lhe formatam. E essa formatação é apenas o intermédio da derradeira resposta judicial aos casos concretos, porque "o processo social de produção dos juízes lhes incute uma visão específica do Direito e, por conseguinte, (...) essa visão afeta a sua atividade judicante",[359] donde, mexer nas estruturas importa ressignificar as possibilidades de resposta judicial oferecidas às questões judicializadas, sobretudo às questões difíceis.

É importante destacar que, apesar de serem os modelos estruturantes, produtores e reprodutores um certo perfil de magistrado, no entanto, cada juiz não está divorciado de sua realidade social. Assim, mesmo no modelo empírico-primitivo, é claro que um juiz nomeado politicamente pode ser um bom juiz, que judique democraticamente. Mas isso ocorrerá pelo acaso, e não graças à estrutura.[360]

Pensar a efetiva democratização do Poder Judiciário no Brasil, dessa maneira, passa pela estruturação de mecanismos institucionais que efetivem de modo coerente o horizonte democrático de magistratura

---

[358] ZAFFARONI, Eugenio Raúl. "Dimensión Política de un Poder Judicial Democrático". *Cuadernos de Derecho Penal*, pp. 15-53, 1992. Disponível em http://new.pensamientopenal.com.ar/sites/default/files/2013/09/51zaffaroni.pdf. Acesso em 19.09.2014, pp. 35/36.

[359] PERISSINOTTO, Renato Monseff; ROSA, Paulo Vinícios Accioly Calderari da; PALADINO, Andrea. "Por uma sociologia dos juízes: comentários sobre a bibliografia e sugestões de pesquisa". In: ALMEIDA, José Maurício Pinto de; LEARDINI, Márcia (coord.). *Recrutamento e formação de magistrados no Brasil*. Curitiba: Juruá, 2010, p. 165.

[360] ZAFFARONI, Eugenio Raúl. *Estructuras judiciales*. Buenos Aires: Ediar, 1994. Disponível em http://www.pensamientopenal.com.ar/articulos/estructuras-judiciales. Acesso em 24.10.2014, pp. 133/134.

CAPÍTULO 2 - (RE)ESTRUTURAÇÃO DA MAGISTRATURA NO BRASIL

delineado pela Constituição. Essa reflexão não se esgota no instituído, mas sim também na reflexão a respeito do que pode ser feito. Reflexão essa que deve ser feita sem alarmismos que possam levar a passos descuidados, como a noção de "crise do Judiciário" que se arraigou muito no início do século XX e que ainda hoje é ecoada. Essa noção, que muito contribuiu para que fossem tomadas medidas apressadas, imediatistas e sem grande reflexão a respeito. Nesse sentido, observe-se que o longo período de ditaduras dos países da América Latina impediu que o modelo judicial demonstrasse as suas falhas operacionais. Assim, a ilusão de que a estrutura judicial era idônea em muitos países ruiu subitamente justamente quando, depois de muitas décadas, voltou a funcionar de maneira constitucional e independente, fazendo aparecer as agruras da insuficiência do modelo e levando à noção de "crise judicial", que, em verdade, apenas aumenta a distância entre as funções manifestas e latentes do Poder Judiciário.[361]

Por isso mesmo, deve-se pontuar desde logo, como faz José Renato Nalini, que "a Reforma do Judiciário resultante da Emenda Constitucional n. 45/2004 não foi uma profunda reforma estrutural da Justiça Brasileira. Não atendeu a todas as expectativas. Desalentou aqueles que nutriam enorme esperança de que a Justiça seria completamente outra a partir de sua promulgação".[362] Aliás, Reforma que alguns não hesitam em chamar de "mudança para pior".[363] Não se trata, assim, de voltar-se apenas os olhos para o passado e analisar as instituições relativas à Reforma, como se encerrassem em si a reestruturação do Poder Judiciário. Pelo contrário, diante da realidade, supramencionada, de que a magistratura pouco mudou em mais de trinta anos, e ainda se estrutura sob uma perspectiva legalista, técnico-burocrática, sufocada e incapaz de concretizar o projeto constitucional.[364] Assim, o rumo pela

---

[361] ZAFFARONI, Eugenio Raúl. *Estructuras judiciales*. Buenos Aires: Ediar, 1994. Disponível em http://www.pensamientopenal.com.ar/articulos/estructuras-judiciales. Acesso em 24.10.2014, p. 6.

[362] NALINI, José Renato. "A formação do juiz após a Emenda à Constituição n. 45/04". *Revista da Escola Nacional da Magistratura*, vol. 1, n. 1, pp. 17-24, 2006, p. 17.

[363] DALLARI, Dalmo de Abreu. *O poder dos juízes*. 3ª ed. São Paulo: Saraiva, 2010, p. 64.

[364] NALINI, José Renato. *A rebelião da toga*. 2ª ed. Campinas: Millenium, 2008, p. 49.

democratização do Poder Judiciário no Brasil, hoje, está praticamente estagnado em relação ao que era antes de 2004, pois pouco se avançou nesse sentido.[365]

No entanto, repensar, criticar, reconstruir, isto é, romper com o *status quo* da magistratura traz consigo duas dificuldades ínsitas: em primeiro lugar, há certo consenso da necessidade de reformar as estruturas judiciais, particularmente em relação à distribuição orgânica e seleção dos juízes, em contrapartida, há pouca noção sobre qual o sentido das reformas requeridas.[366] Isso faz com que seja dificultada qualquer atitude que, para além da desconstrução, proponha-se a fazer um constructo ordenado e concreto de reformas – ou, noutras palavras, enquanto é fácil e bem recepcionada uma atitude de criticar as falhas do Judiciário, a boa recepção dessa atitude encerra ao se indicar um caminho para a reforma, uma vez que as respostas individuais em geral são intuitivas e, por conseguinte, há diversos sentidos que nem sempre se relacionam para cada ideia individual das reformas necessárias. Em segundo lugar, também há uma certa má vontade em democratizar o Poder Judiciário porque isso rompe com os *establishments* de poder que se favorecem dos arcaísmos e das nobilitudes ainda existentes nos órgãos judiciais, há, assim, uma tendência conservadora autointeressada. Por terceiro, há uma própria incapacidade de querer ver que são necessárias reformas estruturais profundas, não casuístas, isto é, que o modelo estruturante de magistratura está ultrapassado, pois "a cultura formal e conservadora do juiz brasileiro, transmitida através de gerações de fidelidade ao modelo coimbrão de um Direito onipotente quanto á regulação de todas as facetas da vida e de uma Justiça inerte, agindo apenas quando provocada, explica a dificuldade na aceitação de um projeto consistente de modernização institucional".[367] Por fim, também há um certo interesse dos outros Poderes de neutralizar o Poder Judiciário, sufocar a sua autonomia. As

---

[365] A criação do CNJ e a vedação ao nepotismo são dois exemplos de avanço estrutural.
[366] ZAFFARONI, Eugenio Raúl. *Estructuras judiciales*. Buenos Aires: Ediar, 1994. Disponível em http://www.pensamientopenal.com.ar/articulos/estructuras-judiciales. Acesso em 24.10.2014, p. 2.
[367] NALINI, José Renato. *A rebelião da toga*. 2ª ed. Campinas: Millenium, 2008, p. 24.

CAPÍTULO 2 - (RE)ESTRUTURAÇÃO DA MAGISTRATURA NO BRASIL

tentativas de independência real em geral são rechaçadas como ato de ingerência política, principalmente quando vem a afirmar o caráter político do Judiciário.[368]

A despeito das dificuldades – que sempre haverá – a implementação de uma magistratura democrática, por conseguinte, exige a mudança de estruturas institucionais que são voltadas especificamente à formatação do sujeito – nomeadamente, o recrutamento, a formação e a cultura reproduzida intersubjetivamente no Poder Judiciário.[369] As perspectivas de mudança, de uma jurisdição mais justa, qualificada e coerente, assim, passam essencialmente pela reflexão desses mecanismos.[370]

2.1 RECRUTAMENTO

Possivelmente um dos fatores mais determinantes para a formatação dos agentes que pretendem integrar determinada instituição é o seu recrutamento, isto é, a maneira com que são selecionados, dentre indivíduos externos ao quadro funcional, aqueles e aquelas que passarão a integrá-lo. Assim, através do recrutamento, como ato de prospecção, é que serão selecionadas as pessoas que apresentem maiores aptidões dentro daquilo que se espera, de mesmo modo que também nesse espaço se descartam, isto é, não se possibilita a integração institucional, daqueles ou daquelas que não demonstrem idoneidade para o desempenho da função. Assim, recrutar é um ato de pura decisão, funcionando como um filtro, e o recrutamento se estrutura de modo a selecionar, dentre as várias candidatas que procuram adentrar uma instituição, aquelas que possuem as características desejadas pela instituição que recruta.[371] Donde

---

[368] ZAFFARONI, Eugenio Raúl. *Estructuras judiciales*. Buenos Aires: Ediar, 1994. Disponível em http://www.pensamientopenal.com.ar/articulos/estructuras-judiciales. Acesso em 24.10.2014, p. 10.

[369] BERGALLI, Roberto. "La quiebra de los mitos. Independencia judicial y selección de los jueces". *Nueva Sociedad*, n. 112, pp. 152-165, abr. 1991, pp. 154/155.

[370] NALINI, José Renato. *A rebelião da toga*. 2ª ed. Campinas: Millenium, 2008, p. XV.

[371] RUSSO, Andrea Rezende. *Uma moderna gestão de pessoas no Poder Judiciário*. Porto Alegre: Tribunal de Justiça do Rio Grande do Sul, 2009, p. 79.

a sua influência absoluta, pois não raro as pessoas que desejem ser recrutadas irão se formatar a fim de ultrapassar a filtragem do recrutamento com sucesso, o que só conseguirão atendendo as expectativas do órgão que recruta. Assim, o processo de recrutamento é, também, um mecanismo de micropoder afim de subjetivar os indivíduos pretendentes, aspirantes, a serem recrutados; criando mais simpatia ou antipatia com aqueles defensores dos direitos humanos, ou mais simpatia ou antipatia com aqueles que buscam posição de *status* social, apenas pelo método de recrutamento, além de direcionar os estudos e enfatizar no aspirante determinados conhecimentos e valores. E, levando em consideração que as instituições formatam os indivíduos, mas, dialeticamente, eles irão também formatar as instituições, o recrutamento também estruturará a longo prazo a instituição, sobretudo se características como "resignação" ou "inovação" forem levadas a cômpito no momento da seleção. Assim, o ato de recrutar não pode ser (e geralmente nunca é) feito ao acaso, não é fruto do capricho,[372] e comumente é no recrutamento que se aplicam os mecanismos de filtragem mais eficazes para selecionar sujeitos dóceis e submissos aos valores cultuados pela instituição recrutante.[373]

Nesse viés, o recrutamento, também dos magistrados, acaba por ser um processo eminentemente político (mesmo quando é técnico).[374] A tecnicidade é uma opção política dentre tantas outras, pois ela pode, ou não, ser um valor capitaneado pela Instituição – no caso, os Tribunais. A seleção de um ministro da suprema corte por relações de compadrio com os dirigentes do partido do governo e a do prodígio que gabaritou todas as provas de um certame são igualmente embebidas de valoração política a respeito daquilo que se espera do recrutado – uma delas pode ser mais compatível com um regime republicano e democrático do que a outra, mas ambas igualmente políticas. Por conseguinte, não há processo

---

[372] BERGALLI, Roberto. "La quiebra de los mitos. Independencia judicial y selección de los jueces". *Nueva Sociedad*, n. 112, pp. 152-165, abr. 1991, p. 158.

[373] DALLARI, Dalmo de Abreu. *O poder dos juízes*. 3ª ed. São Paulo: Saraiva, 2010, p. 9.

[374] BERGALLI, Roberto. "La quiebra de los mitos. Independencia judicial y selección de los jueces". *Nueva Sociedad*, n. 112, pp. 152-165, abr. 1991, p. 154.

CAPÍTULO 2 - (RE)ESTRUTURAÇÃO DA MAGISTRATURA NO BRASIL

de recrutamento neutro – não porque seja uma circunstância fática, mas sim uma impossibilidade teórica, formal, lógica. Recrutar implica necessariamente discriminar, discernir, escolher e recusar, conforme critérios, e esses critérios serão estabelecidos conforme os valores cultuados por aqueles que detém o poder de recrutamento. Assim o recrutamento é um processo de escolha que passa por uma racionalização política que estabelece um crivo de aptidão/inaptidão, idoneidade/inidoneidade, para o desempenho da função desejada pela Instituição. Por decorrência, no que tange o Poder Judiciário, o tipo de recrutamento que será praticado está ligado necessária e inexoravelmente ao tipo de magistratura que se pretende.[375] Uma magistratura empírico-primitiva, como já se viu, recrutará por afinidades político-pessoais e pela expectativa de julgamentos caudatários; se se pretende a magistratura técnico-burocrática haverá sobrevalorização dos critérios técnicos, do conhecimento da Lei textual e sobretudo dos entendimentos cristalizados (súmulas, enunciados, informativos jurisprudenciais), a fim de discernir aquele que está mais apto para dar vazão ao trabalho judicante como um bom burocrata; finalmente, uma magistratura democrática, sem negligenciar o conhecimento técnico, observará os conhecimentos constitucionais do candidato, a fim de exercer o controle de constitucionalidade, a sua aptidão para ser um agente de promoção dos direitos humanos, a sua integração social, capacidade de inovar, seu conhecimento crítico para além do texto da lei etc.

Assim, para Celso Agrícola Barbi, qualquer processo de "humanização" da Justiça deve passar essencialmente pela reflexão acerca do recrutamento.[376] Para Nalini, pensar a respeito do recrutamento "é fundamental para prover o Brasil de magistrados capazes de concretizar a vontade do constituinte, rumo à edificação e uma pátria justa, fraterna e solidária".[377]

---

[375] DALLARI, Dalmo de Abreu. *O poder dos juízes*. 3ª ed. São Paulo: Saraiva, 2010, pp. 9 e 23.

[376] BARBI, Celso Agrícola. "Formação, seleção e nomeação de juízes no Brasil, sob o ponto de vista da humanização da Justiça". *Revista de Processo*, vol. 3, n. 11-12, pp. 31-36, jul-dez. 1978, p. 31.

[377] NALINI, José Renato. "O desafio de criar juízes". *In:* ALMEIDA, José Mauricio Pinto de; LEARDINI, Márcia (coord.). *Recrutamento e formação de magistrados no Brasil*. Curitiba: Juruá, 2010, pp. 91-109, p. 91.

Uma magistratura democrática se faz, muito mais do que com instituições democráticas, com juízes democráticos[378] (ou, posto de outra forma, juízes habilitados a aplicar o Direito de uma forma democrática, justa, segundo os ditames da Constituição), pois um juiz democrático poderá decidir desta forma mesmo em um ambiente normativo ou institucional desfavorável, no entanto, o juiz não-democrático ou antidemocrático, burocrata, aristocrata, não fará o mesmo, por mais que possua todo o instrumental para tanto.[379]

Qualquer perspectiva de mudança institucional séria do Poder Judiciário, portanto, não escapa à questão do recrutamento. Não é possível lançar a jurisdição à sorte de qualquer recrutamento, como se qualquer indivíduo estivesse apto para exercer a judicatura, com eventuais falhas corrigidas disciplinarmente, na formação, ou por regras processuais ou hermenêuticas.[380] O recrutamento é o que constituirá e conservará a índole de todo a estrutura do Poder, de modo que o operador do poder – no caso, o juiz – desde o início já esteve condicionado pela estrutura institucional. Sem negar a importância da formação, do autogoverno e das outras estruturas da magistratura democrática que se verá doravante, todas elas serão insuficientes se o recrutamento for falho e selecionar juízes não-democráticos, desinteressados em se formar, em ser ético. Reside, no recrutamento, o núcleo mais relevante de toda a democratização da Justiça.

Nesse âmbito, é importante destacar que boa parte da doutrina aponta para um fator subjetivo imensurável e alheio ao recrutamento que seria significativo para a constituição de um magistrado: a vocação.

---

[378] NALINI, José Renato. *A rebelião da toga*. 2ª ed. Campinas: Millenium, 2008, p. 349.

[379] ZAFFARONI, Eugenio Raúl. "Dimensión Política de un Poder Judicial Democrático". *Cuadernos de Derecho Penal*, pp. 15-53, 1992. Disponível em http://new.pensamientopenal.com.ar/sites/default/files/2013/09/51zaffaroni.pdf. Acesso em 19.09.2014, pp. 36/37.

[380] BERGALLI, Roberto. "La quiebra de los mitos. Independencia judicial y selección de los jueces". *Nueva Sociedad*, n. 112, pp. 152-165, abr. 1991, p. 158.

CAPÍTULO 2 - (RE)ESTRUTURAÇÃO DA MAGISTRATURA NO BRASIL

Autores como José Renato Nalini,[381] Moniz de Aragão[382] e José Maurício Almeida,[383] defendem textualmente a importância de uma "vocação" àquele que pretende integrar os quadros do Poder Judiciário, no intuito de afirmar características subjetivas de cada indivíduo como sendo compatíveis ou não com o exercício da magistratura. Ao revés, Perissinoto, Rosa e Paladino, pelo escopo das ciências sociais, negam a ideia de vocação. Para esses autores, em uma análise estrutural da magistratura "não importam as idiossincrasias individuais, mas apenas os mecanismos sociais que produzem o 'tipo médio', portador das habilidades sociais necessárias para realização da ação que lhe e exigida. Assim como qualquer outro 'papel social', a função do juiz também é socialmente produzida".[384] Assim, "a única forma de evitar que ideologias conflitantes com os objetivos almejados pela sociedade na qual atuará como agente político reside na eleição de um meio adequado de seleção e recrutamento".[385]

Aliás, o discurso da vocação não se sustenta mesmo à mais tênue crítica sociológica a respeito. Afinal, segundo essa narrativa, a vocação seria fruto do aleatório, distribuído randomicamente entre os indivíduos da sociedade. Fosse assim, a maioria dos juízes não teria o perfil de ser,

---

[381] NALINI, José Renato. "O desafio de criar juízes". *In:* ALMEIDA, José Mauricio Pinto de; LEARDINI, Márcia (coord.). *Recrutamento e formação de magistrados no Brasil.* Curitiba: Juruá, 2010, pp. 91-109, p. 199.

[382] MONIZ DE ARAGÃO, Egas Dirceu. "Formação e aperfeiçoamento de juízes". *Revista da Faculdade de Direito UFPR*, vol. 8, pp. 114-123, 21 nov. 1960. Disponível em http://ojs.c3sl.ufpr.br/ojs/index.php/direito/article/view/6664. Acesso em 31.10.2014, p. 119.

[383] ALMEIDA, José Mauricio Pinto de. "O polêmico requisito de três anos de atividade jurídica ao ingresso na carreira da magistratura". *In:* ALMEIDA, José Mauricio Pinto de; LEARDINI, Márcia (coord.). *Recrutamento e formação de magistrados no Brasil.* Curitiba: Juruá, 2010, pp. 67-90, p. 70.

[384] "Por uma sociologia dos juízes: comentários sobre a bibliografia e sugestões de pesquisa". *In:* ALMEIDA, José Maurício Pinto de; LEARDINI, Márcia (coord.). *Recrutamento e formação de magistrados no Brasil.* Curitiba: Juruá, 2010, p. 164.

[385] LEARDINI, Marcia. "A importância da formação do magistrado para o exercício de sua função política". *In:* ALMEIDA, José Mauricio Pinto de; LEARDINI, Márcia (coord.). *Recrutamento e formação de magistrados no Brasil.* Curitiba: Juruá, 2010. pp. 111-135 p. 131.

como visto, homem branco, por exemplo, tendo em vista que a maioria da população não é de homens nem de brancos. Tentar sustentar o discurso da vocação ainda assim só poderia recair em um recrudescimento dos discursos infundados (brancos seriam mais vocacionados para serem juízes; mulheres não seriam compatíveis com a magistratura etc.). O que é possível se concluir rapidamente, portanto, é que não há uma *alea* vocacional, uma distribuição caprichosa dos talentos para uns e outros, mas, em vez disso, mecanismos institucionais que favorecem alguns indivíduos em detrimento de outros, e, dentro do âmbito jurídico, priorizam alguns conhecimentos, técnicas e aptidões em detrimento de outras.

Sem olvidar que existirão indivíduos psicológica, social e pessoalmente mais idôneos para exercer a magistratura, parece que, ainda assim, é inútil inserir a vocação como um fator determinante em uma análise estrutural, isto é, de Administração da Justiça. O Estado possui uma demanda de pessoas para serem juízes, e esses cargos irão ser ocupados, por pessoas "vocacionadas" ou não. É possível que haja mais vocacionados que juízes, ou mais cargos do que vocacionados (o que implicaria que o Estado teria que admitir juízes não vocacionados). Analisar a vocação como elemento essencial para o bom recrutamento recai em subjetivismos imponderáveis. O que parece ocorrer, contudo, é a sobrevalorização da dita vocação como subterfúgio para expressar uma outra espécie de problema (estrutural), isto é: que o recrutamento seleciona pessoas inidôneas para o exercício da magistratura.

Em vez de recair sobre os selecionados – acusando-lhes a falta de vocação – é mais adequada a análise de que o modo de recrutamento atualmente, esse sim, não seja compatível com a magistratura. Transfere-se ao sujeito e não à estrutura uma eventual falha do magistrado, como se a falta de alguma característica pessoal imponderável fosse a responsável por uma eventual frustração ou inadequação da pessoa à magistratura, em vez de observar que essa pessoa não deveria ter sido recrutada desde o início e que o recrutamento falhou.

Assim, em vez de transferir a culpa por eventuais arritmias sistemáticas aos magistrados – que lhes falta vocação, que lhes falta

CAPÍTULO 2 - (RE)ESTRUTURAÇÃO DA MAGISTRATURA NO BRASIL

interesse, que lhes falta ler Gadamer, Alexy, Dworkin ou Verdade e Consenso (o que nunca, estruturalmente, se lhes exigiu) – se apresenta como mais significativo da crítica repensar os filtros que permitiram a entrada de um certo tipo de aspirante na magistratura. Aliás, fossem selecionados os juízes por sua versação em hermenêutica, possivelmente boa parte dos problemas concretos de hermenêutica desapareceriam.

2.1.1 É possível selecionar juízes para a Democracia?

Da premissa que o recrutamento pode, assim, filtrar os candidatos de acordo com as idoneidades de cada um, através de uma racionalização política das idoneidades para o bom exercício da função, é possível questionar se, ou como, é possível selecionar indivíduos segundo uma magistratura democrática, isto é, selecionar pessoas capazes de exercer a judicatura, a jurisdição, de maneira democrática. Nas palavras de Boaventura de Souza Santos, "quando se debate a construção da democracia, a divisão de poderes e o princípio da independência do poder judicial, logo se questiona, (...), qual é a forma democrática de recrutar juízes, a fim de legitimar a função jurisdicional".[386] Essa pretensão é bastante ambiciosa, uma vez que visa justamente estabelecer mecanismos que distingam o grau de índole democrática do aspirante a magistrado, isto é, se o sujeito é ou não capaz de satisfazer os valores democráticos encartados na Constituição Federal.

Uma resposta intuitiva poderia assinalar que tal pretensão é necessariamente frustrada, pois em uma sociedade plúrima de indivíduos e de posições político-ideológicas, seria impossível filtrar *a priori*, através de um sistema de recrutamento, indivíduos mais ou menos democráticos, mais ou menos voltados a querer concretizar a Constituição em sua atividade decisional, sendo algo que se resolve por si mesmo, conforme a índole de cada um, na sorte. Assim, cabe ao sistema avaliar o que é

---

[386] SANTOS, Boaventura de Sousa; PEDROSO, João; BRANCO, Patrícia. *O recrutamento e a formação de magistrados:* análise comparada de sistemas e países da União Europeia. Coimbra: Observatório Permanente da Justiça Portuguesa, 2006. Disponível em http://opj.ces.uc.pt/pdf/ORFM/Recrutamento_formacao_magistrados.pdf, p. 41.

possível avaliar – a técnica – e a índole democrática ou não será aferida no exercício da função, sendo uma grande vitória o candidato recrutado pela melhor técnica ser, também, um sujeito democrático. Essa resposta, contudo, ignora justamente o fato de que, da mesma forma que as instituições podem produzir juízes burocratas, nefelibatas, preocupados apenas com números de produtividade e com seus próprios salários, também elas podem produzir magistrados democráticos, adequando, desde o início, aqueles que pretendem ocupar os cargos de magistratura a entenderem a função que terão que desempenhar caso venham a integrar esse Poder, e, através dos mecanismos de seleção, discernir aqueles mais aptos para exercer essa função.[387] Isso, contudo, só pode ser posto em prática se houver uma visão global de como recrutar, através disso, estruturar um recrutamento democrático.

2.1.1.1 *Os modelos de recrutamento*

Há tantas formas de recrutar juízes quanto há órgãos que exercem esse recrutamento, sendo a realidade demonstrativa de que há infinitas formas de selecionar.[388] Conquanto isso seja positivo, por um lado, de

---

[387] ZAFFARONI, Eugenio Raúl. *Estructuras judiciales*. Buenos Aires: Ediar, 1994. Disponível em http://www.pensamientopenal.com.ar/articulos/estructuras-judiciales. Acesso em 24.10.2014, p. 133.

[388] Nesse sentido, cite-se quatro trabalhos que fazem a análise minudente, país a país, dos modelos de recrutamento: OBERTO, Giacomo. *Recrutement et formation des magistrats en Europe:* etude comparative. Estrasburgo: Conseil de l'Europe, 2003. Disponível em http://www.coe.int/t/dghl/cooperation/lisbonnetwork/rapports/LivreOberto_fr.pdf. FRANCO, Fernão Borba. "Recrutamento e o poder do juiz". *Revista de Processo*. Ano 22, n. 86, pp. 240-267 abr-jun. 1997 e SANTOS, Boaventura de Sousa; PEDROSO, João; BRANCO, Patrícia. *O recrutamento e a formação de magistrados:* análise comparada de sistemas e países da União Europeia. Coimbra: Observatório Permanente da Justiça Portuguesa, 2006. Disponível em http://opj.ces.uc.pt/pdf/ORFM/Recrutamento_formacao_magistrados.pdf. Contudo, observe-se que a análise e a contraposição dos modelos reais dos outros países não foi a escolha metodológica desse estudo, uma vez que seu objetivo precípuo é observar a magistratura brasileira em um horizonte democrático, isto é, através de mecanismos que a democratizem. Assim, a análise em concreto se dá apenas na realidade brasileira em comparação com o ideário da magistratura democrática, não sendo de grande valia a comparação com os sistemas

CAPÍTULO 2 - (RE)ESTRUTURAÇÃO DA MAGISTRATURA NO BRASIL

maneira crítica a fim de demonstrar que a realidade existente não é a única possível, por outro a análise empírica, concreta, dos outros modelos de magistratura, não é capaz, por si só, de fornecer um parâmetro específico de magistratura democrática e recrutamento democrático. É importante observar, contudo, que as formas de recrutamento – assim como as formas de magistratura – práticas convergem em alguns pontos, divergindo em outros, sendo possível falar em grandes modelos abstratos a partir delas, o que traz maiores valias comparativas do que amealhar as minúcias de cada sistema existente.

Assim, em linhas gerais, observa-se que, à exceção de alguns sistemas de *common law* europeus, a maioria dos recrutamentos ainda é feita de modo a buscar a profissionalização e a qualificação técnica do magistrado aspirante, através de concurso e estruturando a magistratura em uma carreira própria.[389] Naqueles países, cumpre avaliar, o acesso à judicatura se dá como uma espécie de *cursus honorum* das carreiras profissionais em outros ramos jurídicos, aferindo, assim, a experiência técnica através do curso do desempenho de outras profissões ligadas do Direito.[390] Ainda com vista ao velho mundo, observe-se que na Europa oriental e ex-URSS ainda há muita influência dos órgãos do Executivo na nomeação dos juízes, tendo o próprio Judiciário muitas vezes apenas uma função consultiva ou opinativa, ainda muito longe de se democratizar, portanto.[391]

Boaventura de Souza Santos, em estudo coletivo, classifica as seleções existentes na realidade europeia em quatro grandes sistemas (não modelos) de recrutamento:

---

reais de magistratura e de recrutamento nessa oportunidade e nesse viés, apenas demonstrando a macroestrutura em que os sistemas reais se encaixam.

[389] FRANCO, Fernão Borba. "Recrutamento e o poder do juiz". *Revista de Processo*. Ano 22, n. 86, pp. 240-267 abr-jun. 1997, p. 241.

[390] OBERTO, Giacomo. "Recrutamento e formação de magistrados: o sistema italiano no âmbito dos princípios internacionais sobre o estatuto dos magistrados e da independência do Poder Judiciário". *Revista da EMERJ*, vol. 5, n. 20, pp. 15-50, 2002, p. 20.

[391] OBERTO, Giacomo. "Recrutamento e formação de magistrados: o sistema italiano no âmbito dos princípios internacionais sobre o estatuto dos magistrados e da independência do Poder Judiciário". *Revista da EMERJ*, vol. 5, n. 20, pp. 15-50, 2002, p. 21.

i) seleção pela experiência profissional;
ii) nomeação após estágio profissional;
iii) formação universitária seguida de estágio e exame de Estado;
iv) concurso público para formação inicial de magistrados.[392]

A seleção pela experiência profissional é o sistema que pode resumir e conglomerar a Inglaterra, País de Gales, Noruega e Finlândia e está relacionada à tradição do *common law*, como supramencionado. A capacidade profissional deve ser atestada: na Inglaterra e no País de Gales entre os advogados com 10 a 15 anos de experiência, na Noruega entre os profissionais com 10 anos de experiência jurídica e na Finlândia através da demonstração, sem tempo definido, de atuação jurídica perante os tribunais. Além da atuação profissional, há outros requisitos, como a nacionalidade inglesa/irlandesa ou de países de *commonwealth* no caso da Inglaterra e País de Gales, conhecimento das línguas oficiais, na Noruega, ou nacionalidade finlandesa na Finlândia. Na Inglaterra e no País de Gales cabe à *Judicial Appointments Commission*, baseada na idoneidade moral dos candidatos, selecionar os mais aptos, que serão, ao fim, nomeados ou não pelo *Lord Chancellor*. De maneira semelhante, na Noruega o Ministro da Justiça avalia os candidatos e o Rei os nomeia e na Finlândia cabe ao Presidente a nomeação, após o parecer da Comissão de Nomeações Judiciárias.[393] São sistemas, portanto, com uma vinculação bastante grande entre Executivo e Judiciário, com avaliações de cunho profissional e moral não transparentes, que divergem do modelo democrático e não estão comprometidos *a priori* com a independência do Poder Judiciário.[394]

---

[392] SANTOS, Boaventura de Sousa; PEDROSO, João; BRANCO, Patrícia. *O recrutamento e a formação de magistrados:* análise comparada de sistemas e países da União Europeia. Coimbra: Observatório Permanente da Justiça Portuguesa, 2006. Disponível em http://opj.ces.uc.pt/pdf/ORFM/Recrutamento_formacao_magistrados.pdf, p. 45.

[393] SANTOS, Boaventura de Sousa; PEDROSO, João; BRANCO, Patrícia. *O recrutamento e a formação de magistrados:* análise comparada de sistemas e países da União Europeia. Coimbra: Observatório Permanente da Justiça Portuguesa, 2006. Disponível em http://opj.ces.uc.pt/pdf/ORFM/Recrutamento_formacao_magistrados. pdf, pp. 45-49.

[394] O que não significa que esses países não sejam democracias consolidadas ou tenham um Poder Judiciário totalmente antidemocrático, uma vez que a democracia não se

CAPÍTULO 2 - (RE)ESTRUTURAÇÃO DA MAGISTRATURA NO BRASIL

A nomeação após estágio profissional é o sistema que vincula o aspirante ao cargo de magistrado a desempenhar, justamente, estágios junto aos Tribunais para que adquiriam experiência e, a depender da avalição desse estágio, poderão, ou não, serem nomeados juízes. É o sistema adotado na Dinamarca, Suécia e Luxemburgo. Todos exigem o bacharelado em Direito, além de alguns requisitos específicos (nacionalidade, bom conhecimento da língua etc.). Na Dinamarca deve-se estagiar por no mínimo nove meses em um Tribunal Superior, familiarizando-se com o trabalho e com os membros do Conselho Judicial de Nomeações (formado este por um juiz da Suprema Corte, um de tribunal superior, um de tribunal de círculo, um advogado e dois membros da sociedade civil). Após o estágio, há cerca de 150 candidatos por ano que se candidatam à judicatura, dos quais 60 são entrevistados pelo Conselho. Após, em conjunto com o Ministro da Justiça, recomendam-se cerca de 30, que serão, ou não, ao fim, nomeados pela Rainha. Na Suécia o estágio/funcionalismo judicial e a magistratura seguem a mesma carreira, com o candidato iniciando seus trabalhos como funcionário junto à primeira instância, seguido do período de um ano como funcionário de um tribunal recursal, para então retornar por dois anos à primeira instância já como magistrado-estagiário, mais um ano no mesmo cargo na instância recursal para, então, ser nomeado pelo Governo ao cargo de juiz-adjunto e finalmente exercer a judicatura plena, a partir da primeira instância. A magistratura efetiva, contudo, só será adquirida após oito anos. Por fim, em Luxemburgo os aspirantes a magistrado devem ser nomeados como estagiários pelo Grã-Duque após terem estagiado dois anos junto a um advogado. Após um ano de estágio na magistratura, havendo vagas, é efetuada a nomeação definitiva. Observe-se que ainda são sistemas que levam em consideração a prática profissional (apenas ligada ao aprendizado no Tribunal) e ainda ligada ao Poder Executivo, com as mesmas críticas que podem ser endereçadas ao modelo anterior, distanciando de uma magistratura efetivamente

---

afere unicamente através da magistratura. A análise cinge-se à magistratura, ou seja, a magistratura desses países não é democrática. ZAFFARONI, Eugenio Raúl. *Estructuras judiciales*. Buenos Aires: Ediar, 1994. Disponível em http://www.pensamientopenal.com.ar/articulos/estructuras-judiciales. Acesso em 24.10.2014, p. 16.

democrática, e que vinculam a nomeação às boas relações entre os membros do Tribunal (cooptação).

O modelo de recrutamento após formação universitária, seguida de exames de Estado e estágio, é o adotado na Áustria e Alemanha, onde, aliás, o concurso para a magistratura é visto como inconstitucional. Na Germânia, há ciclos de formação e avaliação comuns a todas as profissões jurídicas, a que os pretendentes às profissões jurídicas devem se submeter. Após a aprovação comum a todos, aqueles que pretendem a magistratura se submetem à avaliação em cada um dos Länder (subdivisões administrativo-territoriais do Estado alemão), em que um comitê de seleção formado pelo Ministro da Justiça e membros da Câmara Federal analisarão o *curriculum vitæ* dos pretendentes, sobretudo em relação às notas que obtiveram nos exames oficiais. Após essa seleção, são avaliados pelo Tribunal que integram entre três a cinco anos, até obterem a vitaliciedade. Na Áustria o sistema é semelhante, com a diferença que é o Ministro da Justiça que designa melhores candidatos, mediante proposição dos presidentes do tribunal regional superior.[395]

Por fim, há o modelo dominante de recrutamento de magistrados por concurso público para formação inicial, seguido por França, Holanda, Espanha, Portugal, Grécia, Itália e Bélgica e, por isso mesmo, é o modelo predominante na América Latina, que carrega muitas das tradições desses países. Sem adentrar em pormenores de cada qual, é importante denotar algumas idiossincrasias que destacam alguns desses países.

Na França é importante observar que há três concursos distintos, com requisitos distintos, que levam à magistratura.[396] O primeiro e mais acessado deles é voltado àqueles que possuam até 27 anos e tenham cursado ao menos quatro anos de bacharelado; o segundo é um concurso interno entre os

---

[395] SANTOS, Boaventura de Sousa; PEDROSO, João; BRANCO, Patrícia. *O recrutamento e a formação de magistrados:* análise comparada de sistemas e países da União Europeia. Coimbra: Observatório Permanente da Justiça Portuguesa, 2006. Disponível em http://opj.ces.uc.pt/pdf/ORFM/Recrutamento_formacao_magistrados.pdf, pp. 49-54.

[396] FREITAS. Vladimir Passos de. *A justiça na França.* Disponível em http://www.ibrajus.org.br/revista/artigo.asp?idArtigo=170 .

CAPÍTULO 2 - (RE)ESTRUTURAÇÃO DA MAGISTRATURA NO BRASIL

funcionários do Judiciário há pelo menos quatro anos e que tenham no máximo 40 anos de idade, e, por fim, o terceiro é destinado àqueles que possuam no mínimo 8 anos de atividade profissional e tenham menos de 40 anos. Todos são organizados pela Escola Nacional da Magistratura. Há, ainda, candidatos não concursados, selecionados por títulos, que possuam entre 27 e 40 anos. Cumpre avaliar, contudo, que o primeiro método é responsável por mais de ¾ das nomeações.[397] Portanto, trata-se de um sistema bastante multifacetado e díspar de recrutamento, que orbita entre uma seleção empírico-primitiva e uma técnico-burocrática[398] e que, nas palavras de Zaffaroni, é *"una de las estructuras judiciales menos dignas de imitación"*.[399]

    Na Espanha, à exceção dos juízes leigos que julgam causas abaixo de 900 euros (estes, eleitos por um conselho municipal),[400] recruta-se indistintamente candidatos com ou sem experiência profissional, sendo possivelmente o modelo que mais valoriza, em si, o resultado do concurso.[401] Cumpre, contudo, ponderar que a última fase do concurso, assim como no Brasil, é um exame oral através do sorteio de pontos de uma ementa pré-estabelecida, em que o candidato deve, em quinze minutos, esgotar o tema, às vezes complexo demais para pouco tempo. As provas orais, assim, acabam sendo um exercício de memorização, sem avaliar a real habilidade judicante do candidato,[402] sendo um exemplo

---

[397] SANTOS, Boaventura de Sousa; PEDROSO, João; BRANCO, Patrícia. *O recrutamento e a formação de magistrados:* análise comparada de sistemas e países da União Europeia. Coimbra: Observatório Permanente da Justiça Portuguesa, 2006. Disponível em http://opj.ces.uc.pt/pdf/ORFM/Recrutamento_formacao_magistrados.pdf, pp. 454-459.

[398] GOMES, Luiz Flavio. *A dimensão da magistratura:* no Estado Constitucional e Democrático de Direito. São Paulo: Revista dos Tribunais, 1997, p. 18.

[399] ZAFFARONI, Eugenio Raúl. *Estructuras judiciales.* Buenos Aires: Ediar, 1994. Disponível em http://www.pensamientopenal.com.ar/articulos/estructuras-judiciales. Acesso em 24.10.2014, p. 169.

[400] FREITAS, Vladimir Passos de. *O sistema de justiça na Espanha.* Disponível em http://www.ibrajus.org.br/revista/artigo.asp?idArtigo=332.

[401] ARNÁIZ, Alejandro Saiz. "La selección de los jueces en España: la oposición". *Revista del Poder Judicial*, n. 93, pp. 52-62, 2012, p. 57.

[402] ARNÁIZ, Alejandro Saiz. "La selección de los jueces en España: la oposición". *Revista del Poder Judicial*, n. 93, pp. 52-62, 2012, p. 58.

bastante claro de seleção técnico-burocrática. Portugal segue um modelo semelhante, mas com unificação dos concurso da magistratura com o Ministério Público.[403]

Na Itália, "as condições de admissão compreendem o gozo dos direitos civis e políticos, aptidão física e psíquica, boa moralidade e mestrado em Direito (...) e os candidatos ao concurso são quase sempre desprovidos de experiência profissional"[404] A banca avaliadora é nacional, organizada pelo Conselho Superior da Magistratura, e composta por 32 membros, dos quais 8 são obrigatoriamente professores universitários desvinculados da magistratura (e o Conselho Superior da Magistratura também é formado por magistrados, membros do *Parquet*, da sociedade civil etc.). Pode-se formar subcomissões de até 9 membros, que devem ter sempre, no mínimo, um professor universitário.[405] A Itália, assim, possui um recrutamento com garantia forte de concurso, que não avalia apenas a experiência profissional, mas também o saber acadêmico, a integração de membros fora das cúpulas e fora do Judiciário na Administração da Justiça, e enfim, aproxima-se do modelo democrático mais do que os outros.[406]

A compreensão dos sistemas de recrutamento europeus são essenciais para a realidade da América Latina e Caribe, uma vez que a cultura jurídica desses remete àquela, havendo muitas semelhanças e

---

[403] SANTOS, Boaventura de Sousa; PEDROSO, João; BRANCO, Patrícia. *O recrutamento e a formação de magistrados:* análise comparada de sistemas e países da União Europeia. Coimbra: Observatório Permanente da Justiça Portuguesa, 2006. Disponível em http://opj.ces.uc.pt/pdf/ORFM/Recrutamento_formacao_magistrados.pdf, pp. 65-67.

[404] OBERTO, Giacomo. "Recrutamento e formação de magistrados: o sistema italiano no âmbito dos princípios internacionais sobre o estatuto dos magistrados e da independência do Poder Judiciário". *Revista da EMERJ*, vol. 5, n. 20, pp. 15-50, 2002, pp. 24/25.

[405] OBERTO, Giacomo. "Recrutamento e formação de magistrados: o sistema italiano no âmbito dos princípios internacionais sobre o estatuto dos magistrados e da independência do Poder Judiciário". *Revista da EMERJ*, vol. 5, n. 20, pp. 15-50, 2002, pp. 33/34.

[406] GOMES, Luiz Flavio. *A dimensão da magistratura:* no Estado Constitucional e Democrático de Direito. São Paulo: Revista dos Tribunais, 1997, p. 18.

CAPÍTULO 2 - (RE)ESTRUTURAÇÃO DA MAGISTRATURA NO BRASIL

inspiração claramente europeias.[407] Importante ratificar que, até os anos 90, apenas Brasil e Colômbia figuravam entre os sistemas Judiciários com opção forte pelo concurso, sendo os países em que podia se dizer que havia uma magistratura técnico-burocrática.[408] No entanto, na história recente houve diversas mudanças legislativas em todos os países da América Latina (tema que retornará no ponto 2.3.2), com vista a moralizar e eficientizar a prestação jurisdicional no continente. Em geral, contudo, seguem a regra de haver concurso para a primeira instância, e, às vezes, o concurso por acesso à segunda,[409] no entanto, mantendo o recrutamento das instâncias superiores através da nomeação política dos demais poderes, como é no Brasil.[410]

A partir dessas linhas gerais, o italiano Giacomo Oberto entende, então, possível classificar os sistemas de recrutamento em quadro grandes modelos, a saber:

 i) nomeação pelos outros Poderes;

 i) eleição pelo sufrágio popular;

 ii) cooptação pelas cúpulas judiciais;

 iii) "finalmente, a designação por uma comissão de juízes e professores de Direito (escolhidos de preferência por um órgão independente e representativo dos magistrados), efetuada mediante um concurso público realizado com critérios objetivos e procedimentos transparentes".[411]

---

[407] FREITAS, Vladimir Passos de. *O sistema de justiça na Espanha*. Disponível em http://www.ibrajus.org.br/revista/artigo.asp?idArtigo=332.

[408] ZAFFARONI, Eugenio Raúl. *Estructuras judiciales*. Buenos Aires: Ediar, 1994. Disponível em http://www.pensamientopenal.com.ar/articulos/estructuras-judiciales. Acesso em 24.10.2014, p. 119.

[409] É o caso do Paraguai. FREITAS, Vladimir Passos de. *O sistema de justiça do Paraguai*. Disponível em http://www.ibrajus.org.br/revista/artigo.asp?idArtigo=314.

[410] FREITAS, Vladmiir Passos de. *Diferenças e semelhanças das cortes da América Latina*. Disponível em http://www.ibrajus.org.br/revista/artigo.asp?idArtigo=137.

[411] "Recrutamento e formação de magistrados: o sistema italiano no âmbito dos princípios internacionais sobre o estatuto dos magistrados e da independência do Poder Judiciário". *Revista da EMERJ*, vol. 5, n. 20, p. 15-50, 2002, pp. 15/16.

No que se refere ao primeiro (nomeação pelo Poder Executivo, Legislativo ou conjugação da vontade de ambos), bem como o terceiro (cooptação pelas cúpulas do Judiciário), como visto anteriormente, são ambos métodos de recrutamento típicos do modelo empírico-primitivo sem grandes preocupações a respeito de quem julga ou da qualidade dos julgamentos mas sim da garantia arbitrária dos recrutadores no resultado da seleção, sendo-lhe o método mais coerente. Nesse sentido, observe-se que no que toca à nomeação pelos demais Poderes, pode-se dizer que o primeiro tem como um ponto positivo a legitimidade democrática emprestada/referente, ou, ainda, nos termos de Gilberto Bercovici, indireta[412] (a partir da lógica de que os demais Poderes a princípio teriam sido legitimados democraticamente a fim de fazer as escolhas políticas representando os interesses do povo, assim, suas decisões políticas, dentre elas, a nomeação de magistrados, também estaria sob o crivo democrático, donde os magistrados nomeados corresponderiam à vontade do povo representada, e, portanto, seria legítimo o exercício da jurisdição pelas pessoas nomeadas). O ponto negativo desse método seria, contudo, a falta de independência do Judiciário perante os demais Poderes, assumindo, assim, uma posição caudatária.[413] Já na cooptação pelas cúpulas do Judiciário, isto é, a nomeação não concorrencial, sem critérios objetivos e procedimento transparente, sujeito à prudência dos magistrados recrutadores, pode-se observar que como positivo traz uma certa garantia de uma técnica-profissional mínima, decorrente da preocupação do Judiciário em manter o seu prestígio, no entanto, também compromete fortemente qualquer expectativa de imparcialidade na seleção, favorecendo favoritismos, nepotismo e o preconceito.[414]

---

[412] BERCOVICI, Gilberto; LIMA, Martonio Mont'Alverne Barreto. *Separação de poderes e constitucionalidade da PEC n. 33/2011*. [S.l: s.n.], 2013.Disponível em http://www.viomundo.com.br/politica/bercovici-e-barreto-lima.html.

[413] OBERTO, Giacomo. *Recrutement et formation des magistrats en Europe*: etude comparative. Estrasburgo: Conseil de l'Europe, 2003. Disponível em http://www.coe.int/t/dghl/cooperation/lisbonnetwork/rapports/LivreOberto_fr.pdf, p. 12. No que tange ao exemplo anterior, referente ao STF, rememore-se que, ainda que a nomeação se dê pelo crivo dos outros Poderes, os magistrados nomeados contam com várias garantias de independência da tecnoburocracia, como visto no ponto 1.3.3, e, portanto, não caracteriza um modelo empírico-primitivo puro, donde não se pode dizer que o STF possua uma postura caudatária.

[414] OBERTO, Giacomo. *Recrutement et formation des magistrats en Europe*: etude

CAPÍTULO 2 - (RE)ESTRUTURAÇÃO DA MAGISTRATURA NO BRASIL

Além da incompatibilidade desses métodos de recrutamento com uma magistratura democrática, pontue-se nenhum dos dois obedece ao art. 9º do Estatuto Universal dos Juízes da União Internacional de Magistrados,[415] *verbis:* "O recrutamento e as nomeações dos juízes devem obedecer a critérios objetivos e transparentes, com base na competência funcional. Nos casos em que essa situação não esteja consolidada pela tradição firme e comprovada, as escolhas devem ser feitas por órgãos independentes, compostos por um número substancial e significativo de membros do Judiciário". Tanto a nomeação político-arbitrária pelos demais Poderes, por mais que siga uma legitimação democrática procedimental-formal, quanto a cooptação, confiando na prudência dos julgadores para também bem nomear, certamente não recruta por "critérios objetivos e transparentes", e sem garantia que se leve em consideração a "competência funcional". Assim, não apenas esses dois modelos não se prestam à proposição de qualquer magistratura que se pretenda democrática, bem como vão na contramão do que os próprios magistrados, associados internacionalmente, entendem como um método qualificado de seleção.

Resta, portanto a celeuma relativa a questão a respeito da eleição de magistrados, oposta à realidade consolidada na América Latina do concurso público, uma vez que, ainda que pouco adotada, a eleição por sufrágio popular dos magistrados certamente é inspirada em ares democráticos, oferecendo ao povo o poder de escolher os agentes do Poder Político – no caso, o Judiciário, através de seus magistrados.

2.1.1.2 Eleição x Concurso

Diante da realidade que o Judiciário é um Poder Político, e, como qualquer Poder, é exercido em nome do povo,[416] o seu titular, e que,

---

comparative. Estrasburgo: Conseil de l'Europe, 2003. Disponível em http://www.coe.int/t/dghl/cooperation/lisbonnetwork/rapports/LivreOberto_fr.pdf, p. 13.
[415] Disponível em http://www.amb.com.br/index_.asp?secao=artigo_detalhe&art_id=779.
[416] NALINI, José Renato. *A rebelião da toga*. 2ª ed. Campinas: Millenium, 2008, pp. 6-10.

ademais, deve ser exercido de maneira democrática, tendo muitas vezes a última palavra sobre os atos do Executivo ou a validade das Leis, "não seria mais sensato que (...) fossem seus membros eleitos e que os membros dos demais poderes fossem apenas burocratas ou gerentes da coisa pública?".[417] Se os magistrados são agentes políticos, suas decisões detêm soberania para influenciar, obrigar, proibir, permitir, enfim, normatizar concretamente a vida dos cidadãos, não pareceria mais coerente que fossem recrutados conforme a vontade popular, demonstrada através do sufrágio? Assim, não seria mais coerente, e, sobretudo, democrático, que também fosse o Povo a escolher os agentes que exercerão o Poder em seu nome?

Não passa ao largo das discussões populares, principalmente quando o Judiciário age de maneira contrária ao clamor popular, a ilegitimidade da decisão tomada por um sujeito, ou sujeitos, que sequer passou por um processo de validação eleitoral.[418] Igualmente, partidos de esquerda, no Brasil, reivindicam a elegibilidade dos juízes como forma de garantir a soberania popular e o não-aparelhamento aristocrático do Poder Judiciário.[419] No entanto, é passível o questionamento de "se as eleições

---

[417] OMMATI, José Emílio Medauar; FARO, Julio Pinheiro. "De poder nulo a poder supremo: o Judiciário como superego". *A&C – Revista de Direito Administrativo & Constitucional*, vol. 12, n. 49, pp. 177-206, set. 2012, p. 184.

[418] GOMES, Luiz Flavio. *A dimensão da magistratura:* no Estado Constitucional e Democrático de Direito. São Paulo: Revista dos Tribunais, 1997, p. 119.

[419] Embora haja críticas nesse sentido feita episodicamente por partidos como o PSOL (Partido Socialismo e Liberdade), e o PSTU (Partido Socialista dos Trabalhadores Unificado), o partido que defende a elegibilidade de juízes de forma mais contundente e programática é o PCO (Partido da Causa Operária), pugnando pela "eleição dos juízes e promotores pelos trabalhadores", "com mandatos revogáveis a qualquer tempo" (Fontes: http://www.pco.org.br/ruicostapimenta/entrevistas/mov_mindemocratico. htm; http://goo.gl/37g54r). No entanto, em momento algum se explica como ou porquê a eleição de magistrados não sofreria dos mesmos vícios apontados pela lógica marxista em relação ao processo eleitoral, tal como manipulação da opinião pública pelos meios de comunicação e demais aparelhos ideológicos do Estado, prevalecendo vitoriosos apenas os candidatos que disputam dentro dos parâmetros capitalistas; nem aponta o motivo pelo qual um juiz eleito seria mais idôneo para defender o interesse dos trabalhadores e oprimidos, se os ocupantes dos demais cargos eleitos, nessa mesma ótica, não o fazem, preterindo a população em favor do Capital. Assim, denota-se uma certa incoerência na reivindicação da eleição para juízes se se reconhece como premissa

CAPÍTULO 2 - (RE)ESTRUTURAÇÃO DA MAGISTRATURA NO BRASIL

costumam ser maculadas por interesses nem sempre coincidentes com o bem comum, se há influência do poder econômico, se a propaganda constrói ídolos de pés de barro, haveria argumento para fazer crer que votar em um juiz constituiria algo significativamente mais qualificado?"[420]

A agrura por detrás desses paradoxos, e no próprio embate entre os dois modelos a serem analisados (eleição e concurso, sob a perspectiva de qual melhor traria uma magistratura democrática) reside na própria concepção de democracia como substância ou procedimento para o exercício do Poder, o que é um debate tipicamente moderno.[421] Conceitos como sufrágio, escrutínio, *one man one vote*, significaram-se como sinônimo de democracia, deliberação democrática e a forma popular, sobretudo, de outorgar a outrem a autorização para o exercício do poder social, coletivo, soberano. Nas palavras de Eneida Desiree Salgado, "a eleição é o mecanismo que garante formalmente a representação",[422] e por conseguinte, a legitimidade da utilização do poder através da vontade representada – o que, contudo, é, também, uma mitologia. A dita "vontade da maioria, aferida quantitativamente através da contabilização individual dos sufrágios entre um rol de opções apresentada ao Povo"[423] e "democracia" muitas vezes coincidiram em termos, de modo que repousa em um lugar efetivamente mítico o elo entre votação e democracia, caracterizando um dos grandes dogmas da teologia política contemporânea.

Giorgio Agamben, resgatando o contexto etimológico da palavra, no grego, observa que, atualmente, o termo "democracia" é, literalmente,

---

a impossibilidade de as eleições, hoje, representarem um verdadeiro reflexo da vontade popular.

[420] NALINI, José Renato. *A rebelião da toga*. 2ª ed. Campinas: Millenium, 2008, p. 62.

[421] GIANNINI, Massimo Severo. *Premissas sociológicas e históricas del Derecho administrativo*. Madri: Instituto Nacional de Administración Pública, 1987, pp. 54/55.

[422] "A representação política e sua mitologia". *Paraná Eleitoral*, vol. 1, n. 1, pp. 25-40, 2012. Disponível em http://www.justicaeleitoral.jus.br/arquivos/tre-pr-parana-eleitoral-revista-1-artigo-2-eneida-desiree-salgado, p.31-33.

[423] SALGADO, Eneida Desiree. "Representação política e o modelo democrático brasileiro". *In:* CLÈVE, Clèmerson Merlin (coord). *Direito Constitucional Brasileiro*. vol. 1. São Paulo: Revista dos Tribunais, 2014, p. 1093.

ambíguo, ou seja, possui dois significados. Para o filósofo, "democracia" pode significar "um meio de constituir o corpo político (em cujo caso está-se falando do Direito público) ou uma técnica de governo (em cujo caso o horizonte é de uma administração privada). Para expor noutro jeito, democracia designa ambas a forma com que o poder é legitimado e a maneira com que é exercido".[424] Essa ambiguidade, entende Agamben, é o que permite a própria confusão do conceito, que passa a ser usado de maneira indefinida e em que o método de administração, de governança – por exemplo, a escolha por sufrágio – e a legitimação se confundem. Assim, se a democracia for apenas uma forma de administração dos problemas compartilhados, a eleição sem dúvida, como procedimento democrático, irá apontar o horizonte da solução, e, na ambiguidade, também o legitimará. Se, contudo, se entender que a constituição democrática do corpo político não se trata meramente de uma questão procedimental-administrativa, e que a legitimidade democrática não decorre de maneira imiscível com um mero procedimento sufragista, há a possibilidade de a eleição não ser, enfim, a resposta mais democrática.

Nas palavras de Salgado, "a democracia constitucional brasileira não se caracteriza simplesmente pela identificação com a vontade da maioria",[425] ela é mais ambiciosa e compreende, inclusive, uma série de garantias contra a vontade da maioria, como visto anteriormente. O que, se, por um lado, não é capaz de resolver a questão colocada, ao menos certamente retira do campo das obviedades semânticas a eleição como o método mais democrático *de per si*. A eleição *pode* ser o método de escolha (e, por conseguinte, de recrutamento) mais democrático – e procedimentalmente sempre o será[426] – mas não necessariamente.

---

[424] "Introductory note on the concept of democracy". *In:* AGAMBEN, Giorgio *et all*. *Democracy in what state?* Nova Iorque: Columbia University Press, 2011, p. 1. Tradução livre do inglês.

[425] SALGADO, Eneida Desiree. "Representação política e o modelo democrático brasileiro". *In:* CLÈVE, Clèmerson Merlin (coord). *Direito Constitucional Brasileiro*. vol. 1. São Paulo: Revista dos Tribunais, 2014, p. 1091.

[426] OBERTO, Giacomo. "Recrutamento e formação de magistrados: o sistema italiano no âmbito dos princípios internacionais sobre o estatuto dos magistrados e da independência do Poder Judiciário". *Revista da EMERJ*, vol. 5, n. 20, pp. 15-50, 2002, p. 16.

CAPÍTULO 2 - (RE)ESTRUTURAÇÃO DA MAGISTRATURA NO BRASIL

Igualmente, não é porque a democracia é ambígua e a eleição nem sempre será a maneira mais democrática[427] no sentido da constituição do corpo político que torna, por decorrência, o concurso público um modelo mais democrático. De todo modo, apenas após superada essa correlação mítica (eleição corresponde à forma democrática de selecionar) é possível, então, seguir para uma análise efetiva, despida de pré-conceitos, sobre o recrutamento mais democrático.

Nesse sentido, observa-se que o concurso público possui alguns argumentos doutrinários que lhe são desfavoráveis no quesito da democratização: *i)* o concurso não é apto para valorar as condições tais como a responsabilidade ou a capacidade de trabalho; *ii)* não avalia a moralidade ou a ética; *iii)* não previne a seleção de pessoas com ideologias antidemocráticas; *iv)* é um método de mera seleção, mas não de formação.[428] Todas as críticas, no entanto, procedentes ou não, também são passíveis de serem endereçadas com tanto ou maior rigor à eleição, uma vez que o eleitorado também pode se enganar a respeito da responsabilidade ou da capacidade de trabalho, a moralidade ou a ética; pode eleger pessoas com ideologias antidemocráticas; e a eleição é apenas um mecanismo de seleção, não de formação.

O mesmo se diga em relação à possibilidade de desvirtuamento ou fraude dos concursos, que, *"como procedimiento democrático, tiene los mismos defectos de la democracia y puede deformarse y defraudarse igual que ésta. Hay deformaciones fraudulentas de los concursos como hay elecciones fraudulentas, pero lo importante será tomar los recaudos necesarios para reducir al mínimo las posibilidades del fraude y no suprimir las elecciones populares (o los concursos)"*.[429] Assim, a mera alegação de possibilidade de fraudes e corrupções do

---

[427] SANTOS, Wanderley Guilherme dos. *O paradoxo de Rousseau*: uma interpretação democrática da vontade geral. Rio de Janeiro: Rocco, 2007, p. 8.

[428] ZAFFARONI, Eugenio Raúl. *Estructuras judiciales*. Buenos Aires: Ediar, 1994. Disponível em http://www.pensamientopenal.com.ar/articulos/estructuras-judiciales. Acesso em 24.10.2014, pp. 141/142.

[429] ZAFFARONI, Eugenio Raúl. *Estructuras judiciales*. Buenos Aires: Ediar, 1994. Disponível em http://www.pensamientopenal.com.ar/articulos/estructuras-judiciales. Acesso em 24.10.2014, p. 140.

sistema não desqualificam os concursos, pois ambas são permeáveis a qualquer forma de recrutamento, como denotam Zaffaroni[430] e Nalini.[431] Logo, a aferição de qual modelo é mais democrático não está na forma, nem na ponderação das falhas dos dois modelos. O embate, assim, deve ser observado por outro prisma, como, por exemplo, a legitimidade e a legitimação democráticas subjacentes aos modelos de recrutamento.

Assim, se, conforme o estabelecido no ponto 1.1.3, a legitimidade democrática do Judiciário está ligada a uma noção de *output*, isto é, de resposta democrática, até para resolver seu paradoxo fundamental, e não meramente de *input*, ou seja, de elementos aprioristicos ao exercício dele, a opção pelo concurso parece encontrar solo mais fértil, sobretudo em razão das idiossincrasias do Poder Judiciário. Igualmente, a legitimação por *input* dos demais Poderes, eleitos, não lhes furta que a qualquer momento tenham a sua legitimidade questionada em algumas decisões. Assim, o recrutamento eleitoral não é a salvaguarda absoluta e inexorável de que o poder eleito poderá ser exercido de maneira tida como mais legítima por seu efetivo detentor, o povo,[432] pois a legitimidade material se dá no plano das relações políticas (não por menos hoje fala-se muito em *accountability* e formas de controle dos Poderes sufragados). Ademais, não se trata apenas de um *output* democrático no sentido de escolher os candidatos mais idôneos a concretizar a democracia – pois isso poderia, em verdade, legitimar qualquer método de seleção, inclusive ser um subterfúgio para legitimar as nomeações políticas, caso essas nomeações fossem prudentes e os nomeados tivessem vis democrática. No entanto, a democracia se estende para além do mero resultado do exercício do Poder, mas também o seu procedimento – a cadeia de atos que devem ser executados de forma democrática e produzir um resultado democrático, o que envolve, também um exercício qualificado do poder

---

[430] "Dimensión Política de un Poder Judicial Democrático". *Cuadernos de Derecho Penal*, pp. 15-53, 1992. Disponível em http://new.pensamientopenal.com.ar/sites/default/files/2013/09/51zaffaroni.pdf. Acesso em 19.09.2014, pp. 27/28.

[431] *A rebelião da toga*. 2ª ed. Campinas: Millenium, 2008, p. 63.

[432] RANGEL, Gabriel Dolabela Raemy. *A legitimidade do Poder Judiciário no regime democrático*: uma reflexão no pós-positivismo. São Paulo: Editora Laços, 2014, p. 157.

CAPÍTULO 2 - (RE)ESTRUTURAÇÃO DA MAGISTRATURA NO BRASIL

político – qualificado por uma técnica democrática (não mero tecnicismo) à qual só estarão necessariamente vinculados os mais habilitados nessa técnica.

Zaffaroni pontua que "*la magistratura debe prestar un servicio que implica una importante función política y social, pero básicamente debe hacerlo en forma técnica*".[433] Para o autor, uma mera qualificação profissional mínima, seguida de uma escolha arbitrária (tanto pelos outros Poderes, tanto pelo sufrágio popular, que é injustificado e subjetivo) não é suficiente para a tarefa de julgar, que será sempre política e técnica, e por isso requer idoneidade para o seu desempenho. Ou seja, buscar o recrutamento por concurso nada mais é do que mais um método de seleção por idoneidade mínima. A discricionariedade absoluta do sufrágio popular, que é, noutras ocasiões, garantia do povo, é, para seleções técnicas, inapropriada e não garante um resultado favorável ao próprio Povo e à democracia, portanto. Se, por um lado, garante a democracia na escolha, não recruta os mais idôneos a exercer o poder de forma democrática, porque esse exercício de poder, para ser democrática (e não, por exemplo, um solipsismo), também deve ser feito de maneira técnica. Assim, o recrutamento deve se estruturar de modo que apenas as pessoas com maiores conhecimentos tenham acesso – o que pode ser comparado a qualquer outro agente público que desempenhe uma função técnica, como os médicos. Paralelamente, assim, como a eleição é o único procedimento democrático para escolher os legisladores (que possuem função representativa, e, embora assessorados, não possuem funções de idoneidade técnica, e, caso haja atecnicidade constitucional (caso legislem inconstitucionalmente) o Poder Judiciário poderá intervir), o concurso público é o equivalente democrático para profissões que exijam alta idoneidade, profissionalidade, uma vez que é o único método que consegue objetivamente aferir esses dados e garantir o controle e a transparência procedimental para o público.[434] Por conseguinte, o

---

[433] ZAFFARONI, Eugenio Raúl. "Dimensión Política de un Poder Judicial Democrático". *Cuadernos de Derecho Penal*, pp. 15-53, 1992. Disponível em http://new.pensamientopenal.com.ar/sites/default/files/2013/09/51zaffaroni.pdf. Acesso em 19.09.2014, p. 27.

[434] ZAFFARONI, Eugenio Raúl. *Estructuras judiciales*. Buenos Aires: Ediar, 1994.

concurso público é o único método que garante a tecnicidade indispensável[435] e permite o controle popular e público, sendo salutar à democracia.[436]

A esse tipo de seleção, desvinculada da vontade da maioria e ligada a critérios meritocráticos, não se pode sequer endereçar a crítica de estabelecer uma "aristocracia dos melhores", isto é, que forneça qualquer tipo de privilégio antidemocrático a quem quer que seja, pois *"nada autoriza a calificar de 'aristocrática' cualquier función que sea desempeñada por una persona no electa popularmente. Nadie diría que son 'aristocráticos' los profesores universitarios o los directores de hospitales porque los seleccionan mediante concurso"*,[437] já que a natureza técnica do trabalho desempenhado ressignifica o próprio conceito de "exercício democrático" da função. Um senador não eleito, ou um governo não eleito através do voto direto, pela natureza de suas funções, serão não democráticos (por mais que sua atuação produza resultados democráticos) – conquanto o mesmo não possa ser dito de um professor universitário não eleito, pois a aferição da democracia da função reside em lugar outro que não o ingresso sufragado. A democracia, no exercício de função técnica, se legitima pela qualidade (*output*), e, sobretudo, pelo grau de democracia de sua prestação, e, portanto, não se satisfaz apenas em uma escolha que em si prestigie a maioria, mas em uma escolha que vise produzir os melhores, mais transparentes e mais idôneos resultados democráticos.

Pelo contrário, a experiência tem reiteradamente demonstrado o insucesso na eleição como uma forma adequada para recrutar juízes com

---

Disponível em http://www.pensamientopenal.com.ar/articulos/estructuras-judiciales. Acesso em 24.10.2014, p. 139.

[435] DALLARI, Dalmo de Abreu. *O poder dos juízes*. 3ª ed. São Paulo: Saraiva, 2010, p. 26.

[436] LEARDINI, Marcia. "A importância da formação do magistrado para o exercício de sua função política". *In*: ALMEIDA, José Mauricio Pinto de; LEARDINI, Márcia (coord.). *Recrutamento e formação de magistrados no Brasil*. Curitiba: Juruá, 2010. pp. 111-135, p. 128.

[437] ZAFFARONI, Eugenio Raúl. *Estructuras judiciales*. Buenos Aires: Ediar, 1994. Disponível em http://www.pensamientopenal.com.ar/articulos/estructuras-judiciales. Acesso em 24.10.2014, p. 30.

CAPÍTULO 2 - (RE)ESTRUTURAÇÃO DA MAGISTRATURA NO BRASIL

um resultado efetivamente democrático,[438] sendo a única possível exceção destacada pela literatura os cantões suíços,[439] cuja realidade, no entanto, difere bastante da brasileira e mesmo de outros países vizinhos. Nos Estados Unidos, em que há eleição, a própria população muitas vezes acusa o Judiciário de desempenhar um "comportamento eleitoral" em sua judicatura, comprometendo a imparcialidade dos vereditos.[440] Nas palavras de Carlos Aarão Reis, "as consequências deste democratismo Judiciário foram péssimas. No início deste século, as descrições de observadores europeus mostravam o amesquinhamento da magistratura escolhida por eleição popular e o abalo na sua independência (...) os candidatos não eram procurados entre as pessoas de valor, mais aptas para as funções judiciárias, mas que não obteriam a maioria dos sufrágios. Eram preferidos advogados ambiciosos, intrigantes e insinuantes, sabedores de como seduzir os eleitores". Ademais, "deviam participar dos *meetings* e contribuir para a caixa do partido, mas, se eleitos, seus vencimentos seriam inferiores aos honorários que auferiam como advogados. Por vezes, o candidato a juiz chegava ao ponto de anunciar, nos comícios, como julgaria as questões (...). Por ocasião de processos importantes, os jornais preparavam de tal maneira a opinião pública, a favor desta ou daquela decisão, que o magistrado era constrangido a segui-la".[441] Isso porque "esse sistema obriga o juiz a organizar uma campanha eleitoral humilhante e às vezes demagógica, como o inevitável apoio financeiro de um partido político que, mais cedo ou mais tarde, poder-lhe-á pedir a retribuição do serviço. Ademais, o juiz pode ser

---

[438] BANDEIRA, Regina Maria Groba. *Seleção dos magistrados no direito pátrio e comparado*. Viabilidade legislativa de eleição direta dos membros do Supremo Tribunal Federal. Brasília: [s.n.], 2002. Disponível em http://www2.camara.leg.br/documentos-e-pesquisa/publicacoes/estnottec/tema6/pdf/200366.pdf, p. 5.

[439] BANDEIRA, Regina Maria Groba. *Seleção dos magistrados no direito pátrio e comparado*. Viabilidade legislativa de eleição direta dos membros do Supremo Tribunal Federal. Brasília: [s.n.], 2002. Disponível em http://www2.camara.leg.br/documentos-e-pesquisa/publicacoes/estnottec/tema6/pdf/200366.pdf, p. 5.

[440] DALLARI, Dalmo de Abreu. *O poder dos juízes*. 3ª ed. São Paulo: Saraiva, 2010, p. 26.

[441] REIS, Carlos David Santos Aarão. "A escolha de juízes pelo voto popular". *In: Revista de Processo*, vol. 20, n. 78, pp. 217-231, abr./jun., 1995, p. 220.

tentado a emitir julgamentos que venham a favorecer seus eleitores",[442] como pontua Giacomo Oberto.

É, aliás, na questão das garantias institucionais da magistratura, decorrentes da independência, que reside a cabal incompatibilidade do recrutamento por eleição com uma magistratura democrática. Partindo do ponto de que o modelo democrático não apenas reforça todos os mecanismos de independência do modelo técnico-burocrático, e também cria novos (como o autogoverno), vê-se que não há magistratura democrática sem as garantias da independência e imparcialidade. E não há garantias de independência e imparcialidade em um sistema que recrute por eleição, por impossibilidade lógica. A eleição condiciona parcialmente o eleito (sociológica e politicamente), exige dele que não seja imparcial.[443] Ora, se não há imparcialidade através de eleição, e se não há Judiciário sem imparcialidade, não é coerente eleger os membros do Judiciário, por ilação lógica.

O juiz deve ser independente para julgar, inclusive contramajoritariamente, como visto, e essa independência, portanto, deve se dar inclusive contra o interesse das maiorias,[444] dos eleitores, sendo o Judiciário possivelmente a única instância em que minorias numéricas protegidas em abstrato pelo constituinte possam obter vitórias que não sejam concessões das maiorias.[445] É, ademais, uma garantia republicana do cidadão que o Judiciário possa resguardar seus direitos mesmo à despeito de maiorias eventuais. Um juiz eleito é um juiz refém de quem o elege,[446] e isso fere

---

[442] "Recrutamento e formação de magistrados: o sistema italiano no âmbito dos princípios internacionais sobre o estatuto dos magistrados e da independência do Poder Judiciário". *Revista da EMERJ*, vol. 5, n. 20, pp. 15-50, 2002, p. 16.

[443] RANGEL, Gabriel Dolabela Raemy. *A legitimidade do Poder Judiciário no regime democrático*: uma reflexão no pós-positivismo. São Paulo: Editora Laços, 2014, p. 160.

[444] GARGARELLA, Roberto. *La justicia frente al gobierno*: sobre el carácter contramayoritario del poder judicial. Quito: Corte Constitucional para el Período de Transición, 2011, p. 197.

[445] RANGEL, Gabriel Dolabela Raemy. *A legitimidade do Poder Judiciário no regime democrático*: uma reflexão no pós-positivismo. São Paulo: Editora Laços, 2014, p. 155.

[446] Ainda que o sufrágio não seja a expressão de um mandato imperativo e haja liberdade para exercício das funções, conforme acentua Desiree Salgado, pois a vinculação entre

CAPÍTULO 2 - (RE)ESTRUTURAÇÃO DA MAGISTRATURA NO BRASIL

a total independência,[447] o que não é possível em uma magistratura democrática. É improvável um panorama em que decisões de garantias e afirmação de direitos de recusa ou cisão social – tais como a utilização de células tronco embrionárias em pesquisas ou o casamento entre pessoas do mesmo sexo – teriam sido tomadas fossem os magistrados eleitos como são os parlamentares.

No mesmo sentido, a garantia da vitaliciedade repulsa o sistema de eleições ou vice-versa, uma vez que a eleição só tem sentido se for temporária.[448] A eleição é periódica a fim de que o mau representante, isto é, aquele que não represente fidedignamente ou não atue de modo democrático, não seja reconduzido. Um juiz receoso em perder o seu cargo por não suceder a uma reeleição é um magistrado com um grande óbice ético-profissional, tendendo a decidir de modo a não desagradar as maiorias numéricas, ainda que sua convicção e o texto constitucional (que só irá ser norma após a sua interpretação) digam o contrário. Tal fragilidade não se revela apenas na divergência de interpretação – uma vez que poderia hipoteticamente se alegar o povo como melhor intérprete – mas igualmente em questões carismáticas, ao se julgar, por exemplo, uma figura pública ou um político, que, apesar de cometer vários ilícitos, possui grande apelo popular e uma decisão em seu desfavor certamente causaria descontentamento no eleitorado do juiz. Um Judiciário que tenha dificuldades em emitir julgamentos desfavoráveis a líderes carismáticos não cumpre a sua função de contrapeso aos outros Poderes,[449] deixando ele mesmo de ser um.

---

eleitor e eleito que aqui se refere é a política, sociológica. Um parlamentar, mesmo detendo liberdade para o exercício do mandato, pensará na vontade de seu eleitorado como um dos fatores a determinar a sua atuação (preferencialmente não o único, até mesmo porque é representante de toda a população, não só de seu eleitorado), o que é perfeitamente viável na democracia parlamentar. Um juiz, contudo, que leve em consideração a vontade de seu eleitorado para decidir já é um juiz parcial *a priori*, fraudando a imparcialidade da jurisdição e inquinando todo o processo. A respeito da liberdade para o exercício do mandato parlamentar e vedação ao mandato imperativo: *Princípios constitucionais eleitorais*. Belo Horizonte: Fórum, 2010, pp. 80-85.

[447] GARCIA. Ailton Stropa. "Desburocratização do Poder Judiciário". In: *Revista de Processo*, vol. 15, n. 60, pp. 89-107, out-dez 1990, p. 115.

[448] NALINI, José Renato. *A rebelião da toga*. 2ª ed. Campinas: Millenium, 2008, p. 61.

[449] GOMES, Luiz Flavio. *A dimensão da magistratura:* no Estado Constitucional e Democrático de Direito. São Paulo: Revista dos Tribunais, 1997, p. 60.

Portanto, para além da ausência qualificação técnico-democrática do *output*, a eleição fere as garantias de independência e imparcialidade. Analisado em si, o recrutamento por eleição, como qualquer escolha, dá, de fato, mais poder ao Povo, mas nem por isso é o modelo mais democrático. Inicialmente pelo caráter contramajoritário do Poder Judiciário, que está no ponto nodal da tensão entre constitucionalismo e democracia, sendo inclinado a fazer prevalecer o primeiro. O Judiciário, como dito, é o garante, inclusive, dos direitos das minorias, por isso seu compromisso último é com a Constituição – não com as vontades populares conjunturais.[450] Assim, se a concepção de democracia for outra, com respeito às minorias, ao debate, à decisão tomada com independência e imparcialidade, o melhor juiz será o melhor manejador do Direito, sobretudo dos direitos constitucionais – e isso só pode ser aferido objetivamente, através de concurso. O juiz selecionado através de concurso, embora não de acordo com a vontade imediata do povo, é o mais apto a dar uma resposta verdadeiramente democrática, e isso lhe garante a legitimidade.[451] Assim, invariavelmente a estruturação de uma magistratura democrática requer um recrutamento feito por concurso – ainda que não seja qualquer concurso.

2.1.2 Problemas emergentes do concurso público

O recrutamento de magistrados no Brasil segue uma longa e consolidada tradição de concurso público – o que o difere de seus vizinhos latino-americanos, cujo abandono da empírico-primitividade é muito mais recente. Ainda que, em termos históricos, seja possível observar que nomeação política como regra para a investidura de juízes de primeira instância foi realidade no Brasil durante o período colonial, imperial e na primeira república,[452] compreendendo um período de mais de

---

[450] CLÈVE, Clèmerson Merlin. *Para uma dogmática constitucional emancipatória*. Belo Horizonte: Fórum, 2012, p. 25.

[451] FRANCO, Fernão Borba. "Recrutamento e o poder do juiz". *Revista de Processo*. Ano 22, n. 86, pp. 240-267 abr-jun. 1997, p. 260.

[452] BARBI, Celso Agrícola. "Formação, seleção e nomeação de juízes no Brasil, sob o

CAPÍTULO 2 - (RE)ESTRUTURAÇÃO DA MAGISTRATURA NO BRASIL

quatrocentos anos, observa-se que as mudanças estruturais da magistratura moderna não se deram de maneira enfática antes disso, de modo que se pode afirmar que o país teve uma rápida evolução na maneira de estruturar e recrutar magistrados.

Desde o Estado Novo, buscando a estruturação da magistratura e a garantia da tecnicidade das decisões, foi designado o concurso como método para a seleção dos juízes estaduais.[453] Nesse sentido, observe-se que a Constituição de 1934, em seu art. 104, alínea "a", já previa a "investidura nos primeiros graus, mediante concurso organizado pela Corte de Apelação.... Para as justiças federalizadas (Federal, Eleitoral e Militar), a Constituição previa que os magistrados seriam (art. 80) "nomeados dentre brasileiros natos de reconhecido saber jurídico e reputação ilibada, alistados eleitores, e que não tenham menos de 30, nem mais de 60 anos de idade, dispensado este limite aos que forem magistrados" estaduais. Ainda, postulava, no parágrafo único desse artigo, que "a nomeação será feita pelo Presidente da República dentre cinco cidadãos com os requisitos acima exigidos, e indicados, na forma da lei, e por escrutínio secreto pela Corte Suprema". Ou seja, o concurso público veio a figurar desde muito cedo na história política brasileira como o método de recrutamento de juízes, porém apenas para as justiças estaduais, a par que as federalizadas se guiavam por um misto de cooptação, chancelada pela nomeação política do Presidente da República.

A Constituição de 1946 não destoou muito dessa lógica, postulando que "o ingresso na magistratura vitalícia dependerá de concursos de provas, realizado pelo Tribunal de Justiça" adicionando apenas que haveria "a participação do Conselho Seccional da Ordem dos Advogados do Brasil" (art. 124, III). Já os ministros do Supremo Tribunal Federal seriam nomeados pelo Presidente, com ratificação pelo Senado, entre

---

ponto de vista da humanização da Justiça". *Revista de Processo*, vol. 3, n. 11-12, pp. 31-36, jul-dez. 1978, pp. 32/33.
[453] ZAFFARONI, Eugenio Raúl. *Estructuras judiciales*. Buenos Aires: Ediar, 1994. Disponível em http://www.pensamientopenal.com.ar/articulos/estructuras-judiciales. Acesso em 24.10.2014, p. 120.

cidadãos "maiores de trinta e cinco anos, de notável saber jurídico e reputação ilibada", vale dizer, requisitos poucos e abertos, garantindo a ingerência política na nomeação. O Tribunal Federal de Recursos seguia o mesmo procedimento, apenas com a distinção de que oito membros deveriam pertencer a alguma magistratura e os demais cinco oriundos ou da advocacia ou do Ministério Público (art. 103). Os Tribunais Eleitorais eram formados por magistrados dos outros ramos de Justiça, assim, a nomeação se dava por escolha entre os membros e não propriamente um recrutamento, já que não se trata de prospecção de novos membros. A Constituição reservava à Lei a forma de recrutamento dos juízes militares e trabalhistas, estes últimos que, conforme o art. 654 da Consolidação das Leis do Trabalho, deveria ser concursado. Assim, entre a Constituição de 1934 e a de 1946, observa-se que a opção do concurso se expandiu em razão da Justiça Trabalhista, mantendo-se inalterada nas demais.

Foi a Constituição de 1967 que consolidou fortemente, contudo, a exigência do concurso público, estendendo-a também para os juízes federais (art. 118) e mantendo-a para os estaduais (art. 136, I). A Justiça Eleitoral conservou suas nomeações a partir de magistrados de outras Justiças, sem recrutamento, portanto (art. 124). Manteve-se a nomeação política para o Supremo Tribunal Federal (art. 113, §1º "Os Ministros serão nomeados pelo Presidente da República, depois de aprovada a escolha pelo Senado Federal, dentre brasileiros natos, maiores de trinta e cinco anos, de notável saber jurídico e reputação ilibada"), para o Tribunal Federal de Recursos (Art. 116, "O Tribunal Federal de Recursos compõe-se de treze Ministros vitalícios nomeados pelo Presidente da República, depois de aprovada a escolha pelo Senado Federal, sendo oito entre magistrados e cinco entre advogados e membros do Ministério Público, todos com os requisitos do art. 113, § 1º"), Superior Tribunal Militar (Art. 121, O Superior Tribunal Militar compor-se-á de quinze Ministros vitalícios, nomeados pelo Presidente da República, depois de aprovada a escolha pelo Senado Federal, sendo três entre oficiais-generais da ativa da Marinha de Guerra, quatro entre oficiais-generais da ativa do Exército, três entre oficiais-generais da ativa da Aeronáutica Militar e cinco entre civis. § 1º – Os Ministros civis serão

CAPÍTULO 2 - (RE)ESTRUTURAÇÃO DA MAGISTRATURA NO BRASIL

brasileiros natos, maiores de trinta e cinco anos, livremente escolhidos pelo Presidente da República...") e para o Tribunal Superior do Trabalho, que era nomeado pelo Presidente da República, tanto em relação aos magistrados togados quanto aos classistas (art. 133 §1º). A magistratura de primeira instância para a Justiça do Trabalho, por força da CLT, continuava a recrutar por concurso. A magistratura militar em primeira instância era feita pelos juízos de auditoria, civis, também recrutados por concurso, conforme regulação posterior do Decreto-Lei n. 1.003/69. Observa-se que esse esquema de recrutamento manteve-se inalterado durante o período da Ditadura Militar, uma vez que a Emenda Constitucional n. 01/69 apenas apresentou algumas modificações textuais em relação ao recrutamento dos juízes, sem alterações na forma.

A Constituição Cidadã, embora tenha reestruturado o Judiciário do ponto de vista organizacional e ressignificado o seu papel para com a democracia, não apresentou significativas mudanças em relação ao recrutamento de magistrados. Ou seja, mantém a mesma estrutura que tem sido pouco modificada em todas as constituições republicanas, perpetuando a estrutura propugnada por Getúlio Vargas – em quase cem anos, no que diz respeito ao recrutamento de juízes, pouco mudou, sobretudo nas instâncias superiores. É válido lembrar que, na Constituição de 1934, sequer a Teoria Pura do Direito tinha sido publicada, o Estado Social engatinhava e a ideia de controle difuso de constitucionalidade era algo inaudito na América Latina. Atualmente, diz-se totalmente superado o positivismo jurídico, o Direito sofreu diversas mutações, aperfeiçoamentos, no entanto, ainda recrutamos magistrados da mesma maneira.

Apesar de, no art. 93, I, capitular que o "ingresso na carreira, cujo cargo inicial será o de juiz substituto, mediante concurso público de provas e títulos" excetua a si própria em várias oportunidades. Como dito, manteve o recrutamento empírico-primitivo por nomeação política para os Ministros do Supremo Tribunal Federal (art. 101) e para o Superior Tribunal de Justiça (art. 104) (apenas com a diferença de que, antes da nomeação política, há uma cooptação do Judiciário, OAB ou Ministério Público para nomes que serão escolhidos pelo Presidente ou Presidenta da República), para o Superior Tribunal Militar (art. 123) e para o Tribunal Superior do Trabalho (art. 111, §1º antes da Emenda Constitucional n. 45/2004 e art. 111-A após). Igualmente, manteve o recrutamento por nomeação política para parte dos magistrados nas segundas instâncias da Justiça Federal, Estadual, e Trabalhista através do mecanismo doutrinariamente denominado "quinto constitucional".[454] A Justiça Eleitoral continua a não recrutar magistrados, emprestando-os de outros ramos, por critérios diversos, muitas vezes políticos, mas que, de todo modo, não se amoldam às classificações de recrutamento, pois se trata de procedimento diverso.

Zaffaroni entende que "*la estructura de Brasil aparece como la más avanzada de toda la región y prácticamente la única que no responde al modelo empírico-primitivo del resto. Se trata de la verdadera estructura judicial tecno-burocrática de nuestra región*", pois apresenta desde o Estado Novo a opção constitucional pela seleção técnica forte, não débil, ou seja, possui uma opção pelo concurso historicamente cimentada.[455] Essa análise, endossada por alguns brasileiros,[456] como se vê, é apenas parcialmente correta. Inicialmente, apenas a Justiça Estadual contava com magistrados concursados, o que foi subsequentemente adotado pela Justiça Trabalhista, em seguida pela Federal e após pela Militar, através das décadas. Há uma ideia de carreira, no entanto, instrumentos como o quinto constitucional permitem o recrutamento em segundo grau sem observar a carreira na magistratura e ainda são uma espécie de nomeação política, forma de recrutamento essa que também é a regra em todos os tribunais superiores e no Supremo Tribunal Federal. Assim, a predominância do concurso,

---

[454] NALINI, José Renato. *A rebelião da toga*. 2ª ed. Campinas: Millenium, 2008, p. 82.

[455] ZAFFARONI, Eugenio Raúl. *Estructuras judiciales*. Buenos Aires: Ediar, 1994. Disponível em http://www.pensamientopenal.com.ar/articulos/estructuras-judiciales. Acesso em 24.10.2014, p. 120.

[456] ATAIDE Jr., Vicente de Paula. *O novo juiz e a Administração da Justiça*: repensando a seleção, a formação e a avaliação dos magistrados no Brasil. Curitiba: Juruá, 2009, p. 84. GOMES, Luiz Flavio. *A dimensão da magistratura*: no Estado Constitucional e Democrático de Direito. São Paulo: Revista dos Tribunais, 1997, p. 18. BANDEIRA, Regina Maria Groba. *Seleção dos magistrados no direito pátrio e comparado*. Viabilidade legislativa de eleição direta dos membros do Supremo Tribunal Federal. Brasília: [s.n.], 2002. Disponível em http://www2.camara.leg.br/documentos-e-pesquisa/publicacoes/estnottec/tema6/pdf/200366.pdf, p. 5.

CAPÍTULO 2 - (RE)ESTRUTURAÇÃO DA MAGISTRATURA NO BRASIL

consideradas as instâncias, é uma realidade parcial, uma vez que boa parte delas (um quinto dos tribunais e todos os tribunais superiores) ainda convive com o requisito de nomeação política.[457]

Ainda assim, vista de forma numérica e não por instâncias, a opção do concurso se mostra como a regra brasileira, considerando que a maior parte dos magistrados no Brasil é inequivocamente relativa às Justiças Estadual, Trabalhista e Federal, sendo a magistratura em tribunais superiores a exceção, como comprovou o CNJ:[458]

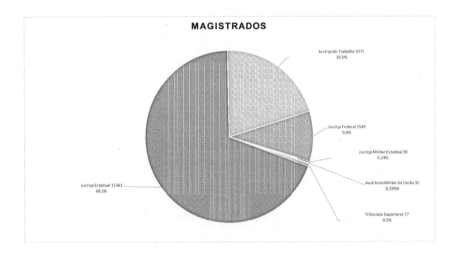

Ademais, dentre os magistrados das Justiças Estadual, Trabalhista e Federal, a maioria é de primeira instância, e as cúpulas são formadas

---

[457] Observe-se, contudo, que isso não significa que todas as deteriorações do modelo empírico-primitivo atinjam os Tribunais, sobretudo os Superiores. Isso porque a realidade é incoerente, e a nomeação, embora seja política, empírico-primitiva, convive com uma magistratura resguardada pelas garantias de tecnoburocracia. Assim, o magistrado nomeado politicamente, após a investidura, terá vitaliciedade, inamovibilidade etc., para garantir-se contra o poder político, inclusive o que o nomeou. Desse modo, não é possível afirmar, por exemplo, que os Tribunais Superiores no Brasil são absolutamente caudatários aos demais Poderes, de modo que as deteriorações empírico-primitivas inquinam apenas parcialmente tais instâncias.

[458] BRASIL, Conselho Nacional de Justiça. *Justiça em Números*. Brasília. 2014, Disponível em ftp://ftp.cnj.jus.br/Justica_em_Numeros/relatorio_jn2014.pdf, p. 34.

em 80% por magistrados de carreira. Assim, é seguro afirmar que, atualmente, o concurso público é a forma amplamente predominante de recrutamento para a magistratura (também é o meio de seleção da Justiça Militar, conforme a Lei Federal n. 8457/92, art. 33), o que se dá em uma conjuntura histórica de adoção cada vez maior desse método, substituindo paulatinamente as nomeações políticas. Contudo, se, por um lado, a história segue na tendência de adoção do concurso público, observa-se que a forma com que esse concurso é realizado ainda preserva diversos arcaísmos e subterfúgios incompatíveis com um recrutamento democrático. Nas palavras de Dalmo de Abreu Dallari, houve pouco progresso na seleção dos juízes, porque "contraditoriamente, tem-se inovado procurando considerar exigências modernas mas preservando estruturas e concepções antigas".[459]

O concurso, como visto, é tanto o modelo de recrutamento da tecnoburocracia quanto da democracia, o que, contudo, não significa dizer que os concursos desses dois modelos sejam iguais – o são apenas como forma de recrutamento, já que o conteúdo do concurso é bastante diferente. Diante disso, a realidade dos concursos brasileiros para a magistratura merece ser revisitada.

2.1.2.1 *Problemas internos do recrutamento atual*

Antes de observar em específico o concurso da magistratura, é necessário verticalizar a respeito do que significa, de fato, a opção pelo concurso, o que foi elaborado de maneira teleológica no ponto anterior, mas também pode ser abordado de maneira axiológica. Isto é, o concurso público através de provas, ou provas e títulos, é o meio objetivo, transparente, de aferir a demonstração de conhecimento (e não o conhecimento em si) de determinado candidato em uma oportunidade dada isonomicamente a todos aqueles que aspiram a nomeação no cargo. Dentre aqueles que demonstrarem o melhor desempenho selecionar-se-ão os candidatos dignos de investidura. Teleologicamente, como visto, isso

---

[459] DALLARI, Dalmo de Abreu. *O poder dos juízes*. 3ª ed. São Paulo: Saraiva, 2010, p. 23.

CAPÍTULO 2 - (RE)ESTRUTURAÇÃO DA MAGISTRATURA NO BRASIL

faz sentido porque o concurso possui essa finalidade de escolher aqueles que demonstram a maior idoneidade ao exercício de uma função que possui um papel inexpurgavelmente técnico, ainda que também político. Assim, observada a finalidade do recrutamento da magistratura democrática, o concurso parece se adequar de maneira precisa, melhor do que qualquer outro método. Contudo, essa opção também traz consigo uma série de escolhas – voluntárias ou não – por um rol de valores que acabam por guiar o sistema de recrutamento por concurso.

Nesse sentido, cumpre pontuar que o concurso, qualquer que seja, segue inexoravelmente a concretização de algumas ideologias – aqui entendida de maneira ampla como ordem de ideias – quais sejam: *i)* republicana; *ii)* burocrática e; *iii)* meritocrática.[460] O republicanismo dos concursos é radicado na ideia de igualdade formal entre os indivíduos, como superação da ideia de aristocracia, isto é, de privilégios. O concurso público parte da ideia de que, sendo os cargos públicos espaços de exercício do poder que emana do povo, é remunerado com dinheiro dos cofres públicos e deve ser prestado da melhor forma para a população, todos os cidadãos devem ter acesso a eles de maneira igualitária, e a escolha deve ser transparente, racional etc. A ideologia burocrática, por sua vez, remete à ideia weberiana do primado da técnica, da impessoalidade, de procedimentos estandardizados que, por conseguinte, atendem à igualdade republicana mencionada. Por fim, a ideologia meritocrática "vê no resultado dos processos objetivos de medição de performance a expressão do mérito", ou seja, considera mais idôneos, melhores, aqueles que demonstraram um melhor desempenho nas provas.[461]

Para além dessas três, que são adjacentes a qualquer concurso público, há também duas outras ideologias que podem, ou não, orientar a estruturação de como o certame será realizado: *iv)* a ideologia acadêmica e; *v)* a ideologia profissional. "A ideologia acadêmica recruta os melhores egressos do sistema de ensino. Ela primará por formas de avaliação

---

[460] FONTAINHA, Fernando Castro *et al. Processos seletivos para a contratação de servidores públicos:* Brasil, o país dos concursos?. Rio de Janeiro: Editora FGV, 2014, pp. 9-11.

[461] FONTAINHA, Fernando Castro *et al. Processos seletivos para a contratação de servidores públicos:* Brasil, o país dos concursos?. Rio de Janeiro: Editora FGV, 2014, p. 11.

similares às da escola ou da universidade por docentes dessas instituições nas bancas e por uma formação profissional posterior ao certame. Este é o primado da meritocracia escolar".[462] Assim, valoriza a demonstração de ensino não apenas de maneira burocrática e de um conhecimento não puramente técnico ou expertise profissional, mas também o acadêmico, isto é, jungido da crítica, próximo aos altos estudos em determinada ou determinadas áreas do conhecimento. Por isso, os recrutadores não serão meras bancas profissionalizadas ou profissionais da instituição recrutadora, mas professores (no caso, universitários). No outro viés, "a ideologia profissional vai recrutar os jovens profissionais mais competentes, que já apresentam as habilidades necessárias ao exercício do futuro cargo. Ela primará por formas de avaliação similares às rotinas de trabalho da futura atividade (provas práticas) por profissionais ou mesmo membros já recrutados da carreira na banca e por um aprimoramento continuado posterior ao certame. É o primado da excelência profissional".[463]

Observa-se que, além das três ideologias indissociáveis, o concurso público para a magistratura, no Brasil, adotou uma quarta ideologia: a profissional, mas não a acadêmica. Ainda que os concursos para a magistratura sejam de provas e títulos, estes são meramente classificatórios, donde a computação da trajetória acadêmica do recrutando não é decisiva para a aprovação.[464] Igualmente, se há algum professor universitário na organização ou na banca do certame, isso se dá por mero acaso ou conveniência, uma vez que não há nenhuma regra que imponha essa conduta.

O profissionalismo, por outro lado, é bastante exaltado. De maneira geral, as provas para a magistratura, no Brasil, seguem o mesmo

---

[462] FONTAINHA, Fernando Castro et al. *Processos seletivos para a contratação de servidores públicos:* Brasil, o país dos concursos?. Rio de Janeiro: Editora FGV, 2014, p. 11.

[463] FONTAINHA, Fernando Castro et al. *Processos seletivos para a contratação de servidores públicos:* Brasil, o país dos concursos?. Rio de Janeiro: Editora FGV, 2014, p. 11.

[464] ATAIDE Jr., Vicente de Paula. *O novo juiz e a Administração da Justiça:* repensando a seleção, a formação e a avaliação dos magistrados no Brasil. Curitiba: Juruá, 2009, p.92.

CAPÍTULO 2 - (RE)ESTRUTURAÇÃO DA MAGISTRATURA NO BRASIL

esquema,[465] disciplinado pela Resolução n. 75/2009 do Conselho Nacional de Justiça:[466] primeira etapa sendo uma prova objetiva seletiva, avaliada de modo a permitir a correção célere através de mecanismos de leitura óptica via de regra, de caráter eliminatório e classificatório; a segunda etapa composta por duas provas escritas, de caráter eliminatório e classificatório, que na Justiça Comum inclui a minuta de uma sentença cível e uma criminal, na Justiça do Trabalho de uma sentença trabalhista e nas Militares estadual e da União, de uma sentença criminal; a terceira etapa, de caráter eliminatório, composta pela sindicância da vida pregressa e investigação social, exame de sanidade física e mental e exame psicotécnico; a quarta etapa, classificatória e eliminatória, sendo composta por uma prova oral, onde deve ser arguido o candidato e feita a sua entrevista;[467] e, por fim, a avaliação de títulos, apenas classificatória. O caráter profissional se destaca com pungência em três momentos: a exigência de experiência profissional, anterior ao próprio certame mas requisito do concurso, a elaboração de sentenças e a composição da banca.

A experiência profissional pretérita é um requisito relativamente novo no sistema jurídico brasileiro, adentrando após a Emenda Constitucional n. 45/2004, a Reforma do Judiciário, que alterou o art. 93, I, da Constituição, para incluir o requisito de três anos de atividade jurídica. A inclusão desse requisito foi o reconhecimento normativo-institucional de que "não é missão da Universidade oferecer juízes, prontos e acabados, para o Judiciário Brasileiro",[468] isto é, o mero saber bacharelesco não é suficiente para tornar alguém apto a julgar e decidir a vida alheia, controlar a legalidade dos atos administrativos, a constitucionalidade das leis, determinar a prisão, a soltura, o divórcio etc. O juiz, reconheceu a

---

[465] FREITAS, Vladimir Passos de. *Curso de Direito:* antes, durante e depois. Campinas: Millenium, 2006, p. 105.

[466] Disponível em http://www.cnj.jus.br/atos-administrativos/atos-da-presidencia/resolucoespresidencia/12190-resolucao-no-75-de-12-de-maio-de-2009

[467] NALINI, José Renato. *A rebelião da toga*. 2ª ed. Campinas: Millenium, 2008, pp. 68/69. ATAIDE Jr., Vicente de Paula. *O novo juiz e a Administração da Justiça:* repensando a seleção, a formação e a avaliação dos magistrados no Brasil. Curitiba: Juruá, 2009, p. 85.

[468] NALINI, José Renato. *A rebelião da toga*. 2ª ed. Campinas: Millenium, 2008, p. 87.

Reforma do Judiciário, precisa ter outro tipo de formação para além daquela fornecida na Universidade. No entanto, segundo José Maurício Pinto de Almeida, "a Constituição procurou resolver o problema na contramão da história" porque "o papel do Estado seria o de aperfeiçoar o método de recrutamento e de formação de magistrados (...) com posterior formação institucionalizada, (...) e estágio probatório".[469] Ademais, observe-se que, assim, a Reforma do Judiciário, entendendo que a Universidade era insuficiente para formar magistrados, requereu-lhe uma formação complementar e deixou-a a cargo de um ente específico: o mercado,[470] mais precisamente, o mercado de trabalho.

Segundo a exigência constitucional, um bacharel recém egresso dos bancos universitários não é idôneo para julgar, mas um bacharel que, após a formatura, tenha vendido sua mão de obra no mercado de trabalho por três anos, esse sim, terá a formação (independente do conhecimento, que será avaliado no certame) necessária para aspirar um cargo de magistrado. Ainda que a Resolução n. 75/2009 do CNJ, que disciplina o que é atividade jurídica para satisfação do mandamento constitucional, seja bastante abrangente,[471] arrolando inclusive o magistério, isto é, o saber profissional não tecnicista, como atividade jurídica, de todo modo não se nega que outorgou ao mercado a responsabilidade de formar

---

[469] ALMEIDA, José Mauricio Pinto de. "O polêmico requisito de três anos de atividade jurídica ao ingresso na carreira da magistratura". *In*: ALMEIDA, José Mauricio Pinto de; LEARDINI, Márcia (coord.). *Recrutamento e formação de magistrados no Brasil*. Curitiba: Juruá, 2010, pp. 67-90, p. 85.

[470] GOMES, Luiz Flávio. *Ingresso na Magistratura e no MP*: a exigência de três anos de atividade jurídica garante profissionais experientes? Disponível em http://ww3.lfg.com.br/public_html/article.php?story=20041213100657807&mode=print.

[471] Segundo a resolução: Art. 59. Considera-se atividade jurídica, para os efeitos do art. 58, § 1º, alínea "i": I – aquela exercida com exclusividade por bacharel em Direito; II – o efetivo exercício de advocacia, inclusive voluntária, mediante a participação anual mínima em 5 (cinco) atos privativos de advogado (Lei n. 8.906, 4 de julho de 1994, art. 1º) em causas ou questões distintas; III – o exercício de cargos, empregos ou funções, inclusive de magistério superior, que exija a utilização preponderante de conhecimento jurídico; IV – o exercício da função de conciliador junto a tribunais judiciais, juizados especiais, varas especiais, anexos de juizados especiais ou de varas judiciais, no mínimo por 16 (dezesseis) horas mensais e durante 1 (um) ano; V – o exercício da atividade de mediação ou de arbitragem na composição de litígios.

CAPÍTULO 2 - (RE)ESTRUTURAÇÃO DA MAGISTRATURA NO BRASIL

bacharéis aptos a tentar o concurso para a magistratura. Ademais, a Resolução deixou bastante clara essa predileção, uma vez que deu ao que a Constituição chama de "atividade jurídica" o significado de "prática jurídica", pois acaba por excluir atividades de pós-graduação, tais como mestrado, doutorado, especializações etc.[472] O recado é claro: o importante é o saber profissional, laboral, de venda de mão de obra.

Assim, independentemente da questão da importância da expertise profissional para o aspirante a juiz, observe-se que o modelo adotado pela Emenda Constitucional n. 45/2009 não é democrático. É, tanto mais, um aperfeiçoamento do modelo técnico-burocrático,[473] sem traçar um horizonte democratizante no recrutamento. Isso porque, repita-se, exigiu experiência profissional de três anos do candidato (o que é perfeitamente possível e razoável mesmo no modelo democrático), no entanto, conferiu ao mercado a responsabilidade pela formação profissional – diferentemente, por exemplo, de países como a Dinamarca, onde são os próprios Tribunais que oferecem a oportunidade de aquisição orientada de experiência profissional, ou mesmo de outras instituições brasileiras, como o Itamaraty, que forma seus diplomatas através do Instituto Rio Branco. A formação profissional, para além do bacharelismo, deveria, em um modelo democrático, ter caráter institucional, pois há um interesse inegavelmente público em zelar pela formação dos futuros juízes,[474] mas não foi a opção do constituinte derivado. E a fulcral diferença entre um ou outro setor está justamente no caráter essencialmente não-democrático do mercado de trabalho. Como qualquer mercado, seu objetivo final é, necessariamente, o lucro, oriundo da exploração da mão de obra (no caso, do bacharel recém formado e

---

[472] GOMES, Luiz Flávio. *Comentários à Resolução 75 /09 do CNJ*: o novo conceito de atividade jurídica. Disponível em http://www.lfg.com.br.

[473] GOMES, Luiz Flávio. *Ingresso na Magistratura e no MP*: a exigência de três anos de atividade jurídica garante profissionais experientes? Disponível em http://ww3.lfg.com.br/public_html/article.php?story=20041213100657807&mode=print.

[474] ALMEIDA, José Mauricio Pinto de. "O polêmico requisito de três anos de atividade jurídica ao ingresso na carreira da magistratura". *In*: ALMEIDA, José Mauricio Pinto de; LEARDINI, Márcia (coord.). *Recrutamento e formação de magistrados no Brasil*. Curitiba: Juruá, 2010, pp. 67-90, p. 85.

que necessita do tempo de experiência). Para além da técnica, o mercado de trabalho ensinará ao bacharel os seus valores[475] – valores esses legítimos e albergados pela Constituição, mas inerentes à atividade privada, estranhos à lógica pública, sobretudo de um dos Poderes do Estado. Lenio Streck demonstra através de questionamento a disparidade entre os valores do mercado e os valores democráticos no ramo do Direito: "Esse mercado que se quedou silente com a institucionalização das Súmulas Vinculantes? Esse mercado pelo qual os pobres não têm acesso ao STF via recurso extraordinário em matéria criminal (menos de 2% dos recursos foram admitidos no STF nos últimos anos), enquanto as camadas superiores da sociedade utilizam-se abertamente – e com sucesso – do *habeas corpus*? Esse mercado que aposta em efetividades quantitativas, estabelecendo, via CNJ, metas ao Poder Judiciário? Esse mercado que produziu nos últimos anos quase meio milhão de presos?".[476]

Conforme elucida Zaffaroni, o papel de formar juízes democráticos é compartilhado pelas Universidades (pois, mesmo que privadas, desempenham uma função pública[477] e não têm com o aluno a relação exploração de mão de obra), das Escolas da Magistratura e dos próprios Tribunais,[478] não do mercado. A Emenda Constitucional n. 45/2009

---

[475] Observe-se que há a possiblidade de o bacharel conseguir três anos de prática jurídica sem adentrar no mercado de trabalho, isto é, junto ao primeiro setor, concursando-se para exercer atividades jurídicas que não necessitem de experiência profissional anterior – como muitas Defensorias Públicas, Procuradorias públicas em geral, cargos de analistas nos próprios Tribunais e Ministério Público. Isso, contudo, é uma situação excepcional ao recém-formado e, embora possa evitar a formação pelo mercado, recai noutro problema degenerativo na formação do juiz, que é a incorporação da lógica concurseira, a ser analisada no ponto seguinte.

[476] "Ensino jurídico e pós-graduação no Brasil: das razões pelas quais o Direito não é uma racionalidade instrumental". *Novos Estudos Jurídicos*, vol. 16, n. 1, pp. 5-19, 2011. Disponível em http://www6.univali.br/seer/index.php/nej/article/view/3266/2048, p. 15.

[477] CLÈVE, Clèmerson Merlin. *Para uma dogmática constitucional emancipatória*. Belo Horizonte: Fórum, 2012, p. 77.

[478] ZAFFARONI, Eugenio Raúl. "Dimensión Política de un Poder Judicial Democrático". *Cuadernos de Derecho Penal*, pp. 15-53, 1992. Disponível em http://new.pensamientopenal.com.ar/sites/default/files/2013/09/51zaffaroni.pdf. Acesso em 19.09.2014, p. 28.

CAPÍTULO 2 - (RE)ESTRUTURAÇÃO DA MAGISTRATURA NO BRASIL

reconheceu essa importância, instituindo a Escola Nacional da Magistratura (Art. 105, I, da Constituição),[479] mas relegou preponderantemente ao mercado toda a responsabilidade de formar os aspirantes à carreira da magistratura no ínterim entre a colação de grau e a prestação do concurso. Essa escolha, independentemente de qualquer juízo de valor, repita-se, não oportuniza uma magistratura democrática, mas sim um mero aprimoramento da tecnoburocracia.[480]

Os outros momentos em que a ideologia profissional se faz presente no concurso é a elaboração de sentenças, atinentes ao conhecimento de Direito civil e penal (Justiça Comum), trabalhista (Justiça do Trabalho) ou criminal apenas (Justiça Militar), como se a comprovação prática de idoneidade se desse ainda em termos exclusivamente do Direito infraconstitucional. Isto é, não é avaliado o desempenho profissional do candidato como agente aplicador da Constituição, como se esse não fosse o enfoque da sua atividade futura e que nem precisa se preparar especificamente para tanto.[481] É, portanto, mais uma avaliação profissional comprometida com uma magistratura técnico-burocrática, de índole positivista da era das codificações, não democrática. Como ficou assentado no ponto 1.2.3, muitas vezes o juiz, inserido em um paradigma pós-positivista, não está *pari passu* com a técnica de controle de constitucionalidade, políticas públicas, garantias de direitos e garantias fundamentais – disparidade que é coerente com o sistema de recrutamento atual. Em momento algum se exige do candidato que ele se prepare para exercer esse tipo de manejo técnico-profissional. Igualmente, o filtro do concurso é indiferente ao candidato bom aplicador da Constituição e do inidôneo para tal tarefa. O Direito Constitucional só é verificado com especificidade na primeira fase, objetiva, e com um peso igual a disciplinas como Direito Empresarial.

---

[479] NALINI, José Renato. *A rebelião da toga*. 2ª ed. Campinas: Millenium, 2008, p. IX.

[480] GOMES, Luiz Flávio. *Ingresso na Magistratura e no MP*: a exigência de três anos de atividade jurídica garante profissionais experientes? Disponível em http://ww3.lfg.com.br/public_html/article.php?story=20041213100657807&mode=print.

[481] Ainda que eventualmente possa existir a cobrança tangencial de um controle de constitucionalidade que permeiem as provas práticas cíveis, penais ou trabalhistas, isso é lateral e não objeto específico de cobrança (como se houvesse uma prova de prática constitucional), e, portanto, não será objeto tão detido de estudo.

Igualmente profissionalista a composição da banca, que é formada por membros do Tribunal e membro da Ordem dos Advogados do Brasil, conforme mandamento constitucional. Ou seja, não há previsão de membros da comunidade externa, sociedade civil, nem da academia, como professores universitários, tal qual, por exemplo, na Itália. Esses dois pontos, assim, demonstram claramente que o concurso público, nas fases em que exige conhecimento profissional, o faz ligado a um paradigma técnico, divergindo de uma magistratura democrática. Não cria, portanto, crivo para distinguir um candidato apto para uma magistratura democrática, crítico, criativo, engajado, não submisso à literalidade da Lei, politizado, horizontal etc.[482] Segundo Dallari, esse recrutamento puramente técnico dispensa a noção do papel social do juiz, e seleciona unicamente meros burocratas.[483]

De modo geral, o concurso é voltado para que o seja selecionado aquele bom decorador da lei, da jurisprudência e dos entendimentos consolidados – isto é, um burocrata, aplicador da Lei de modo servil e estandardizado, como propugnado pelo positivismo e pela tecnoburocracia. Busca-se, assim, um tipo específico de pessoa, homogeneizada nessas características burocratas, dispensando aqueles candidatos que não são bons decoradores. O filtro burocrático atual só irá permitir o prosseguimento no concurso e a final aprovação daquele que demonstre habilidades mnemônicas e jurídico-legais-exegéticas.[484] Candidatos que sejam bons dominadores das técnicas de aplicação da Constituição, tenham perfil político, democrático etc., mas que não sejam bons decoradores certamente serão excluídos do certame, enquanto a recíproca não é verdadeira. Pelo contrário, a demonstração de índole democrática, isto é, que se afaste de uma aplicação legalista, é repulsada pelo modelo atual de recrutamento: "está vedada qualquer participação crítica, qualquer

---

[482] NALINI, José Renato. *A rebelião da toga*. 2ª ed. Campinas: Millenium, 2008, p. XIX e 69.

[483] DALLARI, Dalmo de Abreu. *O poder dos juízes*. 3ª ed. São Paulo: Saraiva, 2010, p. 27.

[484] NALINI, José Renato. "A vocação transformadora de uma escola de juízes". *Revista da Escola Nacional da Magistratura*, vol. 2, n. 4, pp. 21-33, 2007, p. 24.

CAPÍTULO 2 - (RE)ESTRUTURAÇÃO DA MAGISTRATURA NO BRASIL

reflexão, qualquer análise ou a mínima intenção de interagir com a sociedade, no intuito de aperfeiçoá-la (...). Em lugar de contribuir para a renovação do ensino jurídico, eminentemente adversarial, a fórmula corrente de recrutamento de juízes perpetua essa concepção reducionista do Direito".[485]

É o processo de busca de perfil de juiz asséptico descrito por Zaffaroni nas magistraturas burocráticas.[486] Isso, nas palavras de José Renato Nalini, verte o Judiciário em um verdadeiro e enfático Aparelho Ideológico do Estado, em termos althusserianos: "despreza-se o valor pluralismo, acolhido pela ordem constitucional que o juiz se compromete a observar e procura-se dotar a magistratura de um quadro bem homogêneo de pessoas identificadas pela mesma orientação ideológica (...). A preservação de um padrão seletivo autoriza concluir que se pretenda recrutar um corpo sólido de jovens técnicos positivistas, que não pretendam inová-la, senão fazer da magistratura aquilo que ela sempre foi".[487] Essa ideologia será necessariamente a ideologia conservadora, portanto, uma vez que o conservadorismo é visto como uma postura adequada e de todo não-ideológica, ao contrário de posturas progressistas, ligadas às oposições, minorias e movimentos sociais, que serão vistas como inquinadas por ideologia e não adequadas a um magistrado. Não que haja vis de má-fé pelos organizadores dos concursos, ou que eles queiram especificamente perpetuar determinada concepção do Direito, até mesmo porque, nos termos de Nalini "a seleção de juízes é permeada pelo amadorismo e beira a aleatoriedade".[488] Não se trata, portanto, de uma consequência intencional, mas sim da mera repetição de fórmulas antigas que resultam na manutenção de um recrutamento técnico-burocrático.

---

[485] NALINI, José Renato. "A vocação transformadora de uma escola de juízes". *Revista da Escola Nacional da Magistratura*, vol. 2, n. 4, pp. 21-33, 2007, p. 26.

[486] ZAFFARONI, Eugenio Raúl. *Estructuras judiciales*. Buenos Aires: Ediar, 1994. Disponível em http://www.pensamientopenal.com.ar/articulos/estructuras-judiciales. Acesso em 24.10.2014, pp. 159/160.

[487] NALINI, José Renato. *A rebelião da toga*. 2ª ed. Campinas: Millenium, 2008, pp. 69/70.

[488] NALINI, José Renato. "A vocação transformadora de uma escola de juízes". *Revista da Escola Nacional da Magistratura*, vol. 2, n. 4, pp. 21-33, 2007, p. 25.

E, como dito, a epítome de todas essas críticas recai justamente sobre a fase da prova oral, tanto em razão de sua composição, quanto pela margem de arbitrariedade que abre.

Observe-se que quem examina e escolhe os candidatos a juízes, assim como os escolhidos, são faces de uma mesma moeda,[489] de modo que não é possível pensar um sem pensar o outro. Se se pretende que sejam selecionados candidatos democráticos, é necessário que os recrutadores também estejam estruturados institucionalmente de maneira democrática (já que não se trata, repita-se, de qualquer índole ou questão relativa às pessoas, mas sim ao desenho institucional). No mais das vezes, a banca é composta por desembargadores que, à parte a experiência profissional, não são versados em técnicas de recursos humanos, seleção e recrutamento, o que traz um certo empirismo no desempenho dessa atividade, que também requer especialização.[490] Por isso mesmo, muitas vezes as bancas são pensadas *ad hoc*, específicas para um concurso, e não para, de maneira geral ser o agente recrutador dos magistrados.[491]

As decisões das bancas, nos exames orais, são irrecorríveis (art. 70, §1º, da Resolução 70/2009 do CNJ), o que dá azo a uma série de mecanismos de seleção para além da mera aferição de conhecimentos técnicos, e se aproxima muito de um recrutamento por cooptação compactado nessa fase específica. É nos exames orais que os maiores filtros de homogeneização se fazem presentes, denotando mecanismos de aparelhagem ideológica do Estado a fim de manter hígidos valores e sujeitos conforme as ideologias dominantes.[492] Em muitas ocasiões,

---

[489] ARRUDA, Augusto Francisco Mota Ferraz de. "Formação e recrutamento de juízes". *In:* ALMEIDA, José Maurício Pinto de; LEARDINI, Márcia (coord.). *Recrutamento e formação de magistrados no Brasil.* Curitiba: Juruá, 2007. pp. 29-66, p. 31.

[490] NALINI, José Renato. "A vocação transformadora de uma escola de juízes". *Revista da Escola Nacional da Magistratura*, vol. 2, n. 4, pp. 21-33, 2007, p. 24.

[491] PACHECO, José Ernani de Carvalho. "Apresentação". *In:* ALMEIDA, José Mauricio; LEARDINI, Márcia (coord.). *Recrutamento e formação de magistrados no Brasil.* 1ª ed. Curitiba: Juruá, 2007, p. 7.

[492] BERRIER, Astrid. "Évaluer à l'oral: quelles questions?". *The French Educational Review*, vol. 64, n. 3, pp. 476-486. 1991. Disponível em http://www.jstor.org/stable/39538, p. 481.

CAPÍTULO 2 - (RE)ESTRUTURAÇÃO DA MAGISTRATURA NO BRASIL

detalhes da vida do candidato – avaliados na sindicância da vida pregressa – são, ainda que tacitamente, utilizados para desclassificar alguns candidatos, com a diferença de que, na etapa anterior, poderia ele saber da acusação e desempenhar o contraditório, mas não na banca.[493] Nas palavras de Nalini, existem aqueles que "por generosidade, por cortesia ou descompromisso, fornecem as melhores referências a todo candidato que as solicite. Ou pode servir a represálias, materialização para desafeições ou prova de ressentimentos. Quantos não são aqueles que, embora bem situados na prova de conhecimentos, se veem impedidos de ingressar na Magistratura porque foram alvo de difamação? Nunca ficarão a saber disso, pois vigora o princípio: *in dubio pro institutione*".[494] Ademais, "as bancas e exame da vida pregressa são incapazes de detectar o 'perfil' do magistrado, mas, pior, são o espaço do preconceito, onde se faz fazer o favorecimento de conhecidos, tráfico de influências, proteção aos ex-alunos, e também comentários negativos do qual o candidato não possui sequer contraditório".[495] Mas sequer o *"pro instituitione"* é verdadeiro, pois o Judiciário pode estar – e geralmente estará – perdendo excelentes e engajados juízes por puro preconceito.

Como pontua Zaffaroni, as bancas técnico-burocráticas são o *locus* do preconceito,[496] como, por exemplo, o de gênero. Observe-se, aliás, que as mulheres, embora tenham uma participação crescente no Judiciário, ainda são minoria, e a proporção homens/mulheres[497] no Judiciário é maior do que a média brasileira,[498] como observado no

---

[493] NALINI, José Renato. *A rebelião da toga*. 2ª ed. Campinas: Millenium, 2008, p. 71.

[494] NALINI, José Renato. "A vocação transformadora de uma escola de juízes". *Revista da Escola Nacional da Magistratura*, vol. 2, n. 4, pp. 21-33, 2007, pp. 25/26.

[495] NALINI, José Renato. *A rebelião da toga*. 2ª ed. Campinas: Millenium, 2008, p. 71.

[496] ZAFFARONI, Eugenio Raúl. *Estructuras judiciales*. Buenos Aires: Ediar, 1994. Disponível em http://www.pensamientopenal.com.ar/articulos/estructuras-judiciales. Acesso em 24.10.2014, p. 165.

[497] Limitando-se ao binarismo de gênero, até mesmo porque não há notícia de pessoas na magistratura que fujam à cisnormatividade.

[498] BRASIL, Conselho Nacional de Justiça. *Censo do Poder Judiciário*. Brasília: CNJ, 2014. Disponível em http://www.cnj.jus.br/images/dpj/CensoJudiciario.final.pdf, p. 37.

interlúdio supra. As mulheres, nas entrevistas ocorridas durante as bancas, não raro são submetidas a questões sobre costumes e moral, planejamento familiar e estado civil, que nem sempre são endereçadas com tanto interesse aos candidatos do gênero oposto.[499]

Há, também, um código de conduta não escrita na banca, e que busca o perfil não no conhecimento técnico, nem na atitude política do candidato, mas em distintivos de adequação ao padrão de juiz através de símbolos de poder, polidez, estirpe, distinção, sobriedade, caráter, personalidade e gostos nobiliárquicos[500] enfim, de adequação à cultura, ao *ethos*, à etiqueta judicial que será analisada no último capítulo. Nesse sentido, "os homens devem preferir ternos escuros, discretos e sem sinais de individualização", havendo casos, no Brasil, em que os examinadores deveriam anotar – como se fosse fato de alguma relevância para a aprovação, o que faz crer que deve ter sido – se os candidatos homens porventura tinham cabelos longos, usassem barba ou brincos. "As mulheres precisam trajar-se ainda mais discretamente. O uso de golas altas, mangas compridas e saias abaixo dos joelhos. O perfil monástico não é censurado. Ao inverso: o compromisso é eliminar qualquer traço de sensualidade" – no mesmo relato, também tiveram anotadas as mulheres com decotes generosos ou saias curtas "demais",[501] ratificando a opressão de gênero subjacente a um recrutamento em prova oral com bancas não democráticas. As provas orais, assim, são um espaço de avaliação do candidato à adequação dos signos éticos e simbólicos cultuados pela Instituição, isto é, a sua adequação e capacidade de perpetuar valores e posturas consolidados,[502] isto é, se bem assimilaram o processo de subjetivação dos valores dominantes na sociedade, correspondendo a indivíduos "mais recatados", na remissão à figura do juiz eunuco, neutro, asséptico, sacerdotal, angelical, não-profano, sobre-humano.

---

[499] NALINI, José Renato. *A rebelião da toga.* 2ª ed. Campinas: Millenium, 2008, p. 78.

[500] ALMEIDA, Frederico Normanha Ribeiro e. *A nobreza togada:* as elites jurídicas e a política da justiça no Brasil. Tese (doutorado). 2010. Universidade de São Paulo, 2010, p. 67.

[501] NALINI, José Renato. *A rebelião da toga.* 2ª ed. Campinas: Millenium, 2008, p. 78.

[502] ALMEIDA, Frederico Normanha Ribeiro e. *A nobreza togada:* as elites jurídicas e a política da justiça no Brasil. Tese (doutorado). 2010. Universidade de São Paulo, 2010, p. 288.

CAPÍTULO 2 - (RE)ESTRUTURAÇÃO DA MAGISTRATURA NO BRASIL

Os candidatos, sabedouros dessa lógica, esperando a aprovação, buscarão se adequar, durante os minutos de sua prova oral, às expectativas sociais que lhes serão impostas, o que nem sempre reflete a sua real atitude profissional. Donde é "inequívoca a comparação entre o atual concurso de ingresso e uma representação teatral. O que interessa é a performance. Nem sempre o conteúdo é o mais importante. O rito é mais relevante. É o que explica o artificialismo de que a Justiça se retroalimenta para conservar-se imutável".[503] Os exames orais, assim, muitas vezes viram um ritualismo vazio de conteúdo.[504]

Assim, em suma, "os tribunais continuam fazendo o seu recrutamento de forma empírica e obsoleta. As Comissões de concurso não são permanentes, mas fortuitas. A escolha de seus integrantes se faz quase sempre como homenagem a profissionais bem-sucedidos na atuação, mas nem sempre familiarizados com critérios modernos de seleção". E ainda, "as provas privilegiam a memorização de doutrina e alguma jurisprudência localizada, mas não se incentiva a capacidade crítica do candidato. Dele se exige uma conformação com o perfil de juiz idealizado pelo examinador episódico e nenhuma criatividade. A reiteração de concursos iguais se manteve incólume durante décadas. Como se o mundo também não tivesse se alterado".[505] "Tanto na etapa escrita quanto na oral, o que está em jogo é a capacidade de adaptação da opinião ao modo de pensar e ao método de escrever e se expressar esperado pela instituição".[506]

Assim, o sistema de seleção de juízes no Brasil ainda não adquiriu uma estrutura garantidora de que os melhores candidatos se incluem

---

[503] NALINI, José Renato. *A rebelião da toga*. 2ª ed. Campinas: Millenium, 2008, p. 78.

[504] FONTAINHA, Fernando Castro. "Work division, domination, and solidarity in French law field: scholars, judges, and the National Judicial School's public contest oral exam". *In:* SERAFIMOVA, Maria; HUNT, Stephen; MARINOV, Mario (coord.). *Sociology and Law*: the 150th anniversary of Emile Durkheim. Newcastle Upon Tyne: Cambridge Scholars Publishing, 2009. Disponível em https://www.academia.edu/4381649/Work_division_domination_and_solidarity_in_French_law_field_scholars_judges_and_the_National_Judicial_Schools_public_contest_oral_exam, p. 65.

[505] NALINI, José Renato. *O futuro das profissões jurídicas*. São Paulo: Oliveira Mendes, 1998.

[506] FONTAINHA, Fernando Castro et al. *Processos seletivos para a contratação de servidores públicos:* Brasil, o país dos concursos?. Rio de Janeiro: Editora FGV, 2014, p. 119.

dentre os aprovados,[507] sobretudo dentro de uma perspectiva democrática da magistratura. Esse tipo de improvisação pode gerar magistrados "autoritários, formalistas e isolados", sem contato com a realidade o que invariavelmente impedirá que o mister de julgar seja exercido de modo a atender os anseios de uma magistratura democrática.[508] Donde se, por um lado, o concurso público é o meio idôneo para selecionar juízes para a democracia, por outro, o concurso nos moldes atuais está intimamente ligado com a burocracia, com o positivismo, com o profissionalismo puro, rejeição do saber crítico, dá margem à vazão de preconceitos de toda ordem, e, enfim, diverge de uma magistratura democrática – desde o requisito de três anos de atividade jurídica, passando pela composição dos conteúdos cobrados, que menosprezam o Direito constitucional, seja pelo espaço de arbítrio das bancas, aptas a selecionarem magistrados que reforcem valores estanques e o conhecimento estandardizado e acrítico.

2.1.2.2 Consequências problemáticas externas decorrentes do sistema de recrutamento atual

Paralelamente à própria maneira de estruturação do certame e suas características deletérias à magistratura, o modelo atual de concurso também possui impactos sociais relevantes, igualmente nocivos à formação do futuro juiz, mas que não são intimamente ligados à estrutura institucional do recrutamento, mas são decorrência direta dela, agindo de maneira simbiótica com o recrutamento atual.

Observa-se que a conjuntura do ensino jurídico no Brasil, após a Reforma neoliberal produzida no Governo Fernando Henrique Cardoso e continuada no Governo Lula, é periclitante:[509]

---

[507] PACHECO, José Ernani de Carvalho. "Apresentação". *In:* ALMEIDA, José Mauricio; LEARDINI, Márcia (coord.). *Recrutamento e formação de magistrados no Brasil.* 1ª ed. Curitiba: Juruá, 2007, p. 7.

[508] PACHECO, José Ernani de Carvalho. "Apresentação". *In:* ALMEIDA, José Mauricio; LEARDINI, Márcia (coord.). *Recrutamento e formação de magistrados no Brasil.* 1ª ed. Curitiba: Juruá, 2007, p. 8.

[509] CERQUEIRA, Daniel Torres de. "O ensino do direito no Brasil: breve radiografia do setor". *Anuário ABEDI*, Florianópolis, ano 4, pp. 85-103, 2006 *apud* ALMEIDA,

CAPÍTULO 2 - (RE)ESTRUTURAÇÃO DA MAGISTRATURA NO BRASIL

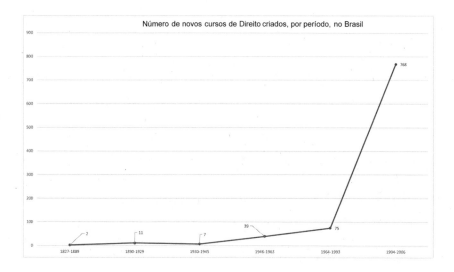

O salto graficamente ilustrado acima, muito mais do que uma sobrevalorização do ensino superior, é decorrência da flexibilização dos requisitos para criação de cursos jurídicos, inseridos no paradigma neoliberal de reforma do Estado e pressionado pelo Fundo Monetário Internacional e pelo Banco Mundial,[510] através de uma política de expansão e privatização.[511] Essa política foi calcada na mercantilização do ensino, abrindo às entidades privadas, por um lado, a oportunidade de explorar a educação como verdadeiro empreendimento mercantil,[512]

Frederico Normanha Ribeiro e. *A nobreza togada:* as elites jurídicas e a política da justiça no Brasil. Tese (doutorado). 2010. Universidade de São Paulo, 2010, p. 92.

[510] DOURADO, Luiz Fernandez. "A reforma do Estado e as políticas para educação superior no Brasil nos anos 90". *Educação Social*, Campinas, vol. 23, n. 80, setembro/2002, pp. 234-252. Disponível em http://www.scielo.br/pdf/es/v23n80/12931.pdf, p. 239.

[511] CHAVES, Vera Lúcia Jacob; LIMA, Rosângela Novaes; MEDEIROS, Luciene. "Política de Expansão, Diversificação e Privatização da educação superior brasileira" XII SEMINÁRIO NACIONAL UNIVERSITAS/BR, 2006, Campo Grande. Disponível em http://www.gepes.belemvirtual.com.br/documentos/Artigos/Artigo_Vera_Luciene_e_Rosangela.pdf, p. 14.

[512] LIMA, Kátia Regina de Souza. *Reforma da educação superior nos anos de contrarrevolução neoliberal*: de Fernando Henrique Cardoso a Luís Inácio Lula da Silva. Tese (doutorado). Faculdade de Educação. Universidade Federal Fluminense, 2005. Disponível em http://www.bdtd.ndc.uff.br/tde_busca/arquivo.php?codArquivo=816, p. 426.

e, por outro, regulando a entrada de profissionais no mercado de trabalho com medidas como o exame da OAB, a fim de que ambos os mercados (da educação e de trabalho) funcionassem bem. Essa explosão de instituições também levou a um aumento significativo no número de graduandos, uma vez que 93,51% acabaram por ser oriundos de instituições privadas.[513] Essas, via de regra, têm maior preocupação com o lucro do que com a qualidade do ensino.[514] No ensino jurídico, tal expediente é precarizante, pois transforma "as escolas de Direito em empresas submetidas a lógicas distintas daquelas próprias da educação (que não é mercadoria)",[515] e fornece ao graduando, através de professores mal remunerados, um ensino manualesco, acrítico, resignado e incapaz de formar um verdadeiro operador do Direito[516] – Uma "indústria de diplomas" que se alimenta da expectativa de ascensão social de parcela da população.[517] Aliás, interessantemente, apesar de as faculdades particulares abarcarem o sobredito 93,5% dos alunos, 52,5% dos magistrados ainda é oriundo das faculdades públicas,[518] denotando a disparidade do nível de qualidade de ensino, apesar das dificuldades que o ensino superior público tem sofrido nas últimas décadas.[519]

---

[513] ALMEIDA, Frederico Normanha Ribeiro e. *A nobreza togada:* as elites jurídicas e a política da justiça no Brasil. Tese (doutorado). 2010. Universidade de São Paulo, 2010, p. 80.

[514] FREITAS, Vladimir Passos de. *Curso de Direito:* antes, durante e depois. Campinas: Millenium, 2006, p. 11.

[515] CLÈVE, Clèmerson Merlin. *Para uma dogmática constitucional emancipatória.* Belo Horizonte: Fórum, 2012, p. 82.

[516] STRECK, Lenio Luiz. "Hermenêutica e ensino jurídico em terræ brasilis". *Revista da Faculdade de Direito UFPR*, vol. 46, pp. 27-50, 2007. Disponível em http://ojs.c3sl.ufpr.br/ojs/index.php/direito/article/view/13495/9508, p. 35.

[517] CAMBI, Accácio. "A formação ética do magistrado". *In:* ALMEIDA, José Maurício Pinto de; LEARDINI, Márcia (coord.).*Recrutamento e formação de magistrados no Brasil.* Curitiba: Juruá, 2010, p. 45.

[518] ALMEIDA, Frederico Normanha Ribeiro e. *A nobreza togada:* as elites jurídicas e a política da justiça no Brasil. Tese (doutorado). 2010. Universidade de São Paulo, 2010, p. 80.

[519] FREITAS, Vladimir Passos de. *Curso de Direito:* antes, durante e depois. Campinas: Millenium, 2006, p. 10.

CAPÍTULO 2 - (RE)ESTRUTURAÇÃO DA MAGISTRATURA NO BRASIL

Para fora dos muros da faculdade o resultado dessa política é a verdadeira legião de egressos dessas instituições e que, munidos de um diploma de bacharel ou bacharela em Direito, buscarão atuar na área jurídica, nos empregos com a melhor remuneração possível.[520] Com as dificuldades inerentes para a longa consolidação na advocacia privada, os bacharéis em Direito são instados a buscar as funções públicas, dotadas de boas remunerações, e garantias institucionais significativas,[521] dentre elas, o concurso da magistratura. Assim, a atual conjuntura transformou o ingresso na carreira como um mero concurso para obtenção de um bom e estável emprego público,[522] adequando-se à noção do profissional carreirista típica da tecnoburocracia. O indivíduo escolhe a magistratura não por se identificar com a função social do Judiciário, com o vislumbre de realização pessoal-profissional no desempenho da atividade, por comprometimento com a atividade decisória, mas, muito mais, porque almeja remunerações próximas ao teto do funcionalismo público, as garantias, como a vitaliciedade, dois meses de férias no ano, a nobilitude social da magistratura, para enfim viver uma vida tranquila, sendo a função de magistrado apenas um "preço a pagar" para obter tal galardão. Esse profissional, como visto, desempenhará suas atribuições de maneira estandardizada, com enfado, pouco preocupado com a solução dos litígios ou com os litígios, procurando soluções prontas e padronizadas, mas muito preocupado com a sua carreira, seus vencimentos, seus benefícios etc.

Assim, o carreirismo e a degeneração burocratizante acabam influindo a magistratura tecnoburocrática, mas não apenas os magistrados, bem como aqueles que aspiram ser recrutados para tanto. Como a preocupação maior, no caso, não é a magistratura, vale dizer, as funções institucionais, o compromisso social de um juiz, em verdade esse egresso à procura de um bom emprego público será um "profissional do

---

[520] NALINI, José Renato. *A rebelião da toga*. 2ª ed. Campinas: Millenium, 2008, p. 68.
[521] FREITAS, Vladimir Passos de. *Curso de Direito:* antes, durante e depois. Campinas: Millenium, 2006, p. 100.
[522] ARRUDA, Augusto Francisco Mota Ferraz de. "Formação e recrutamento de juízes". *In:* ALMEIDA, José Maurício Pinto de; LEARDINI, Márcia (coord.). *Recrutamento e formação de magistrados no Brasil*. Curitiba: Juruá, 2007. pp. 29-66, p. 31.

concurso", um "concurseiro", aquele que pode até preferir a magistratura, mas em verdade satisfaz-se com qualquer cargo de boa remuneração e boas garantias. Assim "submete-se a todos [os concursos], seja para ingresso à Magistratura ou ao Ministério Público, às Procuradorias, à Defensoria Pública, à carreira policial. À falta, recorre à seleção para Inspetor Fiscal do INSS, ou da Fazenda Nacional, ou às auditorias".[523] Eventualmente, alguns deles lograrão êxito, mas serão magistrados que nunca pensaram nas dificuldades institucionais, na vida no interior,[524] não têm apreço pelo trabalho que terão que desempenhar – valorizam, ao revés, o polpudo contracheque, como poderão ganhar o máximo possível trabalhando o mínimo possível (terceirizando, se possível, boa parte de seu trabalho para assessores e estagiários), terão imiscibilidade com a comunidade,[525] preocupando-se com a própria distinção e com mecanismos de como aceder o quanto antes a alguma capital ou sede do Tribunal a que estão vinculados.[526] Assim, segundo Augusto Arruda, "o juiz recém-admitido ingresso na carreira, fabricado num bom cursinho preparatório (...) a primeira coisa que vai fazer é disputar uma vaga, a mais próxima possível de onde vive, tem seus parentes e interesses; em segundo lugar, reclamar de quanto ganha; e em terceiro, reclamar do volume de serviço".[527]

Esse perfil é bastante cotidiano. A título de exemplo, foi aferido que, dentre os alunos da EMERJ (Escola da Magistratura Estadual do Rio de Janeiro) em 2011, a maioria se designava como "concursando" no campo profissional, seu objetivo era passar em um concurso de boa remuneração e estabilidade (não necessariamente a magistratura) – vale

---

[523] NALINI, José Renato. *A rebelião da toga*. 2ª ed. Campinas: Millenium, 2008, p. 104.

[524] FREITAS, Vladimir Passos de. *Curso de Direito:* antes, durante e depois. Campinas: Millenium, 2006, p. 102.

[525] ZAFFARONI, Eugenio Raúl. *Estructuras judiciales*. Buenos Aires: Ediar, 1994. Disponível em http://www.pensamientopenal.com.ar/articulos/estructuras-judiciales. Acesso em 24.10.2014, pp. 158-164, como visto no ponto 1.3.1.2.

[526] CAMBI, Accácio. "A formação ética do magistrado". *In:* ALMEIDA, José Maurício Pinto de; LEARDINI, Márcia (coord.). *Recrutamento e formação de magistrados no Brasil*. Curitiba: Juruá, 2010, p. 48.

[527] ARRUDA, Augusto Francisco Mota Ferraz de. "Formação e recrutamento de juízes". *In:* ALMEIDA, José Maurício Pinto de; LEARDINI, Márcia (coord.). *Recrutamento e formação de magistrados no Brasil*. Curitiba: Juruá, 2007. pp. 29-66, p. 58.

CAPÍTULO 2 - (RE)ESTRUTURAÇÃO DA MAGISTRATURA NO BRASIL

dizer, frequentavam a Escola da Magistratura, mesmo que ser juiz não lhes fosse um objetivo específico. Verificou-se, também, que "há anos não fazem outra coisa senão se preparar *full time* para concursos públicos".[528] O aluno típico daquela escola "desde que se formou, ela dedica-se exclusivamente às atividades de preparação do(s) concurso(s), para o que conta com suporte familiar".[529] Demonstrando, aliás, que exigência constitucional de anos de atividade jurídica (entendida pelo CNJ como prática jurídica) pode ser facilmente conseguida ou fraudada, o que acaba por privilegiar aqueles que não precisam trabalhar para prover o próprio sustento, que têm apoio familiar mesmo após a vida adulta e que podem dedicar boa parte de seus dias exclusivamente ao concurso, elitizando o perfil do juiz aprovado.[530] Vale dizer, a lógica do candidato carreirista, o concurseiro, frauda a própria profissionalização do concurso, de modo que terá mais chances de ser aprovado aquele ou aquela que não trabalhou ou trabalhou o mínimo, dedicando-se muito mais ao concurso do que à atividade jurídica. Isso, por conseguinte, elitiza sobremaneira os candidatos com possibilidades de aprovação, já que possuem mais chances os que têm apoio financeiro familiar mesmo após a graduação.

A partir dessa lógica, também se frauda a própria finalidade do certame – isto é, selecionar os melhores profissionais. Isso porque, para além das cinco ideologias subjacentes aos concursos públicos (republicana, burocrática, meritocrática, acadêmica e profissional), em razão dessa conjuntura retromencionada, passa a estruturar os processos de recrutamento, no Brasil, outra ideologia: a ideologia concurseira. A ideologia

---

[528] FONTAINHA, Fernando Castro *et al*. *Processos seletivos para a contratação de servidores públicos:* Brasil, o país dos concursos?. Rio de Janeiro: Editora FGV, 2014, p. 15.

[529] FONTAINHA, Fernando de Castro. "O Perfil do aluno da EMERJ: Um estudo sobre 'concursandos'". *Revista da EMERJ*, vol. 14, n. 56, p. 7-31, dez. 2011. Disponível em http://www.emerj.tjrj.jus.br/revistaemerj_online/edicoes/revista56/revista56_7.pdf, p. 26.

[530] ALMEIDA, José Mauricio Pinto de. "O polêmico requisito de três anos de atividade jurídica ao ingresso na carreira da magistratura". *In:* ALMEIDA, José Mauricio Pinto de; LEARDINI, Márcia (coord.). *Recrutamento e formação de magistrados no Brasil*. Curitiba: Juruá, 2010, pp. 67-90, p. 70.

concurseira é "baseada na tautologia segundo a qual os certames recrutam os mais habilidosos, competentes e aptos a fazê-los",[531] isto é, passam nos concursos os mais preparados para a prova, não o mais preparado para o exercício da função – donde a prova vira um fim em si mesmo, e não um meio de aferição de conhecimento. Assim, os aspirantes ao cargo se preparam para a prova, pois ela é o obstáculo para o almejado emprego público, o que atua de maneira simbiótica e harmônica com um concurso tecnicista e legalista, refratário ao saber acadêmico e crítico. A prova (o que vem sendo cobrado, o que pode "cair", qual a maneira mais eficaz de acertar as questões) passa à centralidade das preocupações do aspirante, alienando-o de uma preparação para o exercício funcional, ou para a aquisição de um conhecimento jurídico: desimporta o conhecimento em si, importa o conhecimento instrumental, que ajude a acertar mais questões e obter o melhor resultado aferível.

Como a ideologia concurseira não é (ou, ao menos, não deveria ser) fomentada pelas Instituições de Ensino Superior, cuja função é formar juristas detentores do saber em si, e não de um saber instrumental voltado ao objetivo de passar em uma prova,[532] os "candidatos profissionais", os "concurseiros", assim, exsurgem como um maciço mercado consumidor desse saber instrumental, cuja demanda passa a ser suprida pelos cursinhos jurídicos, cursos preparatórios para concursos, cuja função é justamente fornecer ao cliente o conhecimento necessário para a aprovação.[533] Observe-se que é um caso distinto, ainda que inserido na mesma conjuntura, das Universidades privadas de baixa qualidade. No caso dos cursinhos jurídicos, o quão mais legalista, fornecedor de dicas, de maneiras que façam o aluno reproduzir determinado

---

[531] FONTAINHA, Fernando Castro et al. *Processos seletivos para a contratação de servidores públicos:* Brasil, o país dos concursos?. Rio de Janeiro: Editora FGV, 2014, p. 14.

[532] CLÈVE, Clèmerson Merlin. *Para uma dogmática constitucional emancipatória.* Belo Horizonte: Fórum, 2012, pp. 81/82.

[533] STRECK, Lenio Luiz. "Hermenêutica e ensino jurídico em terræ brasilis". *Revista da Faculdade de Direito UFPR*, vol. 46, pp. 27-50, 2007. Disponível em http://ojs.c3sl.ufpr.br/ojs/index.php/direito/article/view/13495/9508, p. 35.

CAPÍTULO 2 - (RE)ESTRUTURAÇÃO DA MAGISTRATURA NO BRASIL

conteúdo sem saber de fato o seu real significado, melhor ele será.[534] É a instrumentalização do saber jurídico, sequer para a profissionalização, mas sim para o objetivo de ter bom desempenho em uma prova – uma instrumentalização extremamente pragmática e que amesquinha o saber jurídico, que é, em si, não-instrumental.[535]

Isso, para além de não fornecer ao aspirante um conhecimento jurídico verdadeiro, também o formata subjetivamente, e, por conseguinte, acaba sendo a lógica que formatará muitos dos futuros juízes: "qualquer fala, atitude, comportamento, dica, 'macete', 'brincadeira' ou 'piadinha' sobre o estudo e suas definições enrijecidas, enfim, qualquer gesto/atitude neste sentido produz efeitos práticos e políticos na fabricação de exemplos perfeitos e caminhos certos e seguros de alcançar a 'vitória' da aprovação em concursos e esta, por sua vez, é naturalizada, serializada e produtora de instituições".[536]. Assim, os cursinhos também passam a existir como espaços de micropoder e de subjetivação/formatação do indivíduo a se adequar de maneira dócil e focada à lógica pragmático-capitalista, através da assunção para si do objetivo "passar no concurso da magistratura" em vez de, por exemplo "ser um bom juiz": "Nestes 'espaços educacionais', que funcionam no bojo das políticas de subjetivação capitalísticas, os modos de estudar encontram-se delimitados, esquadrinhados e com determinadas aplicabilidades instituídas e pré-formatadas. Os modos de estudar estão subjetivados nestes alunos e constituem, assim, o inconsciente político, determinando maneiras de agir, de pensar, de perceber, de entender, de querer, de 'inventar' práticas e dispositivos de estudo modelados por trajetórias imbricadas em formatações

---

[534] NALINI, José Renato. "O desafio de criar juízes". *In:* ALMEIDA, José Mauricio Pinto de; LEARDINI, Márcia (coord.). *Recrutamento e formação de magistrados no Brasil*. Curitiba: Juruá, 2010, pp. 91-109, p. 100.

[535] STRECK, Lenio Luiz. *Ensino jurídico e pós-graduação no Brasil: das razoes pelas quais o Direito não e uma racionalidade instrumental*, p. 11.

[536] PUPPO LUZ, Leonardo del; SILVA, Camila Mariani. "O exercício de estudar nos cursinhos destinados aos concursos públicos". *Fractal Revista de Psicologia*, vol. 20, n. 1, pp. 285—304, 2008. Disponível em http://www.scielo.br/scielo.php?pid=S1984-02922008000100025&script=sci_arttext, p. 289.

enrijecidas".[537] Nas palavras de Nalini, "os cursinhos jurídicos não passam de formatadores de cérebros, cujo único objetivo é a aprovação do aluno-candidato. É um ensino que se qualifica pelo seu objetivo pragmático. Dá ao aluno uma visão literalmente estática do Direito (...). É apenas um ensino-meio, mais um instrumento que veio para consolidar a ideologia imposta pelo pragmatismo econômico financeiro (...). Uma prestação de serviço altamente rentável".[538]

Nesse sentido, o conteúdo das provas também é essencialmente instrumental na medida em que se pretende escolher o melhor candidato segundo a ideologia existente: a de um saber mais voltado para o pragmatismo ideológico jurídico dominante. A elaboração das questões no mais das vezes demonstra maior preocupação com a quantidade de saberes jurídicos adquiridos e acumulados pelo candidato (cobrando, muitas vezes, a exceção da exceção, tipos penais em desuso, direitos reais que remetem ao tempo do Império, enfim, conteúdos que em geral só serão conhecidos por aquele que assimilou de maneira acrítica toda a disciplina jurídica cobrada, sem se preocupar com a utilidade do conhecimento. Um tipo de conhecimento que a literatura jurídica não-manualesca pouco aborda, que passa igualmente longe da prática profissional, ou seja, que é manejado só pelo que se dispõe ao preparo do concurso como meta, não àquele que tenha conhecimentos acadêmicos ou mesmo técnico-profissionais). Por conseguinte, não há interesse em saber da capacidade de reflexão e raciocínio jurídico do candidato e, substancialmente, em saber o que para ele significa ser juiz. Provavelmente um bom juiz e com larga experiência judicante não logre um bom resultado nesse tipo de prova, ou até mesmo, segundo Augusto Francisco Ferraz de Arruda, não alcance o número de pontos necessários à aprovação,[539] não porque sabe

---

[537] PUPPO LUZ, Leonardo del; SILVA, Camila Mariani. "O exercício de estudar nos cursinhos destinados aos concursos públicos". *Fractal Revista de Psicologia*, vol. 20, n. 1, pp. 285—304, 2008. Disponível em http://www.scielo.br/scielo.php?pid=S1984-02922008000100025&script=sci_arttext, p. 290.

[538] ARRUDA, Augusto Francisco Mota Ferraz de. "Formação e recrutamento de juízes". In: ALMEIDA, José Maurício Pinto de; LEARDINI, Márcia (coord.). *Recrutamento e formação de magistrados no Brasil*. Curitiba: Juruá, 2007. pp. 29-66, p. 46.

[539] ARRUDA, Augusto Francisco Mota Ferraz de. "Formação e recrutamento de

CAPÍTULO 2 - (RE)ESTRUTURAÇÃO DA MAGISTRATURA NO BRASIL

menos do que o concursando, mas porque o conhecimento que desempenha na judicatura não é o mesmo cobrado nos concursos.

Assim, o concurso, estruturado de maneira técnico-burocrática, favorece a aprovação do candidato concurseiro, que memoriza a letra da lei, entendimentos jurisprudenciais e súmulas, independentemente da capacidade reflexiva a respeito do conteúdo que decorou – o que sequer pode se chamar de aprendizado. Essa ideologia concurseira faz com que os aspirantes à magistratura busquem esse conhecimento pragmático informacional, resultando da oferta/demanda do rentabilíssimo mercado dos cursos preparatórios para concurso, que formam o candidato para a prova, não para a profissão. Por consequência, a sociedade brasileira passa a ser julgada pelos concurseiros mais hábeis, ou seja, por aqueles que melhor assimilaram o conhecimento instrumental dos concursos, que decoraram até as vírgulas das alíneas dos incisos dos parágrafos dos artigos dos códigos, e que provavelmente não ocuparam seu tempo lendo Dworkin, Alexy, Kelsen, Hart, García de Enterría, Roxin, Zaffaroni ou outros autores que permitam o exercício crítico da atividade judicante. A falta deste conhecimento influenciará diretamente, também, o modo de julgar.

A lógica concurseira – do maior resultado pragmático (número de questões, aprovação etc.) com o menor esforço – permitirá com facilidade as degenerações da tecnoburocracia, isto é, o juiz buscará, como dito, ganhar o máximo, e até julgar quantitativamente o máximo, trabalhando o mínimo, se focará nos ganhos de sua carreira e não na função social do cargo que ocupa.

É claro que haverá sempre aqueles que, desejosos da magistratura por sua real função política, preocupados em exercer a jurisdição para dirimir os conflitos e concretizar a Constituição, submeter-se-ão à lógica concurseira (pois não podem dela fugir) apenas para serem aprovados, e, após, exercer a judicatura de maneira condigna, preocupando-se com

---

juízes". *In*: ALMEIDA, José Maurício Pinto de; LEARDINI, Márcia (coord.). *Recrutamento e formação de magistrados no Brasil*. Curitiba: Juruá, 2007. pp. 29-66, pp. 46/47.

outros saberes além do conhecimento instrumental-pragmático – no entanto, esses são a exceção.[540]

2.1.3 Perspectivas de um recrutamento democrático no Brasil

Assim como qualquer perspectiva de mudança para o Poder Judiciário, a necessidade de reestruturação do recrutamento parece ser um ponto pacífico para aqueles que se debruçam sobre o tema. No entanto, ao se falar a respeito das reformas não há consenso, havendo tantas propostas quantas pessoas que falem a respeito delas, perpassadas por um certo achismo ou um empirismo no mais dos casos. Isso se dá, por um lado, porque o processo de seleção é, também, algo estranho à ciência do Direito em si, e, no entanto, é pensado majoritariamente por juristas. Boa parte das modificações, assim, poderia ser pensada em conjunto com outras ciências afins, como a Gestão de Recursos Humanos, por exemplo, com o escopo de estabelecer as melhores técnicas de seleção dos magistrados.[541]

É, contudo, dentro do conhecimento jurídico, seguindo a linha da magistratura democrática sob análise, possível traçar algumas perspectivas de mudança para o concurso, de modo a tentar, pontualmente, superar as falhas do modelo de recrutamento atual que, como visto, está sorvido pela tecnoburocracia. Nesse sentido, Pierpaolo Bottini argumenta que "de nada adianta" um modelo de seleção que averigue a condição intelectual e teórica dos candidatos, porém não as suas preocupações sociais, o contexto de realização da justiça.[542] É nesse sentido que deve se pensar um recrutamento democrático, idôneo a

---

[540] NALINI, José Renato. *A rebelião da toga*. 2ª ed. Campinas: Millenium, 2008, pp. 104/105.

[541] NALINI, José Renato. "O desafio de criar juízes". *In:* ALMEIDA, José Mauricio Pinto de; LEARDINI, Márcia (coord.). *Recrutamento e formação de magistrados no Brasil*. Curitiba: Juruá, 2010, pp. 91-109, p. 199.

[542] "A Reforma do Judiciário: aspectos relevantes". *Revista da Escola Nacional da Magistratura*, vol. 2, n. 3, pp. 89-99, 2007, p. 91.

CAPÍTULO 2 - (RE)ESTRUTURAÇÃO DA MAGISTRATURA NO BRASIL

selecionar juízes democráticos e emparelhados com a realidade popular e com os objetivos da República,[543] em uma seleção que aconteça de forma transparente, aberta ao controle popular, com a participação da comunidade externa, aberta ao saber crítico e à reflexão jurídica, sem avaliar unicamente o conhecimento tecnicista.[544]

2.1.3.1 Extinção do ranço empírico-primitivo: nomeações políticas

A primeira medida – e talvez a mais difícil politicamente, pois significa retirar um importante instrumento de arbítrio – é acabar com os últimos resquícios da seleção empírico-primitiva, isto é, a nomeação política, no recrutamento da magistratura de qualquer Tribunal. Assim como Zaffaroni, *"creemos que no hay razón para excluir cargo alguno de la magistratura de la regla del concurso, sin que deban esgrimirse razones 'de alta política' que no pueden derivarse en otra cosa que en la nominación de los amigos, como la experiencia nos muestra"*.[545] Toda e qualquer magistratura deve ser estruturada de modo que apenas os mais idôneos, democrática e tecnicamente, tenham acesso a ela,[546] e não os bem relacionados com os ocupantes dos outros Poderes.[547] Novamente, não se trata de uma crítica

---

[543] ZAFFARONI, Eugenio Raúl. *Estructuras judiciales*. Buenos Aires: Ediar, 1994. Disponível em http://www.pensamientopenal.com.ar/articulos/estructuras-judiciales. Acesso em 24.10.2014, p. 189.

[544] ZAFFARONI, Eugenio Raúl. *Estructuras judiciales*. Buenos Aires: Ediar, 1994. Disponível em http://www.pensamientopenal.com.ar/articulos/estructuras-judiciales. Acesso em 24.10.2014, p. 163.

[545] ZAFFARONI, Eugenio Raúl. *Estructuras judiciales*. Buenos Aires: Ediar, 1994. Disponível em http://www.pensamientopenal.com.ar/articulos/estructuras-judiciales. Acesso em 24.10.2014, p. 141.

[546] BANDEIRA, Regina Maria Groba. *Seleção dos magistrados no direito pátrio e comparado. Viabilidade legislativa de eleição direta dos membros do Supremo Tribunal Federal*. Brasília: [s.n.], 2002. Disponível em http://www2.camara.leg.br/documentos-e-pesquisa/publicacoes/estnottec/tema6/pdf/200366.pdf, p. 7.

[547] ZAFFARONI, Eugenio Raúl. "Dimensión Política de un Poder Judicial Democrático". *Cuadernos de Derecho Penal*, pp. 15-53, 1992. Disponível em http://new.pensamientopenal.com.ar/sites/default/files/2013/09/51zaffaroni.pdf. Acesso em 19.09.2014, p. 27.

àqueles que são ou foram nomeados por esse critério, nem quer dizer que o foram por questão de relacionamento e não pela prudência jurídica avaliada pelos outros Poderes, mas de todo modo, que a nomeação política é um sistema que permite que isso aconteça. Ademais, como o magistrado terá independência e vitaliciedade, se por acaso foi nomeado por razões estranhas à melhor qualificação técnica, não poderá ser destituído senão por sentença transitada em julgado, o que demonstra que esse híbrido brasileiro de nomeação empírico-primitiva e garantias técnico-burocráticas, se, por um lado garantem parcialmente o exercício independente da magistratura, por outro podem ser um modo de cristalizar a vontade política de um determinado governante por muitas décadas. A vitaliciedade, assim como as demais garantias da magistratura, são coerentes com a tecnoburocracia ou a democracia, sendo uma quimera jurídica dar aos outros Poderes grandes níveis de decisão no recrutamento, mas, por outro, não permitir a eles que destituam o nomeado, concomitante salvaguardando a independência, mas também perpetuando a vontade política do governante (a predileção por uma pessoa para ser ministro) para muito além do tempo de mandato para o qual o povo confiou a ele como tomador de decisões políticas.

Ademais, rememore-se que o art. 9º do Estatuto Universal dos Juízes da União Internacional de Magistrados determina que "o recrutamento e as nomeações dos juízes devem obedecer a critérios objetivos e transparentes". Certamente, a nomeação política não satisfaz nenhum dos dois critérios, pois, por mais bem intencionada e factualmente primorosa que possa ser, se dará através de critérios não objetivos, e menos ainda transparentes. São critérios não expostos, não oponíveis, não verificáveis pela população. Ainda, conforme a Recomendação n. R (94) 12 do Comitê dos Ministros aos Estados-Membros sobre a independência, a eficácia e o papel dos juízes na Europa,[548] deve haver a "eliminação de qualquer influência de outros poderes, sobretudo do Poder Executivo, na nomeação de qualquer magistrado",[549] pois é a

---

[548] Disponível em http://cm.coe.int/ta/rec/1994/94r12.htm.

[549] OBERTO, Giacomo. "Recrutamento e formação de magistrados: o sistema italiano no âmbito dos princípios internacionais sobre o estatuto dos magistrados e da independência do Poder Judiciário". *Revista da EMERJ*, vol. 5, n. 20, pp. 15-50, 2002, p. 17.

CAPÍTULO 2 - (RE)ESTRUTURAÇÃO DA MAGISTRATURA NO BRASIL

única forma de garantir a independência. Ambas as normativas (que não possuem cogência no Brasil, é claro, mas servem de parâmetro para a reflexão propositiva), assim como Zaffaroni, deixam clara a necessidade de transparência, que repudia a nomeação política, e que o concurso não deve ser escusado a – enfaticamente – nenhum magistrado. Tal normativa, todavia, é um horizonte, uma vez que, como visto, nem mesmo os países da Europa a seguem à risca, sobretudo em relação às supremas cortes. Não se olvide, contudo, que a magistratura democrática é um modelo ideal para o qual se caminha, e o fato de não ter sido materializado determinado instrumento em países que, noutros aspectos, já concretizaram uma magistratura democrática (como a Itália), não é um impeditivo material para a reflexão a respeito.

Além das dificuldades políticas para o abandono desse instrumento empírico-primitivo em favor da democracia, também haveria dificuldades práticas, o que não se nega. Exigir que todos os magistrados fossem concursados implicaria o fortalecimento da carreira e, por conseguinte, a extinção do quinto constitucional. Isso porque uma magistratura democrática repele toda e qualquer nomeação política, justamente em razão do seu comprometimento com os Poderes instituídos, e, por outro lado, pelo rompimento da noção de carreira, uma das garantias republicanas da magistratura.

Assim, as nomeações políticas possuem problemas de duas ordens: i) comprometimento da independência do Judiciário, passando os magistrados a serem recrutados por outros poderes; ii) desvalorização da carreira da magistratura, da isonomia, da formação continuada, dos valores republicanos etc. Observe-se que o segundo problema persiste ainda que institutos como o quinto (ou terço) constitucional continuassem a existir, mas as Instituições (OAB, Ministério Público) tivessem autonomia para introjetar diretamente o magistrado. Seguramente o problema seria menos agudo – afinal, são duas instituições independentes dos Poderes – mas ainda se manteria.

Aliás, como pontua José Renato Nalini, absolutamente nenhuma instituição séria e que tenha longeva experiência em recrutamento e formação de seu corpo de agentes adota instrumentos minimamente semelhantes ao Quinto Constitucional: "guardadas as devidas distinções, seria inimaginável compor uma quinta parte da Igreja com cardeais escolhidos fora do sacerdócio. Ou reservar um quinto do Senado para senadores não eleitos. Ou vinte por cento das Forças Armadas para civis, sem experiência alguma da caserna". [550]

Observe-se que a magistratura democrática valoriza a carreira (mas não o carreirismo nem a hierarquia) como garantia da magistratura independente, e não é possível compatibilizá-la com o ingresso já na segunda instância, nem em tribunais superiores. Não efetiva uma magistratura democrática a incorporação das lógicas, das *ratio essendi,* da advocacia ou do *Parquet,*[551] que são igualmente democráticas, mas sob outras feições.[552]

Ademais, observe-se que, na visão de Antonio Pessoa Cardoso, "o quinto não trouxe democratização, nem transparência e muito menos contribuiu para o aperfeiçoamento ou agilidade do sistema; pelo contrário, os desembargadores e ministros, originados do quinto, passarão a julgar recursos sem nunca terem colhido provas, nem presidido a uma audiência ou formado, como julgador, um processo; e mais, os contatos com a comunidade aconteceram sob outro ângulo", sendo inútil para promover a alegada "oxigenação", pois, ao revés, faz adentrar os quadros do Judiciário pessoas que não necessariamente possuem histórico de atuação democrática, podem nunca ter conhecido a realidade do interior dos Estados etc., prejudicando o avanço na carreira dos magistrados.[553]

É preciso refletir sobre esse discurso da "oxigenação", que ostenta a qualidade de um axioma na Administração da Justiça hodierna (mas por motivos bem pouco republicanos e bastante corporativistas). A figura

---

[550] NALINI, José Renato. *A rebelião da toga.* 2ª ed. Campinas: Millenium, 2008, p. 82.

[551] O que é particularmente sensível no Processo Penal.

[552] SIQUEIRA, Luiz Eduardo Alves De. "Quinto constitucional – analise de ingresso ao Poder Judiciário brasileiro". *Revista da Escola Paulista da Magistratura,* vol. 8, n. 1, pp. 141-175, jun. 2007, p. 172.

[553] CARDOSO, Antonio Pessoa. *Quinto Constitucional.* Disponível em http://www.ibrajus.org.br/revista/artigo.asp?idArtigo=76.

CAPÍTULO 2 - (RE)ESTRUTURAÇÃO DA MAGISTRATURA NO BRASIL

de linguagem dá a entender que, de outro modo, a magistratura, os julgamentos em instâncias superiores estariam "asfixiados" de alguma maneira – o que merece maiores incursões. Talvez o diagnóstico não seja inacurado – mas o remédio prescrito seguramente é um placebo, ou, ainda, a solução é pior do que o problema. Se os magistrados de carreira não satisfazem a contento a tarefa de integrar as Cortes, por sua carreira, sua visão de mundo etc., isso é sintomático de algum problema estrutural de *toda* a magistratura. Então por que aceitar que esses magistrados (que carregariam problemas) componham 4/5 (ou 2/3) das Cortes e a totalidade da primeira instância? Não há necessidade de oxigenar a primeira instância? Que predicados possuem os nomeados politicamente que falta aos concursados? Em havendo, a própria Instituição do Judiciário é tão ineficiente em formar os seus magistrados que não pode qualificar todos eles para que ostentem esses valiosos predicados que hoje estranhamente só podem ser adquiridos fora da carreira?[554]

Falar em oxigenação pode dar a falsa ideia de que a realidade da magistratura já seria a designação de magistrados concursados, mas disso decorreria uma saturação, uma asfixia, um decaimento da boa prestação jurisdicional. Assim, as nomeações políticas, como o quinto, "surgiriam" de modo a arejar esse quadro.

Promovendo uma genealogia da formação da magistratura moderna no Brasil e no mundo, como feito anteriormente nesta obra, percebe-se, que, em verdade, o que se deu foi o contrário. O concurso é que nasce para arejar uma magistratura asfixiada pela influência política, pelo fisiologismo etc. É o concurso que tem, aos poucos, galgado o espaço de poder que antes pertencia aos outros Poderes – nessa disputa entre as elites políticas e as índoles verdadeiramente democráticas, no qual aquelas vêm, gradativamente, perdendo espaço e influência. É o concurso que, historicamente, oxigena o Poder Judiciário. E, como visto, no Brasil, ele inicialmente foi aplicado apenas para a seleção de juízes estaduais, e depois foi expandindo para a composição de Cortes, e das Justiças Federais.

---

[554] O que reitera a importância da formação, vista no ponto seguinte.

Assim, as nomeações políticas não são uma oxigenação ao concurso e à carreira – pelo contrário, devem ser vistas como o resquício de um modelo que buscava prostrar o Judiciário, garantir o controle político pelos exercentes do Poder (e, hoje, como há a vitaliciedade, perpetuar compadrios das elites políticas para muito além do tempo democrático do mandato). Uma instituição arcaica, que já devia pertencer aos museus, e, no entanto, resiste para satisfazer interesses não republicanos nem democráticos. Um ranço asfixiante que recruta magistrados por idoneidade mínima (em que o único requisito factualmente aferível de fato é a idade), onde importa mais o compadrio do que a técnica, a idoneidade para promoção de direitos humanos etc.[555]

Nalini endossa essa ideia, entendendo que "uma instituição que recruta seus integrantes por concurso público já recebe oxigenação suficiente para dispensar outras vias de acesso facilitado. Ademais, o controle por parte da comunidade garantiria um exercício de feição democrática, infenso a hermetismos e desvios corporativistas".[556] Assim, uma instituição que recrutasse democraticamente, estivesse aberta à toda pluralidade social, não precisaria se "oxigenar" através do acesso facilitado a algumas classes profissionais, em detrimento do isonômico e republicano concurso.

Para os tribunais superiores, incluído o Supremo Tribunal Federal, a ideia de concurso público pode causar estranheza, até mesmo porque para os cargos de ministro imaginam-se juristas de trajetória longeva, de tão ressaltado saber jurídico (afinal, serão eventualmente membros da mais alta Corte do país) que seria estranho avaliá-los. No entanto, essa ideia não deveria causar mais estranheza do que, por exemplo, os concursos para professores titulares das insignes Universidades públicas do país. Todos os professores que se pretendem, e eventualmente tornam-se, titulares são avaliados por uma banca e nem por isso se lhes taxam piores, ou que

---

[555] Reitero que é possível que se recrutem bons magistrados mesmo por nomeação política – no entanto isso se dará por fatores não estruturais (como a prudência dos governantes).
[556] NALINI, José Renato. *A rebelião da toga*. 2ª ed. Campinas: Millenium, 2008, p. 83. O autor, contudo, admite que o debate é acadêmico e estéril, uma vez que há muitos *lobbies* interessados na manutenção do quinto constitucional.

CAPÍTULO 2 - (RE)ESTRUTURAÇÃO DA MAGISTRATURA NO BRASIL

os membros da banca estejam verticalmente superiores a eles na hierarquia acadêmica. O fato de um Ministro do STF ter um dia sido submetido a uma banca, e talvez não avaliado com perfeição, não lhe retiraria a legitimidade – não mais do que um Ministro sobre o qual pairassem dúvidas que sua nomeação decorreu de relacionamentos ou de favores políticos, e não de seu "notável saber jurídico". Por mais admirável que seja o conhecimento de um candidato a ministro, trata-se de um único indivíduo, e a banca é plúrima. Através do concurso, ademais, o saber jurídico seria publicamente demonstrado, reforçando o vínculo de confiança popular decorrente do recrutamento, feito de modo transparente.

Nesse sentido, ainda na linha de uma magistratura democrática, as bancas deveriam evitar qualquer forma de influência dos outros Poderes de maneira indireta, e sua composição, resguardando o saber crítico e reflexivo, seria de professores universitários, cuja indicação poderia ser feita horizontalmente entre os próprios docentes nacionalmente, ou com a participação de associações, como a OAB, Associação Nacional dos Magistrados, do Ministério Público, por votação horizontal entre seus membros para a escolha dos docentes que formariam uma banca avaliadora disponível por certo período, e não fosse *ad hoc* para determinado concurso, evitando, assim, casuísmos na composição. Conforme os pressupostos de uma magistratura democrática, essa é uma hipótese de recrutamento adequado para os magistrados dos tribunais superiores, pois garante uma seleção transparente, crítica e, sobretudo, sem ingerência dos outros Poderes (independente), e sem cooptação. Observe-se que o concurso para membros da Corte Constitucional já é feito, por exemplo, no Equador.[557]

Por fim, um exemplo recente e expedito da ontologia das nomeações políticas como ranço pode ser visto na sabatina do Ministro Edson Fachin – pessoa que reconhecidamente exacerbava em muito os

---

[557] OYARTE, Rafael. *Derecho constitucional ecuatoriano y comparado*. Quito: Corporación de Estudios y Publicaciones (CEP), 2015, p. 836. Os editais, que inclusive possuem ações afirmativas, podem ser conferidos em: https://www.corteconstitucional.gob.ec/index.php/boletines-de-prensa/item/1062-concurso-de-m%C3%A9ritos-y-oposici%C3%B3n.html.

requisitos de notável saber jurídico e reputação ilibada – que, ao ser sabatinado no Senado, teve a sua indicação colocada à prova não pelos requisitos constitucionais, mas porque a sua contraindicação seria uma forma de desestabilizar o já fragilizado segundo governo Dilma Rousseff. Foi questionado pelo Poder Legislativo a respeito do que pensava sobre questões como a legalização do aborto, descriminalização das drogas, se era favorável ou não à Zona Franca de Manaus etc. Por quê? Certamente não era a verificação de sua reputação ilibada, nem de seu notável saber jurídico. Era um controle político que a sabatina tentava exercer, tentando garantir que o Poder Executivo (que indicou) ficasse descredibilizado e, ao mesmo tempo, só fosse nomeado um Ministro que pensasse como pensam os membros do Senado – isto é, controle político e ideológico como filtro de recrutamento para o STF.[558] Esse tipo de controle é a tentativa manipuladora de cassar a independência do Judiciário, de modo que os magistrados devem ter afinidade com o chefe do Executivo, e, também, com os membros do Legislativo. Aliás, sacrificar essa independência no recrutamento da Corte Constitucional do país é uma tentativa de arrefecer o mais importante defensor da Constituição, isto é, calar o caráter contramajoritário ínsito do Judiciário. O momento de tensão política e a série de questionamentos nesse sentido eclodiram em um momento de crise justamente porque nesses momentos que é possível analisar estruturas consolidadas, que normalmente atua à revelia da consciência dos indivíduos.[559] E por isso mesmo foi possível ver com clareza a natureza da instituição da nomeação política: forma de controle, de prostrar, curvar, de acabar com a dignidade e, sobretudo, a independência do Poder Judiciário.

2.1.3.2 Um concurso não tecnicista

Superada a nomeação política, resta a reestruturação do próprio concurso, para que deixe de ser um instrumento burocrático, recrutando

---

[558] A esse respeito: http://www.gazetadopovo.com.br/blogs/caixa-zero/um-minuto-de-sua-atencao-fachin-nao-e-candidato-a-genro-dos-senadores/

[559] PERISSINOTTO, Renato Monseff. "Por que e como estudar o poder". *In*: PERISSINOTTO, Renato Monseff; LACERDA, Gustavo Biscaia de; SZWAKO, José (coord.). *Curso livre de teoria política*: normatividade e empiria. Curitiba: Appris, 2016, p. 23.

CAPÍTULO 2 - (RE)ESTRUTURAÇÃO DA MAGISTRATURA NO BRASIL

agentes carreiristas, decoradores de lei, portadores de um paradigma quantitativista e positivista para, enfim, recrutar agentes políticos e politizados, conhecedores não só da lei, mas da Constituição, idôneos para aplica-la como pressuposto de sua judicatura diária, preocupados com a construção de uma sociedade livre, justa e solidária. Para tanto, além de pensar quem é recrutado, deve-se pensar em quem recruta,[560] isto é, pessoas que bancas que estejam comprometidas em filtrar esse tipo de profissional.

Em democracias consolidadas, a seleção de magistrados não é um processo empírico, resultado de uma comprovação imediata de conhecimento, delegada a um colegiado *ad hoc*.[561] Assim, ser membro de banca não deve constituir forma de homenagear o alto escalão de um Tribunal, nem, para o baixo escalão, como maneira de mostrar serviço para a cúpula. As bancas devem ser um órgão administrativo do Tribunal como qualquer outro, funcionado conforme a necessidade, mas definidos em conjunto com o restante das instâncias administrativas, dando predileção "à experiência docente ou profissional", através de critérios objetivos.[562] Uma banca mais democrática teria *de per si*, a vis de elaborar uma prova mais democrática, que aliasse os saberes profissional e acadêmico, bem como, "a sensibilidade do candidato às questões sociais e econômicas",[563] aferíveis sobretudo nas fases mais adiantadas do certame, inclusive na entrevista da etapa oral.

---

[560] ARRUDA, Augusto Francisco Mota Ferraz de. "Formação e recrutamento de juízes". *In:* ALMEIDA, José Maurício Pinto de; LEARDINI, Márcia (coord.). *Recrutamento e formação de magistrados no Brasil*. Curitiba: Juruá, 2007. pp. 29-66, p. 31.

[561] NALINI, José Renato. "O desafio de criar juízes". *In:* ALMEIDA, José Mauricio Pinto de; LEARDINI, Márcia (coord.). *Recrutamento e formação de magistrados no Brasil*. Curitiba: Juruá, 2010, pp. 91-109, p. 92. PACHECO, José Ernani de Carvalho. "Apresentação". *In:* ALMEIDA, José Mauricio; LEARDINI, Márcia (coord.). *Recrutamento e formação de magistrados no Brasil*. 1ª ed. Curitiba: Juruá, 2007, p. 7.

[562] NALINI, José Renato. *A rebelião da toga*. 2ª ed. Campinas: Millenium, 2008, p. 86.

[563] SANTOS, Boaventura de Sousa; PEDROSO, João; BRANCO, Patrícia. *O recrutamento e a formação de magistrados:* análise comparada de sistemas e países da União Europeia. Coimbra: Observatório Permanente da Justiça Portuguesa, 2006. Disponível em http://opj.ces.uc.pt/pdf/ORFM/Recrutamento_formacao_magistrados.pdf, p. 35.

Nesse sentido, a proposta conjunta de Fernando de Castro Fontainha, Pedro Heitor Barros, Geraldo Alexandre Veronese, Camila Souza Alves, Beatriz Helena Figueiredo e Joana Waldburger, juristas, sociólogos e politólogos, parece apontar na direção do horizonte democrático. Eles e elas, a partir da constatação de que os concursos no Brasil seguem a ideologia concurseira e após longo e emérito estudo a respeito da estrutura dos concursos públicos no Brasil,[564] propõem a mudança do paradigma dos concursos para alterar tal realidade, dando privilégio à experiência profissional e à academia: "nesse sentido, propomos que (...) 50% dos membros das bancas examinadoras sejam professores e/ou pesquisadores externos à carreira e em regime de dedicação exclusiva a atividades de ensino e/ou pesquisa, e que os outros 50% dos membros da banca sejam servidores internos e experimentados na carreira"[565] – no caso, os "servidores" seriam os magistrados. A divisão promove de maneira equânime a seleção chancelada pela experiência técnica e pelo conhecimento acadêmico, sem que nenhuma das duas visões se sobreponha *a priori* à outra (uma vez que não se pode dizer que a experiência profissional seja mais importante do que a acadêmica para um magistrado ou vice-versa). Igualmente, também oferece equidade entre a seleção autointeressada do Tribunal recrutante e a comunidade externa, permitindo maior transparência e oxigenação dos critérios de recrutamento.[566] A pluralidade de ideias, valores e saberes seria insigne desse tipo de banca, assim como é plural a sociedade brasileira e é plural sua Constituição. Um candidato extremamente versado na letra da lei, sabedouro das súmulas e entendimentos jurisprudenciais correntes, mas ausente de crítica, leitura aprofundada e reflexão – inidôneo para ser um magistrado democrático – certamente desagradaria os membros da academia. Noutro viés, o exímio leitor de várias obras, qualificado academicamente muito além da graduação, mas que não demonstrasse

---

[564] FONTAINHA, Fernando Castro et al. *Processos seletivos para a contratação de servidores públicos:* Brasil, o país dos concursos?. Rio de Janeiro: Editora FGV, 2014, p. 125.

[565] FONTAINHA, Fernando Castro et al. *Processos seletivos para a contratação de servidores públicos:* Brasil, o país dos concursos?. Rio de Janeiro: Editora FGV, 2014, p. 139.

[566] A proposta dos autores é *de lege ferenda*, e, inclusive, há minuta de um novo marco normativo para os concursos públicos ao final da tese.

CAPÍTULO 2 - (RE)ESTRUTURAÇÃO DA MAGISTRATURA NO BRASIL

habilidade no manejo da técnica jurídica, nos expedientes da judicatura – inidôneo para ser um magistrado democrático – certamente desagradaria os membros do Tribunal. Assim, a banca, além do republicanismo, burocracia e meritocracia, garantiria de forma balanceada o saber acadêmico e o saber profissional, ambos necessários para uma magistratura democrática, como já se pontuou. Ademais, a pluralidade da banca, em sua composição, dificultaria uma composição com homogeneidade de valores e posturas, típicas de corpos profissionais coesos, possuindo muito mais chances de refletir o pluralismo albergado pela Constituição Federal de 1988. Assim, seria fortalecida a "garantia de um recrutamento plural para formação e diversificado nas experiências, competências e saberes dos candidatos e sem qualquer discriminação negativa em função do sexo, idade, opção política, religiosa, filosófica ou de orientação sexual", segundo José Renato Nalini.[567] Em uma banca composta de maneira pluralista, não haveria espaço para observações a respeito da sobriedade da vestimenta, do comprimento do cabelo, do uso de brinco ou barba, ou do tamanho da saia das candidatas, como no exemplo observado no subponto anterior.

Também é preciso ponderar a respeito da própria existência de um exame oral em um concurso democratizado. Nesse sentido, há quem defenda a exclusão do exame oral para livrar-se de seu subjetivismo.[568] No entanto, não parece ser essa a solução para o problema que, hoje, os exames orais apresentam. Esse posicionamento contrário aos exames orais, aliás, em geral está carreado de uma "ideologia concurseira, presa a falsas objetividades, [que] não deixaria de lançar seu repúdio a este tipo de exame, por sua pretensa subjetividade".[569] Observe-se que, a exceção das provas de múltipla escolha, todas as demais fases são dotadas de algum grau subjetividade, sobretudo nas provas escritas e elaboração de sentenças. Há claras diferenças, como o espelho de correção e a

---

[567] *A rebelião da toga*. 2ª ed. Campinas: Millenium, 2008, p. 86.
[568] ATAIDE Jr., Vicente de Paula. *O novo juiz e a Administração da Justiça*: repensando a seleção, a formação e a avaliação dos magistrados no Brasil. Curitiba: Juruá, 2009, p. 93.
[569] FONTAINHA, Fernando Castro et al. *Processos seletivos para a contratação de servidores públicos*: Brasil, o país dos concursos?. Rio de Janeiro: Editora FGV, 2014, p. 140.

recorribilidade das notas, o que deve se levar em consideração, mas ainda assim não há como pretender inteiramente objetiva a correção de provas escritas e de sentenças. A grande questão relativa às provas orais, como dito, é serem abertas aos preconceitos, irrecorríveis, sem transparência nos motivos que levam à atribuição de determinada nota. A democratização pluralista da banca, contudo, afasta em grande medida a possibilidade de preconceitos.[570] Nada impede, igualmente, que o resultado da prova oral – como, aliás, é o que ocorre em qualquer julgamento em que vija efetivamente o princípio da oralidade, motivo pelo qual os Tribunais estariam extremamente à vontade para fazê-lo – seja fundamentado em algum documento, passível de controle e aferição como qualquer outra fase do certame. Assim, "na prova oral, a Banca Examinadora deverá apresentar comentário sucinto e objetivo acerca do desempenho do candidato em cada um dos itens avaliados",[571] assim como há acórdãos e relatórios dos debates das sessões de julgamento, eliminando a reprovação por motivos escusos e dando sindicabilidade a essa fase do certame como qualquer outra, caso o motivo apresentado seja irregular, improcedente, ou ilegal.

Outrossim, a inclusão de áreas afins ao Direito, mas não eminentemente jurídicas, tais como a Filosofia, Sociologia, Ciência Política, Antropologia e Psicologia,[572] inseridas nos concursos desde as primeiras fases, além de obrigar o aspirante a adquirir esse tipo de saber, seriam um óbice importante ao perfil concurseiro e as degenerações decorrentes de sua aprovação, uma vez que tal formação humanística, diferente dos textos de Lei, súmula e jurisprudência, não é passível de apreensão sem que seja minimamente compreendida. Assim, beneficiar-se-ia o candidato que buscou desenvolver suas capacidades crítico-reflexivas. E mesmo

---

[570] SANTOS, Boaventura de Sousa; PEDROSO, João; BRANCO, Patrícia. O *recrutamento e a formação de magistrados:* análise comparada de sistemas e países da União Europeia. Coimbra: Observatório Permanente da Justiça Portuguesa, 2006. Disponível em http://opj.ces.uc.pt/pdf/ORFM/Recrutamento_formacao_magistrados.pdf, p. 35.

[571] FONTAINHA, Fernando Castro et al. *Processos seletivos para a contratação de servidores públicos:* Brasil, o país dos concursos?. Rio de Janeiro: Editora FGV, 2014, p. 177.

[572] DALLARI, Dalmo de Abreu. *O poder dos juízes.* 3ª ed. São Paulo: Saraiva, 2010, p. 32.

CAPÍTULO 2 - (RE)ESTRUTURAÇÃO DA MAGISTRATURA NO BRASIL

no tocante às perguntas técnico-jurídicas, é mais adequado a cobrança de um saber jurídico efetivo (que não é passível de ser instrumentalizado), do que meras repetições de categorias estanques ou a literalidade dos textos legais (que podem ser apreendidos de forma instrumental). Não se olvide que o que se busca é selecionar um agente do Poder soberano e não um burocrata boca-da-lei; a complexidade dessa tarefa justifica a formação não só jurídica, mas enfaticamente humanística, dos conhecimentos acumulados pela humanidade não só sobre o Direito, mas sobre a própria Sociedade, o pensamento etc.

Igualmente, é coerente com uma magistratura democrática que as etapas dissertativa e prática se atualizem para um paradigma pós-positivista, fortemente centrado no constitucionalismo, o que impele a prática privilegiar o conhecimento prático do Direito Constitucional e o seu manuseio. Para o argentino Jorge Omar Belcholc, o motivo mais determinante no empobrecimento de uma jurisdição constitucional é a formação eminentemente civilista dos magistrados,[573] destacando que, inclusive, os governos militares na Argentina sempre buscaram enviesar o ensino jurídico e o conhecimento das cortes para a doutrina privatista, de modo a tornar o Judiciário menos hábil a exercer sua função de controle dos demais Poderes.[574] Assim, além de a prova dissertativa a respeito de Direito Constitucional merecer peso diferenciado, a prova de sentença, para além das categorias que já são atualmente cobradas (cível e criminal, trabalhista ou criminal militar), deveria, obrigatoriamente, envolver a elaboração de uma peça de Direito Constitucional, no exercício de jurisdição constitucional, tal como controle concreto de constitucionalidade de lei, controle judicial de políticas públicas, aplicação de direitos humanos constitucionais etc. A inclusão de questões de hermenêutica constitucional radicada no conhecimento crítico a respeito

---

[573] "Aportes para una selección coherente y congruente de los jueces de un Tribunal Constitucional: el caso de la Corte Suprema de Argentina y sus recientes modificaciones". *Revista Aragonesa de Administración Pública,* n. 30, pp. 479-538, 2007, pp. 496-500.

[574] BERCHOLC, Jorge Omar. "Aportes para una selección coherente y congruente de los jueces de un Tribunal Constitucional: el caso de la Corte Suprema de Argentina y sus recientes modificaciones". *Revista Aragonesa de Administración Pública,* n. 30, pp. 479-538, 2007, p. 497.

(por exemplo, atualmente, Hart, Dworkin, Alexy, Gadamer, Streck etc.) nas duas primeiras fases também contribuiria nesse sentido, selecionado os mais aptos a se filiar a, independentemente da corrente hermenêutica, dar respostas judiciais coerentes. Esse é mais um filtro que, por um lado, insta os aspirantes a buscar esse tipo de conhecimento – que irão certamente desempenhar depois, na vida profissional – e, igualmente, filtra os inidôneos para exercê-lo.

Por fim, quanto ao requisito de experiência profissional anterior ao efetivo exercício da função, que a magistratura democrática não relega ao mercado,[575] trata-se de um tema institucional e que se imbrica necessariamente com a formação dos magistrados. Como alega Boaventura de Souza Santos, "numa sociedade complexa, como a atual, o recrutamento deve ser para formação e não para ingresso direto na magistratura, de modo a que durante o tempo de formação se possa avaliar se o candidato tem ou não condições psicológicas, técnicas e culturais de vir a ser magistrado".[576] É a proposta de José Maurício Pinto de Almeida,[577] José Renato Nalini,[578] Fernando Fontainha,[579] dentre outros. O real aprimoramento da formação do magistrado, assim, elimina

---

[575] ZAFFARONI, Eugenio Raúl. "Dimensión Política de un Poder Judicial Democrático". *Cuadernos de Derecho Penal*, pp. 15-53, 1992. Disponível em http://new.pensamientopenal.com.ar/sites/default/files/2013/09/51zaffaroni.pdf. Acesso em 19.09.2014, p. 28.

[576] SANTOS, Boaventura de Sousa; PEDROSO, João; BRANCO, Patrícia. *O recrutamento e a formação de magistrados:* análise comparada de sistemas e países da União Europeia. Coimbra: Observatório Permanente da Justiça Portuguesa, 2006. Disponível em http://opj.ces.uc.pt/pdf/ORFM/Recrutamento_formacao_magistrados.pdf, p. 35.

[577] ALMEIDA, José Mauricio Pinto de. "O polêmico requisito de três anos de atividade jurídica ao ingresso na carreira da magistratura". *In:* ALMEIDA, José Mauricio Pinto de; LEARDINI, Márcia (coord.). *Recrutamento e formação de magistrados no Brasil.* Curitiba: Juruá, 2010, pp. 67-90, p. 85.

[578] NALINI, José Renato. *A rebelião da toga.* 2ª ed. Campinas: Millenium, 2008, pp. 85-95. NALINI, José Renato. "O desafio de criar juízes". *In:* ALMEIDA, José Mauricio Pinto de; LEARDINI, Márcia (coord.). *Recrutamento e formação de magistrados no Brasil.* Curitiba: Juruá, 2010, pp. 91-109, p. 98.

[579] FONTAINHA, Fernando Castro et al. *Processos seletivos para a contratação de servidores públicos:* Brasil, o país dos concursos?. Rio de Janeiro: Editora FGV, 2014, p. 140.

CAPÍTULO 2 - (RE)ESTRUTURAÇÃO DA MAGISTRATURA NO BRASIL

requisitos de formação profissional relegados a entes ou setores estranhos ao próprio Judiciário e desafetos à lógica republicana, como se verá.

2.2 FORMAÇÃO

O recrutamento de novos agentes para se incorporarem aos quadros de uma instituição talvez seja, como dito, o passo mais decisivo na mudança daquilo que se pode entender como o perfil dos agentes que a compõem. Contudo, o recrutamento é justamente esse passo do exógeno para o endógeno, isto é, da prospecção de pessoas, da sociedade, para ocupar os cargos. Por mais criterioso que tenha sido o recrutamento, ele ainda assim é um liame de aferição de aptidões iniciais a desenvolver, significando que o recrutado não é um agente totalmente cunhado conforme o sistema de valores da Instituição, e sobretudo seus procederes, sua dinâmica, enfim, o conhecimento relativo à Instituição que os recrutados adentram. Assim, se, por um lado, o recrutamento discrimina os idôneos dos inidôneos para o exercício de uma magistratura, detentores de um conhecimento mínimo necessário para o exercício da função, é a formação que efetivamente profissionaliza o magistrado, fazendo com que ele apreenda os valores profissionais da judicatura. Até mesmo porque jamais desempenhou a função antes.

Atualmente, contudo, a lógica de recrutamento que se dá faz ocorrer que o recrutamento tem sido visto como o selecionador de agentes aptos para, *ipso facto*, passarem a julgar a vida das pessoas – isso é, entende que o conhecimento que galgou ao candidato uma aprovação no concurso demonstra que o sujeito está plenamente versado nas questões da magistratura, ou que as aprenderá na prática, resultando, assim, na investidura de um "magistrado sem visão global da carreira que se inicia, aí incluindo noções de Administração da Justiça",[580] pois, mesmo que haja cursos de preparação, cursos de vitaliciandos etc., no mais das vezes são procedimentos *pro forma*, que não impede a nomeação, e até

---

[580] PACHECO, José Ernani de Carvalho. "Apresentação". *In:* ALMEIDA, José Mauricio; LEARDINI, Márcia (coord.). *Recrutamento e formação de magistrados no Brasil.* 1ª ed. Curitiba: Juruá, 2007, p. 7.

mesmo porque o magistrado julga-se a si mesmo como perfeitamente cunhado para o exercício da função, após ser aprovado no excruciante concurso.[581]

A Constituição Federal de 1988, em compasso com as demais mudanças do Poder Judiciário no mundo, incluiu, conquanto de maneira vaga, a necessidade de formação dos magistrados, prevendo, em seu texto original de 05 de outubro, que a Lei Complementar que arregimentasse o Estatuto da Magistratura necessariamente trouxesse a "previsão de cursos oficiais de preparação e aperfeiçoamento de magistrados como requisitos para ingresso e promoção na carreira" (art. 93. IV).

A Emenda Constitucional n. 45/2004 "veio a aperfeiçoar a determinação. Deixou mais explícita a necessidade de cursos oficiais de preparação, aperfeiçoamento e promoção de magistrados (...) tornou etapa obrigatória do processo de vitaliciamento a participação em curso oficial ou reconhecido por escola nacional de formação e aperfeiçoamento de magistrados". Ademais, instituiu, junto ao Superior Tribunal de Justiça, a Escola Nacional de Formação de Magistrados (Constituição, art. 105, parágrafo único, I). Ao atrelar a formação à progressão na carreira, valorizou-a, inclusive. Assim, o paradigma constitucional, para além da formatação do recém-ingresso, é de que "nenhum juiz estará imune à continuidade do seu processo de aprimoramento. Até desligar-se da carreira, será um estudante crônico. Um aprendiz permanente".[582] A efetiva concretização do paradigma constitucional, contudo, ainda está no porvir.

2.2.1 A responsabilidade pela formação é institucional

A ideia de formação intrainstitucional não é exclusiva nem invenção da magistratura. Diversas instituições com consolidação social notável já assimilaram a aperfeiçoaram, para si, a noção de que o recém-ingresso, bem como todos os membros do seu corpo efetivo, necessitam

---

[581] NALINI, José Renato. *A rebelião da toga*. 2ª ed. Campinas: Millenium, 2008, p. 72.
[582] NALINI, José Renato. *A rebelião da toga*. 2ª ed. Campinas: Millenium, 2008, p. 239.

CAPÍTULO 2 - (RE)ESTRUTURAÇÃO DA MAGISTRATURA NO BRASIL

ser formados pela própria Instituição, a fim de que possam atuar de maneira focada, direcionada a um objetivo, coesa e coerente. A Instituição, assim, assume a função de oferecer a capacitação para que os indivíduos, por si, sejam hábeis a realizar a função que deles se espera, e que a realizem na qualidade que se espera. É o caso das Forças Armadas, da Polícia Militar, da Igreja Católica, do Itamaraty, com o Instituto Rio Branco etc.[583] Independentemente de juízos de valor a respeito de que tipo de formação é feito nessas instituições, é notável que elas são bem-sucedidas em recrutar cidadãos do seio da sociedade e neles incutir uma série de valores, mecanismos e práticas para o eficiente atingimento dos objetivos por elas pretendidos.[584] No caso das instituições estatais, isto é, Forças Armadas, das Polícias Militares e Itamaraty, o concurso que seleciona para formação (e efetivação apenas após o sucesso na Escola inicial) é bastante claro.

Ao passo que essas instituições possuem séculos de experiência na formação de seus agentes, comparativamente o Judiciário ainda engatinha

---

[583] NALINI, José Renato. *A rebelião da toga*. 2ª ed. Campinas: Millenium, 2008, pp. 103/104.

[584] A leitora ou leitor possivelmente já assistiu ao filme nacional chamado "Tropa de Elite", baseado no livro "Elite da Tropa" (Editora Objetiva, 2006). A descrição do livro, dentre outras coisas, descreve a seguinte cena: "depois de cavalgar 100 quilômetros, sem arreio e sem descanso, mortos de fome e sede, eles têm licença para um descanso brevíssimo até que alguém anuncie que a comida está servida – sobre a lona, onde o grupo exaurido vai se debruçar para comer tudo o que conseguir, com as mãos, em dois minutos. Esta é apenas uma das etapas de treinamento da tropa de elite da polícia. Eles obedecem a regras estritas, as leis da guerrilha urbana. Na dúvida, mate. Não corra, não morra. Máquinas de guerra, eles foram treinados para ser a melhor tropa urbana do mundo, um grupo pequeno e fechado de homens atuando com força máxima e devastadora". É um exemplo de uma instituição que recruta membros do seio da sociedade e, através de um processo de formação, incute neles procedimentos e valores (tais como o desvalor pela vida do cidadão) para atuar como "máquinas de guerra" nas favelas do Rio de Janeiro, exumando do sujeito sua própria humanidade. É a demonstração perfeita do potencial que a formação possui para a estruturar uma Instituição – mas no, caso, como se verá no ponto 2.2.3, o caminho a seguir é justamente o oposto: humanizar o agente, criar nele empatia, apreço pela vida do cidadão etc. O que se demonstra, por hora, é que a formação é, sim, capaz de, após recrutado o sujeito, treiná-lo, dando a ele uma série de aptidões para desempenhar a sua tarefa institucional (julgar) da maneira pretendida pela instituição formadora.

nessa direção. Eliana Calmon aponta que a primeira reflexão nesse sentido, no Brasil, se deu apenas em 1966, na obra de Edgard Moura Bittencourt, que trouxe à baila a necessidade de o Brasil pensar em particular a necessidade de formação de seus magistrados, constatada a insuficiência do saber bacharelesco oferecido pela Universidade, que não contemplava as necessidades da Instituição. Assim, propôs-se de maneira geral que a formação dos magistrados espelhasse aquela conferida aos diplomatas pelo Instituto Rio Branco,[585] posição que, ainda hoje, parece ser bastante acertada, dada a qualidade do Instituto em formar diplomatas e na ainda preliminar formação institucional que o Judiciário oferece.

Moniz de Aragão, também na década de 1960, demonstrou que o Estado possui muito empenho em formar seu pessoal imbuído das tarefas mais importantes, com esforços de custosas instalações e estabelecimentos de ensino para formatura e especialização. Também ressaltou o paralelo com o caso dos militares, que, após o primeiro ciclo de formação, periodicamente eram submetidos a um novo contato com os ensinamentos. Outrossim, o diplomata, após a dificílima seleção, é amplamente preparado num curso de "invulgar especialização". Observou também a formação dos delegados e de todas as funções de relevância institucional para o Estado – o que, contudo, a magistratura não repetia.[586]

No Brasil, contudo, ainda resiste a assimilar a ideia de que não é tarefa da Universidade oferecer à República juízes prontos e acabados,[587] entendendo que o conhecimento do bacharel é a técnica suficiente para o desempenho da função judicante. Nas palavras de Boaventura de Souza Santos, "prevalece, hoje, ainda entre nós a ideia de que o magistrado que se forma na faculdade de Direito está formado para a vida toda. É um erro. A formação da faculdade é uma formação genérica, deve ser

---

[585] ALVES, Eliana Calmon. "Escolas da Magistratura". *Revista da Escola Nacional da Magistratura*, vol. 1, n. 2, pp. 18-25, 2006, pp. 19/20.

[586] MONIZ DE ARAGÃO, Egas Dirceu. "Formação e aperfeiçoamento de juízes". *Revista da Faculdade de Direito UFPR*, vol. 8, pp. 114-123, 21 nov. 1960. Disponível em http://ojs.c3sl.ufpr.br/ojs/index.php/direito/article/view/6664. Acesso em 31.10.2014, p. 117.

[587] NALINI, José Renato. "O desafio de criar juízes". In: ALMEIDA, José Mauricio Pinto de; LEARDINI, Márcia (coord.). *Recrutamento e formação de magistrados no Brasil*. Curitiba: Juruá, 2010, pp. 91-109, p. 91.

CAPÍTULO 2 - (RE)ESTRUTURAÇÃO DA MAGISTRATURA NO BRASIL

complementada com formações especializadas",[588] até mesmo porque também persiste uma noção de que a Faculdade de Direito forma advogados, havendo até mesmo um desinteresse da Universidade em formar juízes.[589] Ou, quando se admite a insuficiência da Universidade, transfere-se a formação do pretendente a juiz à "escola" do mercado de trabalho, que deve frequentar durante três anos para então adquirir o conhecimento necessário para aspirar a ser um bom juiz, como visto no ponto anterior. Em sua formação (que não necessariamente é apenas teórica, pode envolver períodos de estágios profissionalizantes, estágios interdisciplinares de vivência com a sociedade, simulação da vida profissional, conhecimento da Instituição e do ambiente de trabalho, é claro) é possível que o aspirante a magistrado venha a adquirir toda a gama de conhecimentos profissionais, éticos e sociais que não são possibilitados pela Universidade através da própria Instituição. Isto é, da missão institucional do Judiciário de formar, ele próprio, os seus agentes.[590] A responsabilidade da formação, assim, é institucional do Poder Judiciário,[591] não do mercado de trabalho.[592] A existência de medidas que visem suprir a formação do magistrado através da exigência de anos de prática jurídica, como estágios e a Escola da Magistratura voltada à atuação profissional são, segundo José Maurício Almeida, o meio verdadeiramente idôneo de formar a maturidade de um magistrado apto para desempenhar as suas funções, que não vê na magistratura uma mera forma de colocação no mercado de trabalho, uma profissão com garantias e boa remuneração.[593]

---

[588] SANTOS, Boaventura de Souza. *Para uma revolução democrática da justiça*. 3ª ed. São Paulo: Cortez, 2011, p. 95.

[589] CLÈVE, Clèmerson Merlin. *Para uma dogmática constitucional emancipatória*. Belo Horizonte: Fórum, 2012, pp. 77/78.

[590] NALINI, José Renato. "A formação do juiz após a Emenda à Constituição n. 45/04". *Revista da Escola Nacional da Magistratura*, vol. 1, n. 1, pp. 17-24, 2006, p. 18.

[591] NALINI, José Renato. "A formação do juiz após a Emenda à Constituição n. 45/04". *Revista da Escola Nacional da Magistratura*, vol. 1, n. 1, pp. 17-24, 2006, p. 18.

[592] ALMEIDA, José Mauricio Pinto de. "O polêmico requisito de três anos de atividade jurídica ao ingresso na carreira da magistratura". *In:* ALMEIDA, José Mauricio Pinto de; LEARDINI, Márcia (coord.). *Recrutamento e formação de magistrados no Brasil*. Curitiba: Juruá, 2010, pp. 67-90, p. 71.

[593] ALMEIDA, José Mauricio Pinto de. "O polêmico requisito de três anos de atividade jurídica ao ingresso na carreira da magistratura". *In:* ALMEIDA, José Mauricio Pinto

Nesse sentido, uma formação democrática coaduna com a constatação de que "o modelo do Instituto Rio Branco, do Itamaraty, escola de reconhecida excelência na preparação do pessoal para a diplomacia é padrão que deveria servir à implementação de uma verdadeira Escola de Formação e Aperfeiçoamento de Magistrados",[594] principalmente no tempo de duração, bolsas de estudo e longevidade do processo formativo. O Estado brasileiro, aliás, tem muito esmero e não delega a nenhum terceiro a missão de formar seus diplomatas; não há motivos para agir de outro modo em relação a seus magistrados.

Nada impede de um recém-formado adentrar o Instituto Rio Branco, sem nem um ano de experiência profissional – e nem por isso há notícia de que a diplomacia brasileira seja inexperiente ou que seus agentes sejam malformados. Toda a formação, incluindo a técnico-profissional, é de responsabilidade da instituição (não do mercado).

Observe-se que os diplomatas se assemelham aos juízes no sentido de serem uma carreira técnico-política referente ao alto escalão do exercício do poder político estatal. No entanto, aos diplomatas há uma formação extremamente estruturada, diferente dos juízes, cujo enfoque se dá no recrutamento.Assim, se, por um lado ainda resiste na prática a ideia de que o candidato graduado, que trabalhou por três anos na área jurídica e foi aprovado no concurso precise de uma sólida e longa formação institucional complementar, a doutrina especializada a respeito é unânime em destacar que tal formação é, sim, necessária. Nesse sentido, podem-se citar, exemplificativamente, os mencionados Edgard Moura Bittencourt, Egas Dirceu Moniz de Aragão,[595] Eliana Calmon,[596] José

---

de; LEARDINI, Márcia (coord.). *Recrutamento e formação de magistrados no Brasil*. Curitiba: Juruá, 2010, pp. 67-90, p. 75.

[594] NALINI, José Renato. "A vocação transformadora de uma escola de juízes". *Revista da Escola Nacional da Magistratura*, vol. 2, n. 4, pp. 21-33, 2007, p. 29.

[595] "Formação e aperfeiçoamento de juízes". *Revista da Faculdade de Direito UFPR*, vol. 8, pp. 114-123, 21 nov. 1960. Disponível em http://ojs.c3sl.ufpr.br/ojs/index.php/direito/article/view/6664. Acesso em 31.10.2014, p. 117.

[596] NALINI, José Renato. "O desafio de criar juízes". *In:* ALMEIDA, José Mauricio Pinto de; LEARDINI, Márcia (coord.). *Recrutamento e formação de magistrados no Brasil*. Curitiba: Juruá, 2010, pp. 91-109, p. 100.

CAPÍTULO 2 - (RE)ESTRUTURAÇÃO DA MAGISTRATURA NO BRASIL

Renato Nalini,[597] bem como Luiz Flávio Gomes,[598] Pierpaolo Cruz Bottini,[599] Eugenio Raúl Zaffaroni,[600] Giacomo Oberto,[601] Augusto Francisco Mota Ferraz de Arruda,[602] Boaventura de Souza Santos,[603] João Pedroso e Patrícia Branco,[604] José Maurício Pinto de Almeida,[605] Dalmo de Abreu Dallari[606] e Vladimir Passos de Freitas[607] sem sequer tangenciar a pretensão de esgotar a lista. Assim, mais do que uma mera conveniência, a preparação dos magistrados por uma Escola no jejuno da carreira é, mais do que recomendável, um dever constitucional oriundo da Emenda Constitucional n. 45/2009, que ainda não foi totalmente decantado. Sua

---

[597] "O desafio de criar juízes". *In:* ALMEIDA, José Mauricio Pinto de; LEARDINI, Márcia (coord.). *Recrutamento e formação de magistrados no Brasil*. Curitiba: Juruá, 2010, pp. 91-109, p. 106.

[598] *A dimensão da magistratura:* no Estado Constitucional e Democrático de Direito. São Paulo: Revista dos Tribunais, 1997, p. 181.

[599] "A Reforma do Judiciário: aspectos relevantes". *Revista da Escola Nacional da Magistratura*, vol. 2, n. 3, pp. 89-99, 2007, p. 101.

[600] "Dimensión Política de un Poder Judicial Democrático". *Cuadernos de Derecho Penal*, pp. 15-53, 1992. Disponível em http://new.pensamientopenal.com.ar/sites/default/files/2013/09/51zaffaroni.pdf. Acesso em 19.09.2014, p. 28.

[601] "Recrutamento e formação de magistrados: o sistema italiano no âmbito dos princípios internacionais sobre o estatuto dos magistrados e da independência do Poder Judiciário". *Revista da EMERJ*, vol. 5, n. 20, pp. 15-50, 2002, p. 36.

[602] "Formação e recrutamento de juízes". *In:* ALMEIDA, José Maurício Pinto de; LEARDINI, Márcia (coord.). *Recrutamento e formação de magistrados no Brasil*. Curitiba: Juruá, 2007. pp. 29-66, p. 58.

[603] SANTOS, Boaventura de Souza. *Para uma revolução democrática da justiça*. 3ª ed. São Paulo: Cortez, 2011, p. 95.

[604] SANTOS, Boaventura de Sousa; PEDROSO, João; BRANCO, Patrícia. *O recrutamento e a formação de magistrados:* análise comparada de sistemas e países da União Europeia. Coimbra: Observatório Permanente da Justiça Portuguesa, 2006. Disponível em http://opj.ces.uc.pt/pdf/ORFM/Recrutamento_formacao_magistrados.pdf, pp. 36/37.

[605] ALMEIDA, José Mauricio Pinto de. "O polêmico requisito de três anos de atividade jurídica ao ingresso na carreira da magistratura". *In:* ALMEIDA, José Mauricio Pinto de; LEARDINI, Márcia (coord.). *Recrutamento e formação de magistrados no Brasil*. Curitiba: Juruá, 2010, pp. 67-90, p. 71.

[606] *O poder dos juízes*. 3ª ed. São Paulo: Saraiva, 2010, p. 36.

[607] "O Poder Judiciário e o direito ambiental no Brasil". *Revista da Escola Nacional da Magistratura*, vol. 2, n. 4, pp. 34-47, 2007, p. 43.

realização, na prática, ainda é muito aquém de uma efetivação do intento constitucional. Nas palavras de Nalini, "o constituinte dotou a Justiça de instrumento suficiente e hábil para que passe a dispor de juízes mais adequadamente formados. Vedou o recrutamento empírico e confiado a comissões episódicas (...). Cumprir a vontade do constituinte – que é a vontade da Nação – compete agora ao Judiciário".[608] Ademais, também é na Escola da Magistratura que vários dos valores éticos dos juízes são forjados, [609] o que denota que o Poder Judiciário não pode se alhear ou descuidar de tal aspecto.

É necessário, contudo, a cautela de não se deslumbrar pela pertinência e necessidade da formação que ela vire um fim em si mesma e não contribua para a democratização do Judiciário, como alerta Zaffaroni. Isso porque, embora caiba às Escolas da Magistratura, oferecer a formação profissional vestibular do aspirante a magistrado, elas não podem ser um pré-requisito para se candidatar ao recrutamento, como ocorre em alguns países da Europa, conforme observado no ponto 2.1.1.1. Eliana Calmon separa, nesse contexto, dois grandes modelos de Escola: o que a Instituição se incumbe em formar os candidatos ao concurso para a magistratura, como é na França, Espanha, Portugal e outros – nesse sistema, assim, aquele que pretende tentar o concurso deve, obrigatoriamente, frequentar a Escola da Magistratura; havendo, também, o modelo, como é no Brasil ou na Alemanha em que a Escola se preocupa apenas com aqueles que ingressam após o concurso de provas e títulos.[610]

Nesse sentido, observa-se que o Brasil, nisso, está mais próximo do sistema democrático, uma vez que, mesmo nos países que obrigam

---

[608] NALINI, José Renato. "O desafio de criar juízes". *In:* ALMEIDA, José Mauricio Pinto de; LEARDINI, Márcia (coord.). *Recrutamento e formação de magistrados no Brasil.* Curitiba: Juruá, 2010, pp. 91-109, p. 94.

[609] PERISSINOTTO, Renato Monseff; ROSA, Paulo Vinícios Accioly Calderari da; PALADINO, Andrea. "Por uma sociologia dos juízes: comentários sobre a bibliografia e sugestões de pesquisa". *In:* ALMEIDA, José Maurício Pinto de; LEARDINI, Márcia (coord.). *Recrutamento e formação de magistrados no Brasil.* Curitiba: Juruá, 2010, p. 183.

[610] ALVES, Eliana Calmon. "Escolas da Magistratura". *Revista da Escola Nacional da Magistratura,* vol. 1, n. 2, pp. 18-25, 2006, p. 22. Embora, é claro, a maioria das Escolas também ofereçam, esponte própria, cursos preparatórios a pessoas ainda não integrantes da Instituição.

CAPÍTULO 2 - (RE)ESTRUTURAÇÃO DA MAGISTRATURA NO BRASIL

a frequência na Escola da Magistratura, tais instituições não são financiadas exclusivamente com recursos públicos, ou seja, são pagas. Assim, Zaffaroni demonstra primeiramente que essa exigência encerraria a carreira de juiz de tal modo que não se recomenda nem para os sacerdotes nem para os militares. O acesso à magistratura deve ser a qualquer bacharel da área jurídica,[611] não apenas aqueles que, depois de formados, prestaram e pagaram uma Escola. Essa exigência, por conseguinte, promoveria apenas uma elitização do concurso.[612] A formação, assim, é essencial, com a ressalva de que suas potencialidades não seduzam por caminhos que promovam a elitização daqueles aptos a prestar o concurso.

2.2.2 Insuficiências no modelo brasileiro

Ressaltar que a formação é importante e é dever do próprio Judiciário, contudo, não encerra em si a solução para as necessidades profissionais, gerenciais e humanísticas a que esse instituto estrutural da magistratura pretende garantir – ainda menos se se pensar através de um paradigma democrático. Assim, conquanto a formação, em si, seja o meio idôneo para capacitar o exercício da magistratura e garantir a independência dos juízes,[613] não é qualquer formação que cumprirá esse papel, nem tampouco o papel de estruturar uma magistratura democrática.[614]

Nesse viés, é preciso superar o paradigma técnico-burocrático positivista também na formação dos magistrados, isto é, dispensar a noção

---

[611] "Dimensión Política de un Poder Judicial Democrático". *Cuadernos de Derecho Penal*, pp. 15-53, 1992. Disponível em http://new.pensamientopenal.com.ar/sites/default/files/2013/09/51zaffaroni.pdf. Acesso em 19.09.2014, p. 28.

[612] DALLARI, Dalmo de Abreu. *O poder dos juízes*. 3ª ed. São Paulo: Saraiva, 2010, p. 34.

[613] OBERTO, Giacomo. "Recrutamento e formação de magistrados: o sistema italiano no âmbito dos princípios internacionais sobre o estatuto dos magistrados e da independência do Poder Judiciário". *Revista da EMERJ*, vol. 5, n. 20, pp. 15-50, 2002, p. 36.

[614] OLSON, Giovanni. "A formação institucional de magistrados como garantia da cidadania". Revista NEJ – Eletrônica, vol. 17, n. 3, p. 469-478, set-dez 2012, p. 477.

de que as Escolas da Magistratura têm o dever de ensinar ou revisar o conteúdo do bacharelado, ou, ainda promover pequenos cursos de atualização sempre caudatários às atualizações legislativas. "Disso deflui que a Escola da Magistratura não pode ser uma Faculdade de Direito revisitada, nem uma revisão, concentrada, das disciplinas jurídicas ministradas nas Escolas de Direito. A perspectiva pós-positivista e principiológica do Direito reclama intensificação do estudo da hermenêutica constitucional, pois o Direito contemporâneo é um sistema aberto de valores".[615] No mesmo sentido, Zaffaroni: *"las escuelas de la magistratura deben fomentarse como ejemplo complementarias de la formación jurídica universitaria, para los conocimientos prácticos necesarios y para actualizaciones de conocimientos jurídicos no accesibles universitariamente (por razones de distancia, costo, etc.), pero en ningún momento deben sustituir la función la Guardando estas precauciones fundamentales, necesariamente la función universitaria"*.[616]

A realidade, contudo, é bastante oposta a essa concepção. Em geral, as Escolas da Magistratura, atualmente, "priorizaram a formação continuada e se especializaram em cursos eminentemente jurídicos, quase sempre com vistas a propiciar aos magistrados o manejo de novas leis, no fetichismo típico de que nova formulação normativa resolveria problemas de toda ordem".[617] Esse fetichismo da hiperssuficiência da Lei, que é capaz de dar conta das situações, e, portanto, deve ser a preocupação mor da vida profissional do magistrado o resume ao autômato *bouche de la loi*, contrariando séculos de modificação jurídica paradigmática no sentido de superação do positivismo. Apesar disso, segundo Dallari, "na maioria dos Estados passaram a ser ministrados [nas Escolas da Magistratura] cursos de preparação para os concursos da

---

[615] NALINI, José Renato. "A formação do juiz após a Emenda à Constituição n. 45/04". *Revista da Escola Nacional da Magistratura*, vol. 1, n. 1, pp. 17-24, 2006, p. 20.

[616] *Estructuras judiciales*. Buenos Aires: Ediar, 1994. Disponível em http://www.pensamientopenal.com.ar/articulos/estructuras-judiciales. Acesso em 24.10.2014, pp. 186/187.

[617] NALINI, José Renato. "O desafio de criar juízes". *In*: ALMEIDA, José Mauricio Pinto de; LEARDINI, Márcia (coord.). *Recrutamento e formação de magistrados no Brasil*. Curitiba: Juruá, 2010, pp. 91-109, p. 93.

CAPÍTULO 2 - (RE)ESTRUTURAÇÃO DA MAGISTRATURA NO BRASIL

magistratura, visando apenas proporcionar aos candidatos uma oportunidade de rememorarem estudos anteriores, ou de estudarem pela primeira vez aquelas noções elementares que os cursos jurídicos de má qualidade deixaram de transmitir".[618]

A partir da realidade de que o ensino jurídico no Brasil é muito falho em razão de sua mercantilização neoliberal, e, ao mesmo tempo, reprodutor da fórmula coimbrã de mera subsunção da lei ao fato, salvo alguns centros de excelência e crítica, observe-se que tudo que a Escola da Magistratura não pode fazer e continuar reproduzindo esse modelo, que só tem a ratificar o positivismo, e transformar o juiz em um burocrata.[619] Nesse sentido, a doutrina já foi ou deve ter sido aprendida na graduação, ou mesmo na preparação pessoal que o candidato a juiz fez para o concurso, não sendo de nenhuma serventia o seu ensino ou recapitulação. Desse modo, a função da Escola em um paradigma democrático é ensinar conteúdos pragmáticos e humanistas.[620] Donde "o desafio da Escola da Magistratura é transformar o produto dogmático positivista da educação jurídica, à luz da velha feição das Faculdades de Direito, em um profissional atualizado, pronto a enfrentar os desafios contemporâneos. Um solucionador de conflitos, polivalente e intérprete da vontade da Constituição".[621]

Isso é válido, inclusive, para qualquer tipo de recrutamento, pois, mesmo que tenha havido um recrutamento democrático, com participação do saber crítico, com aferição da idoneidade para satisfazer direitos constitucionais, ou o estudo direcionado para a sociologia, filosofia, antropologia, política etc., isso não significa que o recrutado seja um profissional humanizado, tenha verdadeiro contato com a realidade social e que possa efetivamente compreender a macrorrealidade

---

[618] DALLARI, Dalmo de Abreu. *O poder dos juízes*. 3ª ed. São Paulo: Saraiva, 2010, p. 34.

[619] NALINI, José Renato. *A rebelião da toga*. 2ª ed. Campinas: Millenium, 2008, p. 24.

[620] NALINI, José Renato. *A rebelião da toga*. 2ª ed. Campinas: Millenium, 2008, p. IX.

[621] NALINI, José Renato. "A formação do juiz após a Emenda à Constituição n. 45/04". *Revista da Escola Nacional da Magistratura*, vol. 1, n. 1, pp. 17-24, 2006, p. 19.

na qual exercerá a jurisdição,[622] apenas que possui o conhecimento teórico das disciplinas humanistas. Assim, a formação atual é notadamente marcada pelo que Vladimir Passos de Freitas chama de "visão unidimensional", que deve ser substituída por uma visão mais holística dos fatos que estão sob julgamento.[623]

Um recrutamento democrático seleciona os candidatos mais idôneos para que isso se realize, de modo que uma formação democrática igualmente colherá melhores frutos de candidatos selecionados com essa visão, apenas. No sentido contrário, uma formação meramente tecnicista só ratificará um paradigma legalista, exegético e burocrático, e muito provavelmente será uma perda de tempo, tanto ao recrutado burocrata – que, para ser aprovado, teve que estudar esse conhecimento bacharelesco ao enfado – quanto para o democrático – que já possui o domínio técnico e não é esse o tipo de formação que irá fazer florescer as suas aptidões constitucionais.

Conquanto seja necessário um aprofundamento específico da pedagogia no tema, aponta-se que a sala de aula seria o espaço excepcional na formação do magistrado com o abandono da noção dogmática de formação. No entanto, a constatação atual é que o ensino é *pro forma* e aulista, isto é, uma extensão escolar, não cumprindo com a sua função essencial de ser uma formação institucional, profissional – pelo contrário, enseja uma devoção à lei apenas por sua autoridade, sem refletir sobre seu conteúdo e seu lugar na ordem constitucional brasileira.[624] Não se ensina, assim, a administração, as técnicas de administração dos Tribunais, Varas, Fórum, Corregedoria do Foro Extrajudicial etc., pois o magistrado brasileiro não é treinado adequadamente a administrar.[625]

---

[622] ALVES, Eliana Calmon. "Escolas da Magistratura". *Revista da Escola Nacional da Magistratura*, vol. 1, n. 2, pp. 18-25, 2006, p. 19.

[623] FREITAS, Vladimir Passos de; PALMA, Luis María. "La justicia como sistema". *Documentos de trabajo*. Universidad de Belgrano, n. 306, fev. 2015, p. 7.

[624] FARIA, José Eduardo. "Ordem legal × mudança social: a crise do Judiciário e a formação do magistrad". *In*: FARIA, José Eduardo (coord.). *Direito e justiça*: a função social do Judiciário. São Paulo: Ática, 1989, p. 104.

[625] NALINI, José Renato. "O desafio de criar juízes". *In*: ALMEIDA, José Mauricio

CAPÍTULO 2 - (RE)ESTRUTURAÇÃO DA MAGISTRATURA NO BRASIL

Outrossim, os cursos de vitaliciamento tentam emular sem sucesso a exigência de estágio, mas a sua pouca regulamentação não faz com que sejam efetivos,[626] muitas vezes apenas cumprindo formalmente a exigência constitucional, sem que se preocupe em surtir o efeito desejado. Segundo José Maurício Pinto de Almeida, os cursos de vitaliciamento em geral são estruturados sem zelo e com improvisações, e por isso mesmo são incapazes de fornecer uma efetiva visão prático-profissional da magistratura. Entende, igualmente, que, se o esmero para com esses cursos fosse outro, havendo um real estágio para qualificar profissionalmente o futuro magistrado antes que ele passe a desempenhar as suas funções, a formação prático-profissional estaria suprida e dentro da lógica da magistratura, o que é muito mais satisfatório para o Poder Judiciário do que a existência de três anos de prática em setores alheios ao Judiciário, atividades ou Instituições que não possuem a lógica nem os valores do Judiciário, e, assim, não formam magistrados.[627] O vitaliciamento, assim como os estágios probatórios na Administração, hoje, é uma grande oportunidade perdida de realmente formar e aprimorar o recém ingresso, porque dificilmente impedem a vitaliciedade dos magistrados, que é quase automática, *pro forma*.[628]

Por fim, mesmo com a exigência constitucional de aperfeiçoamento para a promoção, não é pensada a formação dos juízes e mesmo de desembargadores de modo a atualizar o paradigma jurídico pelo qual tomam suas decisões, o que causa um certo refreamento e a dificuldade

---

Pinto de; LEARDINI, Márcia (coord.). *Recrutamento e formação de magistrados no Brasil*. Curitiba: Juruá, 2010, pp. 91-109, p. 96.

[626] ALMEIDA, José Mauricio Pinto de. "O polêmico requisito de três anos de atividade jurídica ao ingresso na carreira da magistratura". *In:* ALMEIDA, José Mauricio Pinto de; LEARDINI, Márcia (coord.). *Recrutamento e formação de magistrados no Brasil*. Curitiba: Juruá, 2010, pp. 67-90, p. 73.

[627] ALMEIDA, José Mauricio Pinto de. "O polêmico requisito de três anos de atividade jurídica ao ingresso na carreira da magistratura". *In:* ALMEIDA, José Mauricio Pinto de; LEARDINI, Márcia (coord.). *Recrutamento e formação de magistrados no Brasil*. Curitiba: Juruá, 2010, pp. 67-90, p. 71.

[628] FONTAINHA, Fernando Castro et al. *Processos seletivos para a contratação de servidores públicos:* Brasil, o país dos concursos?. Rio de Janeiro: Editora FGV, 2014, p. 110.

de atualização da jurisprudência, sobretudo nas instâncias superiores. A maior parte dos temas que hoje são candentes no Direito eram inimagináveis e com um paradigma constitucional bastante diferente em relação àquele em que foram formados os membros das atuais cúpulas judiciais.[629] "Os mesmos magistrados que exerciam suas funções durante os 'anos de chumbo', continuaram judicando após a promulgação da Constituição (...). Registre-se que, antes da Constituição de 88, a Justiça Federal contava com juízes nomeados diretamente pelo Executivo e permaneceram no quadro do Poder até a sua aposentadoria".[630] Torna-se, assim, essencial – muito mais do que promover cursos da lei "do momento" – trazer, em parceria com as Universidades,[631] o conhecimento crítico, as altas doutrinas de aplicação, de jurisdição e sobretudo hermenêutica constitucional, a fim de todos os agentes do Judiciário, recém ingressos ou no final de suas carreiras, tenham o perfeito entendimento do paradigma normativo, hermenêutico, constitucional da contemporaneidade, e, assim, aplicando corretamente uma constituição valorativa, ponderando, se for o caso, princípios de uma modo não solipsista[632] e, assim, evitando o supramencionado "estado de natureza interpretativo".

2.2.3 O desafio de formar um juiz para a democracia

O modelo atual, ainda muito arraigado no ensino da lei e bacharelesco, não dá conta de formar magistrados democráticos para os Tribunais, o que leva a concluir que o intento constitucional ainda não

---

[629] DALLARI, Dalmo de Abreu. *O poder dos juízes*. 3ª ed. São Paulo: Saraiva, 2010, p. 35.

[630] PACHÁ, Andréa Maciel. "A necessidade de adequar a formação dos magistrados como agentes de aplicação das normas jurídicas, no mundo em permanente mudança". *Curso de Constitucional*: normatividade jurídica. Rio de Janeiro: EMERJ, 2013. pp. 11-24, pp. 16/17.

[631] NALINI, José Renato. "A formação do juiz após a Emenda à Constituição n. 45/04". *Revista da Escola Nacional da Magistratura*, vol. 1, n. 1, pp. 17-24, 2006, p. 18.

[632] NALINI, José Renato. "A formação do juiz após a Emenda à Constituição n. 45/04". *Revista da Escola Nacional da Magistratura*, vol. 1, n. 1, pp. 17-24, 2006, pp. 19/20.

CAPÍTULO 2 - (RE)ESTRUTURAÇÃO DA MAGISTRATURA NO BRASIL

se concretizou, a despeito de haver em cada Corte, uma Escola da Magistratura, além das nacionais. A democratização do Judiciário, assim, passa sem dúvida pela formação[633] que se dê após a aprovação do concurso[634] e continuada, que seja igualmente coerente com o sistema de recrutamento, conscientizadora da realidade social, hábil a sedimentar e fornecer aos magistrados um ferramental jurídico consistente para bem aplicar a Constituição, [635] entendendo a realidade social local sobre a qual a sua jurisdição se estende, ensinando sobre os problemas comuns que o Tribunal se defronta, a expertise etc.[636]

Formar um juiz para a democracia, assim, é um desafio do maior porte, porque, diferentemente do que ocorre com o recrutamento – que, ao final, pode não aprovar o inidôneo a ser um magistrado democrático – a formação tem o dever de ser bem-sucedida, ou seja, de que não inicie a judicatura senão o magistrado hábil para efetivar o paradigma constitucional através de sua jurisdição. Mesmo que, como se propõe, o vitaliciamento seja rigoroso e elimine o magistrado inapto, serão dois anos de exercício de jurisdição que não podem sofrer os malefícios de uma formação deficitária, sobretudo do ponto de vista humanista. Assim, a delicada missão de formar juízes para a magistratura se resume em, de maneira radicalmente eficaz, constituir um corpo de magistrados dotados, para além do conhecimento técnico pressuposto, uma compreensão social, uma consciência política e um exercício ético da magistratura.[637]

---

[633] NALINI, José Renato. *A rebelião da toga*. 2ª ed. Campinas: Millenium, 2008, p. 106.

[634] ALMEIDA, José Mauricio Pinto de. "O polêmico requisito de três anos de atividade jurídica ao ingresso na carreira da magistratura". *In*: ALMEIDA, José Mauricio Pinto de; LEARDINI, Márcia (coord.). *Recrutamento e formação de magistrados no Brasil*. Curitiba: Juruá, 2010, pp. 67-90, p. 87.

[635] NALINI, José Renato. "A fomação do juiz após a Emenda à Constituição n. 45/04". *Revista da Escola Nacional da Magistratura*, vol. 1, n. 1, pp. 17-24, 2006, p. 24.

[636] SALOMÃO, Luis Felipe. "A formação do juiz e as Escolas da Magistratura no Brasil". *Revista da Escola Nacional da Magistratura*, vol. 1, n. 2, pp. 10-17, 2006, p. 17.

[637] LEARDINI, Marcia. "A importância da formação do magistrado para o exercício de sua função política". *In*: ALMEIDA, José Mauricio Pinto de; LEARDINI, Márcia (coord.). *Recrutamento e formação de magistrados no Brasil*. Curitiba: Juruá, 2010. pp. 111-135, p. 119.

A formação de uma magistratura democrática, assim, deve ser estruturalmente o quão mais infalível possível, a fim de que a todo dia de trabalho do magistrado ele permaneça "consciente de seu papel político e das relevantes funções que a Carta Política de 1988 lhe atribuiu como objetivos a serem alcançados pelo Estado brasileiro",[638] exercendo a magistratura "segundo critérios éticos e deontológicos, de independência, de responsabilização, imbuídos de um espírito de solidariedade para com cada cidadão e para com as demais instituições".[639]

Como pontuado no Prefácio, a própria ética judicial (também verticalizada nos pontos 2.3.1 e 2.3.2) depende do exercício consciente da magistratura. Tal exercício consciente só pode se dar com a compreensão, pelo sujeito magistrado, do significado social de seu trabalho, bem como da realidade em que atua, das consequências materiais de sua decisão. É, assim, muito mais um impulso autônomo do que heterônomo, e, por conseguinte, uma formação sólida (que crie consciência, no juiz, de suas funções, valores institucionais, missão constitucional, e, sobretudo, da realidade que será objeto de sua jurisdição) é muito mais essencial para garantir o exercício ético da magistratura do que qualquer "código de ética" jamais conseguirá.

De modo geral, são funções de uma Escola da Magistratura, ou, noutras palavras, são funções institucionais de formação por um Tribunal, verdadeiramente:

i) adquirir uma técnica profissional de alto nível destinada a assegurar a segurança do jurisdicionado;

ii) conhecer e analisar o ambiente humano, econômico e social da Justiça;

---

[638] PACHECO, José Ernani de Carvalho. "Apresentação". *In:* ALMEIDA, José Mauricio; LEARDINI, Márcia (coord.). *Recrutamento e formação de magistrados no Brasil*. 1ª ed. Curitiba: Juruá, 2007, p. 8.

[639] SANTOS, Boaventura de Sousa; PEDROSO, João; BRANCO, Patrícia. *O recrutamento e a formação de magistrados:* análise comparada de sistemas e países da União Europeia. Coimbra: Observatório Permanente da Justiça Portuguesa, 2006. Disponível em http://opj.ces.uc.pt/pdf/ORFM/Recrutamento_formacao_magistrados.pdf, pp. 36/37.

CAPÍTULO 2 - (RE)ESTRUTURAÇÃO DA MAGISTRATURA NO BRASIL

iii) desenvolver uma reflexão sobre as funções judiciárias, sobre os princípios fundamentais da ação do magistrado, seu estatuto e sua deontologia.[640]

Assim, a Escola da Magistratura deve conjugar as duas faces do saber: o "saber-agir" (*know how, savoir faire*) (isto é, administrar a justiça, os processos, os cartórios), e o "saber-ser" (a ética, o compromisso com os objetivos constitucionais, a postura democrática e horizontal).[641] Para isso, é necessário investir na formação humanista do magistrado,[642] que se dá em dois níveis:

i) formação humanista teórica;
ii) formação humanista prática.

Uma formação humanista teórica é bastante autoexplicativa, e busca oferecer ao magistrado um ferramental dogmático de compreensão dos fenômenos políticos, sociais e econômicos que estão ou estarão sob

---

[640] FRAGALE FILHO, Roberto. "Aprendendo a ser juiz: contribuição de uma escola judicial". *Revista Ética e Filosofia Política*, n. 12, vol. 2, jul. 2010, pp. 99/100.

[641] OBERTO, Giacomo. "Recrutamento e formação de magistrados: o sistema italiano no âmbito dos princípios internacionais sobre o estatuto dos magistrados e da independência do Poder Judiciário". *Revista da EMERJ*, vol. 5, n. 20, pp. 15-50, 2002, p. 40.

[642] Não apenas. Também é necessário investir na formação a respeito, por exemplo, de instrumentos de administração dos processos, utilização dos sistemas de informática do Tribunal, gestão de pessoas etc. como retroexposto, no entanto, esses são objetivos burocráticos, estranhos à presente análise e cuja necessidade de existir se toma como pressuposto. Dispensa-se, aqui, a tarefa de justifica-los em razão da falta de pertinência com o objeto de estudo. Nesse sentido, observe-se que essa cultura burocrática está mais consolidada em algumas justiças do que outras, destacando-se o pioneirismo da Justiça do Trabalho, que (Resolução administrativa TST 1140/06) atribuiu à ENAMAT a função de implantar e organizar os concursos, bem como o curso de formação. Nos cursos de formação, muito mais do que reensinar o que houve na faculdade, no concurso, ou dirigir a esta ou aquela lei específica, ensina-se: ética, logica, disciplina do sistema Judiciário, linguagem jurídica, administrar, juízo/procedimentos/posturas conciliatórias e psicologia e comunicação, a fim de comunicar o Judiciário com a realidade. NALINI, José Renato. "O desafio de criar juízes". *In*: ALMEIDA, José Mauricio Pinto de; LEARDINI, Márcia (coord.). *Recrutamento e formação de magistrados no Brasil*. Curitiba: Juruá, 2010, pp. 91-109, p. 96. Isso, contudo, embora extremamente necessário, não é, ainda, um horizonte democrático.

sua jurisdição. É, assim, uma formação que faça o juiz "entender a sociedade e o contexto humano em geral".[643] Donde é capaz de dar o conhecimento e a sensibilidade para os fenômenos sociais que são indissociáveis do Direito e da jurisdição, sobretudo no momento de sua aplicação, a fim de que ela seja efetivamente realizadora da emancipação constitucional.[644]

Nesse sentido, é necessário garantir a formação ética do magistrado – o que de maneira alguma se confunde com ensinar o Código de Ética da magistratura, como se verá no ponto seguinte. Pelo contrário, em vez de ficar atrelado a deontologias jurídicas "a receita é priorizar o estudo da Filosofia, da Hermenêutica, da Teoria da Argumentação, da Lógica, da Sociologia, da Psicologia, da Economia, da História, da Política. O desafio é treinar o raciocínio abstrato para a solução de questões concretas", como aduz Nalini[645] e, no mesmo sentido, Suzana de Camargo Gomes.[646] Também podem ser adicionados nessa lista temas como Criminologia, Economia Política, Biopolítica e estudos sobre Gênero e Sexualidade, exemplificativamente.

A formação humanista orientada nesse sentido, ademais, não busca oferecer um conhecimento ornamental ou dispensável para o aplicador da lei. Pelo contrário, "deve privilegiar o desenvolvimento nos Magistrados de uma cultura de respeito pelos direitos humanos, constitucionais e de cidadania".[647] Como pontua Clève, sem o apoio de

---

[643] AZEVEDO, Plauto Faraco de. *Crítica à dogmática e hermenêutica jurídica*. Porto Alegre: Sérgio Antônio Fabris, 1989. p. 71.

[644] DALLARI, Dalmo de Abreu. "A hora do Judiciário". *Revista da Escola Nacional da Magistratura*, vol. 1, n. 1, pp. 10-16, 2006, p. 16.

[645] NALINI, José Renato. "A formação do juiz após a Emenda à Constituição n. 45/04". *Revista da Escola Nacional da Magistratura*, vol. 1, n. 1, pp. 17-24, 2006, p. 20.

[646] GOMES, Suzana de Camargo. "A escola de magistrados e a formação do juiz". *In*: ALMEIDA, José Mauricio Pinto de; LEARDINI, Marcia (coord.). *Recrutamento e formação de magistrados no Brasil*. Curitiba: Juruá, 2010, pp. 185-213, p. 193.

[647] SANTOS, Boaventura de Sousa; PEDROSO, João; BRANCO, Patrícia. *O recrutamento e a formação de magistrados*: análise comparada de sistemas e países da União Europeia. Coimbra: Observatório Permanente da Justiça Portuguesa, 2006. Disponível em http://opj.ces.uc.pt/pdf/ORFM/Recrutamento_formacao_magistrados.pdf, p. 38.

CAPÍTULO 2 - (RE)ESTRUTURAÇÃO DA MAGISTRATURA NO BRASIL

disciplinas humanistas, o juiz não consegue dar a perquirida integridade ao Direito, nem alinhar a sua hermenêutica constitucional, porque muitas vezes o próprio ordenamento jurídico é formado por díspares interesses (às vezes mais individualistas, às vezes mais corporativos, por exemplo). Assim, a formação extratécnica jurídica garante que ele não se sujeite meramente às vontades que deram origem a determinado dispositivo legal e possa exercer a jurisdição "à luz das coordenadas hermenêuticas emancipatórias atualizadas pela história e corporificadas pela Constituição".[648]

Nessa seara, observando que esse tipo de conhecimento técnico deve ser apreendido pelos juristas, mas não é de sua alçada acadêmica, é preciso fortalecer o elo cultural entre a magistratura e a sociedade, donde, na lição de Boaventura Santos, compatível com as premissas da magistratura democrática, "os formadores não devem ser em mais de 50% magistrados; têm que ser pessoas com outras experiências profissionais, com cursos ou não, com outros conhecimentos e todos eles têm que estar em pé de igualdade".[649]

Noutro viés, a formação humanista prática, efetiva mudança paradigmática em relação ao paradigma técnico-burocrático, tem o condão de formar o magistrado enquanto agente cônscio da realidade social a partir do conhecimento empírico, como extensão, da realidade social. Trata-se de uma formação que ocorre de forma continuada e paralela à prático-profissional, no caso de um estágio do magistrado após o ingresso,[650] como modo de robustecimento dos cursos de vitaliciamento.[651]

---

[648] CLÈVE, Clèmerson Merlin. *Para uma dogmática constitucional emancipatória.* Belo Horizonte: Fórum, 2012, p. 47.

[649] SANTOS, Boaventura de Sousa; PEDROSO, João; BRANCO, Patrícia. *O recrutamento e a formação de magistrados:* análise comparada de sistemas e países da União Europeia. Coimbra: Observatório Permanente da Justiça Portuguesa, 2006. Disponível em http://opj.ces.uc.pt/pdf/ORFM/Recrutamento_formacao_magistrados.pdf, pp. 37/38.

[650] ALMEIDA, José Mauricio Pinto de. "O polêmico requisito de três anos de atividade jurídica ao ingresso na carreira da magistratura". In: ALMEIDA, José Mauricio Pinto de; LEARDINI, Márcia (coord.). *Recrutamento e formação de magistrados no Brasil.* Curitiba: Juruá, 2010, pp. 67-90, pp. 70/71.

[651] ALMEIDA, José Mauricio Pinto de. "O polêmico requisito de três anos de atividade jurídica ao ingresso na carreira da magistratura". In: ALMEIDA, José Mauricio Pinto de;

Para além das possibilidades que a própria prática profissional nesse sentido (tal qual o estágio junto a um gabinete de desembargador enquanto durar a formação inicial), é necessário estabelecer também um estágio de vivência interdisciplinar, como já ocorre nas Universidades, também nas Escolas da Magistratura, porque "para atuar de forma consistente e comprometido com as mudanças experimentadas pelo mundo, o magistrado, longe de um aplicador burocrático da norma jurídica, precisa de uma formação adequada, que permita o diálogo com os diversos grupos sociais, que descortine, para além dos autos, a preocupação com as suas decisões e que não perca a sensibilidade e a percepção sobre o contexto político e social em que atua".[652]

Uma magistratura democrática, assim, impende que se estimule a sensibilidade social do juiz,[653] também na prática. Isso porque é essencial que o juiz conheça a realidade que o cerca,[654] e tenha verdadeira empatia com o jurisdicionado, o que não é feito apenas através do estudo dos livros. Igualmente, é necessário entender que, independentemente de sua origem social, o aprovado no concurso da magistratura sempre será uma elite, se não econômica, certamente intelectual, jurídica e política, dotado de preconceitos como qualquer ser humano.[655] Urge, assim, para garantir a independência e a imparcialidade do Judiciário, manter forte o seu elo de convívio e conhecimento da realidade concreta, imediata, de situações sensíveis da realidade social, justamente aquelas que a Constituição entendeu por objetivo erradicar ou mudar. Assim, formar

---

LEARDINI, Márcia (coord.). *Recrutamento e formação de magistrados no Brasil*. Curitiba: Juruá, 2010, pp. 67-90, p. 86.

[652] PACHÁ, Andréa Maciel. "A necessidade de adequar a formação dos magistrados como agentes de aplicação das normas jurídicas, no mundo em permanente mudança". *Curso de Constitucional*: normatividade jurídica. Rio de Janeiro: EMERJ, 2013. pp. 11-24, p. 20.

[653] MACEDO, Andre Luiz. "A formação dos juízes na Espanha". *Revista da Escola Nacional da Magistratura*, vol. 2, n. 4, p. 66-73, 2007, p. 73.

[654] GOMES, Suzana de Camargo. "A escola de magistrados e a formação do juiz". *In*: ALMEIDA, José Maurício Pinto de; LEARDINI, Márcia(coord.). *Recrutamento e formação de magistrados no Brasil*. Curitiba: Juruá, 2010, pp. 185-213, p. 199..

[655] NALINI, José Renato. *Ética da magistratura*: comentários ao código de ética da magistratura nacional – CNJ. 3ª ed. São Paulo: RT, 2012, p. 110.

CAPÍTULO 2 - (RE)ESTRUTURAÇÃO DA MAGISTRATURA NO BRASIL

o magistrado através de *estágios interdisciplinares de vivência*, ou visitas à comunidade, a presídios, ou atuação junto a ONGs de garantia de direitos humanos,[656] é uma garantia de independência da magistratura democrática, a fim de que o magistrado conheça bem a realidade social do país, donde *"la independencia judicial entendida absurdamente como separación de la sociedad civil toca a su fin: la única forma de quebrar este perfil producido por el deterioro de la burocratización o por los más profundos del primitivismo judicial, es concebir al juez como integrado a la sociedad civil en forma plena y por derecho propio, es decir, al juez ciudadano que participa de las inquietudes, movimientos y necesidades de la vida colectiva"*.[657] Pontue-se que, também no Prefácio deste Livro, Zaffaroni corrobora esta ideia, sugerindo estágios em favelas, assentamentos agrários, hospitais psiquiátricos e públicos, APAEs e, sobretudo, em alguma prisão.

Nesse sentido, o magistrado precisa estar integrado à comunidade não apenas em seu convívio pessoal, mas também como formação, sobretudo em relação àquelas situações que de outro modo jamais terá convívio pessoal. Apenas a título de exemplo, aos juízes federais seria recomendado conhecer alguma(s) reserva(s) indígena(s) sob a jurisdição do Tribunal Regional Federal a que estão vinculados, apreendendo, modos, costumes, enfim, compreendendo essa realidade que, eventualmente, pode vir a ser julgada por eles em determinado momento. Aos juízes estaduais, o conhecimento dos presídios, de zonas pobres, favelas, assentamentos etc. também agregaria à sua formação como um magistrado democrático. Aos trabalhistas, a realidade do chão da fábrica e do escritório de administração. Aos militares, as dinâmicas do quartel.

---

[656] Sempre dialogadas, que não espelhem uma visita a um museu ou um zoológico, em que o visitante não possui interação. Por isso mesmo, observa-se que o procedimento mais enfático e necessário é o estágio interdisciplinar de vivência (EIV), de modo que as visitas e trabalhos junto a ONGs são dotados de sentido quando complementares a uma forção prévia em EIV, uma vez que apenas através da vivência é que a compreensão empática tem sentido, e passa a ser estendida também aos locais visitados de maneira fugaz.

[657] ZAFFARONI, Eugenio Raúl. *Estructuras judiciales*. Buenos Aires: Ediar, 1994. Disponível em http://www.pensamientopenal.com.ar/articulos/estructuras-judiciales. Acesso em 24.10.2014, p. 189.

Mais do que simplesmente promover um "choque de realidade", a formação que apresentasse ao magistrado as agruras da realidade que ele futuramente julgará, deve ser acompanhada do saber acadêmico que diga a respeito dessas realidades, e por isso é missão da Escola da Magistratura. O saber antropológico seria base essencial para compreender as comunidades indígenas; a criminologia para as prisões e favelas; o estudo do coronelismo e das raízes do Brasil para entender os assentamentos e assim por diante.

A falta desse conhecimento, aliás, muitas vezes acarreta decisões judiciais que desconsideram muitos dos dramas sociais, quando não baseadas no preconceito, fazendo com que a Justiça esteja pré-disposta a um dos lados em conflitos estruturais (e, em uma Constituição como a de 1988, o juiz frequentemente terá que decidir sobre conflitos sociais). Assim, muitas vezes estarão em jogo o direito de propriedade e a função social da propriedade, por exemplo, não sendo permitido ao juiz exercer uma escolha solipsista *a priori*, muitas vezes oriunda de um desconhecimento da realidade que leva esses direitos fundamentais ao conflito.[658] Uma magistratura cônscia da realidade social mais mundana, assim, se traduz no verdadeiro Judiciário imparcial, e é a única forma de garantir uma Justiça efetiva. Trata-se, assim, de preparar os magistrados para o exercício consciente da magistratura – independente de qual seja a ideologia particular de cada um deles.

Não se olvide que "os juízes, por sua origem social e à formação jurídica que receberam, muitas vezes desconhecem a realidade brasileira, como a realidade dos indígenas ou dos movimentos sociais, julgando a partir de pré-conceitos (entendem, por exemplo, que toda e qualquer ação de certos movimentos sociais será *a priori* ilegítima)".[659] Assim, uma

---

[658] MACHADO, João Marcelo Borelli. "Violência judicial contra os movimentos populares no Paraná". *Revista da Faculdade de Direito UFPR*, vol. 43, 10 jan. 2007. Disponível em http://ojs.c3sl.ufpr.br/ojs/index.php/direito/article/view/7017. Acesso em 31.10.2014, p. 5.

[659] MACHADO, João Marcelo Borelli. "Violência judicial contra os movimentos populares no Paraná". *Revista da Faculdade de Direito UFPR*, vol. 43, 10 jan. 2007. Disponível em http://ojs.c3sl.ufpr.br/ojs/index.php/direito/article/view/7017>. Acesso em: 31 out. 2014, p. 5.

CAPÍTULO 2 - (RE)ESTRUTURAÇÃO DA MAGISTRATURA NO BRASIL

formação desse cariz tem o objetivo de impedir a "natural inclinação para favorecer sua própria classe e decidir em desfavor do desvalido. Não é que o excluído sempre tenha razão (...). Mas a balança da justiça só se equilibra quando o julgador tiver a coragem de não ceder ante o império do dinheiro, não se atemorizar diante das pressões e realizar a missão para a qual foi incumbido pela nação. A missão de fazer Justiça", segundo José Renato Nalini.[660] O desconhecimento das agruras da sociedade que não fazem, via de regra, parte do convívio do magistrado, aliás, cria um grande déficit de legitimidade desse Poder, que acaba sendo instrumentalizado por interesses outros que não os democráticos e "sua violência é aviltante porque transcende as motivações jurídico-ideológicas do magistrado, e campeia pelo prado da ilicitude penal, convertendo em criminoso aquele que deveria operar como guardião da Constituição e das leis nacionais. Essa é a violência judicial em sua forma plena, porque a preferência de classe é explícita e a instrumentalização dos meios é voraz".[661] A formação, assim, deve ser idônea a criar *empatia* no magistrado e "des-aliená-lo", isto é, torná-lo consciente de seu papel como agente político do Estado, combatendo processo de alienação carreirista típico das estruturas burocratizantes. Somente assim poderá ele ser efetivamente capaz de compreender as diversas realidades sociais que julga – inclusive a do favelado, do indígena, ou do assentado; que seja capaz de compreender tanto o direito à propriedade quanto o direito subjetivo à moradia e reforma agrária,[662] ou à dignidade da vida do cidadão preso, por exemplo. Do contrário, a utilização da violência, veiculada através de decisões judiciais, por preconceitos e desconhecimento da realidade popular, assim, podem fazer com que o Judiciário não ofereça respostas

---

[660] NALINI, José Renato. *Ética da magistratura*: comentários ao código de ética da magistratura nacional – CNJ. 3ª ed. São Paulo: RT, 2012, p. 110.

[661] MACHADO, João Marcelo Borelli. "Violência judicial contra os movimentos populares no Paraná". *Revista da Faculdade de Direito UFPR*, vol. 43, 10 jan. 2007. Disponível em http://ojs.c3sl.ufpr.br/ojs/index.php/direito/article/view/7017. Acesso em 31.10.2014, p. 10.

[662] FARIA, José Eduardo. "Ordem legal × mudança social: a crise do Judiciário e a formação do magistrado". *In:* FARIA, José Eduardo (coord.). *Direito e justiça:* a função social do Judiciário. São Paulo: Ática, 1989, p. 106.

(*outputs*) democráticos, o que fragiliza sobremaneira a legitimidade democrática desse Poder, que jamais pode ser exercido contra o povo, inclusive aqueles estruturalmente oprimidos.

Essa proposta democrática já é propalada há anos por Boaventura de Sousa Santos, para quem a Escola da Magistratura deve pensar, para ocorrer durante a formação, em estágios, não apenas simulando audiências, mas também que levem o juiz a conhecer outras realidades, como o sistema prisional, o funcionamento das delegacias etc., donde, "na formação dos magistrados, os estágios não podem ser feitos apenas em tribunais ou em prisões. Devem, também, realizarem-se em fábricas, ONGs, movimentos sociais, em suma, em diferentes organizações sociais para que a sociedade possa pulsar dentro dos processos que aqueles magistrados irão, no futuro, analisar".[663] A democratização da magistratura perpassa, assim, por esse inexorável acrescimento na formação.

A partir desse conhecimento da realidade, propiciado pela própria Instituição, que se descortina a perspectiva de uma magistratura efetivamente cônscia da realidade social, efetivamente imparcial, efetivamente, enfim, democrática. Por fim, é de se destacar que não se deve temer a recusa de pessoas não simpáticas ao estágio anteprofissional, seja em seu aspecto profissionalizante, seja, como visto aqui, em seu aspecto humanitário. Isso porque, como afirma José Maurício Almeida, no acaso de algum aspirante se afastar da magistratura pelo ínterim ou pelas atividades relativas a esse estágio do jejuno da profissão, certamente não era idôneo para ser magistrado, e só procurava, em verdade, um bom emprego,[664] donde a sua incorporação aos quadros da magistratura seria um desfavor ao Poder Judiciário e à sociedade.

---

[663] SANTOS, Boaventura de Sousa; PEDROSO, João; BRANCO, Patrícia. *O recrutamento e a formação de magistrados:* análise comparada de sistemas e países da União Europeia. Coimbra: Observatório Permanente da Justiça Portuguesa, 2006. Disponível em http://opj.ces.uc.pt/pdf/ORFM/Recrutamento_formacao_magistrados.pdf, p. 38.

[664] ALMEIDA, José Maurício Pinto de. "O polêmico requisito de três anos de atividade jurídica ao ingresso na carreira da magistratura". *In:* ALMEIDA, José Maurício Pinto de; LEARDINI, Márcia (coord.). *Recrutamento e formação de magistrados no Brasil.* Curitiba: Juruá, 2010, pp. 67-90, p. 75.

CAPÍTULO 2 - (RE)ESTRUTURAÇÃO DA MAGISTRATURA NO BRASIL

2.3 CULTURA: A URGENTE PROFANAÇÃO DA MAGISTRATURA – OU: ANJOS CARECAS (UMA BREVE TEOLOGIA POLÍTICA DO JUDICIÁRIO)

Um acirradíssimo debate acometeu a comunidade jurídica australiana em meados de 2007: uma parte dos juízes estava, naquela ocasião, amotinando-se contra as regras expressas do *chief justice* ao comparecer aos julgamentos cíveis ainda vestindo a peruca branca de crina de cavalo, que, segundo as novas normas, só lhes seria exigida a partir de então nos julgamentos criminais. O causo se agravou ainda mais entre os advogados, que normativamente não devem utilizar a peruca se a cabeça do juiz estiver descoberta, mas faziam muita questão do traje, mesmo nas ocasiões em que o magistrado seguisse o novo padrão de conduta.[665] As chamadas *barister wigs* (como aquela que é utilizada pelo Rei de Copas na capa deste livro) são uma tradição consolidada sobretudo nos sistemas judiciais do Reino Unido e suas ex-colônias, e alegadamente, para os advogados, eram um instrumento essencial para garantir a ampla-defesa, pois dava anonimato, como uma identidade secreta, à persona do procurador, substanciando a paridade de armas pela igualdade de aparência entre os defensores das partes,[666] ainda que o rosto e demais feições dos patronos ficassem totalmente desvelados. Os tipos, tamanhos e penteados das perucas variam de acordo com a função desempenhada na corte, e o ato de vesti-la nunca deve ser feito em público, isto é, o juiz ou advogados devem aparecer na corte já trajados, a fim de proteger a sacristia do anonimato – tal qual Clark Kent precisa se dirigir à cabine telefônica mais próxima para trocar de identidade sem ser visto, tornando-se, assim, o "indistinguível" Super-Homem, a fim de que ninguém note que ambos são um só e o seu trabalho de combate ao crime possa ser feito dentro da normalidade.

Já havia, claro, aqueles que se posicionavam há anos contra o uso das pomposas perucas, alegando que são desconfortáveis, coçam e a sua

---

[665] Disponível em http://g1.globo.com/Noticias/PlanetaBizarro/0,,MUL105768-6091,00-USO+DE+PERUCA+CAUSA+DISCUSSAO+ENTRE+ADVOGADOS+AUSTRALIANOS.html.

[666] *Barister Wigs*. Disponível em http://sixthformlaw.info/01_modules/mod1/1_4_legal_personnel/1_4_2_barristers_solicitors/04_barristers_wigs.htm, Acesso em 23.10.2014.

utilização é um costume desprovido de qualquer sentido. Esses, contudo, passaram a ser acusados pelos opositores, defensores do uso das perucas, como vilipendiadores do anonimato, da paridade de armas, e da ampla defesa.[667] Corretos ou não, é inegável que as perucas brancas de juiz são uma tradição de mais de 330 anos (reportando seus primeiros usos a 1680), e a associação da figura do magistrado à peruca é possível de ser feita pelos leigos em Direito mesmo em países que nunca utilizaram o traje, como o Brasil.

Esse debate acirrado na comunidade jurídica do Reino Unido e ex-colônias pode parecer uma querela bizantina no sistema jurídico brasileiro, em que esse tipo de tradição jamais foi cultuada. Seria bastante estapafúrdia e teria poucos adeptos alguma proposta que viesse a incorporar a exigência do uso das perucas nos julgamentos para garantir o direito fundamental à ampla defesa e à paridade de armas. Isso demonstra unicamente a pluralidade cultural, de valores, rituais e simbolismos de cada comunidade: o que para uns pode parecer a garantia de um direito fundamental, para outros pode ser uma estúpida e desnecessária formalidade.

O filósofo esloveno Slavoj Žižek analisa esse fenômeno cultural através dos escritos da cantora e compositora da cultura pop Lady Gaga, bastante conhecida por aparecer em público em vestimentas excêntricas e efusivas (como um vestido feito de pedaços de carne). Parte ele da noção benjaminiana de que toda cultura é, também, uma barbárie, isto é, a subjugação de todas as demais "culturas em potencial" e o subsequente processo de naturalização e incorporação de símbolos, significados, extremamente coerentes e necessários para justificar e naturalizar aquela cultura como boa e a única possível. Analogamente, nas palavras de Emerson Gabardo, há essa subjugação das infinitas possibilidades de cultura em detrimento de uma, "de forma que a imposição pareça absolutamente natural, um mero resultado da evolução civilizacional".[668]

---

[667] Disponível em http://blogs.telegraph.co.uk/culture/harrymount/100058195/good-riddance-to-barristers-wigs-theyre-pompous-pointless-and-itchy/.

[668] GABARDO, Emerson. *Eficiência e legitimidade do Estado*: uma análise das estruturas simbólicas do direito político. Barueri: Manole, 2003, p. 33.

CAPÍTULO 2 - (RE)ESTRUTURAÇÃO DA MAGISTRATURA NO BRASIL

Usar tais roupas, em detrimentos de outras, parece "o normal", "o natural", quando, na verdade, é apenas uma das possibilidades, imposta em detrimento das infinitas outras. Distintivos de gênero, como "batom é para mulheres", também entram nesse processo de naturalização, havendo quem afirme, por exemplo, que "mulheres naturalmente são mais vaidosas", "mulheres preferem se arrumar mais que os homens", "mulheres adoram se maquiar" passam a ser vistos como fatos "naturais", intrínsecos, ontológicos a uma "essência feminina", quando, em verdade, são processos de violenta construção social e socialização imposta por séculos e reiterada pelos indivíduos de maneira habitual de modo que parecem "naturais".[669] Não apenas em relação ao gênero, mas todo tipo de costume, modo de vestir, falar, se comportar etc., trata-se de uma construção, reiterada e transmitida entre os indivíduos (que aprendem em suas famílias, na escola, na convivência etc.), como se fosse o jeito "natural", "normal" de agir, e as demais formas, que foram subjugadas por aquela imposta, como anormal, estranha, desprovida de sentido.[670] Assim, conforme a elaboração teórica de Lady Gaga, "'denominamos contrário à natureza aquilo que é contrário aos costumes' e 'assimilamos o regular, o que acaba nos impossibilitando de ver o prodígio daquilo que nunca foi visto antes'".[671] Por conseguinte, toda cultura, como constructo, deve ser vista como barbárie, ou seja, como uma imposição silenciosa e paulatina, mas violenta, de um *modus vivendi* em detrimento de outros – como usar ou não perucas, visto por muito tempo como o modo natural de compor uma corte de julgamento e garantir a paridade de armas e o anonimato dos patronos. É necessário, sobretudo, analisar o que parece habitual.

A cultura e a culturalização são fenômenos complexos, mas remetem à significação e à maneira como cada um dos indivíduos reage

---

[669] BUTLER, Judith. *Problemas de gênero:* feminismo e subversão da identidade. Rio de Janeiro: Civilização Brasileira, 2015, pp. 26/27.
[670] PERISSINOTTO. Renato Monseff. "Poder: imposição ou consenso ilusório? Por um retorno a Weber". *In:* NOBRE, Renato Freire (coord.). *O poder no pensamento social:* dissonâncias. Belo Horizonte: Editora UFMG, 2008, p. 38.
[671] ŽIŽEK, Slavoj. *The communism knows no monster.* Disponível em https://deterritorialsupportgroup.wordpress.com/2011/03/21/zizekgaga-communism-knows-no-monster/. Tradução livre do inglês.

com o mundo a partir das construções sociais que entende como natural (isto é, daquilo que apreendeu como natural). Afirmar que "um homem está usando saias" pode soar estranho a partir de uma construção heteronormativa assimilada pela maioria dos indivíduos, mas se, à assertiva anterior, acrescentar-se que "o sujeito é escocês e a saia é no modelo *kilsch*" a informação será ressignificada num átimo e o mesmo fato retornará ao significante de normalidade. Donde, na esteira de Žižek e Gabardo, nada cultural é normal, ou normalmente daquela forma, mas sim uma construção orientada naquele sentido que passa a ser posta e aceita pelos indivíduos aculturados como natural.

Voltando ao exemplo das perucas, observa-se que 330 anos de tradição fizeram identificar o traje com uma garantia fundamental do cidadão, ao passo que, no Brasil, não se tem notícia de advogado que tenha alegado a ofensa à ampla-defesa por não haver normas que disciplinem o uso de perucas nas cortes.

Curiosamente, no Reino Unido, dois anos depois da controvérsia australiana, a Suprema Corte decidiu abolir não só o uso das perucas como também das togas, com vista a aumentar o acesso à justiça, dispensando as formalidades, que passaram a ser utilizadas apenas em cerimônias festivas, como a abertura do ano Judiciário.[672] A toga (dispensada pela Suprema Corte inglesa junto com as perucas) ainda é bastante utilizada nas Cortes brasileiras, sendo o traje habitual das sessões nos Tribunais, mas não das primeiras instâncias.

Costume herdado dos romanos, a toga não é, todavia, utilizada como vestimenta, mas sim como indumento, isto é, peça vestimental de adorno, que não tem por serventia esconder o pudor ou proteger de intempéries (assim como a gravata ou brincos). Seu significado é simbólico, de exercício de poder simbólico. Nos dizeres do ex-ministro do STF, Mario Guimarães, "a toga, pela sua tradição e seu prestígio, é mais do que um distintivo. É um símbolo. Alerta, no juiz, a lembrança de seu sacerdócio. E incute no povo, pela solenidade, respeito maior aos

---

[672] Disponível em https://www.supremecourt.uk/docs/foi_2009_10.pdf.

CAPÍTULO 2 - (RE)ESTRUTURAÇÃO DA MAGISTRATURA NO BRASIL

atos Judiciários".[673] Nesse pequeno trecho, é possível arrolar uma série de valores ligados ao uso atual da toga: *i)* tradição, *ii)* prestígio, *ii)* distinção, *iv)* simbolismo, *v)* sacerdócio, *vi)* incursão de valores no povo, *viii)* solenidade; e *ix)* respeito. Todos esses valores simbólicos e inter-relacionais, inseridos em relações de poder próprias.

Nas palavras de Pierre Bourdieu, o poder simbólico é um "poder invisível que só pode ser exercido com a cumplicidade daqueles que não querem saber que lhe estão sujeitos ou mesmo que o exercem",[674] trata-se, aqui, de um poder que é exercido estruturalmente, que passa despercebido pelos indivíduos, como se fosse obra da naturalidade, sem uma cogência imediata.[675] Nesse sentido particular, a toga possui uma função eminentemente simbólica que, enquanto passa a ser dispensada pela Suprema Corte do Reino Unido (os inventores das perucas), ainda é reivindicada nos Tribunais brasileiros. Aliás, é um signo também linguístico de distinção, pelo que o termo "juiz togado" ainda é utilizado para diferir o magistrado concursado do juiz leigo ou do juiz de paz, ou, quando havia, dos juízes classistas. Alça o usuário da vestimenta a uma categoria mítica, mas não um mito medieval, fundado na magia e no sobrenatural, mas sim um mito moderno, pretensamente racional.[676]

A toga, contudo, é uma roupa estranha à naturalidade social, de modo que um magistrado que saísse nas ruas togado certamente seria visto com estranheza. Fora das cortes a toga perde seus significantes, pois traduz uma cultura específica, não reconhecida por todos os indivíduos, e, sobretudo, não naturalizada por muitos daqueles exógenos ao microssistema social Judiciário, de modo que a toga passa para muitos a

---

[673] GUIMARÃES, Mario. *O juiz e a função jurisdicional*. Rio de Janeiro: Forense, 1958, p. 195.
[674] BOURDIEU, Pierre. *O poder simbólico*. 3ª ed. Rio de Janeiro: Bertrand do Brasil, 2000, p. 8.
[675] PERISSINOTTO. Renato Monseff. "Poder: imposição ou consenso ilusório? Por um retorno a Weber". *In:* NOBRE, Renato Freire (coord.). *O poder no pensamento social:* dissonâncias. Belo Horizonte: Editora UFMG, 2008, p. 38.
[676] GABARDO, Emerson. *Eficiência e legitimidade do Estado*: uma análise das estruturas simbólicas do direito político. Barueri: Manole, 2003, p. 33.

ser tão esquisita ou inapropriada quanto, por exemplo, um vestido feito de carne. O respeito (e, eventualmente, o culto) à toga como signo de valores altivos decorre de uma série de processos de socialização a que os pertencentes ao microssistema Judiciário estão submetidos desde a faculdade, mas não a todos os cidadãos. A esquisitice das roupas da cantora pop. é semelhante à falta de naturalidade da vestimenta cultuada pelos Tribunais brasileiros, apenas com a ressalva de que esta, em determinado contexto e para determinados indivíduos, passa a ser naturalizada e vista, inclusive, como um elemento essencial e carregado de simbolismos dos quais não se pode abrir mão. Passa, assim, pelo derradeiro processo de naturalização relatado por Žižek e Gabardo – não tendo logrado os bifes a mesma sorte.

O *site* do Tribunal de Justiça de Minas Gerais possui um relato interessante a esse respeito: "fazíamos um mutirão de julgamentos do Tribunal do Júri em uma comarca do Vale do Jequitinhonha e o promotor, no intervalo, foi lanchar na padaria que ficava ao lado do fórum, mas não tirou a veste. Logo ao entrar no estabelecimento, um dos presentes se curvou, pegou a mão do promotor e beijou seu anel de formatura, achando que se tratava de alguma autoridade eclesiástica".[677]

No mesmo sentido, o julgamento da Ação Penal 470 pelo Supremo Tribunal Federal – caso que ficou conhecido popularmente como "mensalão" – foi possivelmente a primeira grande e diária cobertura midiática da televisão brasileira a respeito de um julgamento, voto a voto. Foi veiculada pela primeira vez de modo enfático a dinâmica diária do Pretório Excelso, que passou a ser do conhecimento da maioria dos brasileiros. Um dos efeitos dessa mudança paradigmática foi a notada vestimenta dos julgadores, que, na ausência de significante para a maioria da população, ganhou um significado dentro do léxico de suas compreensões: "a capa do Batman". À época, sobejaram matérias jornalísticas que faziam a interlocução com a significação popular, trazendo manchetes como: "Sucesso como 'capa do Batman' no

---

[677] Disponível em http://www.tjmg.jus.br/portal/imprensa/noticias/togas-simbolizam-a-austeridade-e-imparcialidade-da-justica.htm.

CAPÍTULO 2 - (RE)ESTRUTURAÇÃO DA MAGISTRATURA NO BRASIL

mensalão, becas e togas são tradição; saiba por quê",[678] "Por que os ministros do STF usam capa como o Batman?",[679] "Conhecida como 'capa do Batman', toga é vestimenta obrigatória no STF",[680] dentre outros. Esse fato, além de caricato, demonstra o grande afastamento do povo em relação ao Judiciário, que, na falta da palavra (toga), tenta dar algum significado àquela cultura que não lhe é natural, e talvez por isso mesmo associe a veste estranha e sem serventia (uma vez que ele não enxerga naquele pedaço de tecido toda a simbologia que faz sentido aos juristas). A toga, assim, não se associa linguisticamente, para o povo, com um signo (por exemplo) de imparcialidade, mas com a figura de um jovem bilionário que sai durante a noite às ruas vestido de morcego com índole justiceira.

A toga e a peruca, assim, são faces da mesma moeda. Cultuá-las, como apercebeu-se a Suprema Corte bretã, afasta o povo da compreensão do Judiciário, devendo os valores democráticos que ela possivelmente signifique estarem presentes na atividade judicante e não no tecido. Contudo, se há certa facilidade em reconhecer a ausência de necessidade da peruca para os magistrados (ainda que sempre haverá aqueles que vociferarão que ela é instrumento de ampla-defesa), também é possível reconhecer a toga como um símbolo de cultura, uma construção social como qualquer outra e desprovida de necessidade ou de sentido senão aquele simbólico que se lhe atribui (ainda que, do mesmo modo, sempre haverá aqueles que bradarão que ela é um distintivo imprescindível de imparcialidade e toda sorte de valores quistos pelo Judiciário (menos pela Suprema Corte do Reino Unido, possivelmente)).

O que ocorre com a toga, contudo, é muito mais profundo que o mero simbolismo. Não que haja alguma preocupação alarmante em relação a essa peça de roupa em particular, ou que uma magistratura

---

[678] Disponível em http://noticias.bol.uol.com.br/entretenimento/2012/10/25/entenda-porque-ministros-e-advogados-do-stf-usam-togas-e-becas.jhtm.

[679] Disponível em http://super.abril.com.br/blogs/oraculo/por-que-os-ministros-do-stf-usam-capa-como-o-batman/.

[680] Disponível em http://noticias.r7.com/brasil/fotos/conhecida-como-capa-do-batman-toga-e-vestimenta-obrigatoria-no-stf-20121011.html.

democrática exija que se queimem togas em praça pública – mas ela induz exemplificativamente um fenômeno muito mais abrangente ligado à cultura judicial, e, mais precisamente, à ética judicial – semelhante àquilo que Giorgio Agamben denomina "glória". A glória, para o autor, é justamente esse enaltecimento, "a dimensão pública em que o poder é objeto de celebração e louvor",[681] e que opera através de mecanismos necessários e indissociáveis para o exercício do poder, ainda atrelado a noções de sacralidade, distinção e hierarquia entre os governados e os detentores do Poder. Para o filósofo, "cerimônias, protocolos e liturgias ainda existem em todo lugar, e não apenas onde sobrevivem as instituições monárquicas. Nas recepções e nas cerimônias solenes, o presidente da república continua seguindo as regras protocolares, (...), e o pontífice romano ainda se senta na *cathedra Petri* ou na cadeira gestatória, com paramentos e tiaras, de cujo significado os fiéis em geral perderam a memória".[682] Para Agamben, a glória continua muito presente nos regimes políticos modernos, mas renovada, exercida pela mídia e (re)vertida em opinião pública como clamor.[683] Conquanto isso valha em termos europeus com vista ao Poder Executivo, que perdeu, de fato, muito de sua glória agambeniana, o Poder Judiciário brasileiro, com sua linguagem, suas vestes, seus palácios, seus valores e costumes, ainda parece estar embebido nessa glória, que é, também, um instrumento de economia do poder.

Paulo Ferreira da Cunha atenta para essa laicização da noção de sagrado – isto é, um sagrado não eclesiástico, mas ainda extremamente mitológico – como constitutivo do Poder Judiciário, a começar pela ideia do poder de dar "a última palavra", algo embebido na sacralidade daquele que conhece o significado primeiro das coisas como quem conhece Deus, o Universo ou a Verdade. Reflexamente, "as fórmulas

---

[681] CASTRO, Edgardo. *Introdução a Giorgio Agamben:* uma arqueologia da potência. Belo Horizonte: Autêntica, 2012, p. 127.
[682] AGAMBEN, Giorgio. *O reino e a glória:* uma genealogia teológica da economia e do governo: homo sacer II, 2. São Paulo: Boitempo, 2011, p. 276.
[683] AGAMBEN, Giorgio. *O reino e a glória:* uma genealogia teológica da economia e do governo: homo sacer II, 2. São Paulo: Boitempo, 2011, pp. 278/279.

CAPÍTULO 2 - (RE)ESTRUTURAÇÃO DA MAGISTRATURA NO BRASIL

e o processo dos tribunais têm sabor a ofício sacrificial, a ritual. As expressões jurídicas, ainda em latim, fazem as vezes da linguagem sagrada que (...) também em grande medida parecia sagrada porque se não entendia (...) era como uma linguagem dos *anjos*".[684] Essas formas simbólicas, gloriosas, para além de legitimarem o poder na remissão a um mito (concreto ou não),[685] são, assim, o meio da própria administração do poder. A glória divide governantes (glorificados, pomposos, que ostentam signos de distinção e conhecem o segredo dos rituais assim como conhecem "a Verdade") e governados (que devem glorificar). A glória, assim, é, em suma, antidemocrática, anti-igualitária, fazendo muito sentido na sociedade medieval, de castas e hierarquias justificadas na Cidade de Deus e nos círculos de anjos, mas não faz sentido algum em uma república.

Uma magistratura democrática é uma magistratura despida de glória, de palácios, de togas, de perucas, de crucifixos, de anjos hierarquizados, de latinismos, de vossas excelências ou de juízes que dão voz de prisão por serem avisados de que não são Deus ou que exigem ser chamados de "doutor" pelo porteiro. Não se trata, contudo, de simplesmente renomear os prédios, mudar a etiqueta ou esquecer os pronomes de tratamento, pois tudo isso não passa de um indicativo do verdadeiro *ethos* de glória do Judiciário, esse sim, que deve ser expurgado. Ao fim desse processo, o nome do prédio, o indumento ou o pronome de tratamento serão tão vazios de sentido que ainda que continuem lá, não mais serão um indicativo dessa glória esquecida, desse poder antidemocrático e antirrepublicano que ainda hoje se perpetua através das cerimônias e dos signos de distinção. De modo que a eventual derrocada dos indicativos de glória, assim como ocorreu com as perucas, será um processo lógico, casual e indolor, senão para aqueles mais apegados às tradições vazias, que passaram a ser uma minoria caricata, como aqueles que reivindicam as perucas, talvez por medo de expor

---

[684] CUNHA, Paulo Ferreira. *Anti-Leviatã*: direito, política e sagrado. Porto Alegre: Sergio Antonio Fabris Editor, 2005, pp. 23/24.
[685] GABARDO, Emerson. *Eficiência e legitimidade do Estado*: uma análise das estruturas simbólicas do direito político. Barueri: Manole, 2003, pp. 46/47.

publicamente alguma calvície, efetiva ou simbólica, medo de desnudar-se dos signos de poder e exercê-lo pela legitimidade democrática, mundana, e não pela legitimidade divina, mítica, aristocrática, com a qual a glória nutre profunda relação. Uma magistratura democrática, repita-se, legitima-se pela qualidade das respostas que dá (*output*), e não pela glória, pelo afastamento do povo através de togas, perucas, palácios, pronomes de tratamento e hierarquias celestiais que colocam o magistrado em uma casta superior à do jurisdicionado inglório.

Assim, é necessário, como na alegoria foucaultiana, cortar a cabeça do Rei.[686] É preciso desmitificar a figura do juiz,[687] quebrar suas efígies,[688] promover um desencastelamento[689] do Judiciário, ou, nos termos de Agamben, a sua profanação. Profanar, nesse sentido, tem o significado de "restituir para o uso comum dos homens o que havia sido separado (consagrado)",[690] a profanação é a utilização destituída de significado sacro, superior, glorificado, a fim de ressignificar as instituições, permitindo que elas sejam, após profanadas, trazidas de volta à realidade terrena, humana.[691] É, noutras palavras, democratizar, trazer de volta ao povo de maneira republicana, igualitária, horizontal. Na profanação não há sacro, não há distinção entre os seres, não há deuses, anjos, arcanjos, serafins; apenas humanos, apenas iguais, sem hierarquia. Ou, na comparação com os mitos do panteão da contemporaneidade, não haverá mais identidades secretas, exumadas de humanidade, com capas esvoaçantes e superpoderes, vivendo no seio da sociedade, mas diferente dos seus cidadãos. O juiz, como afirma Nalini, "não será um super-homem",[692] ou, ainda, um Batman ou um

---

[686] FOUCAULT, Michel. *A história da sexualidade I*: a vontade de saber. Rio de Janeiro: Graal, 2012, p. 101.

[687] DALLARI, Dalmo de Abreu. *O poder dos juízes*. 3ª ed. São Paulo: Saraiva, 2010, p. 154.

[688] BERGALLI, Roberto. "La quiebra de los mitos. Independencia judicial y selección de los jueces". *Nueva Sociedad*, n. 112, pp. 152-165, abr. 1991, p. 152.

[689] GARCIA. Ailton Stropa. "Desburocratização do Poder Judiciário". In: *Revista de Processo*, vol. 15, n. 60, pp. 89-107, out-dez 1990, p. 102.

[690] AGAMBEN, Giorgio. *Profanações*. São Paulo: Boitempo, 2007, p. 83.

[691] CASTRO, Edgardo. *Introdução a Giorgio Agamben*: uma arqueologia da potência. Belo Horizonte: Autêntica, 2012, pp. 183/184.

[692] NALINI, José Renato. *A rebelião da toga*. 2ª ed. Campinas: Millenium, 2008, p. 338.

CAPÍTULO 2 - (RE)ESTRUTURAÇÃO DA MAGISTRATURA NO BRASIL

deus. É preciso que o homem por detrás da cortina, o mágico de Oz, dispa-se de seus truques amedrontadores de poder, de sua glória. Deve abandonar ritos e costumes que lhe parecem essenciais, naturais (que nada mais são senão uma pirotecnia de poder simbólico), e revelar sua face mundana e humana. Qualquer perspectiva séria de democratização da magistratura e do Judiciário deve, assim, passar por esse tipo de reflexão profana.

2.3.1 A nobreza togada e a República ainda por proclamar

O Poder Judiciário é uma instituição situada entre uma das mais antigas, tradicionais e estratificadas que se tem conhecimento, e, por isso mesmo, possui uma infinidade de símbolos e tradições cuja origem, por vezes, é de difícil precisão histórica. Assim, se visto através dos seus rituais e solenidades, como propõe Dalmo de Abreu Dallari, o Judiciário é um poder fora do seu tempo, arcaico e ultrapassado,[693] que ainda conserva muitos dos costumes e tradições de séculos passados: "as teorias jurídicas, as citações eruditas, a argumentação acadêmica, tudo isso passou a ser intensamente utilizado, já no século XIX, para dar brilho intelectual às decisões judiciais".[694] É o que Roberto Gomes denomina "razão ornamental", isto é, a demonstração gratuita de elevados níveis de erudição como forma de qualificar o argumento através da qualificação do argumentador, no caso, do juiz. A exibição erudita aparta o magistrado do nível cultural médio da sociedade, buscando, assim, exercer através dessa razão, que, em verdade, é despida de substância e é tão só ornamental, exercer seu poder simbólico.[695] Latinismos e o chamado "juridiquês" são formas de, muito mais do que se comunicar através de linguagem técnica no ambiente profissional, demonstrar distinção.[696] A razão ornamental, por não se preocupar com o conhecimento concreto

---

[693] DALLARI, Dalmo de Abreu. *O poder dos juízes*. 3ª ed. São Paulo: Saraiva, 2010, p. 8.
[694] DALLARI, Dalmo de Abreu. "A hora do Judiciário". *Revista da Escola Nacional da Magistratura*, vol. 1, n. 1, pp. 10-16, 2006, p. 11.
[695] GOMES, Roberto. *Crítica da razão tupiniquim*. São Paulo: Cortez, 1980, pp. 69/70.
[696] GOMES, Roberto. *Crítica da razão tupiniquim*. São Paulo: Cortez, 1980, p. 14.

mas a mera demonstração de conhecimento e erudição, muitas vezes pode ser meramente superficial, "enciclopédica",[697] que faça intuir que o magistrado possui determinado conhecimento, que, em verdade só conhece de relance.

Rui Portanova atribui à cultura jurídica portuguesa esse apego aos tradicionalismos e manutenção de tradições nobiliárquicas, que foi trazido ao Brasil e incorporado à cultura jurídica local. É possível, assim, identificar três vieses que compuseram a cultura da magistratura brasileira: "a) magistratura como carreira hierarquizada; b) certo convívio entre elites (justiça amalgamada com exploração mercantil); c) distanciamento da vida do povo como objetivo de apreciação jurisdicional (na época, a vida da grande população de escravos era matéria para disciplina dos capitães-do-mato)".[698] Assim, a hierarquia, o elitismo e a escusa de jurisdição para questões populares esculpiram a lógica judicial, na formação do pensamento político brasileiro.

Essa lógica foi passada pela tradição, perpetuando-se até os dias atuais, embora se concretize de outras formas. Como exemplifica Marcio Thomaz Bastos, perante o Judiciário "o cidadão é visto como súdito, o jovem não recebe oportunidades, a mulher é vista como objeto, o índio é olhado como inferior, o indiciado é visto como culpado, o contribuinte é considerado sonegador, o trabalhador é tratado como servo, o negro é ultrajado como suspeito, o guichê é o retrato impessoal do governo, laje fria onde se depositam desesperanças".[699] Muitas vezes, mesmo com os concursos, há a perpetuação de nomes de família no Judiciário, pais e filhos que veem esse Poder como sua corporação de ofício, desenvolvendo relações de parentesco, muito mais do que de verdadeira busca de aptidão, no interesse pela magistratura.[700] O Poder Judiciário,

---

[697] NALINI, José Renato. *A rebelião da toga*. 2ª ed. Campinas: Millenium, 2008, p. 74.
[698] PORTANOVA, Rui. *Motivações ideológicas da sentença*. 5ª ed. Porto Alegre: Livraria do Advogado, 2003, p. 71.
[699] BASTOS, Marcio Thomaz. "Modernização da Administração da Justiça". *Revista Jurídica – CONSULEX*, vol. 7, n. 151, pp. 28/29, abr. 2003.
[700] BERGALLI, Roberto. "La quiebra de los mitos. Independencia judicial y selección de los jueces". *Nueva Sociedad*, n. 112, pp. 152-165, abr. 1991, p. 161.

CAPÍTULO 2 - (RE)ESTRUTURAÇÃO DA MAGISTRATURA NO BRASIL

assim, passa a estar embebido em costumes e valores tradicionais, busca distinção em relação ao povo, fortalecendo os laços de solidariedade em relação a seus próprios membros, formando, assim, uma elite jurídica específica, chamada, por Bourdieu, de "nobreza togada".[701] Na visão de Frederico Normanha Ribeiro de Almeida, ao fazer uma sociologia política dos juízes, a atribuição de "nobreza" aos magistrados é justificada por haver, nessa classe, "elementos simbólicos, constitutivos de discursos produzidos e utilizados com a finalidade justamente de nomear e sacramentar" seus agentes, "dignos de admiração e reverência".[702]

Desnecessário pontuar que a nobreza é uma ideia logicamente aristocrática, isto é, fundada na noção de que o poder deve ser exercido pelos melhores, havendo cisões sociais claras e subjetivas entre os cidadãos,[703] e os melhores, além de subjetivamente sê-lo, se constituem como tal através do compartilhamento de um sistema cultural imposto como superior. Opõe-se ao republicanismo (ou vice-versa) e à igualdade entre os indivíduos. Aliás, é, nesse tocante, preciso o termo de Nalini, ao afirmar que é preciso promover um "desencastelamento"[704] do Judiciário, sendo o castelo uma figura arquitetônica carregada do simbolismo ligado à nobreza e à vida dos nobres, que se passava dentro de seus muros, mas de maneira extremamente distinta do restante da população, sobretudo dos burgos, que, embora estivessem muito próximos geograficamente, não compartilhavam a mesma realidade. O castelo, assim, é o espaço arquitetônico que confina o *modus vivendi* nobre, apartado, superior, distante do povo, ainda que geograficamente muito próximo dele. Destaque-se, nesse sentido, o fato de que não raro

---

[701] BOURDIEU, Pierre. *Razões práticas*: sobre a teoria da ação. 8ª ed. Campinas: Papirus, 2007, p.40.

[702] ALMEIDA, Frederico Normanha Ribeiro e. *A nobreza togada:* as elites jurídicas e a política da justiça no Brasil. Tese (doutorado). 2010. Universidade de São Paulo, 2010, p. 49.

[703] ZUCCHINI, Giampaolo. "Aristocracia". *In:* BOBBIO, Norberto; MATTEUCCI, Nicola; PASQUINO, Gianfranco. *Dicionário de política*. 13ª ed. Brasília: UnB, 2010, p. 57.

[704] GARCIA. Ailton Stropa. "Desburocratização do Poder Judiciário". *Revista de Processo*, vol. 15, n. 60, pp. 89-107, out-dez 1990, p. 102.

os Tribunais (ou, ainda Cortes, remetendo à figura medieval das Cortes como morada do Rei, onde ocorria o cortejo real, onde ele era glorificado) são situados em prédios denominados "Palácios", arquitetados para transmitir o simbolismo de imponência,[705] e, assim, revelam uma promíscua relação com valores aristocráticos.

Frederico Normanha Ribeiro de Almeida destaca que diversos mecanismos simbólicos constituem, do ponto de vista sociológico, a magistratura enquanto uma nobreza, como, por exemplo, o culto à homenagem. Para o sociólogo, "a incrustação de dizeres e imagens apologéticas em prédios (...) e nos espaços especialmente destinados à reprodução das elites jurídicas – fóruns, tribunais, escritórios e faculdades de Direito – tem por finalidade criar um ambiente de reverência e culto dos antepassados ou dos valores compartilhados pelo grupo ou pela instituição que ocupa aquele espaço físico", sendo habituais que haja gasto de dinheiro público para financiar bustos, placas, quadros etc. que, para além de preservar a memória do Tribunal, tem a função de cultuar a própria história e demonstrar à geração atual a valorização dos valores e personagens da história pretérita.[706] Assim, observa-se que o Judiciário subvenciona esse tipo de exaltação com os recursos públicos que administra, o que sequer atinge o rigor burocrático, isto é, não é compatível sequer com a tecnoburocracia. Atos como a posse de um novo magistrado, ou de uma nova cúpula administrativa podem ser, é claro, um fato de muito regozijo para envolvidos, seus colegas e familiares, mas é um ato administrativo de praxe para o Tribunal, para a Instituição. No entanto, passa-se a fomentar esse tipo de homenagem como se fosse de interesse público o laudatório. Aliás, em geral não são cerimônias abertas a todos ou de amplo conhecimento público.[707] Importante ressaltar que esse tipo de costume não é exclusivo do Poder Judiciário, sendo

---

[705] PATTERSON, Claudia. *A importância da arquitetura judiciária na efetividade da justiça*. In: FREITAS, Vladimir Passos de; FREITAS, Dario Almeida Passos de (coord.). *Direito e Administração da Justiça*. Curitiba: Juruá, 2010, p. 51.

[706] *A nobreza togada*: as elites jurídicas e a política da justiça no Brasil. Tese (doutorado). 2010. Universidade de São Paulo, 2010, p. 51.

[707] DALLARI, Dalmo de Abreu. *O poder dos juízes*. 3ª ed. São Paulo: Saraiva, 2010, p. 78.

CAPÍTULO 2 - (RE)ESTRUTURAÇÃO DA MAGISTRATURA NO BRASIL

muito presente em outras instituições anteriores à modernidade política, como a Universidade, a Igreja e as Forças Armadas.[708]

No mesmo sentido, caracteriza a nobreza togada os textos, obras e cerimônias com conteúdo apologético, isto é, de "caráter laudatório mais evidente, que permitem um compartilhamento vertical de capitais simbólicos entre homenageados e homenageantes",[709] consolidando a rede de relações simbólicas dentro da instituição através da demonstração de quem detém o maior capital simbólico, e, portanto, está superior na hierarquia aristocrática, e por isso passa a ser homenageado. Há, por conseguinte, um especial gosto por biografias dos membros do Poder, uma vez que o só fato de pertencer a ele já denota a necessidade de um relato da vida.[710] Dessas biografias, nota, há especial apreço pelo caráter e a personalidade, que aliam "humildade e serenidade" à "notabilidade e mérito" e especial atenção aos gostos nobiliárquicos dos magistrados, que, noutro contexto, não seriam exaltados: "gostos e hábitos mais corriqueiros, que passam despercebidos ao senso comum, são constitutivos de uma posição social, em geral associada a uma posição de classe, capazes de conformar estilos de vida reproduzidos por aqueles agentes já localizados em determinado grupo ou posição social, adquiridos e socializados por agentes ingressantes ou ascendentes em certos grupos ou posições sociais".[711] A nobreza togada, assim, se constitui através dessa série de mecanismos que demonstram e conservam valores que têm por escopo e resultado a distinção dos magistrados em relação ao restante da população e a perpetuar esses valores.

---

[708] ALMEIDA, Frederico Normanha Ribeiro e. *A nobreza togada:* as elites jurídicas e a política da justiça no Brasil. Tese (doutorado). 2010. Universidade de São Paulo, 2010, p. 50.

[709] ALMEIDA, Frederico Normanha Ribeiro e. *A nobreza togada:* as elites jurídicas e a política da justiça no Brasil. Tese (doutorado). 2010. Universidade de São Paulo, 2010, p. 54.

[710] ALMEIDA, Frederico Normanha Ribeiro e. *A nobreza togada:* as elites jurídicas e a política da justiça no Brasil. Tese (doutorado). 2010. Universidade de São Paulo, 2010, pp. 62-67.

[711] ALMEIDA, Frederico Normanha Ribeiro e. *A nobreza togada:* as elites jurídicas e a política da justiça no Brasil. Tese (doutorado). 2010. Universidade de São Paulo, 2010, pp. 68-76.

No tocante ao caráter e à personalidade, Nalini, que converge com o sociólogo, observa que "as qualidades atribuídas ao juiz idealizado e contidas no discurso judicial ainda são o recato, a reserva, a discrição (...), tudo a coroar uma cultura enciclopédica, se possível revestida em odor de santidade",[712] isto é, constituir Judiciário a partir das virtudes medíocres (medianas), a igualar a magistratura a uma espécie de sacerdócio e o juiz a um asséptico eunuco, distante dos arroubos de humanidade, e, portanto, como um ser melhor do que os humanos, uma vez que não recai aos seus excessos.

Dessa forma, é estimulada a *aura mediocritas* do juiz, que deve se afastar, num processo de castração e quarentena da sociedade "infectada" pelos valores diferentes da parcimônia judiciária, que, em verdade, são o conformismo mantenedor do *status quo* institucional. Será, assim, como invoca Zaffaroni, eunuco, asséptico. "Em lugar das virtudes fortes – justiça, coragem, fortaleza – para o bom uso da própria instituição, estimula-se o paradigma das virtudes fracas ou medianas, da quais nunca provirá o juiz criativo, ousado e inovador, essencial à transformação da sociedade. Porque não é esse o juiz pretendido pelo sistema".[713] Esse tipo de caráter, como aponta Inocêncio Coelho, não existe "a não ser sob a forma de apatia, irracionalidade ou decadência do pensamento, que não são virtudes dignas de ninguém e muito menos de um juiz".[714]

Outra forma de distinção nobiliárquica é o que o sociólogo Roberto DaMatta chama de "farda". A farda é a vestimenta que individualiza o sujeito a partir do seu papel a desempenhar, a fim de gerar, ao mesmo tempo, reconhecimento social imediato de que aquele sujeito está desempenhando aquele papel, e, também, retira a humanidade corriqueira do indivíduo, que deixa de ser "o Fulano", para ser, no caso, "o juiz", "o desembargador", "o ministro", e, assim, exercer suas funções

---

[712] NALINI, José Renato. *A rebelião da toga*. 2ª ed. Campinas: Millenium, 2008, p. 74.
[713] NALINI, José Renato. *A rebelião da toga*. 2ª ed. Campinas: Millenium, 2008, p. 76.
[714] COELHO, Inocêncio Mártires. "A dimensão normativa da interpretação constitucional". *Direito Público*, vol. 1, n. 22, pp. 105–118, 2010. Disponível em http://www.direitopublico.idp.edu.br/index.php/direitopublico/article/viewArticle/539, p. 107.

CAPÍTULO 2 - (RE)ESTRUTURAÇÃO DA MAGISTRATURA NO BRASIL

de maneira atrelada a seu papel social.[715] Assim, a farda busca demonstrar visualmente que o fardado ocupa "posições centrais da estrutura social, já que são símbolos de poder na ordem social".[716] No caso do Judiciário, a farda primeira é, evidentemente, a toga. Mas para além dela, o terno e a gravata, ou as roupas extremamente recatadas para as mulheres caracterizam a farda da judicatura para além do uso da toga. Nas palavras de Vladimir Passos de Freitas "o que é permitido para um arquiteto ou um esportista não o será para um advogado, Juiz, Delegado ou outra carreira jurídica. Refiro-me à postura, às roupas, à aparência", que, ligadas ao imaginário popular, precisam ser assimiladas pelo jurista que busque o remansoso desempenho de suas funções.[717]

Esses mecanismos compactuam com um ideário aristocrático, de que a pessoa do juiz é alguém melhor do que os demais cidadãos, e por isso a ele, por um lado, são endereçados diversos signos de poder simbólico, e, por outro, se lhe castram várias experiências sociais comuns à maioria dos cidadãos. Nas palavras de Dallari, "o aparato judicial, a linguagem convencionalmente rebuscada e até mesmo a escassez de tempo, tudo isso contribui para que os juízes fiquem muito distantes, o que é reforçado por um sentimento de superioridade social, que muitos juízes associam à importância de suas funções".[718] E ela é, em si, conservadora, pois, ao se colocar em um lugar apartado, alienado da sociedade, estimula-se "uma cultura jurídica incapaz de compreender a sociedade e seus conflitos e a má vontade em discutir a democratização efetiva deste ramo do Estado"[719] [o Poder Judiciário].

---

[715] DAMATTA, Roberto. *Carnavais, malandros e heróis*: para uma sociologia do dilema brasileiro. Rio de Janeiro: Rocco, 1997, pp. 60-62.

[716] DAMATTA, Roberto. *Carnavais, malandros e heróis*: para uma sociologia do dilema brasileiro. Rio de Janeiro: Rocco, 1997, p. 61.

[717] FREITAS, Vladimir Passos de. *Curso de Direito:* antes, durante e depois. Campinas: Millenium, 2006, pp. 50/51.

[718] DALLARI, Dalmo de Abreu. *O poder dos juízes*. 3ª ed. São Paulo: Saraiva, 2010, p. 149.

[719] FARIA, José Eduardo; LOPES, José Reinaldo de Lima. "Pela democratização do Judiciário". *In:* FARIA, José Eduardo (coord.). *Direito e justiça:* a função social do Judiciário. São Paulo: Ática, 1989, p. 163.

Há, também, a ideia de que a autoridade elitista transcende o exercício do cargo e acompanha a pessoa que é juiz, mesmo fora do exercício de suas funções. A autoridade jurisdicional – que, em tese, serve para resolver conflitos, aplicar a Constituição etc. – é também um veículo de permitir ao juiz em determinadas situações posição diferenciada, excepcionando-o da maioria dos cidadãos. A reivindicação de autoridade, caricaturada por DaMatta no jargão "você sabe com quem está falando?" demonstra a reivindicação do papel do juiz como signo de distinção, age com a revelação de estruturas ocultas que organizam o poder na sociedade, e buscam, de maneira antirrepublicana, traçar distinção entre os indivíduos a partir dos papéis sociais que ocupam.[720] É como o caso do juiz que reivindica seu papel e, ao receber desdém, exige (e ganha!) indenização por dano moral, por ter sido advertido por uma funcionária pública que ele, a despeito das funções que ocupa, não é menos humano do que ninguém, e portanto, não pode trafegar sem a habilitação, sem o documento do carro e com o veículo desemplacado.

Importante destacar que, para DaMatta, esse tipo de hierarquia social relativa às funções desempenhadas não é exclusiva das elites jurídicas, nem do Poder Judiciário, sendo uma estrutura da própria sociedade brasileira e que ainda normatiza relações de poder através da autoridade dos papéis nas relações entre pais e filhos, patrões e empregados, ricos e pobres, homens e mulheres, brancos e negros etc. O Judiciário apenas se insere nesse cosmos, potencializado pelas ideias antirrepublicanas supracitadas.[721]

É através dessas estruturas simbólicas, que firmam a distinção, a autoridade social e, ao mesmo tempo, a castração e assepsia do juiz através de valores parcimoniosos, que se torna perfeitamente coerente o Código de Ética Judicial do Conselho Nacional de Justiça prever que "o magistrado deve comportar-se na vida privada de modo a dignificar a função, cônscio de que o exercício da atividade jurisdicional impõe

---

[720] *Carnavais, malandros e heróis*: para uma sociologia do dilema brasileiro. Rio de Janeiro: Rocco, 1997, p. 208.
[721] *Carnavais, malandros e heróis*: para uma sociologia do dilema brasileiro. Rio de Janeiro: Rocco, 1997, p. 210.

CAPÍTULO 2 - (RE)ESTRUTURAÇÃO DA MAGISTRATURA NO BRASIL

restrições e exigências pessoais distintas das acometidas aos cidadãos em geral" (art. 16).[722] Assim, é tido como se o magistrado precisasse ser um indivíduo "mais ético" do que outros cidadãos.[723] A ideia subjacente a essa postura ética é a da distinção do magistrado em relação às pessoas comuns, cuja *aura mediocritas* é, a exemplo do sacerdócio, a maneira de elevar a sua dignidade para além daquela dos cidadãos comuns.

Ademais, tal disposição é claramente antirrepublicana, e, por conseguinte, flagrantemente inconstitucional. Como atesta Zaffaroni, nada leva a crer que os magistrados sejam cidadãos diferentes – aos quais as normas tratem de maneira diferente – dos condutores de trens, operários ou professores,[724] ou quaisquer outros. Isso não significa, é claro, que o magistrado não deva ser ético. Pelo contrário, impõe, de maneira forte, que o seja. O magistrado deve ser tão incorruptível quanto um parlamentar ou um gari, tão profissional quanto um gerente de banco ou um operador de telemarketing, tão transparente quanto um auditor da Receita ou um cobrador de ônibus.

Em comentários ao Código de Ética da Magistratura Nacional, Lourival Serejo é um dos poucos que se ocupam da tarefa inglória de explicar o art. 16, anotando que: "se ele [o juiz] vive bêbado, se protagoniza escândalos domésticos, se tem vida extraconjugal dissimulada ou ostensiva etc., tudo é do conhecimento da comunidade. Nesse ponto, não há como falar-se de sua liberdade como cidadão, de viver como entende e como lhe aprouver, pois o magistrado é alguém que, necessariamente, deve ter uma vida exemplar".[725] Sem discordar de que esses comportamentos são péssimos e incompatíveis com a magistratura, vale o questionamento: em qual profissão é considerado ético "viver bêbado"? Essa vênia pode ser feita a um servente de pedreiro, a uma faxineira ou faxineiro, ou a um atendente de *fast food*? Em qual profissão

---

[722] Disponível em http://www.cnj.jus.br/codigo-de-etica-da-magistratura.

[723] NALINI, José Renato. *Ética geral e profissional*. 7ª ed. São Paulo: Revista dos Tribunais, 2009, p. 141.

[724] *Estructuras judiciales*. Buenos Aires: Ediar, 1994. Disponível em http://www.pensamientopenal.com.ar/articulos/estructuras-judiciales. Acesso em 24.10.2014, p. 2.

[725] *Comentários ao Código de Ética da Magistratura Nacional*. Brasília: ENFAN, 2011, p. 52.

é ético conviver com problemas conjugais ou familiares que atrapalhem o ambiente de trabalho? Evidentemente, "viver bêbado", protagonizar vexames são atitudes de repercussão social negativa que não se encerram em si mesmas e no âmbito privado, afetando, inclusive, a conduta profissional e, se o profissional está ligado a uma instituição, até mesmo a imagem institucional. Assim, o cuidado para ter uma conduta irreprochável é pressuposto para o exercício profissional (de qualquer profissão). Mas, assim sendo, vê-se vazio de sentido ético a recomendação do art. 16 do Código de Ética da Magistratura, pois qualquer recomendação de parcimônia que pode ser feita a um juiz também pode ser endereçada no mesmo grau a qualquer outro trabalhador. Sua função, por conseguinte, é unicamente distinguir, apartar, discriminar o magistrado dos "cidadãos em geral", sendo um grande acinte à República e aos valores republicanos encartados na Constituição.

Embora os moralismos estejam paulatinamente abandonando o sistema jurídico – sobretudo no Direito das Famílias – o magistrado eventualmente irá lidar com o julgamento aberto da moralidade, mas a moralidade pública. Assim, a conduta do juiz deve ser irrepreensível – assim como qualquer outra profissão – o magistrado não precisa ser "mais ético" do que ninguém, pois todos e todas devem ser igual e inexoravelmente éticos. Em um ideal republicano, a magistratura não é mais nem menos mundana do que qualquer outra profissão – ainda que sua glória pretenda o contrário. É preciso, assim fundamentar uma ética da magistratura que seja republicana e democrática, e não que alie a profissão do juiz à ideia de sacerdócio, mais próximo do divino, de distinção, como um título honorífico que ressignifica a vida do indivíduo, a exemplo dos ofícios medievais ou dos títulos de nobreza pré-republicanos. Assim, afirmações como o art. 16 do Código de Ética da magistratura não impõem ao magistrado um dever absoluto com a ética, pois isso já é pressuposto de qualquer profissão e está de fato concretizado em outros artigos do mesmo diploma. Ademais, se tomada a ética na magistratura como exercício da capacidade justificatória das decisões e ser dotado de consciência constitucional,[726] como se verticalizará adiante,

---

[726] NALINI, José Renato. "O desafio de criar juízes". *In:* ALMEIDA, José Mauricio

CAPÍTULO 2 - (RE)ESTRUTURAÇÃO DA MAGISTRATURA NO BRASIL

é muito mais vexaminoso e menos ético para um magistrado ser solipsista (por exemplo, proferir duas decisões em sentidos opostos de hermenêutica constitucional no mesmo dia, sem fundamentar porque em dado caso a Constituição permite, por exemplo, controlar políticas públicas judicialmente e em dado outro não o faz) do que qualquer ato que venha a tomar na sua vida privada. Esse tipo de conduta, contudo, não é eticamente repreendida, o que também demonstra que esses conceitos jurídicos indeterminados de parâmetro ético são, de fato, muito mais uma abertura para que se perfilem moralismos em uma deontologia que deveria ser ética, não moral. As funções que cumpre, são, portanto, outras: *i)* a de, na vagueza de seus conceitos indeterminados, permear o sistema a moralismos inconstitucionais, que contrariam a lógica de moralidade pública adotada pela Constituição Cidadã e; *ii)* como dito, diferenciar o magistrado, moralmente, do restante da sociedade, criando, assim, uma cultura de aristocracia.

Nesse sentido, é importante notar que o *Codice etico* da *Associazione Nazionale Magistrati*,[727] sem abandonar o profundo rigor, traça a deontologia da magistratura ligada a valores democráticos, republicanos, e não aristocráticos, como por exemplo: "o magistrado opera com espírito de serviço para garantir a plena efetividade dos direitos da pessoa; considera as garantias e as prerrogativas do magistrado como funcionais ao serviço que desempenhada para a coletividade" (art. 1º); "o magistrado não se serve de seu papel institucional para obter benefícios para si ou para outrem" (art. 10); "se comporta sempre com educação e correção; mantém tratamentos formais, respeito da diversidade de papéis que qualquer um desempenhe; respeita e reconhece a função do pessoal administrativo e de todos os colaboradores" (art. 10); "nas relações sociais e institucionais o magistrado não utiliza a sua qualificação a fim de obter vantagens pessoais a si ou para outrem. Abster-se-á de qualquer forma de intervenção que possa indevidamente incidir sobre a Administração da Justiça sobrepondo sua posição profissional aos demais" (art. 2º); e,

---

Pinto de; LEARDINI, Márcia (coord.). *Recrutamento e formação de magistrados no Brasil*. Curitiba: Juruá, 2010, pp. 91-109, p. 104.

[727] Disponível em http://www.associazionemagistrati.it/codice-etico.

capitaneando, "na vida social o magistrado se comportará com dignidade, correção, sensibilidade..." (art. 1º).[728] Há, aqui, um silêncio eloquente. Em momento algum o *Codice etico* (que é a deontologia do juiz no país que vivencia a magistratura que mais se aproxima do modelo democrático) estabelece qualquer tipo de distinção social, de conduta etc., do juiz em relação aos demais cidadãos. Pelo contrário, proíbe cabalmente que se utilize do seu *status* (condição) profissional como uma forma de *status* social (como quisera certo juiz-doutor), aristocrático ou até sacro (como no caso do juiz que se enfureceu ao ser notificado que não era Deus). Exige, ademais, dignidade, correção, sensibilidade, idoneidade ao interesse público, educação, respeito igualitário a qualquer pessoa, independente do papel que desempenhe, espírito de serventia e a funcionalização – não distinção – das garantias funcionais em favor do povo.

Desse panorama, é possível notar que, de modo geral, a cultura jurídica é o aspecto mais anacrônico do Judiciário. Se se pode observar que o recrutamento, formação e a independência do Judiciário ocorrem ainda de maneira muito vinculada a um paradigma burocrático, o mesmo não se pode dizer da cultura, daquilo que é cultuado, do *modus vivendi*, ínsito ao cotidiano do Judiciário. A burocracia, nesse aspecto, valorizaria eficiência e impessoalidade, o que é incompatível com cerimônias pomposas, bustos e homenagens, togas e erudição ornamental, palácios e desigualdade em relação aos demais cidadãos. Assim, fomentar uma cultura judiciária democrática é um trabalho hercúleo, pois o paradigma inicial é ainda mais arcaico do que o burocrático.

A cultura, assim, talvez encerre nos próprios magistrados a chave de sua permanência ou mudança. Nesse sentido, uma rebeldia dos próprios magistrados é essencial para que esse tipo de cultura deixe de se perpetuar, agindo como sujeitos subversores, transgressores, rebeldes,[729] das regras culturais, não escritas, mas que disciplinam e formatam indivíduos.[730]

---

[728] Tradução livre do italiano.

[729] NALINI, José Renato. *A rebelião da toga*. 2ª ed. Campinas: Millenium, 2008, pp. 337/338.

[730] FOUCAULT, Michel. *A história da sexualidade I*: a vontade de saber. Rio de Janeiro: Graal, 2012, pp. 102-105.

CAPÍTULO 2 - (RE)ESTRUTURAÇÃO DA MAGISTRATURA NO BRASIL

Por conseguinte, preme uma mudança de cultura dos juízes, tanto da imagem que têm de si quanto a função do Direito como instrumento de transformação social,[731] isto é, que vejam a si próprios e à sua função não como um *status* social, mas sim como uma missão para com a democracia e com os objetivos da república. Enquanto a autoimagem do magistrado não se espelhar nessa ordem de valores democráticos, dificilmente a cultura aristocrática deixará de se transmitir.

Concomitantemente, a ética se coloca como uma deontologia institucional que precisa ser urgentemente democratizada, divorciada de quaisquer valores sacerdotais ou aristocráticos, que distingam o magistrado de um gari, um professor ou qualquer outro cidadão, pelo que, para a magistratura, e, sobretudo, para a ética na magistratura brasileira, a República ainda aguarda a sua proclamação.

2.3.2 A revolução do "ethos" – o Judiciário no divã

A ética, ou seja, aquilo relativo ao *ethos* (modo de existência pública de determinado indivíduo), não é uma palavra de fácil precisão. Ainda que reiteradamente utilizada na sociedade, não há um profundo acordo entre os indivíduos na real significação da palavra. José Renato Nalini, por exemplo, define ética como "a ciência do comportamento moral dos homens em sociedade", destacando, assim, o essencial componente público, relacional, da ética, e entendendo a moral como "o conjunto de regras de comportamento e formas de vida através das quais tende o homem a realizar o valor do bem".[732] Contudo, embora a ética possa, de fato, ser vista como uma ciência, a cognição a respeito de alguma coisa, não é esse o sentido que comumente se lhe atribui e que significa muitos dos discursos sobre ética. Tachar antiético um profissional não é o mesmo que dizê-lo anticientífico. Assim, da mesma forma como ocorre com o Direito, que ora pode ser entendido como uma ciência, ora como

---

[731] BERGALLI, Roberto. "La quiebra de los mitos. Independencia judicial y selección de los jueces". *Nueva Sociedad*, n. 112, pp. 152-165, abr. 1991, p. 165.

[732] NALINI, José Renato. *Ética geral e profissional*. 7ª ed. São Paulo: Revista dos Tribunais, 2009, p. 19.

o seu objeto,[733] há um conceito substancialista de ética. O próprio autor, noutras oportunidades, definirá a ética, e, particularmente, a ética da/na magistratura como "tudo aquilo que se espera do juiz no exercício funcional e na vida particular",[734] e, também, como crivo deontológico que se opõe ao relativismo moral.[735] Assim, o autor afirma uma ética coerente com a moral kantista, aliando a ética ao "exercício da virtude".[736] É comum, no Direito, aliar a ética a meros preceitos morais ou de conduta desejada.[737]

Marilena Chauí, no entanto, pontua que a ética está situada em um local anterior, mais abrangente. Para a filósofa, ética não é "uma maneira de viver, uma maneira de pensar ou uma maneira de se comportar". Isso, que comumente chama-se de ética, é, em verdade, uma ideologia, a que ela denomina "ideologia da ética", uma confusão entre a ética e a lógica privada de valores, em suma, um "conjunto de regulamentos de conduta". Para a filósofa, é errôneo acreditar que ética é "um conjunto de regras, normas, preceitos de controle cotidiano de todos os comportamentos". Esse processo de normatização de preceitos sociais do bem viver ignora o verdadeiro conteúdo da ética: "o exercício da consciência, da liberdade e da responsabilidade".[738] É nessa visão mais abrangente que se situa o grande dilema ético, também, da magistratura. Aliás, o próprio Nalini, noutras oportunidades, afirma sua noção de ética de acordo com o seu conceito mais abrangente e menos ligado à moral. Para o magistrado, a ética se constitui em não ignorar os dados extrajurídicos no momento de decidir, exercer a capacidade justificatória

---

[733] TROPER, Michel. *A filosofia do direito*. São Paulo: Martins, 2008, p. 36.

[734] NALINI, José Renato. *Ética da magistratura*: comentários ao código de ética da magistratura nacional: CNJ. 3ª ed. São Paulo: RT, 2012, p. 37.

[735] NALINI, José Renato. "Os enclaves éticos". *Revista do Tribunal Regional do Trabalho da 15ª Região*, n. 14, 2001, p. 4.

[736] NALINI, José Renato. *Ética da magistratura*: comentários ao código de ética da magistratura nacional – CNJ. 3ª ed. São Paulo: RT, 2012, pp. 34-37.

[737] LEVENHAGEN, Antônio José de Barros. "Uma rápida visão sobre a ética e a magistratura". *Revista do Tribunal Regional do Trabalho da 15ª Região*, n. 14, 2001, p. 2.

[738] CHAUÍ, Marilena. *Palestra proferida na Universidade de São Paulo em 28/08/2012*. Disponível em http://youtu.be/9RbBPVPybpY?t=13m.

CAPÍTULO 2 - (RE)ESTRUTURAÇÃO DA MAGISTRATURA NO BRASIL

das decisões e ser dotado de consciência constitucional,[739] convergindo com o pensamento de Chauí, verticalizado na magistratura.

Ademais, em uma visão de que os juízes possuem certa margem de discricionariedade na decisão, têm o dever de fundamentar, manter a integridade do Direito e coerência nas decisões, a ética é, assim, essencial como garantia que essa margem não se torne decisionismo, solipsismo, voluntarismo. Desse modo, é possível afirmar que talvez o maior compromisso ético dos magistrados da atualidade seja justamente "assumir a responsabilidade pelo ato de julgar, descobrindo e reinventando a norma ao mesmo tempo, de maneira que a decisão tente satisfazer ao chamado singular da justiça", de maneira integrativa e coerente.[740]

De todo modo, o que muitas vezes é visto como ética da magistratura, assim, é, em verdade, uma deontologia da magistratura – o que não lhe retira a importância, mas que não deve ser confundido com a ética. Aliás, Dallari pondera que é extremamente necessário haver uma deontologia para o exercício da magistratura, e essa deontologia deve ser calcada na ética,[741] mas jamais será a ética em si, pois a ética não se resume a uma normatização de comportamentos *a priori*. Assim, é possível haver a deontologização de determinadas condutas, calcadas naquilo que se entende ser um comportamento ético, mas o comportamento ético jamais será cingido apenas por essa deontologia.[742] Os Códigos de Ética da magistratura, assim, são, em verdade, como esclarece Vladimir Passos de Freitas, Códigos de Condutas,[743] como quaisquer outros, com a

---

[739] NALINI, José Renato. "O desafio de criar juízes". *In:* ALMEIDA, José Mauricio Pinto de; LEARDINI, Márcia (coord.). *Recrutamento e formação de magistrados no Brasil.* Curitiba: Juruá, 2010, pp. 91-109, p. 104.

[740] KOZICKI, Katya. *Levando a justiça a sério*: interpretação do direito e responsabilidade judicial. Belo Horizonte: Arraes Editores, 2012, p. 99.

[741] DALLARI, Dalmo de Abreu. "Deontologia do juiz". *Revista do Tribunal Regional do Trabalho da 15ª Região*, n. 14, 2001, p. 3.

[742] NASCIMENTO, Amauri Mascaro. "Ética na magistratura". *Revista do Tribunal Regional do Trabalho da 15ª Região*, n. 14, 2001, p. 7.

[743] FREITAS, Vladimir Passos de. "Brasil: perspectivas de um Código de Ética judicial". *In:* FREITAS, Vladimir Passos de; FREITAS, Dario Almeida Passos de (coord.). *Direito e Administração da Justiça.* Curitiba: Juruá, 2010, pp. 215-217.

diferença que essas condutas procuram orientar uma conduta ética, isto é, o exercício consciente, livre e, sobretudo, responsável da magistratura.

Como pontuado por Zaffaroni no Prefácio deste livro, a ética, em si, está muito mais ligada à própria autonomia do indivíduo, não é dada de maneira heterônoma, donde, reitero, é mais importante para o exercício ético da magistratura por todos os juízes uma formação institucional sólida, capaz de produzir agentes conscientes e responsáveis, do que códigos de ética heterônomos.

Nesse sentido, é possível observar que essas deontologias que buscam perscrutar um horizonte ético também são significadas conforme o paradigma de magistratura que se tem. Assim, aquilo que para um magistrado burocrata será uma conduta ética, para um democrático poderá não ser, e vice-versa. Por exemplo, decidir de maneira contrária à sua convicção será sempre antiético ao magistrado democrático, mas não ao magistrado burocrata, caso o entendimento contrário à sua convicção for aquele da instância superior, ou, ainda, uma súmula vinculante. Motivo pelo qual o comportamento ético também independe do modelo de magistratura vigente, já que está relacionado à conduta pública de cada indivíduo, no caso, de cada magistrado. Nas palavras de Zaffaroni, a ética de cada magistrado sempre poderá fazer valer valores democráticos mesmo em modelos empírico-primitivos ou técnico burocráticos. Contudo, *"reducir un problema tan complejo a un mero juicio ético individual es un absurdo desde el ángulo científico y sumamente peligroso desde el político"*.[744] Não se deve ignorar a existência de estruturas normativas de poder, que afetam os indivíduos, inclusive, em sua conduta ética.[745]

Assim, muito mais do que traçar padrões de comportamento ou arrolar uma série de valores (independência, integridade, transparência,

---

[744] ZAFFARONI, Eugenio Raúl. *Estructuras judiciales*. Buenos Aires: Ediar, 1994. Disponível em http://www.pensamientopenal.com.ar/articulos/estructuras-judiciales. Acesso em 24.10.2014, p. 133.

[745] ZAFFARONI, Eugenio Raúl. *Estructuras judiciales*. Buenos Aires: Ediar, 1994. Disponível em http://www.pensamientopenal.com.ar/articulos/estructuras-judiciales. Acesso em 24.10.2014, p. 133.

CAPÍTULO 2 - (RE)ESTRUTURAÇÃO DA MAGISTRATURA NO BRASIL

sigilo, incorruptibilidade etc.), a mudança cultural do magistrado no horizonte democrático, que passa, invariavelmente, por uma mudança na sua compreensão de ética, necessita pensar as mudanças institucionais, ligadas às estruturas de poder, que influenciam diretamente o comportamento ético. Repensar esse tipo de relação que se dá entre o magistrado e a sociedade e dos magistrados entre si, que são fruto de relações institucionais de poder, é o que permite a mudança do paradigma ético – na perspectiva da desconstrução da profanação de algumas atitudes que, hoje, são o veículo de transmissão da ética antidemocrática.

Não é incomum a análise que aloca o Poder Judiciário de maneira apartada da sociedade em geral, sobretudo dos pobres, havendo um inegável distanciamento entre ambos: "na visão da pobreza, o juiz integra uma elite. É identificado com o poder. Sua atividade é sustentar as forças predominantes".[746] Costumes, gostos, a própria origem social, a cor da pele, o vocabulário, a renda mensal, envolvem o Poder Judiciário em um significado simbólico de elite, também, social, de forma que, não apenas o povo se vê apartado daquele Poder, mas vice-versa.[747] Nas palavras de Roberto Bergalli, "*el cambio de imagen que esto supone va en desmedro de la representación social que los jueces deben asumir, sobre todo en aquellas sociedades en las cuales las creencias populares sobre el derecho y la justicia están muy deterioradas por los usos privilegiantes*".[748] O Judiciário, ao apartar-se da sociedade, é visto como um exercente de um Poder não representativo, vale dizer, que é exercido em nome do povo mas não em seu benefício,[749] e, por conseguinte, é um poder aristocrático, dotado de privilégios e que favorece apenas algumas elites, atuando de maneira conservadora por definição.

A posição político-ideológica conservadora, em um Judiciário que seja independente e imparcial, dentro de uma sociedade plúrima, é, sem

---

[746] NALINI, José Renato. *A rebelião da toga*. 2ª ed. Campinas: Millenium, 2008, p. 100.

[747] DALLARI, Dalmo de Abreu. *O poder dos juízes*. 3ª ed. São Paulo: Saraiva, 2010, p. 149.

[748] BERGALLI, Roberto. "La quiebra de los mitos. Independencia judicial y selección de los jueces". *Nueva Sociedad*, n. 112, pp. 152-165, abr. 1991, p. 164.

[749] Entendido, é claro, como benefício coletivo, isto é, a partir da concretização dos valores positivados na Constituição.

dúvida, possível. O que ocorre, contudo, no tocante à existência consolidada de cultura judicial conservadora, é a consequente negação da independência, pois ela provoca uma retração de qualquer posição política do Judiciário diferente dela própria. Fere, assim, a imparcialidade e a independência desse Poder, que fica refém dos interesses hegemônicos na sociedade. Isso porque a opção política pela decisão judicial conservadora, através de um processo de livre contraditório, ampla defesa, e livre convicção do juízo é possível. O que ocorre, contudo, é o fomento da ideologia conservadora através da cultura judicial, em decorrência dos diversos mecanismos abordados nos pontos anteriores. Esse conservadorismo cultural, como explica Zaffaroni, é endêmico da tecnoburocracia, que tende a ver as posições conservadoras como não ideológicas, seguras à estabilidade pela qual a burocracia nutre grande estima. É, por conseguinte, preferível às progressistas, transformadoras, propositivas, militantes, que causam insegurança e ameaçam a estrutura de poder vigente, sobre a qual o Judiciário estrutura a sua carreira e benefícios. Essa predileção pelo conservadorismo, que passa a ser fomentado através da cultura judicial como uma atitude correta e não-ideológica, aliada aos outros elementos culturais aristocráticos e elitista que, como visto, estão atrelados à magistratura faz com que o Poder Judiciário muitas vezes tome atitudes verdadeiramente reacionárias, a fim de manter o *status quo*, afastando-se, assim, do povo, sobretudo de seus setores mais oprimidos e que buscam transformar e se libertar da estrutura social que lhes oprime.[750]

Sob essa égide, a partir da junção *i)* da ideia técnico-burocrática de matriz positivista que propugna o juiz como neutro aplicador da Lei, e, por isso mesmo, asséptico, desconexo das trivialidades mundanas, *ii) d*a cultura judicial aristocrática e conservadora, isto é, que se presume melhor do que o restante dos cidadãos, com *iii)* a possibilidade de um papel mais ativista possibilitado pala Constituição (que, aliás, como já observado no ponto 1.2.3, são ideias incoerentes entre si, mas que

---

[750] ZAFFARONI, Eugenio Raúl. *Estructuras judiciales*. Buenos Aires: Ediar, 1994. Disponível em http://www.pensamientopenal.com.ar/articulos/estructuras-judiciales. Acesso em 24.10.2014, pp. 162-164.

CAPÍTULO 2 - (RE)ESTRUTURAÇÃO DA MAGISTRATURA NO BRASIL

convivem e formatam o magistrado brasileiro), resulta que o juiz passa a ver em si mesmo o papel de ser o grande super-humano, angelical, no Olimpo da sociedade, que tem ao mesmo tempo *i)* a visão apropriada e neutra do que é certo e errado; *ii)* sabe o que é melhor para todos; e *iii)* tem a força para fazê-lo. O Poder Judiciário, assim, nas palavras de Ingeborg Maus, torna-se alegoricamente o superego da sociedade.[751] Sem maiores tergiversações, a comparação, no caso, remete à ideia freudiana que secciona a constituição da psique do indivíduo em três níveis: o *id*, correspondente aos instintos mais primários e naturais da pessoa, as paixões; o ego, que seria a própria personalidade, desejos e quereres subjetivos, a razão; e, finalmente, o superego, que avalia e eventualmente reprime os desejos dos demais.[752] É associado à ideia de "grande pai", pois se inicia na infância externamente, através das figuras paternas, que advertem, impedem, castram algumas vontades da criança. Com o transcorrer do tempo, o próprio indivíduo assume para si o sistema de valores socialmente construídos (e naturalizados) que agem como parâmetro de validade das ações e desejos do ego, promovendo o superego, quando o desejo é incompatível com os parâmetros sociais, uma autocastração, "domando"[753] as ações e desejos.[754] Essa ideia de superego, na esteira do supramencionado, é sempre essencialmente castradora.[755]

O Poder Judiciário, crente de suas potencialidades, de sua superioridade intelectual, moral e ética, assume para si a tarefa de superego, o que tem duas consequências imediatas: *i)* o aumento da distância entre juízes e jurisdicionados, pois o trunfo do superego Judiciário reside justamente na "virtude" de ter uma compreensão da vida mais sofisticada,

---

[751] MAUS, Ingeborg. *O Judiciário como superego da sociedade*. Tradução de Geraldo de Carvalho e Garcélia Batista de Oliveira Mendes. Rio de Janeiro: Lumen Juris, 2010, p. 185.

[752] FREUD, Sigmund. "O ego e o id". *In: Obras completas*. Rio de Janeiro: Imago, 1976, p. 25.

[753] OMMATI, José Emílio Medauar; FARO, Julio Pinheiro. "De poder nulo a poder supremo: o Judiciário como superego". *A&C – Revista de Direito Administrativo & Constitucional*, vol. 12, n. 49, pp. 177-206, set. 2012, pp. 182/183.

[754] FREUD, Sigmund. "O ego e o id". *In: Obras completas*. Rio de Janeiro: Imago, 1976, p. 39.

[755] Mesmo que castre, por exemplo, "retrocessos" sociais oriundos da vontade da maioria.

estilizada e madura que todos os demais; e, *ii)* concomitantemente, infantiliza a sociedade, que passa a esperar que o Judiciário resolva, como um pai, os seus desvios de comportamento, aumentando a judicialização, sobretudo das grandes divergências sociais.[756] Os juízes, assim, passam a ser vistos, inclusive por si mesmos, como grandes ídolos sociais, dignos de idolatria (donde a glória se aninha perfeitamente) e os únicos capazes de consertar as degenerações de uma sociedade corrompida por sua própria humanidade inglória e falível. As Cortes muitas vezes se parecem como aquela do País das Maravilhas, com o magistrado, envolto em signos de poder real, sentado em uma posição que de tão alta sequer possibilitava que Alice enxergasse direito quem proferia o julgamento – mas a sua sentença era facilmente ouvida: "cortem-lhe a cabeça!". Curiosamente, muitas tribunais e salas de sessões ainda elevam os assentos dos magistrados em relação aos demais.

Outrossim, como, institucionalmente, o Judiciário age como superego da sociedade, individualmente as pessoas dos magistrados acabam fortalecendo o seu superego, filtrando com muito maior rigor suas próprias vontades, donde, como já observado anteriormente, podem decorrer severas patologias psicológicas para o próprio magistrado (além das degenerações humana e ética) que tem que se autolimitar, autocastrar, a todo momento para garantir sua legitimidade através da posição altiva (gloriosa).[757] Esse tipo de "sacerdócio", por si só, afeta negativamente o magistrado, privado de seus quereres, mas a condição também se potencializa porque ele sabe-se tão humano quanto qualquer pessoa, e que jamais será, de fato, a imagem da perfeição sobre a qual repousa sua autoridade. Esse tipo de frustração causada estruturalmente por uma cultura judicial que atribui valores sacerdotais, parcimoniosos e gloriosos, ao magistrado podem convolar em arroubos de autoritarismo em ocasiões públicas que exponham a falibilidade humana do magistrado (como ser

---

[756] OMMATI, José Emílio Medauar; FARO, Julio Pinheiro. "De poder nulo a poder supremo: o Judiciário como superego". *A&C – Revista de Direito Administrativo & Constitucional*, vol. 12, n. 49, pp. 177-206, set. 2012, p. 187.

[757] ZAFFARONI, Eugenio Raúl. *Estructuras judiciales*. Buenos Aires: Ediar, 1994. Disponível em http://www.pensamientopenal.com.ar/articulos/estructuras-judiciales. Acesso em 24.10.2014, p. 159.

CAPÍTULO 2 - (RE)ESTRUTURAÇÃO DA MAGISTRATURA NO BRASIL

parado em uma *blitz* dirigindo irregularmente ou perder um voo), ou no convívio familiar e social[758] (como com o porteiro do prédio).

E, por essa mesma visão *auto-altiva*, reforçam os magistrados seus preconceitos, sua nobilitude aristocrática: preferem frequentar lugares "seletos", desenvolvem um *habitus* correspondente às classes mais altas, passam a se distinguir culturalmente da maioria dos cidadãos, pois só podem ser deles o superego enquanto forem melhores, mais sofisticados e maduros.[759] Ato contínuo, esse tipo de distanciamento social da pessoa do magistrado em relação aos ambientes, atitudes, maneirismos e gostos populares (ou, noutras palavras, a já descrita assepsia) passa, pela cultura judicial, a ser visto, como se fosse corolário da própria independência, isto é, forma de garantir com que a pessoa do magistrado, por não estar inserido no contexto social mundano de relações, seria mais neutra e imparcial para julgar.

Ocorre, contudo, precisamente o oposto: a parcialização do magistrado em desfavor da cultura popular, pois, ao encarar o popular, o profano, de cujo convívio se priva, como inferior, infantilizado, passa a nutrir um natural e coerente desdém pela população.[760] Afinal, se não fosse inferior, se houvesse igualdade entre juiz e jurisdicionado, ela não precisaria de superego, esse "pai severo e moralista que condena a todos"[761] e a estrutura de valores que sustenta a cultura judicial conservadora, burocrática e pretensamente imparcial ruiria. Assim, essa visão que se separa do povo e o inferioriza, dando azo a preconceitos,

---

[758] ZAFFARONI, Eugenio Raúl. *Estructuras judiciales*. Buenos Aires: Ediar, 1994. Disponível em http://www.pensamientopenal.com.ar/articulos/estructuras-judiciales. Acesso em 24.10.2014, pp. 160/161.

[759] OMMATI, José Emílio Medauar; FARO, Julio Pinheiro. "De poder nulo a poder supremo: o Judiciário como superego". *A&C – Revista de Direito Administrativo & Constitucional*, vol. 12, n. 49, pp. 177-206, set. 2012, p. 183.

[760] ZAFFARONI, Eugenio Raúl. *Estructuras judiciales*. Buenos Aires: Ediar, 1994. Disponível em http://www.pensamientopenal.com.ar/articulos/estructuras-judiciales. Acesso em 24.10.2014, p. 163.

[761] ZAFFARONI, Eugenio Raúl. *Estructuras judiciales*. Buenos Aires: Ediar, 1994. Disponível em http://www.pensamientopenal.com.ar/articulos/estructuras-judiciales. Acesso em 24.10.2014, pp. 160/161.

é uma deterioração inafastável da magistratura brasileira atual. "Ciosos de seus atributos intelectuais, arraigados às pompas do cargo, autointitulando-se expressões da soberania, providos de autoridade quase divina, espezinham os humildes. Desconsideram os menores. São grosseiros, tornam impossível a convivência e o saudável ambiente de trabalho",[762] destratando advogados e/ou tornando-se, por vezes, chefes abusivos,[763] como supracitado.

    Já o contrário, isto é, o juiz tornar-se parcial por conviver na comunidade ou até mesmo militar em favor de alguma causa política etc., não ocorre em uma magistratura democrática, justamente porque as garantias do Judiciário o blindam de todo tipo de pressão e as deteriorações do isolamento não o afetam. Se se imagina que o juiz vitalício está apto a julgar um poderoso político, acusado de Improbidade Administrativa, de maneira imparcial em razão de suas garantias e seu dever ético, não há motivos para pensar que o mesmo juiz seria menos imparcial ao julgar qualquer outro membro da comunidade em que está envolvido, mesmo que ambos sejam membros da mesma associação ou militem pela mesma causa – a não ser em casos de envolvimento pessoal, é claro, mas para isso já existem os instrumentos processuais adequados (impedimento e suspeição), e não é disso que se trata. Assim, por mais que um juiz esteja inserido ativamente na comunidade, essa participação não será para ele mais relevante do que a igreja que frequenta, o clube de campo de que é sócio ou o time de futebol para que torce.[764] Nesse sentido *"si un ciudadano que milita políticamente gana limpiamente un concurso público de antecedentes y oposición en el marco de una estructura judicial independiente, no vemos las razones para inhabilitarlo, o, por lo menos, no vemos menos razones que para inhabilitarlo porque sea practicante de una*

---

[762] NALINI, José Renato. *Ética da magistratura*: comentários ao código de ética da magistratura nacional – CNJ. 3 ed. São Paulo: RT, 2012, p. 218.

[763] ZAFFARONI, Eugenio Raúl. *Estructuras judiciales*. Buenos Aires: Ediar, 1994. Disponível em http://www.pensamientopenal.com.ar/articulos/estructuras-judiciales. Acesso em 24.10.2014, p. 162.

[764] ZAFFARONI, Eugenio Raúl. *Estructuras judiciales*. Buenos Aires: Ediar, 1994. Disponível em http://www.pensamientopenal.com.ar/articulos/estructuras-judiciales. Acesso em 24.10.2014, p. 88.

CAPÍTULO 2 - (RE)ESTRUTURAÇÃO DA MAGISTRATURA NO BRASIL

religión, integre un cuadro deportivo o sea conocido por su lucha en la sociedad protectora de animales".[765]

Mas mesmo com essa pretensa assepsia que hoje se pratica, são cotidianos os relatos em que o Poder Judiciário age como uma força ligada a um matiz ideológico conservador e às vezes até mesmo antidemocrático, arrefecendo as demandas e candências sociais através da utilização da violência, pois, ao atuar politicamente passa a ser "excessivamente refratário às demandas populares organizadas, externando em suas decisões judiciais posições político-ideológicas conservadoras e violentas sob o prisma sociológico".[766] Também é notório que por vezes os magistrados passam a atuar dotados de um "preconceito muito nítido para com o pobre, para com o negro, para com o inculto, para com o enquadrado nas minorias".[767] Desse modo, "nutrir sentimentos que distinguem as pessoas em razão da cor, da condição econômica, do aspecto físico, da opção (*sic*) sexual, é um dado da cultura, que a lei só consegue amenizar, nunca eliminar de vez. Não é porque hauriu das fontes produtoras de Direito que o juiz está imune a atitudes preconceituosas",[768] e em geral, na cultura judicial hodierna, não estará.

Esse tipo de atitude, evidentemente, não se compatibiliza com uma magistratura democrática e, segundo Zaffaroni, a única forma de retificar essa postura estrutural do Judiciário é inserir a pessoa do magistrado no seio da sociabilidade: "*la independencia judicial entendida absurdamente como separación de la sociedad civil toca a su fin: la única forma de quebrar este perfil producido por el deterioro de la burocratización o por los*

---

[765] ZAFFARONI, Eugenio Raúl. *Estructuras judiciales*. Buenos Aires: Ediar, 1994. Disponível em http://www.pensamientopenal.com.ar/articulos/estructuras-judiciales. Acesso em 24.10.2014, p. 89.

[766] MACHADO, João Marcelo Borelli. "Violência judicial contra os movimentos populares no Paraná". *Revista da Faculdade de Direito UFPR*, vol. 43, 10 jan. 2007. Disponível em http://ojs.c3sl.ufpr.br/ojs/index.php/direito/article/view/7017. Acesso em 31.10.2014, p. 1.

[767] NALINI, José Renato. *A rebelião da toga*. 2ª ed. Campinas: Millenium, 2008, p. 169.

[768] NALINI, José Renato. *Ética da magistratura*: comentários ao código de ética da magistratura nacional – CNJ. 3ª ed. São Paulo: RT, 2012, pp. 109/110.

más profundos del primitivismo judicial, es concebir al juez como integrado a la sociedad civil en forma plena y por derecho propio, es decir, al juez ciudadano que participa de las inquietudes, movimientos y necesidades de la vida colectiva".[769] O juiz, assim, pode e deve estar inserido nas dinâmicas sociais, na sua comunidade, seu bairro, associações, clubes desportivos, frequentar locais públicos, enfim, ter a possibilidade de participar dessas dinâmicas conforme entender necessário, de modo a não isso garanta a imparcialidade por não viver como um eremita insulado ou que só compartilhe de uma dinâmica elitista. Donde *"la superación de la imagen 'aséptica' del juez permite una redefinición de su identidad que le deja mucha mayor libertad para participar en actividades sociales y culturales, lo que ayudará a su 'desghettización', haciéndolo un partícipe mucho más pleno de la vida social y ciudadana"*.[770] Nesse tocante, "o Poder Judiciário somente poderá se democratizar a partir do momento em que conseguir refletir os novos caminhos que se apresentam na sociedade civil, no sentido das necessidades e aspirações desta última. Para o magistrado, portanto, torna-se imperiosa uma consciência crítica, de que não mais é possível isolar-se em seu gabinete, alheio ao mundo que o circunda".[771]

Para Nalini, "a intenção de consubstanciar uma antinatural e inexistente neutralidade fez com que o Judiciário se afastasse do povo". Ademais, "não é concebido como 'amigo do povo'. Muitos cidadãos até o consideram fugitivo do contato social por termos à contaminação. A fobia de ser acusado de parcial, suscetível de se influenciar ou de ser pressionado a julgar deste ou daquele modo tende a torna-lo um anacoreta social". O que também é negativo para o próprio juiz e para a

---

[769] ZAFFARONI, Eugenio Raúl. *Estructuras judiciales*. Buenos Aires: Ediar, 1994. Disponível em http://www.pensamientopenal.com.ar/articulos/estructuras-judiciales. Acesso em 24.10.2014, p. 189.

[770] ZAFFARONI, Eugenio Raúl. *Estructuras judiciales*. Buenos Aires: Ediar, 1994. Disponível em http://www.pensamientopenal.com.ar/articulos/estructuras-judiciales. Acesso em 24.10.2014, p. 189.

[771] VERONESE, Josiane Rose Petry. "O Poder Judiciário: instrumento de transformação social?". *Revista Sequência, Florianópolis*, n. 30, p. 37-44, 1995. Disponível em <http://egov.ufsc.br/portal/sites/default/files/anexos/1078-1092-1-PB.pdf>. Acesso em 17.11.2014, p. 44.

CAPÍTULO 2 - (RE)ESTRUTURAÇÃO DA MAGISTRATURA NO BRASIL

magistratura, uma vez que "o solitário tende à patologia. Ao se privar do convívio, o julgador pode perder a capacidade de se inteirar das aflições dos semelhantes. Não é incomum assoberbar-se e se converter num arrogante juiz".[772] O que corrobora as degenerações de uma magistratura burocrática que afetam o Judiciário brasileiro.

É claro que, diante da significação social e dos poderes que exerce o Judiciário, sua integração social deve ser feita com a parcimônia de que eventualmente conflitos e dramas sociais daquela comunidade poderão vir a exigir de uma resposta jurisdicional sua. Nas palavras de Vladimir Passos de Freitas, "o juiz deve relacionar-se com a comunidade. Porém, este relacionamento exige habilidade, saber viver. Não poderá ser tão íntimo das pessoas que isso possa gerar influenciar nas decisões ou que, mesmo sem influenciar, possa parecer que o faça (...). Deve ser gentil, participante, interessado na vida da comunidade, todavia, sempre com resguardo".[773] Do mesmo modo, inserir-se nas dinâmicas sociais não significa vendar-se para as relações de poder e de dominação social existentes nacional, estadual e localmente. Em um país ainda ferido pelo latifúndio, pelo coronelismo, sobretudo nas primeiras entrâncias, é importante resguardar distanciamento de relações aprofundadas com os detentores desse poder antidemocrático. Se, ao passo que o largo do povo, ao ser julgado, não possui instrumentos para tentar constranger o magistrado e por isso o convívio natural é, via de regra, inofensivo à imparcialidade, as elites políticas e econômicas locais podem entender que têm meios de tentar constranger o juiz – sobretudo para tentar fazer letra morta da Constituição que optou claramente pela justiça social, reforma agrária, repúdio ao preconceito etc. Reitere-se que "não é que o excluído tenha sempre razão (...). Mas a balança da justiça só se equilibra quando o julgador tiver a coragem de não ceder ante o império do dinheiro, não se atemorizar diante das pressões e realizar a missão pela qual foi incumbido pela nação. A missão de fazer justiça".[774]

---

[772] NALINI, José Renato. *A rebelião da toga*. 2ª ed. Campinas: Millenium, 2008, p. XVIII

[773] FREITAS, Vladimir Passos de. *Curso de Direito:* antes, durante e depois. Campinas: Millenium, 2006, p. 102.

[774] NALINI, José Renato. *Ética da magistratura*: comentários ao código de ética da magistratura nacional – CNJ. 3ª ed. São Paulo: RT, 2012, p. 110.

Em geral, contudo, é o contrário que acontece: o juiz não tem convívio social com a maior parte da população, pois elitiza sua cultura, mas é bem relacionado, e às vezes até se prostra perante as elites hegemônicas. Assim, por exemplo, no ano de 2004, um desembargador integrante do Tribunal de Justiça de São Paulo concedeu *habeas corpus* a um político e rico empresário, notório infrator das leis, para livrar essa personagem, denunciado por mais uma ilegalidade, de ir a uma repartição policial prestar depoimento. Como único fundamento da concessão, escreveu o desembargador que se trata de "uma pessoa da sociedade, que não poderia ser tratada como criminoso". Esse é, evidentemente, um comportamento típico de um juiz do Direito superado, discriminatório e injusto, que compromete a autoridade, a eficiência e a imagem do Judiciário, mas reflete uma realidade do Judiciário que, regra ou exceção, é certo que jamais deveria ter acontecido.[775]

Segundo Boaventura de Souza Santos, deve-se abandonar, assim, o paradigma burocrático que muitas vezes é incapaz de julgar com rigor necessário os detentores do poder. "Para o cidadão, essa cultura significa medo de tratar e de investigar os poderosos como cidadãos comuns", o que traz um grande déficit democrático ao Judiciário.[776] A magistratura democrática assim, exige a mudança radical e paradigmática na cultura. Em vez de um Judiciário elitista e isolado da sociedade, mas refém dos poderosos, um Judiciário horizontal, com magistrados que sejam ativos partícipes da vida social, mas atentos às estruturas de poder, sobretudo àquelas que ainda visam garantir um projeto diverso do projeto constitucional, isto é, que pretendem conservar tudo aquilo que a Lei Maior se propôs, como objetivo e diretiva, mudar. Donde uma deontologia ética democrática exige do magistrado um compromisso irretratável com a democracia e a efetivação da Constituição, não apenas na aplicação decisória, mas também na conduta ética, pública, do juiz.[777]

---

[775] DALLARI, Dalmo de Abreu. "A hora do Judiciário". *Revista da Escola Nacional da Magistratura*, vol. 1, n. 1, pp. 10-16, 2006, p. 16.

[776] SANTOS, Boaventura de Sousa; PEDROSO, João; BRANCO, Patrícia. *O recrutamento e a formação de magistrados:* análise comparada de sistemas e países da União Europeia. Coimbra: Observatório Permanente da Justiça Portuguesa, 2006. Disponível em http://opj.ces.uc.pt/pdf/ORFM/Recrutamento_formacao_magistrados.pdf, p. 39.

[777] GUERRA FILHO, Willis Santiago. "Ética e Democracia na Administração da Justiça". *In: Revista da EMERJ*, vol. 4, n. 14, pp. 152-161, 2001, p. 150.

CAPÍTULO 2 - (RE)ESTRUTURAÇÃO DA MAGISTRATURA NO BRASIL

Noutros termos, o magistrado deve sempre ser capaz de se colocar no mesmo lugar do cidadão, ver-se horizontalmente e não verticalmente, como superego, sobretudo em relação ao cidadão oprimido estruturalmente, desprotegido.[778] Deve, assim, ter alteridade,[779] deve fugir de qualquer tipo de atitude que inspire temor reverencial em relação aos cidadãos, o que só atrapalhará a sua atividade instrutória e judicante.[780] Precisa ser consciente da realidade brasileira, das disputas de Poder, da forma como o Judiciário se insere de modo a apertar ou afrouxar os nós que mantém determinadas estruturas, assumindo a sua função constitucional.[781] Assim, eticamente, a atividade de um bom juiz está ligada "à coragem, ao sentimento humanista, à maturidade emocional, à cultura social e jurídica do magistrado" a fim de garantir o bem de todos.[782]

Isso significa profanar a cultura elitista, distante do povo, e trazer de volta para a humanidade mundana a ética da magistratura, entender a realidade dos jurisdicionados e ver-se como um igual até mesmo com o oprimido, entendendo-lhe as injustiças e evitando o preconceito. Efetivada essa mudança, ditames como "a magistratura é um sacerdócio", "o juiz deve ser asséptico", ou "o magistrado deve comportar-se na vida privada de modo a dignificar a função, cônscio de que o exercício da atividade jurisdicional impõe restrições e exigências pessoais distintas das acometidas aos cidadãos em geral" não passarão daquilo que Zaffaroni

---

[778] BERGALLI, Roberto. "La quiebra de los mitos. Independencia judicial y selección de los jueces". *Nueva Sociedad*, n. 112, pp. 152-165, abr. 1991, p. 164.

[779] LEARDINI, Marcia. "A importância da formação do magistrado para o exercício de sua função política". *In*: ALMEIDA, José Mauricio Pinto de; LEARDINI, Márcia (coord.). *Recrutamento e formação de magistrados no Brasil*. Curitiba: Juruá, 2010. pp. 111-135, p. 133.

[780] NALINI, José Renato. *A rebelião da toga*. 2ª ed. Campinas: Millenium, 2008, p. 102.

[781] NALINI, José Renato. "A formação do juiz após a Emenda à Constituição n. 45/04". *Revista da Escola Nacional da Magistratura*, vol. 1, n. 1, pp. 17-24, 2006, p. 24.

[782] LEARDINI, Marcia. "A importância da formação do magistrado para o exercício de sua função política". *In*: ALMEIDA, José Mauricio Pinto de; LEARDINI, Márcia (coord.). *Recrutamento e formação de magistrados no Brasil*. Curitiba: Juruá, 2010. pp. 111-135, p. 129.

denomina como uma anedota.[783] Ademais, para o juiz que incorporar esses parâmetros de conduta, exercendo uma nova ética democrática, os palácios, as togas, as vossas excelências, os latinismos, os bustos, as cerimônias pomposas, que nunca foram desconstruídos em si, serão tão vazios de sentido que o seu abandono será tão evidente à classe da magistratura quanto a peruca que por 330 anos trouxe a coceira e o desconforto à cabeça dos juristas até que sua desnecessidade ficasse evidente.

2.3.3 O fim dos serafins – horizontalidade para independência efetiva

Hierarquia é uma noção extremamente ligada ao sagrado – oposta, portanto, ao profano. Nasceu na angelologia, isto é, no estudo dos anjos, mais precisamente na Suma Teológica de Tomás de Aquino, com o significado que remete justamente ao poder, e (curiosamente) não à ordem. *hierós* (sagrado) + *arché* (poder) dão origem ao termo, que, inova justamente pela conotação do segundo termo. Como aponta Giorgio Agamben, a base da hierarquia está no conceito grego de *diakomēsis*, que significava "governar ordenando".[784] A hierarquia, embora seja um conceito que se baseia nessa ideia de "governar ordenando", é uma ideia nova e não a atualização da *diakomēsis*, pois traz de maneira indissociável a noção de que é necessário o poder (*arché*) para escalonar o sacro. Assim, analisando a obra de Aquino, pondera que "a ideia central (...) é, de fato, que sagrado e divino é aquilo que é hierarquicamente ordenado, e sua quase dissimulada estratégia visa – pela repetição obsessiva do esquema triárdico, que desce da Trindade, passa pelas triarquias angélicas e chega à hierarquia terrena – a sacralização do poder", ou seja, legitima o exercício do poder de uma forma verticalizada na sociedade medieval através do espelhamento do próprio *modus operandi* da ordem divina, e, assim, o poder de ordenar é,

---

[783] ZAFFARONI, Eugenio Raúl. *Estructuras judiciales*. Buenos Aires: Ediar, 1994. Disponível em http://www.pensamientopenal.com.ar/articulos/estructuras-judiciales. Acesso em 24.10.2014, p. 189.

[784] AGAMBEN, Giorgio. *O reino e a glória*: uma genealogia teológica da economia e do governo: homo sacer II, 2. São Paulo: Boitempo, 2011, p. 171.

CAPÍTULO 2 - (RE)ESTRUTURAÇÃO DA MAGISTRATURA NO BRASIL

também, um poder sacro, pois existe até entre Deus e os anjos (serafins, querubins, arcanjos etc.), donde a hierarquia social é absoluta e inegavelmente legítima para a sociedade medieval.[785] Assim, o conceito de hierarquia encerra, em si, uma ideia de ordenamento e uma ideia de poder em grau de indiscernibilidade,[786] donde toda estrutura hierárquica é uma estrutura de poder, de superiores, exercentes de poder, e subordinados. É, também, uma estrutura piramidal, escalonada, onde o máximo de poder está concentrado em um número pequeno de pessoas, e o máximo de subordinação e o mínimo de poder ao maior número, a base da pirâmide.[787]

A hierarquia social, calcada na desigualdade formal entre as pessoas, foi estruturante da sociedade medieval, sendo que o grande triunfo da Revolução Francesa, com calço em uma interpretação parcial e deturpada do ideário rousseauniano,[788] justamente subverter essa ordem, a partir da ideia de igualdade formal.[789] Marilena Chauí, no entanto, demonstra que, ainda que se viva sob o paradigma republicano da igualdade formal (ressalvados alguns Códigos de Ética que pretendam o contrário), materialmente a sociedade brasileira ainda é muito "autoritária, vertical, hierarquizada, oligárquica, que transforma todas as diferenças em desigualdades e que naturaliza as desigualdades".[790] Como observado, a hierarquia social é um fenômeno ainda muito coevo, estando presente no largo das relações sociais pais e filhos, patrões e empregados, ricos e pobres, homens e mulheres, brancos e

---

[785] AGAMBEN, Giorgio. *O reino e a glória:* uma genealogia teológica da economia e do governo: homo sacer II, 2. São Paulo: Boitempo, 2011, p. 170.

[786] AGAMBEN, Giorgio. *O reino e a glória:* uma genealogia teológica da economia e do governo: homo sacer II, 2. São Paulo: Boitempo, 2011, p. 171.

[787] CRETELLA Jr., José. "Fundamentos do direito administrativo". *Revista da Faculdade de Direito, Universidade de São Paulo*, vol. 72, n. 1, p. 299, 1 jan. 1977. Disponível em http://www.revistas.usp.br/rfdusp/article/view/66798. Acesso em 11.11.2014, p. 305.

[788] SANTOS, Wanderley Guilherme dos. *O paradoxo de Rousseau*: uma interpretação democrática da vontade geral. Rio de Janeiro: Rocco, 2007, p. 73.

[789] SALGADO, Eneida Desiree. "Jean Jacques Rousseau e o Estado Moderno". *In:* OPUSZKA, Paulo Ricardo; CARBONERA, Silvana Maria (coord.). *Direito Moderno e Contemporâneo:* perspectivas críticas. Pelotas: Delfos, 2008. p. 88.

[790] CHAUÍ, Marilena. *Palestra proferida na Universidade de São Paulo em 28/08/2012*. Disponível em http://youtu.be/9RbBPVPybpY?t=7m.

negros etc.[791] tudo sob o manto do art. 5º da Constituição Federal. O ordenamento jurídico reconhece a realidade social e, ao passo que se dirige para a erradicação de algumas hierarquias, fundadas na desigualdade de gênero, raça, região etc., em outros momentos a chancela como modo de ordenar a vida em sociedade, como por exemplo o dever de obediência dos filhos aos pais (art. 1.634, IX), da relação de subordinação do contrato de trabalho, regulada de maneira geral pela CLT, e da própria hierarquia administrativa, típica das organizações públicas. Nesse tocante, convém observar que a hierarquia é, ainda, bastante constitutiva das Instituições historicamente consolidadas, como a Igreja, a Universidade, as Forças Armadas,[792] e o Estado. Aliás, o próprio Direito em si, é hierárquico,[793] remetendo-se à figura da pirâmide normativa de Kelsen, que não faz senão expor a hierarquia entre as normas. A noção de hierarquia, assim, se, por um lado, foi concebida para escalonar os anjos e justificar a desigualdade entre os seres humanos, e, nesse tocante, foi afastada, em outros âmbitos ela é constitutiva da vida social.

Diante dessas constatações, é possível observar que a hierarquia "pode ser definida como a relação de subordinação entre autoridades maiores e autoridades menores, entre subordinantes e subordinados, fixando a autoridade de cada um",[794] sendo bastante peculiar dos regimes administrativos. No mesmo sentido, Celso Antônio Bandeira de Mello define a hierarquia como "o vínculo de autoridade que une órgãos e agentes, através de escalões sucessivos, numa relação de autoridade, de

---

[791] DAMATTA, Roberto. *Carnavais, malandros e heróis*: para uma sociologia do dilema brasileiro. Rio de Janeiro: Rocco, 1997, p. 210.

[792] José Cretella Júnior demonstra, aliás, como a hierarquia, surgida no seio da Igreja, passou para o âmbito militar e foi aperfeiçoada no modelo bonapartista e, a partir das Forças Armadas, passou para o campo civil, sobretudo para a Administração Pública. "Fundamentos do direito administrativo". *Revista da Faculdade de Direito, Universidade de São Paulo*, vol. 72, n. 1, p. 299, 1 jan. 1977. Disponível em http://www.revistas.usp.br/rfdusp/article/view/66798. Acesso em 11.11.2014, p. 305.

[793] ENTERRÍA, Eduardo García de; FERNÁNDEZ, Tomás-Ramón. *Curso de derecho administrativo I*. 14ª ed. Madri: Civitas, 2011, p. 77.

[794] CRETELLA Jr., José. "Fundamentos do direito administrativo". *Revista da Faculdade de Direito, Universidade de São Paulo*, vol. 72, n. 1, p. 299, 1 jan. 1977. Disponível em http://www.revistas.usp.br/rfdusp/article/view/66798. Acesso em 11.11.2014, p. 305.

CAPÍTULO 2 - (RE)ESTRUTURAÇÃO DA MAGISTRATURA NO BRASIL

superior a inferior, de hierarca e subalterno", também destacando que este poder é contínuo e permanente, e compreende no comando, fiscalização, revisão e punição do superior para o inferior, bem como o de dirimir controvérsias de competência, bem como delegá-las ou avocá-las.[795]

Para o Poder Judiciário, conquanto se fale em primeiro e segundo graus de jurisdição, instâncias etc., é comum a observação de que não há hierarquia entre os seus membros,[796] "o Tribunal não tem a faculdade de dar ordens nem de substituir-se ao juiz inferior em instância, decidindo a causa em lugar dele. O Tribunal não é superior hierárquico do juiz e não pode dar ordens ao magistrado, na mesma medida em que as autoridades administrativas maiores dão ordens às autoridades administrativas", sendo possível falar que só há instrumentos de hierarquia não na função jurisdicional, mas nos expedientes administrativos, isto é, na administração interna organizacional do Tribunal: "assim, o Presidente do Tribunal de Justiça pode dar ordens aos funcionários do Tribunal: pode conceder férias, licenças, pode demitir funcionários, bem como admiti-los, mas agora é autoridade Judiciária não nas vestes 'judicantes', mas nas vestes de 'administrador', dentro do Poder Judiciário".[797]

Essa é uma premissa extremamente democrática, como expõe Zaffaroni: *"un poder judicial no es una rama más de la administración y, por ende, no es admisible que sea una corporación jerarquizada en la forma de un ejército"*[798] *"un judicial materializado verticalmente es tan aberrante y peligroso como un ejército horizontalizado"*.[799] A horizontalidade, ou não-hierarquia,

---

[795] MELLO, Celso Antônio Bandeira de. *Curso de Direito Administrativo*. São Paulo: Malheiros, 2009, p. 150-151.

[796] DALLARI, Dalmo de Abreu. *O poder dos juízes*. 3ª ed. São Paulo: Saraiva, 2010, p. 70.

[797] CRETELLA Jr., José. "Fundamentos do direito administrativo". *Revista da Faculdade de Direito, Universidade de São Paulo*, vol. 72, n. 1, p. 299, 1 jan. 1977. Disponível em http://www.revistas.usp.br/rfdusp/article/view/66798. Acesso em 11.11.2014, p. 306.

[798] ZAFFARONI, Eugenio Raúl. "Dimensión Política de un Poder Judicial Democrático". *Cuadernos de Derecho Penal*, pp. 15-53, 1992. Disponível em http://new.pensamientopenal.com.ar/sites/default/files/2013/09/51zaffaroni.pdf. Acesso em 19.09.2014, p. 24.

[799] *Estructuras judiciales*. Buenos Aires: Ediar, 1994. Disponível em http://www.pensamientopenal.com.ar/articulos/estructuras-judiciales. Acesso em 24.10.2014, p. 77.

observe-se, se dá não apenas no fundamento de igualdade entre os juízes, mas, sobretudo, para garantir a independência do Judiciário, que deve ser, também, uma independência interna, não apenas em relação aos outros Poderes ou estruturas sociais. Isto é, o magistrado, ao julgar, não pode ser constrangido sequer pelos outros membros do Tribunal, para que possa, assim, oferecer seu veredito apenas de acordo com os fatos, o processo, e sua consciência. Assim, *"no puede haber superior ni inferior entre los que dicen el derecho. Un juez de alzada no es superior del de primera instancia, sino que simplemente cumple una función diferente, tiene una competencia diferente, y nada más. Ordenamientos judiciales incuestionablemente democráticos, como el italiano y el español, nos enseñan hoy esta premisa, que es el modelo exactamente contrario al de una corporación jerarquizada (...) todos son jueces y tienen la misma jerarquía judicial, con diferentes competencias"*.[800] Donde, *"la independencia interna sólo puede ser garantizada dentro de una estructura judicial que reconozca igual dignidad a todos los jueces, admitiendo como únicas diferencias jurídicas las derivadas de la disparidad de competencias"*.[801]

    Embora a horizontalidade não esteja expressa em nenhum texto normativo específico, ela é um princípio extraível do próprio sistema jurídico, isto é, da maneira como se estrutura a divisão de competências processuais, que deve ser fielmente observada, não podendo, por exemplo, o Tribunal avocar para si a competência de um juiz de primeira instância, como ocorre entre os órgãos hierarcas da Administração, que podem delegar ou avocar competências. Ademais, a Lei Federal n. 8.906/94, ementada como "Estatuto da Advocacia e da Ordem dos Advogados do Brasil", a despeito de sua pretensão para a classe dos advogados, também entabula a não-hierarquia entre os juízes ao afirmar que *"não há hierarquia nem subordinação entre advogados, magistrados e membros do Ministério Público"* (art. 6º). Ou seja, consolida que todos os advogados, magistrados e

---

[800] ZAFFARONI, Eugenio Raúl. "Dimensión Política de un Poder Judicial Democrático". *Cuadernos de Derecho Penal*, pp. 15-53, 1992. Disponível em http://new.pensamientopenal.com.ar/sites/default/files/2013/09/51zaffaroni.pdf. Acesso em 19.09.2014, p. 47.

[801] ZAFFARONI, Eugenio Raúl. *Estructuras judiciales*. Buenos Aires: Ediar, 1994. Disponível em http://www.pensamientopenal.com.ar/articulos/estructuras-judiciales. Acesso em 24.10.2014, p. 79.

CAPÍTULO 2 - (RE)ESTRUTURAÇÃO DA MAGISTRATURA NO BRASIL

membros do Ministério Público estão em horizontalidade, logo, também não há hierarquia entre os magistrados entre si, silogisticamente.

Nesse viés, observa-se que, assim, o marco normativo brasileiro é democrático nesse ponto, consagrando a horizontalidade e a divisão de competências conforme a lei, sem que haja autoridade hierárquica senão nos expedientes administrativos. No entanto, observa-se que, a despeito desse paradigma horizontal, ainda há, faticamente, instrumentos hierárquicos no Poder Judiciário brasileiro, aqui identificados como:

i) vinculação de entendimentos jurisdicionais;

ii) desigualdade estrutural e de volume de trabalho;

iii) exercício fático dos poderes correcionais;

iv) ausência de voto universal e direto para a categoria.

Esse tipo de ideia, que excepciona a própria lógica do sistema dá-se porque, como já restou demonstrado, a magistratura brasileira ainda vive sob um paradigma técnico-burocrático forte, e, por conseguinte, possui mecanismos que fazem valer a cultura burocrática – assemelhada à Administração Pública – em sua organização. Esse tipo de hierarquia privilegia a lógica de eficiência quantitativa e estandardização das condutas.

Por isso mesmo seu maior signo são as súmulas vinculantes. O tema é complexo, multifacetado, e envolve diversas indagações a respeito da legitimidade, possibilidade, separação dos Poderes etc. No entanto, é possível analisá-lo sob as lentes dos modelos de magistratura, isto é, não a sua abordagem holística, por não ser o objeto em si, mas um recorte do objeto estudado, dispensadas, portanto, suas demais implicações imediatamente estranhas à estruturação da magistratura. Nesse âmbito, observa-se que, mesmo antes da entrada em vigor das súmulas vinculantes no ordenamento jurídico, Luiz Flávio Gomes já tachava a proposta de "aberrante", "orwelliana" e "a mais séria e ditatorial ameaça à independência judicial, (...), pois só o juiz independente é que pode assumir a posição de garante dos direitos fundamentais".[802] Salienta que

---

[802] GOMES, Luiz Flavio. *A dimensão da magistratura:* no Estado Constitucional e Democrático de Direito. São Paulo: Revista dos Tribunais, 1997, p. 151.

a Súmula Vinculante, assim como as demais reformas do Judiciário, buscava a eficientização e celeridade da Justiça, voltadas às necessidades do mercado, não do cidadão. "O escopo último é contar com um sistema jurídico e judicial que favoreça o comércio, o investimento, o sistema financeiro, a transferência de recursos etc. A preocupação não é com a democracia, com o valor constitucional, senão com o 'livre mercado'".[803]

Alguns meses antes de ser sancionada a Emenda Constitucional n. 45/2004, Lenio Streck pontuou que "súmula vinculante é (também e fundamentalmente) um problema filosófico (hermenêutico). As Súmulas Vinculantes representam um retrocesso em direção à metafísica clássica, em que o sentido estava nas 'coisas'. Na Súmula estará condensada a substância (essência) de cada 'coisa' jurídica. Ou seja, a 'substância' contida no verbete sumular destemporaliza o sentido, pelo sequestro da temporalidade. É temerária, pois, a adoção do efeito vinculante no Brasil",[804] que, relativamente à magistratura, evidencia a não-igualdade, prestigiando a instância superior em relação às demais, criando uma hierarquia jurisdicional.[805] Se o entendimento, ainda que consolidado e sumulado, do STF, passa a ser vinculante, o único que importa, em detrimento do entendimento do juiz de primeiro grau, por exemplo, isso evidentemente cria uma diferença normativa de importância e validade entre os entendimentos jurisdicionais, hierarquiza algumas decisões jurisdicionais como universalmente válidas, retirando a validade de entendimentos contrários. Esse tipo de hierarquia jurisdicional evidentemente está na contramão de uma magistratura democrática. Streck chega a afirmar que as súmulas vinculantes seriam um mecanismo de poder hierárquico tão autoritário que seriam comparáveis ao panóptico de Bentham e Foucault,[806] e, também, a um grande leviatã hermenêutico,

---

[803] GOMES, Luiz Flavio. *A dimensão da magistratura:* no Estado Constitucional e Democrático de Direito. São Paulo: Revista dos Tribunais, 1997, p. 201.

[804] STRECK, Lenio Luiz. "As súmulas vinculantes e o controle panóptico da Justiça Brasileira". *Argumentum – Revista de Direito da Universidade de Marília.* vol. 4, 2004, p. 17.

[805] STRECK, Lenio Luiz. "As súmulas vinculantes e o controle panóptico da Justiça Brasileira". *Argumentum – Revista de Direito da Universidade de Marília.* vol. 4, 2004, p. 19.

[806] STRECK, Lênio Luiz. "As súmulas vinculantes e o controle panóptico da Justiça

CAPÍTULO 2 - (RE)ESTRUTURAÇÃO DA MAGISTRATURA NO BRASIL

um neoabsolutismo que retira de todos os magistrados uma capacidade interpretativa.[807]

Nesse sentido, observe-se igualmente que a vinculação severa às formas de interpretação do Direito contrasta com as propostas democráticas e de democratização do Poder Judiciário. Vincular um entendimento pode vir a refrear novas práticas e interpretações judiciais que, por outros critérios, possam dar respostas mais emancipadoras a determinada realidade.[808] A súmula vinculante, assim, reforça a noção de cúpula do Judiciário,[809] que tem o poder de subordinar de cima para baixo, isto é, hierarquicamente, e caracteriza um grande retrocesso, em favor do mercado, do caminho para a estruturação de uma magistratura burocrática para o Brasil. É, igualmente, uma certa histeria quanto ao paradigma de jurisdição, pois "primeiro, admite-se discricionarismos e arbitrariedades em nome da 'ideologia do caso concreto", circunstância que, pela multiplicidade de respostas, acarreta um sistema desgovernado, fragmentado; na sequência, para controlar esse caos, busca-se construir conceitos abstratos com pretensões de universalização, como se fosse possível uma norma jurídica abarcar todas as hipóteses (futuras) de aplicação".[810]

Nas palavras de Dallari, "um juiz que não possa decidir de acordo com o seu livre convencimento já não age como juiz, não importando

---

Brasileira". *Argumentum – Revista de Direito da Universidade de Marília.* vol. 4, 2004, p. 33.

[807] STRECK, Lenio Luiz. "O (pós-)positivismo e os propalados modelos de juiz (Hércules, Júpiter e Hermes) – dois decálogos necessários". *Revista de direitos e garantias fundamentais,* n. 7, pp. 15-45, 2010. Disponível em http://www.fdv.br/sisbib/index.php/direitosegarantias/article/view/77, pp. 29/30.

[808] BERGALLI, Roberto. "La quiebra de los mitos. Independencia judicial y selección de los jueces". *Nueva Sociedad,* n. 112, pp. 152-165, abr. 1991, p. 164.

[809] BARBOSA, Claudia Maria. "Crise e reforma do Poder Judiciário brasileiro: análise da súmula vinculante". *In:* FREITAS, Vladimir Passos de; FREITAS, Dario Almeida Passos de (coord.). *Direito e Administração da Justiça.* Curitiba: Juruá, 2010, p. 38.

[810] STRECK, Lenio Luiz. "O (pós-)positivismo e os propalados modelos de juiz (Hércules, Júpiter e Hermes) – dois decálogos necessários". *Revista de direitos e garantias fundamentais,* n. 7, pp. 15-45, 2010. Disponível em http://www.fdv.br/sisbib/index.php/direitosegarantias/article/view/77, p. 31.

se a coação vem de fora ou vem do próprio Judiciário (...). [As decisões] estarão sendo imitadas por serem impostas, o que é completamente diferente de estarem sendo acolhidas por terem autoridade".[811] Nada impede que entendimentos consolidados sejam seguidos por outros magistrados, mas por sua qualidade, não por sua imposição. Vincular entendimentos, conquanto possa trazer celeridade e economia processuais, implica em determinar que o entendimento de alguns magistrados (no caso, os onze do STF) sobre determinado assunto sempre será melhor do que qualquer entendimento em contrário de todos os demais dezesseis mil magistrados do país, o que evidentemente cria uma aristocracia na magistratura, hierarquia, não horizontaliza a classe profissional e não é compatível com uma sociedade democrática,[812] além de congelar entendimentos, dificultando a oxigenação da jurisprudência, o que muitas vezes pode ser um óbice à própria efetivação da Constituição, já que o entendimento do STF nem sempre poderá ser o mais harmônico com a Lei Maior.[813]

Em segundo lugar, também é endêmico da cultura hierarquizada, burocrática e com resquícios de aristocracia a disparidade estrutural entre os magistrados da "cúpula", ou seja, do "topo da pirâmide" e os demais, a "base da pirâmide". Observe-se que, pela burocracia, a hierarquia é um modo de organização vertical das competências, de modo que os maiores hierarcas possuem maior competência e subordinam a autoridade dos demais, que são progressivamente subordinados, como já se expôs.

---

[811] DALLARI, Dalmo de Abreu. *O poder dos juízes*. 3ª ed. São Paulo: Saraiva, 2010, p. 66.

[812] DALLARI, Dalmo de Abreu. *O poder dos juízes*. 3ª ed. São Paulo: Saraiva, 2010, p. 67.

[813] Um exemplo notório é a Súmula Vinculante n. 5, que, segundo Bacellar Filho e Hachem é embasada em "fundamentos que contrariam frontalmente o substrato axiológico normativo da Constituição Federal", no entanto, deve ser verticalmente seguida pelos magistrados do país. O "custo" da Súmula Vinculante, assim, muitas vezes poderá significar o perecimento de um direito fundamental (ampla defesa, por exemplo), no caso concreto, porque a concepção da cúpula do Judiciário está sendo imposta de maneira verticalizada, criando uma hierarquia entre os magistrados e entre os Tribunais. BACELLAR FILHO, Romeu Felipe; HACHEM, Daniel Wunder. "A necessidade de defesa técnica no processo administrativo disciplinar e a inconstitucionalidade da Súmula Vinculante n. 5 do STF". *A&C – Revista de Direito Administrativo & Constitucional*, Belo Horizonte, ano 10, n. 39, p. 27-64, jan./mar. 2010, p. 62.

CAPÍTULO 2 - (RE)ESTRUTURAÇÃO DA MAGISTRATURA NO BRASIL

Assim, a hierarquia conforme a tecnoburocracia, em si, não impõe que os mais altos hierarcas tenham mais regalias, conforto, maior alocação de despesas, sejam melhor assessorados, ocupem espaços físicos mais confortáveis etc. Na lógica burocrática pura, tudo se dá em razão da eficiência. Contudo, também como já observado, a cultura judicial convive entre a burocracia e elementos de glória, aristocráticos, de modo que, nessa simbiose, também os hierarcas passam a contar com uma administração dos recursos que lhes favorece. Isto é, fomenta-se uma cultura judicial, através dos mecanismos institucionais de administração mais corriqueira, que distingue os magistrados da "cúpula" e da "base" também na alocação de recursos, conferindo muito mais pompas e conforto ao magistrado do topo da pirâmide do que o da base. É, assim, uma hierarquia não jurisdicional, mas ainda hierarquia, institucional e simbólica.

Segundo relata Dalmo de Abreu Dallari, "no Brasil são encontradas situações extremadas: as instalações dos tribunais geralmente são muito aparatosas e o edifício é chamado de 'palácio', numa reminiscência do *palais de justice* de Paris. No extremo oposto são encontrados juízes de primeira instância precariamente instalados, trabalhando em edifícios velhos e gastos, sem qualquer conforto".[814] Assim, o Judiciário não fica aparelhado de forma igualitária entre seus magistrados, o que, muitas vezes, favorece apenas a própria "cúpula", que dispõe de mais recursos para exercer a sua atividade judicante cotidiana, criando a falsa impressão (calcada na hierarquia simbólica) de que as instâncias superiores, por terem competência recursal para "corrigir" "erros" das inferiores, também, *ipso facto*, precisam de um maior aparelhamento. Assim, para a além da conduta autointeressada das administrações dos Tribunais, a diferença estrutural e de recursos parte na noção tácita de que a função jurisdicional das instâncias superiores são mais relevantes do que a das inferiores, justificando a pompa, o assessoramento etc. Esse pensamento, como demonstra Zaffaroni, é fundamentado na hierarquia burocrática-militar-administrativa e que muitas vezes inverte a própria realidade, já que não são raros os casos em que, por exemplo, o trabalho de um juiz de primeira instância, durante a instrução, pode ser muito mais

---

[814] DALLARI, Dalmo de Abreu. *O poder dos juízes*. 3ª ed. São Paulo: Saraiva, 2010, p. 152.

determinante para a resolução da lide, de maneira irrepetível e irreparável, do que qualquer instância superior. Dentro do ámbito penal, "*si pensamos, por ejemplo, en las facultades de nuestros jueces de instrucción, veremos que la resolución del mismo puede ser corregida por un tribunal de alzada o incluso por uno supremo, pero el daño será irreparable, porque la corrección llegará cuando ya se ha materializado, cuando el delincuente o las pruebas han desaparecido o cuando la persona ha estado indebidamente privada de libertad un tiempo considerable*".[815] Assim, essa noção de hierarquia simbólica calcada na ideia tácita de importância de jurisdição é, além de antidemocrática, falaciosa, e, ademais: prejudicial sobretudo ao jurisdicionado comum, sem prerrogativa de foro. Mesmo se se encarar como verdade que a jurisdição dos tribunais superiores tem "mais impacto" ou que "pode corrigir eventuais erros do primeiro grau desestruturado", o processo, em si, leva tempo, e até que essas eventuais correções, que, nessa lógica, são decorrentes da falta de possibilidade de o primeiro grau bem julgar, sejam feitas, muitas vezes houve irreparáveis danos ao jurisdicionado.

Mesmo dentro da lógica burocrática, essa disparidade hierárquica via de regra não atende aos pressupostos do sistema, "a existência de ilhas de excelência, fora a vaidade pessoal de quem as comanda, tem contribuído muito pouco para um funcionamento adequado do todo".[816] Por exemplo, enquanto os Tribunais Superiores do Brasil, em conjunto, congregam apenas 0,5% (77) de todos os magistrados, são assessorados por 2,4% de todos os servidores (6.259).[817] Há, assim, 5,25 vezes mais servidores para um magistrado de tribunal de primeiro grau do que a média de toda a Justiça Comum (considerando todos os Estados e ambos os graus de jurisdição). Também é possível observar a disparidade que fica bastante clara entre os Tribunais Estaduais:[818]

---

[815] ZAFFARONI, Eugenio Raúl. "Dimensión Política de un Poder Judicial Democrático". *Cuadernos de Derecho Penal*, pp. 15-53, 1992. Disponível em http://new.pensamientopenal.com.ar/sites/default/files/2013/09/51zaffaroni.pdf. Acesso em 19.09.2014, p. 48.

[816] PACHÁ, Andréa Maciel. "A necessidade de adequar a formação dos magistrados como agentes de aplicação das normas jurídicas, no mundo em permanente mudança". *Curso de Constitucional*: normatividade jurídica. Rio de Janeiro: EMERJ, 2013. pp. 11-24, p. 23.

[817] BRASIL, Conselho Nacional de Justiça. *Justiça em Números*. Brasília. 2014, Disponível em ftp://ftp.cnj.jus.br/Justica_em_Numeros/relatorio_jn2014.pdf, p. 34.

[818] BRASIL, Conselho Nacional de Justiça. *Justiça em Números:* indicadores de produtividade

CAPÍTULO 2 - (RE)ESTRUTURAÇÃO DA MAGISTRATURA NO BRASIL

Grupo	Tribunal de Justiça	Índice de Produtividade dos Magistrados[819] 2ª instância	1ª instância	Razão entre 1ª e 2ª instâncias, respectivamente[820]
Grande Porte	São Paulo	1.380	2.282	165,36%
	Rio de Janeiro	1.046	3.384	323,52%
	Minas Gerais	1.567	1.560	99,55%
	Paraná	519	1.573	303,08%
	Rio Grande do Sul	2.756	2.200	79,83%
Médio Porte	Bahia	1.070	980	91,59%
	Santa Catarina	1.285	1.937	150,74%
	Pernambuco	572	1.055	184,44%
	Goiás	1.284	829	64,56%
	Distrito Federal	1.329	1.312	98,72%
	Espírito Santo	767	855	111,47%
	Ceará	784	1.316	167,86%
	Mato Grosso	729	880	120,71%
	Pará	537	1.106	205,96%
	Maranhão	759	1.018	134,12%

dos magistrados e servidores no Poder Judiciario, 2012. Disponível em http://www.cnj.jus.br/images/imprensa/relat_produtividade.pdf, p. 4. As demais Justiças apresentam situações similares, porém sem uma disparidade tão evidente quanto as estaduais.

[819] Processos baixados/Númeero de cargos de magistrados providos.

[820] Coluna inexistente na pesquisa do CNJ, elaboração própria a partir dos dados fornecidos

	Paraíba	881	845	95,91%
	Mato Grosso do Sul	1.321	1.538	116,43%
	Rio Grande do Norte	1.177	1.197	101,70%
	Sergipe	1.583	1.433	90,52%
Pequeno Porte	Rondônia	949	1.573	165,75%
	Amazonas	223	1.957	877,58%
	Alagoas	624	1.690	270,83%
	Tocantins	561	885	157,75%
	Acre	471	1.781	378,13%
	Amapá	354	1.381	390,11%
	Roraima	354	631	178,25%
Sem grupo	Piauí	455	393	86,37%

O que se observa, assim, é que, na maioria das vezes, os magistrados de primeira instância da Justiça Estadual em geral produzem mais do que os da segunda, segundo o ano-base de 2012. São notórios os casos do Pará, Pernambuco e Roraima, em que o magistrado de primeira instância produziu cerca do dobro de seus desembargadores; Alagoas, Paraná e Rio de Janeiro, em que produz o triplo; no Acre, o quádruplo; e em Amazonas quase nove vezes mais. Destacam-se também Rio Grande do Sul, Bahia, Goiás, Distrito Federal, Paraíba, Sergipe, Piauí por, em 2012, ter a segunda instância produzido mais do que a primeira, no entanto, mesmo nesses casos em nenhum local a segunda chegou a produzir o dobro da primeira.

Não se trata de agraciar a primeira instância, recaindo no valor produtivista do modelo técnico-burocrático, mas de demonstrar que, por muitas vezes, o magistrado de primeira instância está muito mais avolumado de trabalho, o que lhe exigiria, em contrapartida estrutura,

CAPÍTULO 2 - (RE)ESTRUTURAÇÃO DA MAGISTRATURA NO BRASIL

conforto e assessoria adequadas para desempenhar corretamente suas funções, ou, ainda, que houvesse uma redistribuição na proporção entre os magistrados de segunda/primeira instância. No entanto, como visto, a regra geral é outra: privilégios, boa estruturação da segunda instância em detrimento da primeira.[821] Em outra pesquisa do CNJ nos Tribunais, demonstra-se que apenas os desembargadores avaliam bem suas condições de trabalho, demonstrando a disparidade das estruturas:[822]

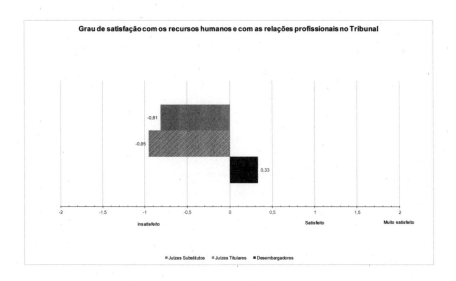

Conjugando os dois estudos, é nítida a conclusão de que o primeiro grau precisa urgentemente de mais recursos, precisa melhorar a sua estrutura, nem que em detrimento de melhorias do segundo grau, pois uma gestão inteligente da escassez dos recursos aponta para tanto. Contudo, ainda que a realidade seja muito vilipendiosa com os magistrados da "base" dessa pirâmide hierárquica, observe-se que a ideia de horizontalização é resistida pelos magistrados inseridos no sistema,

---

[821] DALLARI, Dalmo de Abreu. *O poder dos juízes*. 3ª ed. São Paulo: Saraiva, 2010, p. 152.

[822] BRASIL, Conselho Nacional de Justiça. *Censo do Poder Judiciário*. Brasília: CNJ, 2014. Disponível em http://www.cnj.jus.br/images/dpj/CensoJudiciario.final.pdf, p. 69.

pois já galgaram ou esperam galgar posições de hierarquia, valorizando intimamente a ideia de haver privilegiados, pois pretendem estar nessas posições de privilegio um dia, se já não estão.[823]

Essa distinção, somada ao convívio próximo das cúpulas, que ocupam o mesmo espaço, a par que os magistrados de primeira instância estão dispersos nas comarcas do interior ou nas muitas varas das capitais, faz com que a cúpula passe a se parecer com o que Dalmo Dallari chama de "um pequeno feudo aristocrático", com fortes relações de amizade e compadrio, o que, somado ao poder de estarem nas cúpulas, fortalece a desigualdade entre os magistrados.[824] Isso leva à terceira prática da cultura hierárquica, vale dizer, o (não) exercício fático dos poderes correcionais. Isto é, como há a noção de hierarquia e cúpula, e apenas os magistrados de segunda instância, que possuem relações entre si e se veem no mesmo degrau da escada hierárquica, quando algum deles alça a posição de corregedor, há uma tendência de florescer uma certa cumplicidade dos corregedores com seus pares,[825] que só passam a fiscalizar de fato os juízes do primeiro grau.[826] O autor descreve que "corregedores que às vezes agem com extremo rigor, como Torquemadas implacáveis, contra juízes de primeira instância, ficam inertes quando o faltoso é um colega desembargador".[827]

Esse fenômeno é filho legítimo da hierarquia, preservando o alto escalão, as cúpulas, dos poderes disciplinares. Segundo Zaffaroni, em uma magistratura democrática esse problema não existe, pois a horizontalidade

---

[823] ZAFFARONI, Eugenio Raúl. *Estructuras judiciales*. Buenos Aires: Ediar, 1994. Disponível em http://www.pensamientopenal.com.ar/articulos/estructuras-judiciales. Acesso em 24.10.2014, pp. 171/172.

[824] DALLARI, Dalmo de Abreu. "A hora do Judiciário". *Revista da Escola Nacional da Magistratura*, vol. 1, n. 1, pp. 10-16, 2006, p. 14.

[825] BANDEIRA, Regina Maria Groba. *Seleção dos magistrados no direito pátrio e comparado*. Viabilidade legislativa de eleição direta dos membros do Supremo Tribunal Federal. Brasília: [s.n.], 2002. Disponível em http://www2.camara.leg.br/documentos-e-pesquisa/publicacoes/estnottec/tema6/pdf/200366.pdf, p. 4.

[826] DALLARI, Dalmo de Abreu. "A hora do Judiciário". *Revista da Escola Nacional da Magistratura*, vol. 1, n. 1, pp. 10-16, 2006, p. 14.

[827] DALLARI, Dalmo de Abreu. *O poder dos juízes*. 3ª ed. São Paulo: Saraiva, 2010, p. 77.

CAPÍTULO 2 - (RE)ESTRUTURAÇÃO DA MAGISTRATURA NO BRASIL

entre os juízes, isto é, o fim da hierarquia, faz com que seja criada uma verdadeira teia, uma rede de fiscalização. Aliada ao poder do voto (que será tratado doravante), mesmo os magistrados recém ingressos possuem capital político para exigir determinadas atitudes igualitárias das corregedorias e demais instâncias administrativas.[828] Assim, uma magistratura democrática, horizontal, potencializa, inclusive, o poder disciplinar, aumentando o número de controladores e de controlados, bem como enfraquece sobremaneira as relações interpessoais que poderiam levar a uma ausência disciplinar.[829]

Por essa mesma razão, enfim, observa-se que a ausência de voto igualitário entre os juízes, ou, melhor, a ausência de voto universal, isto é, a incapacidade de os juízes de primeira instância escolherem os ocupantes dos cargos administrativos em igualdade é, talvez, o instrumento mais recrudescido para a consolidação dessa estrutura hierárquica (como, aliás, toda forma de voto não-universal, não igualitário ou não paritário serve para calar determinadas parcelas, muitas vezes maiorias numéricas). Nesse sentido, a Constituição estabelece que "compete privativamente aos tribunais eleger seus órgãos diretivos e elaborar seus regimentos internos, com observância das normas de processo e das garantias processuais das partes, dispondo sobre a competência e o funcionamento dos respectivos órgãos jurisdicionais e administrativos" (art. 96, I, "a"), sem indicar a forma. Do mesmo modo, a Lei Orgânica da Magistratura Nacional (LOMAN) estabelece que "os tribunais, pela maioria dos seus membros efetivos, por votação secreta, elegerão dentre seus Juízes mais antigos, em número correspondente ao dos cargos de direção, os titulares destes, com mandato por dois anos, proibida a reeleição". Assim, limita a elegibilidade aos magistrados mais antigos,[830] mas não especifica quem possui capacidade eleitoral ativa.

---

[828] ZAFFARONI, Eugenio Raúl. *Estructuras judiciales*. Buenos Aires: Ediar, 1994. Disponível em http://www.pensamientopenal.com.ar/articulos/estructuras-judiciales. Acesso em 24.10.2014, p. 188.

[829] CARPI, Frederico. "A responsabilidade do juiz". *In:* FAGUNDES, *Revista de Processo*, vol. 20, n. 78, pp. 123-132, abr-jun. 1990, p. 132.

[830] CLÈVE, Clémerson Merlin. "Eleição para cargos diretivos de Tribunal de Justiça e capacidade eleitoral passiva. Limites do Poder Constituinte Estadual". *In:* CLÈVE, Clèmerson Merlin. *Temas de Direito Constitucional*. Belo Horizonte: Fórum, 2014, p. 222.

Importante observar que o STF entendeu que a limitação por antiguidade da Lei Orgânica da Magistratura Nacional foi recepcionada como Lei Complementar pela Constituição.[831] De todo modo, observa-se que a LOMAN "arquitetou um Judiciário centralizador, rigidamente hierarquizado, no qual prevalecia, absoluto, o princípio da autoridade, baseado na mera antiguidade, engendrando uma estrutura que inviabilizava qualquer interlocução entre a base e a cúpula do sistema".[832]

De maneira geral, o texto é aberto, permitindo duas interpretações para a palavra "Tribunal" que funciona em duas instâncias, isto é, o Tribunal entendido como a totalidade de seus magistrados, incluídos os de primeira instância, ou entendido restritivamente como "Corte de Apelação", isto é, formado apenas pela segunda instância. Nesse viés, os regimentos internos dos Tribunais, no país, adotaram o segundo entendimento, limitando aos seus Plenos os legitimados ativos para exercer o sufrágio, demonstrando, assim, a desigualdade de poderes entre primeira e segunda instância dos magistrados vinculados à mesma instituição, reforçando a noção de hierarquia e sufocando a horizontalidade democrática. Assim, "não é dada qualquer oportunidade para que os integrantes dos níveis inferiores, muito mais numerosos e igualmente integrantes do Judiciário, possam manifestar-se sobre a escolha dos dirigentes ou sobre outros assuntos que interessam a todos".[833] Factualmente, entre 26,66% (TRT20) e 6,06% (TRF5) dos membros dos Tribunais detém o poder de voto para decidir o futuro de toda a Instituição, "ou seja, a eleição, pautada por uma lógica de exclusão, ganha ares homologatórios, reduzindo drasticamente as possibilidades de institucionalização de um efetivo debate sobre os rumos do tribunal".[834]

---

[831] BRASIL, Supremo Tribunal Federal. ADI 841-QO, Rel. Min. Carlos Velloso, j. 21-9-1994, Plenário, DJ de 21-10-1994.

[832] FRAGALE FILHO, Roberto da Silva. "Democratização dos tribunais: eu quero votar pra Presidente!". *Revista da Escola Nacional da Magistratura*, vol. 7, n. 6, p. 160-174, 2012. Disponível em http://www.enm.org.br/docs/ENM_6.pdf, p. 164.

[833] DALLARI, Dalmo de Abreu. *O poder dos juízes*. 3ª ed. São Paulo: Saraiva, 2010, p. 150.

[834] FRAGALE FILHO, Roberto da Silva. "Democratização dos tribunais: eu quero votar pra Presidente!". *Revista da Escola Nacional da Magistratura*, vol. 7, n. 6, p. 160-174, 2012. Disponível em http://www.enm.org.br/docs/ENM_6.pdf, pp. 162-164.

CAPÍTULO 2 - (RE)ESTRUTURAÇÃO DA MAGISTRATURA NO BRASIL

Nesse sentido, nos últimos anos, observa-se que tem havido um movimento bastante candente entre os magistrados para a efetiva horizontalidade nesse sentido, permitindo o voto direto para a composição dos órgãos administrativos – que passam a não ser vistos como cúpulas ou vértices hierárquicos. Em 31 de março de 2014, as Associações de Magistrados Estaduais, concomitantemente, protocolaram em seus respectivos tribunais pedidos para que fossem modificados os regimentos internos, a fim de permitir a legitimidade eleitoral passiva a todos os desembargadores, não apenas os mais antigos (ao arrepio da LOMAN), e que a legitimidade eleitoral ativa fosse conferida a todos os magistrados da Instituição.[835] No final daquele ano, o Tribunal Regional do Trabalho da 1ª Região aprovou a eleição direta para os órgãos administrativos.[836] Importante observar que, segundo Maria Tereza Sadek, num geral, 77,5% dos magistrados são favoráveis à eleição direta para as instâncias administrativas, embora esse número varie, pois corresponde a 85,8% dos magistrados de primeira instância e 52,8% dos de segunda.[837] De todo modo, já fica demonstrada uma tendência democrática dos próprios magistrados, mesmo no segundo grau, contra a tendência burocratizante.

No mesmo sentido, tramita na Câmara dos Deputados a Proposta de Emenda à Constituição n. 187/2012, que pretende alterar o art. 96, I, "a" da Constituição para trazer a seguinte redação (Compete privativamente aos Tribunais:) "eleger seus órgãos diretivos, por maioria absoluta e voto direto e secreto, dentre os membros do tribunal pleno, exceto os cargos de corregedoria, por todos os magistrados vitalícios em atividade, de primeiro e segundo graus, da respectiva jurisdição, para um mandato de dois anos, permitida uma recondução".[838] O projeto, assim, apenas exclui os vitaliciandos da escolha dos órgãos administrativos

---

[835] Disponível em http://www.conjur.com.br/2014-abr-01/associacoes-juizes-todo-pais-pedem-eleicoes-diretas-tribunais2.

[836] Disponível em http://asmego.org.br/2014/12/05/trt-do-rio-aprova-eleicoes-diretas-para-presidente-da-corte/.

[837] SADEK, Maria Tereza *Magistrados*: uma imagem em movimento. Rio de Janeiro: FGV, 2006, p. 63.

[838] Disponível em http://www.camara.gov.br/sileg/integras/999250.pdf.

e amplia o rol de legitimados passivos para todos os membros do Tribunal Pleno, não apenas os mais antigos. É, sem dúvida, uma proposta coerente com um modelo democrático de magistratura, e não deixaria a questão à mercê dos regimentos internos dos Tribunais, isto é, das conjunturas políticas locais.

De toda sorte, observa-se, em suma, que, embora o Brasil possua uma tradição de horizontalidade, bastante propalada nos discursos jurídicos quando se fala da competência dos magistrados, ainda há diversos mecanismos hierárquicos que tornam essa perspectiva ainda frágil, fazendo urgir uma imediata desburocratização institucional, cultural, e o desmonte de qualquer indício de pirâmide hierárquica entre os magistrados.[839] Um Poder Judicial efetivamente democrático, além de ver-se como igual aos demais cidadãos, também trabalha entre iguais, sem nenhum tipo de hierarquia, institucional ou simbólica, de modo que, igualmente, a opção de progressão na carreira seja apenas decorrente da vontade de se adequar às competências e habilidades profissionais, não para diminuir o volume de trabalho, ocupar salas melhores, ser melhor assessorado ou ter mais prestígio. Amealhar esse tipo de elemento à carreira da magistratura é, sem dúvida, empobrecer a verdadeira prestação jurisdicional, uma vez que o magistrado passa a buscar sua progressão por motivos de conforto e hierarquia, e não da missão constitucional que lhe foi atribuída.[840] Assim, a horizontalidade entre os magistrados é urgente não apenas para trazer a igualdade material aos membros da classe, mas, sobretudo, é urgente para o cidadão jurisdicionado, que terá um bom e estruturado Judiciário mesmo nas cidades mais afastadas, e essencial para a própria democracia brasileira, que contará com juízes despreocupados com a própria carreira, e mais preocupados com efetivar o texto constitucional.

---

[839] BERGALLI, Roberto. "La quiebra de los mitos. Independencia judicial y selección de los jueces". *Nueva Sociedad*, n. 112, pp. 152-165, abr. 1991, p. 165.
[840] PACHÁ, Andréa Maciel. "A necessidade de adequar a formação dos magistrados como agentes de aplicação das normas jurídicas, no mundo em permanente mudança". *Curso de Constitucional:* normatividade jurídica. Rio de Janeiro: EMERJ, 2013. pp. 11-24, p. 22.

Conclusões

A partir da investigação feita, pode-se observar que, a despeito de seu propalado protagonismo e ampliação de papel como agente concretizador da Constituição, o Poder Judiciário está inserido em um contexto paradoxal entre a teoria neoconstitucionalista, extremamente generosa nas atribuições desse poder, e a realidade concreta, na qual a tendência é haver ora magistrados que, dentro ou fora de suas competências jurisdicionais, afirmam valores contrários à Constituição, ora atuam como verdadeiros burocratas, premidos pelo quantitativismo e por uma estrutura inidônea a garantir que efetivem a jurisdição de maneira emancipatória, ou exerçam a hermenêutica constitucional pós-positivista nesse sentido.

Diante disso, observou-se que o exercício da jurisdição, tomada a partir de sua dimensão política, possui uma inegável relação com a vontade do aplicador, no caso, o magistrado, inclusive em relação à sua ideologia, sendo que, assim, a efetivação do projeto constitucional está em último caso, também dependente da disposição pessoal de todos e cada um dos magistrados em concretizá-la, o que, contudo, é antidemocrático a princípio, isto é, pois a efetivação do projeto constitucional depende, na materialidade, de uma inclinação e disposição dos magistrados, para que possam fazê-lo de forma efetiva e coerente. No mesmo sentido, estabeleceu-se a insuficiência do parâmetro hermenêutico (idealista) como forma de controle da prestação, pois não oferece instrumentos materiais para superar essa brecha antidemocrática constitutiva da jurisdição. Desse modo, demonstrou-se a pertinência de se pensar a concretude do Judiciário, a sua composição material através de seus agentes e estrutura, como forma de inviabilizar o exercício da jurisdição de modo contrário à Constituição.

Nesse tocante, após um resgate da doutrina de Zaffaroni a respeito dos modelos ideais de magistratura, conclui-se que o modelo por ele denominado "democrático", por suas características, é o mais coerente com as atribuições que a Constituição outorga ao Judiciário. No entanto, observa-se que a estrutura do Judiciário se situa em um híbrido entre os modelos técnico-burocrático e democrático, tendendo mais àquele, com alguns elementos pontuais ainda do chamado modelo empírico-primitivo. A consequência desse hibridismo é uma realidade caótica, que estrutura os magistrados de maneira idônea a atuar como burocratas positivistas e inidônea a cumprir com os objetivos constitucionais, a exercer a jurisdição constitucional, enfim, de manejar os instrumentos jurídicos que a Constituição oferece para a sua própria efetivação.

Diante disso, o trabalho seguiu-se na análise de três aspectos estruturantes da magistratura brasileira: recrutamento, formação e cultura, observando em amiúde cada qual, ponderando onde persiste a lógica técnico-burocrática e, ao fim, propondo modificações coerentes com a magistratura democrática, a fim de, através desses mecanismos, garantir a idoneidade do Judiciário em cumprir o seu papel constitucional.

No tocante ao recrutamento, após abalizarem-se as diversas formas práticas de recrutar, contrapôs-se o concurso e a eleição no paradigma democrático. Diante dos pressupostos antimajoritários e da natureza técnica inexoravelmente atrelada ao Judiciário, observa-se que o sistema de recrutamento mais democrático é, de fato, o concurso. Ademais, observou-se que o modelo de concurso atualmente desempenhado no Brasil apresenta uma série de problemas decorrentes de ainda seguir, de maneira praticamente imutada, a seleção da tecnoburocracia e não observar o Estatuto Universal dos Juízes da União Internacional de Magistrados. Internamente: *i)* há pouco apreço ao saber acadêmico, aos altos estudos e ao pensamento crítico, necessários para uma magistratura democrática; *ii)* há um sobrepreço pelo saber tecnicista, cobrado de

CONCLUSÕES

forma mnemônica; *iii)* os exames orais permitem a seleção preconceituosa e homogeneizadora dos candidatos, caracterizando o Judiciário como um Aparelho Ideológico do Estado; *iv)* o sistema não se estrutura de modo a prospectar os juízes mais críticos, mais politizados nem melhor aplicadores da Constituição, ao invés, apenas pessoas que possuem facilidade em decorar e repetir de modo instrumental o saber jurídico; externamente: *v)* de maneira alinhada com a profusão neoliberal da expansão do ensino superior no Brasil, a magistratura passa a ser vista como um bom emprego público, atraindo profissionais despreocupados com a função a ser desempenhada e sim com a retribuição patrimonial; *vi)* a chamada "ideologia concurseira" faz com que os aprovados sejam os que melhor sabem fazer a prova, e não aqueles que possuem as melhores características para o exercício da função; *vii)* assim, boa parte dos candidatos, e por consequência, dos aprovados, se adequa ao perfil "concurseiro", donde boa parte dos magistrados é oriunda da lógica de obter o máximo desempenho com o menor esforço; *viii)* esse perfil utiliza o saber jurídico de maneira instrumental, rasa, sem grandes compreensões, o que é idôneo a produzir meramente magistrados burocratas.

Tendo em vista essas deficiências uma democratização da magistratura, no tocante ao recrutamento, precisaria passar pelas seguintes mudanças: *i)* instituir o concurso público como método de recrutamento de todas as instâncias do Poder Judiciário, incluindo todos os tribunais superiores, que hoje ainda se utilizam de nomeações políticas para recrutamento, em resquício do modelo empírico-primitivo; *ii)* acabar com o quinto/terço constitucional (forma de nomeação política incompatível com uma magistratura democrática); *iii)* constituir bancas prévias durante períodos de tempo, evitando bancas *ad hoc* para cada concurso; *iv)* compor 50% dos membros da banca por professores e/ou pesquisadores externos à magistratura, ligados à Universidade; *v)* obrigatoriedade de a banca examinadora, na atribuição das notas da prova oral, apresentar um comentário sucinto e objetivo acerca do desempenho do candidato em cada um dos itens avaliados, permitida a sindicabilidade do resultado da prova oral; *vi)* inclusão de disciplinas como Filosofia, Sociologia, Ciência Política, Antropologia e Psicologia nas duas primeiras fases do certame; *vii)* atribuir maior peso à disciplina de Direito

Constitucional em todas as etapas do exame; *viii)* na prova prática, para além das sentenças que já existem, a elaboração de uma sentença que envolvesse caso prático de exercício de jurisdição constitucional (não como possível tema meramente transversal das provas cíveis, penais ou trabalhistas, mas como peça autônoma e inexorável).

Referente à formação, destacando a sua essencialidade não só para a magistratura, mas para qualquer Instituição que tenha uma função relevante a desempenhar, observou-se que, mesmo após a Reforma do Judiciário, ainda é dado pouco valor à formação institucional dos magistrados, o que, inclusive, passa a ser relegado ao mercado de trabalho com a exigência de três anos de prática jurídica anteriores à possibilidade de prestar o concurso. Destacou-se, nesse sentido, o Itamaraty, com sua formação robusta, longeva, com bolsas, antes do exercício efetivo da profissão pelo aprovado como um modelo a ser seguido pela magistratura democrática. Também se observou que a formação, atualmente, continua vinculada à burocracia, sendo muitas vezes uma repetição do saber bacharelesco ou, ainda, cursos de atualização ministrado ao sabor das inovações legislativas, demonstrando uma certa devoção à legalidade como elemento central à pertinência formativa.

Nesse tocante, demonstraram-se coerentes as seguintes mudanças para a efetivação de uma magistratura democrática: *i)* conscientizar politicamente o magistrado; *ii)* promover uma formação idônea a conjugar o saber agir profissional (*know-how*) com o saber-ser (ética e formação humanista); *iii)* a formação humanista se dá em dois níveis, teórico e prático; *iv)* no tocante à formação teórica, ministrar aulas de Filosofia, da Hermenêutica, da Teoria da Argumentação, da Lógica, da Sociologia, da Psicologia, da Economia, da História, da Política, Criminologia, Economia Política, Biopolítica e estudos sobre Gênero e Sexualidade, dentre outros; *v)* por não ser meramente profissionalizante, não haver mais de 50% de formadores ligados com formação jurídica; *vi)* na formação humanista prática, junto ao estágio profissional, que providencie a vivência ou o convívio do magistrado com os diversos grupos sociais organizados, como estágios interdisciplinares de vivência junto a movimentos sociais, visitas à comunidade (favelas, assentamentos, aldeias, fábricas etc.), e trabalho junto a ONGs de garantia de direitos humanos durante o período de formação proporcionado pela Escola.

CONCLUSÕES

Por fim, no tocante à cultura judicial, observou-se que ela ainda se encontra em um paradigma de exercício de poder simbólico extremamente ligado a formas e valores aristocráticos e antidemocráticos. Nesse sentido, observou-se que o próprio Código de Ética da Magistratura, art. 16, promove uma discriminação antirrepublicana e inconstitucional do magistrado em relação aos cidadãos em geral, dando azo, inclusive, a moralismos. Assim, observou-se que a cultura judicial propalada na magistratura é anterior ao paradigma burocrático, valorizando ritos, linguagens, vestes, gostos nobiliárquicos.

Assim, propôs-se uma mudança no paradigma ético da magistratura, a fim de democratizá-la internamente e na sua relação com a sociedade. Relativamente este último, observou-se que o Judiciário exercita uma tendência de se apartar da sociedade e, assim, agir de forma conservadora ou reacionária a muitas das mudanças de valores pelas quais passa a população. Assim, o Judiciário fomenta uma cultura aristocrática em relação à sociedade, vendo-se como melhor do que o cidadão comum, e passando a agir como uma espécie de superego da mesma, um parâmetro castrador e infantilizador da população. Esse tipo de atitude também implica em uma elitização da pessoa do magistrado, que passa a se autolimitar, donde podem decorrer patologias físicas ou psíquicas, mas sempre éticas e humanas. Para evitar tal tipo de consequência, observou-se como necessário para a democratização a inserção do magistrado no convívio com a comunidade, não se restringindo a ambientes elitistas. Assim, o juiz deve-se colocar no mesmo nível de qualquer cidadão, evitando a postura asséptica. No entanto, a integração com a comunidade não deve perder de vista a conjuntura política dos locais, devendo o magistrado recear-se dos detentores do poder político e econômico sob sua jurisdição.

No que tange à cultura institucional interna do Judiciário, observou-se que esse Poder fomenta a horizontalidade como valor, no entanto, possui práticas e estruturas hierárquicas que distinguem os juízes entre si. Averiguou-se a existência de hierarquia discriminatória, para além da organização administrativa, em quatro âmbitos: *i)* vinculação de entendimentos jurisdicionais; *ii)* desigualdade estrutural e de volume de trabalho; *iii)* exercício fático dos poderes correcionais; e *iv)* ausência de voto universal e direto para a categoria. Nesse sentido, a fim de atingir uma magistratura efetivamente democrática e tornar a horizontalidade um dado concreto na jurisdição, na política interna e nas relações institucionais, relegando a hierarquia unicamente às funções administrativas, observou-se como necessidade: *i)* o fim da súmula vinculante; *ii)* a urgente destinação de mais recursos para melhoria estrutural do primeiro grau de jurisdição; *iii)* legitimidade eleitoral passiva a todos os membros do Tribunal Pleno para os cargos dos órgãos administrativos dos Tribunais *iv)* legitimidade eleitoral ativa direta e igualitária para todos os magistrados vinculados a um determinado Tribunal.

As conclusões, observa-se, não são poucas nem singelas, e apenas demonstram como o Brasil precisará de uma (ou várias) reformas profundamente estruturantes para democratizar de fato a magistratura e tornar o Poder Judiciário materialmente hábil a cumprir sua função constitucional e concretizar os objetivos da República. No entanto, tendo em vista que nada impede o modelo democrático quando há vontade política de realizá-lo, observa-se que, para além de sua descrição, a realização de uma magistratura democrática ainda exigirá muita vontade e luta políticas, da qual não podem se furtar os magistrados nem os cidadãos comprometidos com o exercício democrático desse Poder.

Poslúdio

PARA QUE SERVE O HORIZONTE?

Em 2013 o economista francês Thomas Piketty lançou o livro intitulado "O Capital no século XXI". Embora assumidamente nunca tenha lido "O Capital" de Marx,[841] o autor busca seguir uma pretensão parecida, analisando como opera o sistema capitalista na contemporaneidade e, após, propondo algumas formas para as suas anomias. Muito sumariamente, o autor constata que, no capitalismo, a taxa de retorno sobre os ativos é maior que o ritmo do crescimento econômico, o que se traduz em uma concentração cada vez maior da riqueza, ou seja, que o capitalismo estruturalmente sempre leva à concentração de renda (o que não é uma constatação deveras original, aliás). Nos trilhos do keynesianismo, o economista francês, a despeito de observar tal estrutura, entende que o capitalismo não é um modo de produção superável, e que todas as tentativas nesse sentido, no século XX, acabaram em desastre. Assim, a fim de remediar essa situação, que conduz à miséria de muitos e à riqueza de poucos, propõe uma superação, também não muito original, através de um sistema de tributação tão forte e incisivo que corrigisse todas as mazelas sociais. Assim, sem abandonar o modo de

---

[841] HARVEY, David. *Reflexões sobre "O capital", de Thomas Piketty*. Disponível em http://blogdaboitempo.com.br/2014/05/24/harvey-reflexoes-sobre-o-capital-de-thomas-piketty/.

produção capitalista, que produz valor, mas o concentra, a solução seria taxar brutalmente aqueles que estão na situação de concentração de riquezas, a fim de que o sistema pudesse efetuar a redistribuição de renda, alcançando a igualdade e equilibrando a balança que, pelo capitalismo, é estruturalmente desequilibrada. Para que o capital não migrasse de país, esse tipo de taxação deveria se dar através de uma força que a impusesse mundialmente.

Essa proposta alvoroçou diversas espécies de crítica, sobretudo dos setores historicamente ligados à esquerda e à tradição marxista, como o esloveno Slavoj Žižek. Para ele, que é um socialista, Piketty é um utópico: "meu ponto é que se você conseguir imaginar uma organização mundial em que a medida proposta por Piketty pode efetivamente ser realizada, então os problemas já estão resolvidos. Então você já tem uma reorganização política total, você já tem um poder global que pode efetivamente controlar o capital. Ou seja: nós já vencemos!"[842] Parece de todo lógico que, se é possível ter um governo a nível global, que possa taxar, por exemplo, 80% do valor auferido pelos grandes capitalistas, independentemente da sua boa vontade, e redistribuí-lo àqueles cujo processo de obtenção da mais-valia retirou as riquezas, é porque a configuração de forças está de um tal modo ordenada em que o capitalismo já não possui como se manter por si, pois sucumbe a uma medida que é contrária à sua própria essência – a acumulação das riquezas, perdendo, inclusive, a sua força de gerir o Estado, a sociedade política (isto é, não pode sequer impedir que todos os Estados do mundo se unissem para instrumentalizar essa taxação confiscatória). Ademais, aplicada a medida, o próprio risco de um empreendimento não justificaria o lucro que, se houvesse, seria brutalmente taxado e redistribuído. O aumento no padrão de consumo também alteraria o modo de disposição de mão de obra, extinguiria o exército de reserva de indigentes e desempregados, enfim, mudaria toda a dinâmica que faz o sustentáculo ao capitalismo, porque não é estrutural do capitalismo simplesmente a exploração, mas também a desigualdade, uma vez que é a partir dela que

---

[842] ŽIŽEK, Slavoj. *A utopia de Piketty*. Disponível em http://blogdaboitempo.com.br/2014/05/30/zizek-a-utopia-de-piketty/.

se fundamenta a exploração. Por conseguinte, continua Žižek, Piketty recai num utopismo idealista, pois propõe uma mudança pontual sem considerar que essa mudança pontual alteraria todo o resto da dinâmica, ou, inversamente, para que implementar essa mudança pontual fosse possível, todo o restante da estrutura deveria ter sido alterado. Assim, "é claro que seria ótimo ter o capitalismo de hoje, com todas suas dinâmicas, e só mudar ele no nível da redistribuição – mas isso é que é utópico. Não se pode fazer isso pois uma mudança na redistribuição afetaria o modo de produção, e consequentemente a própria economia capitalista. Às vezes a utopia não é antipragmática. Às vezes ser falsamente modesto, ser um realista, é a maior utopia".[843]

A resposta para essa controvérsia certamente não será dada aqui, mas ela é exemplificativa de um dilema que é necessário resgatar, após a conclusão da reflexão que foi feita. O presente livro se desenvolveu a partir do estudo da jurisdição, observando os modelos de magistratura, sendo que dois deles recaem em deteriorações incompatíveis com a Constituição. Propus que a magistratura democrática é o paradigma que deve se efetivar, pois somente através de seus mecanismos estruturais é que poderá haver um corpo de magistrados aptos a concretizar a Lei Maior, seus generosos direitos e suas várias e pretensiosas ambições democráticas. Para que isso aconteça, verticalizou-se para a estruturação da magistratura atual através de três vieses que são determinantes para a formatação do juiz, e, por conseguinte, da prestação jurisdicional: o recrutamento, a formação e a cultura judicial. Diante das análises, observou-se o modo com que esses mecanismos estruturantes ainda atuam de maneira bastante diversa de uma magistratura democrática e por isso mesmo o Poder Judiciário tem sido falho na sua missão de concretizar os objetivos fundamentais da República, os direitos fundamentais etc. Para além da mera análise das deficiências, também a cada ponto propositivamente abalizaram-se mudanças estruturais radicadas na magistratura democrática. Por haver um modelo ideal do qual subsumiam-se as propostas, entendo que elas se mantiveram

---

[843] ŽIŽEK, Slavoj. *A utopia de Piketty*. Disponível em http://blogdaboitempo.com.br/2014/05/30/zizek-a-utopia-de-piketty/.

coerentes, bastante diferente da maioria das proposições que se faz nesse sentido no Brasil, empiristas e sem um fundamento-primeiro estruturante. E por isso mesmo as proposições, acredito, não foram tímidas. Mas – como todo fundamento-primeiro, como Deus ou a norma hipotética fundamental – a magistratura democrática, em si, é ideal.[844]

Diante disso, é válido o questionamento: é possível?

É possível implantar as reformas propostas neste livro, ou são mera elucubração teórica? E não que precise ser possível para ter valor enquanto reflexão, mas, ainda assim, as reformas propostas têm algum caráter prático ou são uma utopia como a tributação ostensiva de Piketty? Há conjuntura para tanto ou a magistratura democrática é tão sistematicamente destoante das estruturas atuais de poder que, só em outra sociedade ela poderia ser feita, porque, se se concretizasse nessa, mudaria toda a lógica a um nível insustentável e, portanto, impraticável? Depois de tantas páginas dedilhadas, trata-se tudo de uma grande metanarrativa utópica e salvacionista, como como o Paraíso cristão ou a justiça social no livre mercado? Ou então uma boa intenção para sabe-se-lá-quando, como a Auditoria da Dívida Pública ou a taxação sobre grandes fortunas, que há mais de 30 anos não passam de letra morta na Constituição?

Uma primeira grande dificuldade que se poderia apontar, é claro, é o dinheiro. Uma magistratura democrática, com juízes preocupados, com possibilidade de analisar cada caso com profundidade, aplicando a Constituição etc., certamente exigiria mais juízes, o que exige mais estrutura, mais formação, mais servidores, enfim, mais dinheiro. Os recursos estatais são escassos e, como lembra Nalini, o povo tem necessidade de prestação jurisdicional, mas também o tem de saúde, de educação etc.[845] A burocratização – é preciso lembrar – não surge apenas por ideologia, mas também por necessidade material: a explosão de litigiosidade, os casos repetitivos e as petições padronizadas etc. seguramente são um grande incentivo à burocratização do juiz, que não possui tempo para se dedicar a cada caso com afinco. Uma jurisdição

---

[844] TROPER, Michel. *A filosofia do direito*. São Paulo: Martins, 2008, p. 62.
[845] NALINI, José Renato. *A rebelião da toga*. 2ª ed. Campinas: Millenium, 2008, p. 4.

democrática, assim, necessitaria de um corpo de juízes proporcional ao tamanho da litigiosidade, para que não houvesse um ritmo alienante de trabalho, tal qual uma linha de produção, o que, sem dúvida, não significa custos modestos.

Mas para além dessa dificuldade material, é possível, politicamente (não que a escassez financeira não seja de todo política), implantar essas reformas propostas para o Judiciário, que mexem com a estrutura com a qual o Poder é exercido hoje? Não seria pouco realista propor o que se propõe diante das estruturas hegemônicas da sociedade?

Não tenho uma resposta clara de imediato.

Assim, essa proposta, é, também, uma aposta. Não uma aposta em si mesma, porque, em si, ela é coerente e fundamentada, não é fruto do aleatório. Trata-se, isso sim, de uma aposta nas pessoas e na luta política. Isso porque, se a proposta democrática não é fruto do aleatório, o modelo vigente também não é, ele certamente existe segundo alguns interesses – não arquitetados de maneira conspiracionista, nem sempre coerentes entre si, mas que, de todo modo, procuram estruturar a magistratura para que ela cumpra a finalidade que entendem ser a melhor. Trata-se, portanto, de uma disputa pela hegemonia na sociedade política, que dará, ao fim, as condições para democratizar ou manter burocrático o Judiciário. A democratização, assim, não se concretizará por si só, nem porque é o modelo mais coerente com a Constituição, e nem porque este livro foi publicado, mas pela configuração das forças políticas focadas na política judiciária.

É preciso mais do que defesas teóricas. É preciso agir, porque lutar pela proposta democrática é, também, contrariar interesses. Sempre haverá aqueles, conformados ao *status quo* e entendendo a realidade atual a melhor das possibilidades, que acharão a proposta democrática repulsiva, risível ou irrealizável. Outros, atentos à luz das estrelas e não ao feixe de trevas, mirando os problemas que se apresentam de imediato e não os estruturais ocultos pelas relações de poder da sociedade, dirão que a proposta está fora da ordem do dia, da pauta política nacional. Mesmo entre aqueles dispostos a mudar o Judiciário, haverá muitos que creem errado, inseguro ou impossível qualquer rompimento efetivo com o paradigma vigente, resignando-se a propor meras mudanças para aprimorar o paradigma atual, sem mexer nas estruturas. Não é neles que se aposta. Aposta-se, assim, naqueles que acreditam que um outro mundo é possível, um outro Judiciário, uma outra magistratura.

O primeiro e significativo sujeito dessa mudança paradigmática é o próprio magistrado, que subverta o sistema por dentro, que ignore a lógica burocrática e concretize a Constituição, a democracia na magistratura. É o juiz-herói de Zaffaroni,[846] é o juiz rebelde de Nalini,[847] um agente que galgue posições dentro do sistema Judiciário. Esses "arrostam sacrifícios (...). Submetem-se às deficiências estruturais, a carga irracional de trabalho, mas acreditam na realização do justo. Estão convencidos que só podem contar com sua força de vontade, sua consciência e o respaldo da Constituição. Mas esse arsenal de esperança é mais do que o suficiente para transformar o mundo".[848] Essa rebeldia, se coletivizada, formará uma verdadeira rebelião, alterando a conformação hegemônica do Judiciário, como "reação a inércia. Repúdio ao imobilismo. Recusa a uma função subalternada a inúmeros fatores externos e impedientes da realização de uma justiça humana menos distanciada do ideal nutrido pelo homem comum (...). O inverso da passividade burocrática".[849] São as exceções que impulsam o sistema por dentro e acarretam a mudança.[850]

Esse processo irrompe o véu da história, e mostra que outra realidade é possível, que o Judiciário pode ser um instrumento de efetivação da democracia, como conta a doutrina constitucionalista. Assim, os demais setores da sociedade, que cotidianamente já lutam pela democracia, não deixarão de observar a sinalização da possibilidade e da

---

[846] DALLARI, Dalmo de Abreu. *O poder dos juízes*. 3ª ed. São Paulo: Saraiva, 2010, p. 41.
[847] NALINI, José Renato. *A rebelião da toga*. 2ª ed. Campinas: Millenium, 2008, p. 337.
[848] NALINI, José Renato. *A rebelião da toga*. 2ª ed. Campinas: Millenium, 2008, p. 30.
[849] NALINI, José Renato. *A rebelião da toga*. 2ª ed. Campinas: Millenium, 2008, p. XVII.
[850] ZAFFARONI, Eugenio Raúl. "Dimensión Política de un Poder Judicial Democrático". *Cuadernos de Derecho Penal*, pp. 15-53, 1992. Disponível em http://new.pensamientopenal.com.ar/sites/default/files/2013/09/51zaffaroni.pdf. Acesso em 19.09.2014, p. 35.

POSLÚDIO - PARA QUE SERVE O HORIZONTE?

necessidade de se democratizar o Judiciário, passando a lutar para que o magistrado que muitas vezes às julga e obstaculiza a realização da democracia e da Constituição por ser um burocrata abandone essa figura e assuma-se um agente concretizador da Lei Maior. Fazer a democratização entrar na pauta, na ordem do dia é, também, um passo que deve ser dado; é denunciar as imperfeições estruturais do presente, cônscio de que outro Judiciário é possível, e que os problemas pontuais que prejudicam magistrados e jurisdicionados não são difusos e aleatórios, mas ramificações, epifenômenos, de um núcleo estruturante que precisa mudar.

Aposta-se, portanto, nos juízes e nos injustiçados, porque nem o Poder Judiciário poderá se modificar autonomamente, pois faz parte de uma estrutura social de poder, nem a mudança de estrutura será possível se esse Poder não estiver, ele mesmo, idôneo a se democratizar. É tempo, assim, de acreditar: nas pessoas e no Judiciário.

Só a luta muda a vida, e a democratização do Judiciário é, ainda uma batalha por lutar. É preciso apostar que haverá força suficiente e gente disposta o suficiente para ganhar essa luta. Mas essa não é uma aposta às cegas, pois aqueles a quem a democracia só tem a beneficiar, os oprimidos e desgraçados pelas injustiças do mundo e por uma magistratura técnico-burocrática, sempre encontrarão forças para transformar a realidade que os oprime, como ensina a história. E, nessa luta, cada qual contribui conforme suas capacidades, esperando que ela possa se concretizar para cada qual conforme suas necessidades.

Talvez nem todas as pautas aqui vistas como uma magistratura ideal e perfeitamente democrática se concretizem. A democracia tem dessas, mesmo quando se pretende implantar um modelo que se pretende mais democrático. A dinâmica popular exige o respeito sobretudo àqueles de quem se discorda, àqueles em quem não se aposta. Talvez algumas das pautas se concretizem, talvez muitas, talvez poucas, espera-se que não nenhuma, mas cada passo dado é importante e só ele é que abre caminho para o próximo.

Como apontou Zaffaroni no início desta obra, é necessário pensar em termos de estratégia e tática, pois a democratização do Poder

Judiciário não se dará da noite para o dia, nem por decisão monocrática. Assim, como qualquer pauta política, a democratização é, também, um processo cheio de sístoles e diástoles, inserto na conjuntura política nacional (ora mais, ora menos favorável), mas é um processo que sem dúvida, precisa ser pautado, sempre, seja para caminhar em sua direção, seja para impedir algum reacionarismo que deseje regredir vitórias já alcançadas. É preciso saber ler a conjuntura, ver o que é possível de ser feito e ganhar terreno progressivamente. Talvez, um Judiciário democrático seja, enfim, uma guerra interminável, mas que ainda assim enseja batalhas que podem ser vencidas gradualmente por quem tiver vontade de travá-las.

Em conclusão, se, ao início desse trabalho, democratizar o Judiciário era uma perspectiva longínqua, um feixe de trevas, a luz que não se demonstra por si, um horizonte inalcançável, espero, após esse estudo, ter dado alguns passos importantes em sua direção. Almejo ter facilitado, para os que virão, um ferramental capaz de instrumentalizar essa luta e apresentar algumas pautas concretas e vindicáveis no sentido da democratização do Judiciário. Finda essa contribuição, conforme minhas capacidades, é tempo, sobretudo, de deixar de ser a solitária vanguarda de mim mesmo e avançar de mão dada com quem vai no mesmo rumo. É necessário coragem, esperança e destemor, por mais inalcançável que esse horizonte pareça, por mais que dê a impressão de que ele está tão distante quanto no início da caminhada, porque, no fim das contas, é para isso que ele serve.

La utopía está en el horizonte. Me acerco dos pasos, ella se aleja dos pasos. Camino diez pasos y el horizonte se desplaza diez pasos más allá. Por mucho que camine, nunca la alcanzaré. Entonces, ¿para qué sirve la utopía? Para eso: sirve para caminar.

Fernando Birri

Referências bibliográficas

AGAMBEN, Giorgio. "Introductory note on the concept of democracy". *In:* AGAMBEN, Giorgio et al. *Democracy in what state?* Nova Iorque: Columbia University Press, 2011.

AGAMBEN, Giorgio. "O que é contemporâneo?". *In: O que é Contemporâneo e outros ensaios.* Chapecó: Editora Argos, 2009.

AGAMBEN, Giorgio. *O reino e a glória*: uma genealogia teológica da economia e do governo. Homo sacer II. São Paulo: Boitempo, 2011.

AGAMBEN, Giorgio. *Profanações.* São Paulo: Boitempo, 2007.

ALBERTO, Tiago Gagliano Pinto. "Poder Judiciário, políticas públicas e Administração da Justiça". *Revista Judiciária do Paraná*, vol. 7, n. 4, pp. 201-230, nov. 2012.

ALEXY, Robert. *Conceito e validade do Direito.* São Paulo: Martins Fontes, 2011.

ALMEIDA, Frederico Normanha Ribeiro e. *A nobreza togada:* as elites jurídicas e a política da justiça no Brasil. Tese (doutorado). 2010. Universidade de São Paulo, 2010.

ALMEIDA, José Mauricio Pinto de. "O polêmico requisito de três anos de atividade jurídica ao ingresso na carreira da magistratura". *In:* ALMEIDA, José Mauricio Pinto de; LEARDINI, Márcia (coord.). *Recrutamento e formação de magistrados no Brasil.* Curitiba: Juruá, 2010, pp. 67-90.

ALVES, Eliana Calmon. "Escolas da Magistratura". *Revista da Escola Nacional da Magistratura*, vol. 1, n. 2, pp. 18-25, 2006.

REFERÊNCIAS BIBLIOGRÁFICAS

APPIO, Eduardo. *Discricionariedade política do Poder Judiciário*. Curitiba: Juruá, 2008.

ARANTES, Rogério Bastos; KERCHE, Fábio. "Judiciário e democracia no Brasil". *Novos Estudos – CEBRAP*, n. 58, pp. 27-41, jul. 1999.

ARENHART, Sérgio Cruz. *As ações coletivas e o controle das políticas públicas pelo Poder Judiciário*. In: MAZZEI, Rodrigo; NOLASCO, Rita Dias (coord.). *Processo Civil coletivo*. São Paulo: Quartier Latin, 2005.

ARNÁIZ, Alejandro Saiz. "La selección de los jueces en España: la oposición". *Revista del Poder Judicial*, n. 93, pp. 52-62, 2012.

ARRUDA, Augusto Francisco Mota Ferraz de. "Formação e recrutamento de juízes". In: ALMEIDA, José Maurício Pinto de; LEARDINI, Márcia (coord.). *Recrutamento e formação de magistrados no Brasil*. Curitiba: Juruá, 2007, pp. 29-66.

ATAIDE Jr., Vicente de Paula. *O novo juiz e a Administração da Justiça:* repensando a seleção, a formação e a avaliação dos magistrados no Brasil. Curitiba: Juruá, 2009.

AZEVEDO, Plauto Faraco de. *Crítica à dogmática e hermenêutica jurídica*. Porto Alegre: Sérgio Antônio Fabris, 1989.

BACELLAR FILHO, Romeu Felipe. "Profissionalização da função pública: a experiência brasileira". *Revista de Direito Administrativo*, vol. 232, pp. 1-9, 2003.

BACELLAR FILHO, Romeu Felipe; HACHEM, Daniel Wunder. "A necessidade de defesa técnica no processo administrativo disciplinar e a inconstitucionalidade da Súmula Vinculante n. 5 do STF". *A&C – Revista de Direito Administrativo & Constitucional*, Belo Horizonte, ano 10, n. 39, pp. 27-64, jan./mar. 2010.

BANCO CENTRAL DO BRASIL. *Sistema Judicial e Mercado de Crédito no Brasil*: Notas Técnicas do Banco Central do Brasil, n. 35, maio/2003. Disponível em http://www.bcb.gov.br/pec/notastecnicas/port/2003nt35sistema judicialmercadocredbrasilp.pdf.

BANDEIRA, Regina Maria Groba. *Seleção dos magistrados no direito pátrio e comparado*: viabilidade legislativa de eleição direta dos membros do Supremo

REFERÊNCIAS BIBLIOGRÁFICAS

Tribunal Federal. Brasília: [s.n.], 2002. Disponível em http://www2.camara.leg.br/documentos-e-pesquisa/publicacoes/estnottec/tema6/pdf/200366.pdf.

BARBI, Celso Agrícola. "Formação, seleção e nomeação de juízes no Brasil, sob o ponto de vista da humanização da Justiça". *Revista de Processo*, vol. 3, n. 11-12, pp. 31-36, jul-dez. 1978.

BARBOSA, Claudia Maria. "Crise e reforma do Poder Judiciário brasileiro: análise da súmula vinculante". FREITAS, Vladimir Passos de; FREITAS, Dario Almeida Passos de (coord.). *Direito e Administração da Justiça*. Curitiba: Juruá, 2010.

BARBOZA, Estefânia Maria de Queiroz. "Judicialização da política: um fenômeno jurídico ou político?". *A&C – Revista de Direito Administrativo & Constitucional*, Belo Horizonte, ano 10, n. 39, pp. 113-126, jan./mar. 2010.

BARROS, José D'Assunção. "O conceito de alienação no jovem Marx". *Tempo Social, Revista de sociologia da USP*, vol. 23, n. 1, pp. 223-245, jun. 2011. Disponível em http://www.scielo.br/pdf/ts/v23n1/v23n1a11.pdf.

BARROSO, Luis Roberto. "Constituição, democracia e supremacia judicial: direito e política no brasil contemporâneo". *In:* FELLET, André Luiz Fernandes; PAULA, Daniel Giotti de; NOVELINO, Marcelo (coord.). *As novas faces do ativismo judicial*. Salvador: jusPODIVM, 2013. Disponível em http://www.migalhas.com.br/arquivo_artigo/art20100204-04.pdf.

BARROSO, Luís Roberto. "Constituição, democracia e supremacia judicial: direito e política no Brasil contemporâneo". *In:* FELLET, André Luiz Fernandes; PAULA, Daniel Giotti de; NOVELINO, Marcelo (coord.). *As novas faces do ativismo judicial*. Salvador: Jus Podivm, 2013.

BARROSO, Luís Roberto. *Curso de Direito Constitucional Contemporâneo:* os conceitos fundamentais e a construção de um novo modelo. São Paulo: Saraiva, 2009.

BARROSO, Luís Roberto. "Da falta de efetividade à judicialização excessiva: direito à saúde, fornecimento gratuito de medicamentos e parâmetros para a atuação judicial". *In:* SOUZA NETO, Cláudio Pereira de; SARMENTO, Daniel (coord.). *Direitos sociais:* fundamentos, judicialização e direitos sociais em espécie. Rio de Janeiro: Lumen Juris, 2008, pp. 875-903.

REFERÊNCIAS BIBLIOGRÁFICAS

BARROSO, Luís Roberto. "Neoconstitucionalismo e constitucionalização do Direito (o triunfo tardio do direito constitucional no Brasil)". *Revista da Escola Nacional da Magistratura*, vol. 1, n. 2, pp. 26-72, 2006.

BASTOS, Marcio Thomaz. "Modernização da Administração da Justiça". *Revista Jurídica - CONSULEX*, vol. 7, n. 151, p. 28-29, abr. 2003.

BENJAMIN, Walter: "Sobre o Conceito de História". *In: Obras Escolhidas*. São Paulo: Brasiliense, 1985.

BERCHOLC, Jorge Omar. "Aportes para una selección coherente y congruente de los jueces de un Tribunal Constitucional: el caso de la Corte Suprema de Argentina y sus recientes modificaciones". *Revista Aragonesa de Administración Pública*, n. 30, pp. 479-538, 2007.

BERCOVICI, GILBERTO. "A Influência do Poder Econômico sobre o Poder Político". Boletim IBCCRIM, vol. 274, pp. 8/9, 2015.

BERCOVICI, Gilberto; LIMA, Martonio Mont'Alverne Barreto. *Separação de poderes e constitucionalidade da PEC n. 33/2011*. [S.l: s.n.], 2013. Disponível em http://www.viomundo.com.br/politica/bercovici-e-barreto-lima.html.

BERGALLI, Roberto. "La quiebra de los mitos. Independencia judicial y selección de los jueces". *Nueva Sociedad*, n. 112, pp. 152-165, abr. 1991.

BERGALLI, Roberto. "Selección de jueces y autogobierno de la administración de justicia". *Sociology of penal control within the framework of the sociology of law*. [S.l: s.n.], 1991. pp. 127-160.

BERRIER, Astrid. "Évaluer à l'oral: quelles questions?" *The French Educational Review*, vol. 64, n. 3, pp. 476-486. 1991. Disponível em http://www.jstor.org/stable/39538.

BOBBIO, Norberto. *O positivismo jurídico*: lições de filosofia do direito. São Paulo: Ícone, 2006.

BOTTINI, Pierpaolo Cruz. "A Reforma do Judiciário: aspectos relevantes". *Revista da Escola Nacional da Magistratura*, vol. 2, n. 3, pp. 89-99, 2007.

BOURDIEU, Pierre. *O poder simbólico*. 3ª ed. Rio de Janeiro: Bertrand do Brasil, 2000.

REFERÊNCIAS BIBLIOGRÁFICAS

BOURDIEU, Pierre. *Razões práticas*: sobre a teoria da ação. 8ª ed. Campinas: Papirus, 2007.

BOURDIEU, Pierre; PASSERON, Jean-Claude. *La reproducción:* elementos para una teoría del sistema de enseñanza. 2ª ed. Barcelona: Fontamara, 1996.

BRASIL, Conselho Nacional de Justiça. *Censo do Poder Judiciário*. Brasília: CNJ, 2014. Disponível em http://www.cnj.jus.br/images/dpj/CensoJudiciario.final.pdf.

BRASIL, Conselho Nacional de Justiça. *Justiça em Números:* Indicadores de produtividade dos magistrados e servidores no Poder Judiciário. Brasília: CNJ. 2012. Disponível em http://www.cnj.jus.br/images/imprensa/relat_produtividade.pdf.

BRASIL, Conselho Nacional de Justiça. *Justiça em Números*. Brasília. 2014, Disponível em ftp://ftp.cnj.jus.br/Justica_em_Numeros/relatorio_jn2014.pdf.

BRASIL, Ministério da Educação. *Censo da Educação Superior 2013*. Brasília: MEC, 2013. Disponível em http://download.inep.gov.br/educacao_superior/censo_superior/apresentacao/2014/ coletiva_censo_superior_2013.pdf.

BRUNKHORST, Hauke. "Unificação desigual: poder transnacional e crise de legitimação na Europa contemporânea". *Novos Estudos – CEBRAP*, n. 76, nov. 2006.

BUTLER, Judith. *Problemas de gênero:* feminismo e subversão da identidade. Rio de Janeiro: Civilização Brasileira, 2015.

CADEMARTORI, Sérgio Urquhart; GOMES, Nestor Castilho. "A teoria da interpretação jurídica de Kelsen: uma crítica a partir da obra de Friedrich Müller". *Revista Sequência*, Florianópolis: Editora da UFSC, n. 57, dez. 2008, pp. 95-114.

CAMBI, Accácio. "A formação ética do magistrado". *In:* ALMEIDA, José Maurício Pinto de; LEARDINI, Márcia (coord.). *Recrutamento e formação de magistrados no Brasil*. Curitiba: Juruá, 2010.

CAMPINOLONGO, Celso Fernandes. "Magistratura, sistema jurídico e sistema político". *In:* FARIA, José Eduardo (coord.). *Direito e justiça:* a função social do Judiciário. São Paulo: Ática, 1989.

REFERÊNCIAS BIBLIOGRÁFICAS

CAMPOS, Walter de Oliveira. "Direito e Ideologia". *Revista Argumenta*, n. 14, pp. 187-204, 2011.

CANOTILHO, José Joaquim Gomes. *Direito Constitucional*. 5ª ed. Coimbra: Almedina, 1992.

CARDOSO, Antonio Pessoa. *Quinto Constitucional*. Disponível em http://www.ibrajus.org.br/revista/artigo.asp?idArtigo=76.

CARPI, Frederico. "A responsabilidade do juiz". *Revista de Processo*, vol. 20, n. 78, pp. 123-132, abr-jun. 1990.

CHAVES, Vera Lúcia Jacob; LIMA, Rosângela Novaes; MEDEIROS, Luciene. "Política de Expansão, Diversificação e Privatização da educação superior brasileira". *Xii Seminário Nacional Universitas/Br*, 2006, Campo Grande. Disponível em http://www.gepes.belemvirtual.com.br/documentos/Artigos/Artigo_Vera_Luciene_e_Rosangela.pdf.

CHUEIRI, Vera Karam de. "Considerações em torno da teoria da coerência narrativa de Ronald Dworkin". *Sequência*, vol. 12, n. 23, 1991.

CLÈVE, Clémerson Merlin. "Eleição para cargos diretivos de Tribunal de Justiça e capacidade eleitoral passiva. Limites do Poder Constituinte Estadual". *In:* CLÈVE, Clèmerson Merlin. *Temas de Direito Constitucional*. Belo Horizonte: Fórum, 2014.

CLÈVE, Clèmerson Merlin. *O direito e os direitos*: elementos para uma crítica do direito contemporâneo. 3ª ed. Belo Horizonte: Fórum, 2011.

CLÈVE, Clèmerson Merlin. *Para uma dogmática constitucional emancipatória*. Belo Horizonte: Fórum, 2012.

CLÈVE, Clèmerson Merlin. "Poder Judiciário: autonomia e justiça". *In:* CLÈVE, Clèmerson Merlin; BARROSO, Luís Roberto (coord.). *Doutrinas essenciais*: direito constitucional. vol. 3. São Paulo: Revista dos Tribunais, 2011.

COELHO, Inocêncio Mártires. "A dimensão normativa da interpretação constitucional". *Direito Público*, vol. 1, n. 22, pp. 105-118, 2010. Disponível em http://www.direitopublico.idp.edu.br/index.php/direitopublico/article/viewArticle/539.

REFERÊNCIAS BIBLIOGRÁFICAS

COMPARATO, Fábio Konder. "O papel do juiz na efetivação dos direitos humanos". *Revista do Tribunal Regional do Trabalho da 15ª Região*, n. 14, 2001.

COUTINHO, Jacinto Nelson de Miranda. "Novo Código de Processo Penal, Nova Mentalidade". *Revista de Ciências Jurídicas e Sociais da Unipar*, vol. 12, pp. 183-376, 2009.

COUTINHO, Jacinto Nelson de Miranda. *O papel do novo julgador no Processo Penal*. Rio de Janeiro: Renovar, 2001.

CRETELLA Jr., José. "Fundamentos do direito administrativo". *Revista da Faculdade de Direito, Universidade de São Paulo*, vol. 72, n. 1, p. 299, 1 jan. 1977. Disponível em http://www.revistas.usp.br/rfdusp/article/view/66798. Acesso em 11.11.2014.

CRISTÓBAL, Rosario Serra. *La libertad ideológica del juez*. Valencia: Tirant lo Blanch, 2004.

CUNHA, Paulo Ferreira. *Anti-Leviatã*: direito, política e sagrado. Porto Alegre: Sergio Antonio Fabris, 2005, pp. 23/24.

DA ROS, Luciano. "Juízes profissionais? Padrões de carreira dos integrantes das supremas cortes de Brasil (1829-2008) e Estados Unidos (1789-2008)". *Revista de Sociologia e Política*, vol. 21, n. 41, pp. 149-169, 2012.

DALLARI, Adilson Abreu. "Controle compartilhado da Administração da Justiça". *Revista da Ordem dos Advogados do Brasil*, vol. 78, pp. 13-35, jun. 2004.

DALLARI, Dalmo de Abreu. "A hora do Judiciário". *Revista da Escola Nacional da Magistratura*, vol. 1, n. 1, pp. 10-16, 2006.

DALLARI, Dalmo de Abreu. "Deontologia do juiz". *Revista do Tribunal Regional do Trabalho da 15ª Região*, n. 14, 2001.

DALLARI, Dalmo de Abreu. *O poder dos juízes*. 3ª ed. São Paulo: Saraiva, 2010

DARLAN, Siro. "A Administração da Justiça e a independência dos juízes". *In: Revista da EMERJ*. vol. 17, n. 64, pp. 150-153, jan.-abr. 2014.

DI PIETRO, Maria Sylvia Zanella. *Discricionariedade administrativa na Constituição de 1988*. São Paulo: Atlas, 2001.

REFERÊNCIAS BIBLIOGRÁFICAS

DOURADO, Luiz Fernandez. "A reforma do Estado e as políticas para educação superior no Brasil nos anos 90". *Educação Social*, Campinas, vol. 23, n. 80, setembro/2002, p. 234-252. Disponível em http://www.scielo.br/pdf/es/v23n80/12931.pdf.

DROMI, José Roberto. "La Administración de Justicia en la democracia". *Revista de Direito Público*, vol. 17, n. 71, pp. 9-14, set. 1984.

ENTERRÍA, Eduardo García de. *La lengua de los derechos:* la formación del derecho público europeo trás la revolución francesa. Madri: Alianza Editorial, 2001.

ENTERRÍA, Eduardo García de; FERNÁNDEZ, Tomás-Ramón. *Curso de derecho administrativo I.* 14ª ed. Madri: Civitas, 2011.

ENTERRÍA. Eduardo García de. *Revolucion Francesa y Administracion Contemporanea*. Madri: Editorial Civitas, 1994.

FAGUNDES, Miguel Seabra. "A crise do Poder Judiciário". *Revista de Processo*, vol. 15, n. 60, pp. 118-121, out-dez 1990.

FARIA, José Eduardo. "Apresentação". FARIA, José Eduardo (coord.). *Direito e justiça:* a função social do Judiciário. São Paulo: Ática, 1989.

FARIA, José Eduardo. "Direito e Justiça no século XXI: a crise da Justiça no Brasil". *Colóquio Internacional – Direito e Justiça no Século XXI*, pp. 1-39, 2003. Disponível em www.ces.uc.pt/direitoXXI/comunic/JoseEduarFaria.pdf.

FARIA, José Eduardo. "O sistema brasileiro de Justiça: experiência recente e futuros desafios". *Estudos Avançados*, vol. 18, n. 51, pp. 103-125, ago. 2004. Disponível em http://www.scielo.br/scielo.php?script=sci_arttext&pid=S0103-40142004000200006&lng=pt&nrm=iso&tlng=pt. Acesso em 11.11.2014.

FARIA, José Eduardo. "Ordem legal × mudança social: a crise do Judiciário e a formação do magistrado". *In:* FARIA, José Eduardo (coord.). *Direito e justiça:* a função social do Judiciário. São Paulo: Ática, 1989.

FARIA, José Eduardo; LOPES, José Reinaldo de Lima. Pela democratização do Judiciário. *In:* FARIA, José Eduardo (coord.). *Direito e justiça:* a função social do Judiciário. São Paulo: Ática, 1989.

REFERÊNCIAS BIBLIOGRÁFICAS

FIUZA, Ricardo A. Malheiros. "Escola Judicial 'Des. Edésio Fernandes', do TJMG: Modelo para o Brasil". *In:* ALMEIDA, José Mauricio Pinto de; LEARDINI, Marcia (coord.). *Recrutamento e formação de magistrados no Brasil.* Curitiba: Juruá, 2010, pp. 137-162.

FONSECA. Ricardo Marcelo. *Modernidade e Contrato de Trabalho*: do sujeito de Direito à sujeição jurídica. São Paulo: LTr, 2001.

FONTAINHA, Fernando Castro. "Work division, domination, and solidarity in French law field: scholars, judges, and the National Judicial School's public contest oral exam". *In:* SERAFIMOVA, Maria; HUNT, Stephen; MARINOV, Mario (coord.). *Sociology and Law:* the 150th anniversary of Emile Durkheim. Newcastle Upon Tyne: Cambridge Scholars Publishing, 2009. Disponível em https://www.academia.edu/4381649/Work_division_domination_and_solidarity_in_French_law_field_scholars_judges_and_the_National_Judicial_Schools_public_contest_oral_exam.

FONTAINHA, Fernando de Castro. "O Perfil do aluno da EMERJ: um estudo sobre 'concursandos'". *Revista da EMERJ*, vol. 14, n. 56, pp. 7-31, dez. 2011. Disponível em http://www.emerj.tjrj.jus.br/revistaemerj_online/edicoes/revista56/revista56_7.pdf.

FONTAINHA, Fernando de Castro. *Processos seletivos para a contratação de servidores públicos:* Brasil, o país dos concursos?. Rio de Janeiro: Editora FGV, 2014.

FOUCAULT, Michel. *A história da sexualidade I:* a vontade de saber. Rio de Janeiro: Graal, 2012.

FOUCAULT, Michel. *Em defesa da sociedade.* São Paulo: Martins Fontes, 1999.

FRAGALE FILHO, Roberto da Silva. "Aprendendo a ser juiz: contribuição de uma escola judicial". *Revista Ética e Filosofia Política*, n. 12, vol. 2, pp. 98-108, jul. 2010.

FRAGALE FILHO, Roberto da Silva. "Democratização dos tribunais: eu quero votar pra Presidente!". *Revista da Escola Nacional da Magistratura*, vol. 7, n. 6, pp. 160-174, 2012. Disponível em http://www.enm.org.br/docs/ENM_6.pdf.

FRANCO, Fernão Borba. "Recrutamento e o poder do juiz". *Revista de Processo.* Ano 22, n. 86, pp. 240-267 abr-jun. 1997.

REFERÊNCIAS BIBLIOGRÁFICAS

FREITAS, Vladimir Passos de. "Brasil: perspectivas de um Código de Ética judicial". *In:* FREITAS, Vladimir Passos de; FREITAS, Dario Almeida Passos de (coord.). *Direito e Administração da Justiça.* Curitiba: Juruá, 2010.

FREITAS, Vladimir Passos de. *Curso de Direito:* antes, durante e depois. Campinas: Millenium, 2006.

FREITAS, Vladimir Passos de. "O Poder Judiciário e o direito ambiental no Brasil". *Revista da Escola Nacional da Magistratura,* vol. 2, n. 4, pp. 34-47, 2007.

FREITAS, Vladimir Passos de. *O sistema de justiça do Paraguai.* Disponível em http://www.ibrajus.org.br/revista/artigo.asp?idArtigo=314.

FREITAS, Vladimir Passos de. *O sistema de justiça na Espanha.* Disponível em http://www.ibrajus.org.br/revista/artigo.asp?idArtigo=332.

FREITAS, Vladimir Passos de. "Responsabilidade administrativa dos juízes". *In:* ALMEIDA, José Mauricio Pinto de; LEARDINI, Marcia (coord.). *Recrutamento e formação de magistrados no Brasil.* Curitiba: Juruá, 2010, pp. 224-242.

FREITAS, Vladimir Passos de; PALMA, Luis María. "Administración de Cortes: opiniones de expertos". *Documentos de Trabajo.* Universidad de Belgrano, n. 307, mar. 2015.

FREITAS, Vladimir Passos de; PALMA, Luis María. "La justicia como sistema". *Documentos de trabajo.* Universidad de Belgrano, n. 306, fev. 2015, p. 7.

FREITAS, Vladmir Passos de. *Diferenças e semelhanças das cortes da América Latina.* Disponível em http://www.ibrajus.org.br/revista/artigo.asp?idArtigo=137.

FREITAS. Vladimir Passos de. *A justiça na França.* Disponível em http://www.ibrajus.org.br/revista/artigo.asp?idArtigo=170.

FREUD, Sigmund. "O ego e o id". *Obras completas.* Rio de Janeiro: Imago, 1976.

GABARDO, Emerson. *Crítica ao fenômeno meta-positivista e sua impactação na mentalidade constitucional e nas decisões administrativas contemporâneas.* Curitiba, 2015. 189f. Tese (Concurso de Professor Titular). Escola de Direito. Pontifícia Universidade Católica do Paraná, 2015.

REFERÊNCIAS BIBLIOGRÁFICAS

GABARDO, Emerson. *Eficiência e legitimidade do Estado*: uma análise das estruturas simbólicas do direito político. Barueri: Manole, 2003.

GABARDO, Emerson; HACHEM, Daniel Wunder. "O suposto caráter autoritário da Supremacia do interesse público e das Origens do Direito Administrativo". *In*: DI PIETRO, Maria Sylvia Zanella; RIBEIRO, Carlos Vinícios Alves (coord.). *Supremacia do interesse público e outros temas relevantes do Direito Administrativo*. São Paulo: Atlas, 2010.

GARCIA. Ailton Stropa. "Desburocratização do Poder Judiciário". *Revista de Processo*, vol. 15, n. 60, pp. 89-107, out-dez 1990.

GARGARELLA, Roberto. "Del reino de los jueces al reino de los políticos". *Jueces para la democracia*, n. 28, pp. 24-28, 1997.

GARGARELLA, Roberto. *La justicia frente al gobierno*: sobre el carácter contramayoritario del poder judicial. Quito: Corte Constitucional para el Período de Transición, 2011.

GIANNINI, Massimo Severo. *Premissas sociológicas e históricas del Derecho administrativo*. Madri: Instituto Nacional de Administración Pública, 1987.

GOMES, Luiz Flávio. *A dimensão da magistratura:* no Estado Constitucional e Democrático de Direito. São Paulo: Revista dos Tribunais, 1997.

GOMES, Luiz Flávio. *Comentários à Resolução 75/09 do CNJ*: o novo conceito de atividade jurídica. Disponível em http://www.lfg.com.br.

GOMES, Luiz Flávio. *Ingresso na Magistratura e no MP*: a exigência de três anos de atividade jurídica garante profissionais experientes? Disponível em http://ww3.lfg.com.br/public_html/article.php?story=20041213100657807&mode=print.

GOMES, Roberto. *Crítica da razão tupiniquim*. São Paulo: Cortez, 1980.

GOMES, Suzana de Camargo. "A escola de magistrados e a formação do juiz". *In:* ALMEIDA, José Mauricio Pinto de; LEARDINI, Marcia (coord.). *Recrutamento e formação de magistrados no Brasil*. Curitiba: Juruá, 2010, pp. 185-213.

GRAMSCI, Antonio. *O leitor de Gramsci:* escritos escolhidos. Rio de Janeiro: Civilização Brasileira, 2011.

REFERÊNCIAS BIBLIOGRÁFICAS

GRAU, Eros Roberto. *Por que tenho medo dos juízes*: (a interpretação/aplicação do direito e os princípios): edição refundida do ensaio e discurso sobre a interpretação/aplicação do direito. 6ª ed. São Paulo: Malheiros, 2013.

GUERRA FILHO, Willis Santiago. "Ética e Democracia na Administração da Justiça". *Revista da EMERJ*, vol. 4, n. 14, pp. 152-161, 2001.

GUERRA, Gustavo Rabay. *O papel político do Judiciário em uma democracia qualificada*: a outra face da judicialização da política e das relações sociais. vol. 4, 2008. Disponível em http://revistaeletronicardfd.unibrasil.com.br/index.php/rdfd/article/view/136/132.

GUIMARÃES, Mario. *O juiz e a função jurisdicional*. Rio de Janeiro: Forense, 1958.

HACHEM, Daniel Wunder. *Mandado de injunção e direitos fundamentais:* uma construção à luz da transição do Estado Legislativo ao Estado Constitucional. Belo Horizonte: Fórum, 2012.

HACHEM, Daniel Wunder. *Sepultamento da presunção de inocência pelo STF (e os funerais do Estado de Direito)*. Disponível em http://www.direitodoestado.com.br/colunistas/daniel-wunder-hachem/sepultamento-da-presuncao-de-inocencia-pelo-stf-e-os-funerais-do-estado-democratico-de-direito.

HACHEM, Daniel Wunder. *Tutela administrativa efetiva dos direitos fundamentais sociais:* por uma implementação espontânea, integral e igualitária. Tese (doutorado). Universidade Federal do Paraná. Setor de Ciências Jurídicas, Programa de Pós-Graduação em Direito, 2014.

HACHEM, Daniel Wunder; NAGAO, Luís Ossamu Gelati. "Justiça e felicidade entre o direito e a moral nas vertentes do positivismo". *In:* GABARDO, Emerson; SALGADO, Eneida Desiree (coord.) *Direito, felicidade e justiça*. Belo Horizonte: Fórum, 2014, pp. 71-106.

HILLANI, Allan Mohamad. *Política em tempos de exceção*: para uma crítica do direito de resistência. Monografia (graduação). Universidade Federal do Paraná, Setor de Ciências Jurídicas, Faculdade de Direito, 2014.

KELSEN, Hans. *Teoria Pura do Direito*. 7ª ed. Coimbra: Almedina, 2008.

KOZICKI, Katya. *Levando a justiça a sério*: interpretação do direito e responsabilidade judicial. Belo Horizonte: Arraes Editores, 2012.

REFERÊNCIAS BIBLIOGRÁFICAS

KOZICKI, Katya; SANCHES, Fernanda Karam de Chueiri. "O sentido da discricionariedade judicial visto a partir de Hart e o necessário diálogo com Dworkin". *Revista da AJURIS – Associação dos juízes do Rio Grande do Sul.* Porto Alegre: AJURIS, n. 126, jun. 2012, pp. 89-112.

LEARDINI, Marcia. "A importância da formação do magistrado para o exercício de sua função política". *In:* ALMEIDA, José Mauricio Pinto de; LEARDINI, Márcia (coord.). *Recrutamento e formação de magistrados no Brasil.* Curitiba: Juruá, 2010, pp. 111-135.

LEVENHAGEN, Antônio José de Barros. "Uma rápida visão sobre a ética e a magistratura". *Revista do Tribunal Regional do Trabalho da 15ª Região*, n. 14, 2001.

LIMA, Juliana Chevônica Alves de. *O controle dos atos políticos pelo Poder Judiciário*: da imunidade do poder político à sindicabilidade judicial. Dissertação (mestrado) – Universidade Federal do Paraná, Setor de Ciências Jurídicas, Programa de Pós-graduação em Direito, 2014.

LIMA, Kátia Regina de Souza. *Reforma da educação superior nos anos de contrarrevolução neoliberal:* de Fernando Henrique Cardoso a Luís Inácio Lula da Silva. Tese (doutorado). Faculdade de Educação. Universidade Federal Fluminense, 2005. Disponível em http://www.bdtd.ndc.uff.br/tde_busca/arquivo.php?codArquivo=816.

LOPES, José Reinaldo de Lima. "A função política do Judiciário". *In:* FARIA, José Eduardo (coord.). *Direito e justiça:* a função social do Judiciário. São Paulo: Ática, 1989.

LUZ, Ricardo Santos da. *Trabalho alienado:* a base do capitalismo. Dissertação (mestrado) – Faculdade de Filosofia da Pontifícia Universidade Católica do Rio Grande do Sul, Porto Alegre, 2008.

MACEDO, Andre Luiz. "A formação dos juízes na Espanha". *Revista da Escola Nacional da Magistratura*, vol. 2, n. 4, pp. 66-73, 2007.

MACHADO, João Marcelo Borelli. "Violência judicial contra os movimentos populares no Paraná". *Revista da Faculdade de Direito UFPR*, vol. 43, 10 jan. 2007. Disponível em http://ojs.c3sl.ufpr.br/ojs/index.php/direito/article/view/7017. Acesso em 31.10.2014.

MACIEL, Cláudio Baldino. "A reforma do Poder Judiciário e a influência do

REFERÊNCIAS BIBLIOGRÁFICAS

Banco Mundial". *Revista do Tribunal Regional do Trabalho da 15ª Região*, n. 11, pp. 66-76, 2009.

MARX, Karl. *Manuscritos econômico-filosóficos*. São Paulo: Boitempo, 2008.

MATOS, Andityas Soares de Moura Costa; MILÃO, Diego Antonio Perini. "Decisionismo e Hermenêutica Negativa: Carl Schmitt, Hans Kelsen e a afirmação do poder no ato interpretativo do direito". *Revista Sequência*, Florianópolis: Editora da UFSC, n. 67, dez. 2013, p. 111-137.

MAUS, Ingeborg. "O Judiciário como superego da sociedade: o papel da atividade jurisprudencial na sociedade órfã". *Novos Estudos CEBRAP*, n. 58, pp. 183-202, 2000. Disponível em http://novosestudos.uol.com.br/v1/files/uploads/contents/92/20080627_judiciario_como_superego.pdf.

MAUS, Ingeborg. *O Judiciário como superego da sociedade*. Tradução de Geraldo de Carvalho e Garcélia Batista de Oliveira Mendes. Rio de Janeiro: Lumen Juris, 2010.

MELEU, Marcelino da Silva. *O papel dos juízes frente aos desafios do Estado Democrático de Direito*. Belo Horizonte: Arraes, 2013.

MELLO, Celso Antônio Bandeira de. *Curso de Direito Administrativo*. São Paulo: Malheiros, 2009.

MELLO, Celso Antônio Bandeira de. "Discricionariedade administrativa e controle judicial". *Grandes Temas de Direito Administrativo*. São Paulo: Malheiros, 2009.

MENDES, Gilmar Ferreira; COELHO, Inocêncio Mártires; BRANCO Paulo Gustavo Gonet. *Curso de Direito Constitucional*. 2ª ed. São Paulo: Saraiva, 2008.

MONIZ DE ARAGÃO, Egas Dirceu. "Formação e aperfeiçoamento de juízes". *Revista da Faculdade de Direito UFPR*, vol. 8, pp. 114-123, 21 nov. 1960. Disponível em http://ojs.c3sl.ufpr.br/ojs/index.php/direito/article/view/6664. Acesso em 31.10.2014.

MONTEMEZZO, Francielle Pasternak. *Jurisdição constitucional e os direitos fundamentais sociais:* a atuação do Poder Judiciário no controle de políticas públicas. Dissertação (mestrado) – Universidade Federal do Paraná, Setor de Ciências Jurídicas, Programa de Pós-Graduação em Direito, 2014.

REFERÊNCIAS BIBLIOGRÁFICAS

NALINI, José Renato. "A formação do juiz após a Emenda à Constituição n. 45/04". *Revista da Escola Nacional da Magistratura*, vol. 1, n. 1, pp. 17-24, 2006.

NALINI, José Renato. *A rebelião da toga*. 2ª ed. Campinas: Millenium, 2008.

NALINI, José Renato. "A vocação transformadora de uma escola de juízes". *Revista da Escola Nacional da Magistratura*, vol. 2, n. 4, pp. 21-33, 2007.

NALINI, José Renato. *Ética da magistratura*: comentários ao código de ética da magistratura nacional – CNJ. 3ª ed. São Paulo: RT, 2012.

NALINI, José Renato. *Ética geral e profissional*. 7ª ed. São Paulo: Revista dos Tribunais, 2009.

NALINI, José Renato. "O desafio de criar juízes". *In:* ALMEIDA, José Mauricio Pinto de; LEARDINI, Márcia (coord.). *Recrutamento e formação de magistrados no Brasil*. Curitiba: Juruá, 2010, pp. 91-109.

NALINI, José Renato. *O futuro das profissões jurídicas*. São Paulo: Oliveira Mendes, 1998.

NALINI, José Renato. "Os enclaves éticos". *Revista do Tribunal Regional do Trabalho da 15ª Região*, n. 14, 2001.

NASCIMENTO, Amauri Mascaro. "Ética na magistratura". *Revista do Tribunal Regional do Trabalho da 15ª Região*, n. 14, 2001.

OBERTO, Giacomo. "Recrutamento e formação de magistrados: o sistema italiano no âmbito dos princípios internacionais sobre o estatuto dos magistrados e da independência do Poder Judiciário". *Revista da EMERJ*, vol. 5, n. 20, pp. 15-50, 2002.

OBERTO, Giacomo. *Recrutement et formation des magistrats en Europe:* etude comparative. Estrasburgo: Conseil de l'Europe, 2003. Disponível em http://www.coe.int/t/dghl/cooperation/lisbonnetwork/rapports/LivreOberto_fr.pdf.

OLSON, Giovanni. "A formação institucional de magistrados como garantia da cidadania". *Revista NEJ* – Eletrônica, vol. 17, n. 3, pp. 469-478, set-dez 2012.

OMMATI, José Emílio Medauar; FARO, Julio Pinheiro. "De poder nulo a poder supremo: o Judiciário como superego". *A&C – Revista de Direito Administrativo & Constitucional*, vol. 12, n. 49, pp. 177-206, set. 2012.

REFERÊNCIAS BIBLIOGRÁFICAS

OYARTE, Rafael. *Derecho constitucional ecuatoriano y comparado*. Quito: Corporación de Estudios y Publicaciones (CEP), 2015.

PACH, Maciel. "A necessidade de adequar a formação dos magistrados como agentes de aplicação das normas jurídicas no mundo em permanente mudança". *Curso de Constitucional:* Normatividade Jurídica, vol. 11, p. 11-24, 2012. Disponível em http://www.emerj.tjrj.jus.br/seriea perfeicoamento demagistrados/paginas/series/11/normatividadejuridica_ 281.pdf.

PACHECO, José Ernani de Carvalho. "Apresentação". *In:* ALMEIDA, José Mauricio; LEARDINI, Márcia (coord.). *Recrutamento e formação de magistrados no Brasil*. 1ª ed. Curitiba: Juruá, 2007.

PAIVA, Paulo. "Juristocracia?". *In:* FELLET, André Luiz Fernandes; PAULA, Daniel Giotti de; NOVELINO, Marcelo (coord.). *As novas faces do ativismo judicial*. Salvador: Juspodivm, 2013.

PATTERSON, Claudia. "A importância da arquitetura judiciária na efetividade da justiça". *In:* FREITAS, Vladimir Passos de; FREITAS, Dario Almeida Passos de. (coord.). *Direito e Administração da Justiça*. Curitiba: Juruá, 2010.

PERISSINOTTO, Renato Monseff. "Por que e como estudar o poder". *In:* PERISSINOTTO, Renato Monseff; LACERDA, Gustavo Biscaia de; SZWAKO, José (coord.). *Curso livre de teoria política:* normatividade e empiria. Curitiba: Appris, 2016.

PERISSINOTTO, Renato Monseff; ROSA, Paulo Vinícios Accioly Calderari da; PALADINO, Andrea. "Por uma sociologia dos juízes: comentários sobre a bibliografia e sugestões de pesquisa". *In:* ALMEIDA, José Maurício Pinto de; LEARDINI, Márcia (coord.). *Recrutamento e formação de magistrados no Brasil*. Curitiba: Juruá, 2010, pp. 163-184.

PERISSINOTTO. Renato Monseff. "Poder: imposição ou consenso ilusório? Por um retorno a Weber". *In:* NOBRE, Renato Freire (coord.). *O poder no pensamento social:* dissonâncias. Belo Horizonte: Editora UFMG, 2008

PETERSON, Zilah Maria Callado Fadul. "Justiça Militar: uma Justiça bicentenária". *Revista da Escola Nacional da Magistratura*, vol. 2, n. 3, pp. 153-163, 2007.

PIVETTA. Saulo Lindorfer. *Direito fundamental à saúde:* regime jurídico-constitucional, políticas públicas e controle judicial. Dissertação (mestrado). Universidade Federal do Paraná. Setor de Ciências Jurídicas, Programa de Pós-Graduação em Direito, 2014.

REFERÊNCIAS BIBLIOGRÁFICAS

PORTANOVA, Rui. *Motivações ideológicas da sentença*. 5ª ed. Porto Alegre: Livraria do Advogado, 2003.

PUPPO LUZ, Leonardo del; SILVA, Camila Mariani. "O exercício de estudar nos cursinhos destinados aos concursos públicos". *Fractal Revista de Psicologia*, vol. 20, n. 1, pp. 285—304, 2008. Disponível em http://www.scielo.br/scielo.php?pid=S1984-02922008000100025&script=sci_arttext.

RANGEL, Gabriel Dolabela Raemy. *A legitimidade do Poder Judiciário no regime democrático*: uma reflexão no pós-positivismo. São Paulo: Editora Laços, 2014.

REIS, Carlos David Santos Aarão. "A escolha de juízes pelo voto popular". *Revista de Processo*, vol. 20, n. 78, pp. 217-231, abr./jun., 1995

ROCHA, Silvio Luís Ferreira da. "O Controle Jurisdicional das Decisões dos Tribunais de Contas". *Revista Faculdade de Direito PUCSP*, vol. 1, pp. 339-353, 2016.

RUIVO, Fernando. "Aparelho judicial, Estado e legitimação". *In:* FARIA, José Eduardo (coord.). *Direito e Justiça:* a função social do Judiciário. São Paulo: Ática, 1989.

RUSSO, Andrea Rezende. *Uma moderna gestão de pessoas no Poder Judiciário*. Porto Alegre: Tribunal de Justiça do Rio Grande do Sul, 2009.

SADEK, Maria Tereza *Magistrados:* uma imagem em movimento. Rio de Janeiro: FGV, 2006.

SADEK, Maria Tereza; ARANTES, Rogério Bastos. "A crise do Judiciário e a visão dos juízes". *Revista USP*, n. 21, pp. 34-45, 30 maio 1994. Disponível em http://www.revistas.usp.br/revusp/article/view/26934. Acesso em 31.10.2014.

SALGADO, Eneida Desiree. "A representação política e sua mitologia". *Paraná Eleitoral*, vol. 1, n. 1, pp. 25-40, 2012. Disponível em http://www.justicaeleitoral.jus.br/arquivos/tre-pr-parana-eleitoral-revista-1-artigo-2-eneida-desiree-salgado.

SALGADO, Eneida Desiree. *Constituição e Democracia:* tijolo por tijolo em um desenho (quase) lógico. Vinte anos de construção do projeto democrático brasileiro. Belo Horizonte: Fórum, 2007.

SALGADO, Eneida Desiree. "Jean Jacques Rousseau e o Estado Moderno". *In:* OPUSZKA, Paulo Ricardo; CARBONERA, Silvana Maria (coord.). *Direito Moderno e Contemporâneo:* perspectivas críticas. Pelotas: Delfos, 2008.

REFERÊNCIAS BIBLIOGRÁFICAS

SALGADO, Eneida Desiree. *Princípios constitucionais eleitorais*. Belo Horizonte: Fórum, 2010.

SALGADO, Eneida Desiree. "Representação política e o modelo democrático brasileiro". *In:* CLÈVE, Clèmerson Merlin (coord). *Direito Constitucional Brasileiro*. vol. 1. São Paulo: Revista dos Tribunais, 2014.

SALGADO, Eneida Desiree. "Um novo modelo de administração das eleições e de Justiça Eleitoral para o Brasil". *Direito Eleitoral:* debates ibero-americanos. Curitiba: Ithala, 2014. p. 129-138.

SALGADO, Eneida Desiree; GABARDO, Emerson. "Os fundamentos democráticos da decisão judicial e a questão do Direito e da moral – uma visão a partir do neopositivismo de Hart e a crítica de Nino". *Revista da Faculdade de Direito UFPR*, vol. 48, 31 dez. 2008. Disponível em http://revistas.ufpr.br/direito/article/view/15747.

SALOMÃO, Luis Felipe. "A formação do juiz e as Escolas da Magistratura no Brasil". *Revista da Escola Nacional da Magistratura*, vol. 1, n. 2, pp. 10-17, 2006.

SANTOS, Boaventura de Sousa; MARQUES, Maria Manuel Leitão; PEDROSO, João. *Os tribunais nas sociedades contemporâneas*. Coimbra: Centro de Estudos Sociais, 1995.

SANTOS, Boaventura de Sousa; PEDROSO, João; BRANCO, Patrícia. *O recrutamento e a formação de magistrados:* análise comparada de sistemas e países da União Europeia. Coimbra: Observatório Permanente da Justiça Portuguesa, 2006. Disponível em http://opj.ces.uc.pt/pdf/ORFM/Recrutamento_formacao_magistrados.pdf.

SANTOS, Boaventura de Souza. "Introdução à sociologia da administração da justiça". *In:* FARIA, José Eduardo (coord.). *Direito e Justiça:* a função social do Judiciário. São Paulo: Ática, 1994.

SANTOS, Boaventura de Souza. *Para uma revolução democrática da justiça*. 3ª ed. São Paulo: Cortez, 2011

SANTOS, Wanderley Guilherme dos. *O paradoxo de Rousseau*: uma interpretação democrática da vontade geral. Rio de Janeiro: Rocco, 2007.

SCHMITT, Carl. *Legalidade e legitimidade*. Belo Horizonte: Del Rey, 2007.

SEELAENDER, Airton Cerqueira Leite. "O contexto do texto: notas introdutórias à história do direito público na idade moderna". *Seqüência:*

REFERÊNCIAS BIBLIOGRÁFICAS

Revista do Curso de Pós-graduação em Direito da UFSC, n. 55, Florianópolis: Fundação Boiteux, 2007.

SEREJO, Lourival. *Comentários ao Código de Ética da Magistratura Nacional*. Brasília: ENFAN, 2011.

SILVA, José Afonso da. *Curso de Direito Constitucional Positivo*. 25ª ed. São Paulo: Malheiros, 2005.

SIQUEIRA, Luiz Eduardo Alves de. "Quinto constitucional: análise de ingresso ao Poder Judiciário brasileiro". *Revista da Escola Paulista da Magistratura*, vol. 8, n. 1, pp. 141-175, jun. 2007.

SLAKMON, Catherine; OXHORN, Philip. "O poder de atuação dos cidadãos e a micro-governança da justiça no Brasil". *Novas Direções na Governança da Justiça e da Segurança*. Brasília: Ministério da Justiça, 2006. p. 31-57.

STEFFENMEIER, Darell; BRIT, Chester L. "Judges' race and judicial decision making: do black judges sentence differently?". *Social sciente quarterly*, vol. 82, n, 4, pp. 749-764, dez. 2001. Disponível em http://onlinelibrary.wiley.com/doi/10.1111/0038-4941.00057/abstract.

STEFFENSMEIER, Darrel; HERBERT, Chris. "Women and men policymakers: Does the judge's gender affect the sentencing of criminal defendants?". *Social Forces*, vol. 77, pp. 1153-1196, 1999. Disponível em http://sf.oxfordjournals.org/content/77/3/1163 abstract .

STRECK, Lenio Luiz. "As súmulas vinculantes e o controle panóptico da Justiça Brasileira". *Argumentum:* Revista de Direito da Universidade de Marília. vol. 4, 2004.

STRECK, Lenio Luiz. "Ensino jurídico e pós-graduação no Brasil: das razões pelas quais o Direito não e uma racionalidade instrumental". *Novos Estudos Jurídicos*, vol. 16, n. 1, pp. 5-19, 2011. Disponível em http://www6.univali.br/seer/index.php/nej/article/view/3266/2048.

STRECK, Lenio Luiz. "Hermenêutica e ensino jurídico em terræ brasilis". *Revista da Faculdade de Direito UFPR*, vol. 46, pp. 27-50, 2007. Disponível em http://ojs.c3sl.ufpr.br/ojs/index.php/direito/article/view/13495/9508.

STRECK, Lenio Luiz. "O (pós-)positivismo e os propalados modelos de juiz (Hércules, Júpiter e Hermes) – dois decálogos necessários". *Revista de direitos*

REFERÊNCIAS BIBLIOGRÁFICAS

e garantias fundamentais, n. 7, pp. 15–45, 2010. Disponível em http://www.fdv.br/sisbib/index.php/direitosegarantias/article/view/77.

STRECK, Lenio Luiz. *Verdade e consenso*: Constituição, Hermenêutica e Teorias discursivas: da possibilidade à necessidade de respostas corretas no Direito. 3ª ed. Rio de Janeiro: Lumen Juris, 2009.

SUNSTEIN, Cass Robert; VERMEULE, Adrian. "Conspiracy Theories: Causes and Cures". *Journal of Political Philosophy*, vol. 17, n. 2, pp. 202–227, 2009. Disponível em http://www.jstor.org/stable/10.2307/2564659%5Cnhttp://onlinelibrary.wiley.com/doi/10.1111/j.1467-9760.2008.00325.x/full%5Cnhttp://doi.wiley.com/10.1111/j.1467-9760.2008.00325.x.

THEODORO JÚNIOR, Humberto; NUNES, Dierle; BAHIA, Alexandre. "Breves considerações sobre a politização do Judiciário e sobre o panorama de aplicação no Direito brasileiro: análise da convergência entre o civil law e o common law e dos problemas da padronização decisória". *In:* CLÈVE, Clèmerson Merlin; BARROSO, Luís Roberto (coord.). *Doutrinas essenciais:* direito constitucional. São Paulo: Revista dos Tribunais, 2011.

TROPER, Michel. *A filosofia do direito*. São Paulo: Martins, 2008.

VALIM, Rafael. "El control de la administración pública en el Derecho brasileño". *Derecho Administrativo*, vol. 91, pp. 147-160, 2014.

VERONESE, Josiane Rose Petry. "O Poder Judiciário: instrumento de transformação social?". *Revista Sequência,* Florianópolis, n. 30, pp. 37–44, 1995. Disponível em http://egov.ufsc.br/portal/sites/default/files/anexos/1078-1092-1-PB.pdf. Acesso em 17.11.2014.

VIDAL, Marcelo Furtado. "Ideologia e interpretação na teoria pura do Direito de Hans Kelsen". *Revista do Tribunal Regional do Trabalho da 3ª Região*. Belo Horizonte: TRT, n. 62, jul./dez. 2000, pp. 129-144.

VIGO, Rodolfo Luis; STANGA, Silvana. "Ética judicial y Centros de Capacitación en Argentina". *Reforma Judicial en America Latina:* una tarea inconclusa. Corporación Excelência en la Justiça, OEA, Santa Fé de Bogotá, 1999.

WAGNER, Wenceslaw Joseph. "Alguns comentários sobre a Administração da Justiça na União Soviética". *Revista da Faculdade de Direito UFPR*, vol. 13, n. 2, pp. 11–31, 16 jan. 2007. Disponível em http://ojs.c3sl.ufpr.br/ojs/index.php/direito/article/view/7179. Acesso em 31.10.2014.

REFERÊNCIAS BIBLIOGRÁFICAS

WAMBIER, Teresa Arruda Alvim. "A rigidez e a flexibilidade na formação dos juízes". *In:* ALMEIDA, José Mauricio Pinto de; LEARDINI, Marcia (coord.). *Recrutamento e formação de magistrados no Brasil.* Curitiba: Juruá, 2010, pp. 215-242.

WEBER, Max. *O que é burocracia.* Disponível em http://www.cfa.org.br/servicos/publicacoes/o-que-e-a-burocracia/livro_burocracia_diagramacao_final.pdf.

ZABALA, Ana Maria Messuti de. "La administración de justicia en el tercer milenio". *Revista Brasileira de Ciências Criminais,* vol. 11, n. 42, pp. 11-18, mar. 2003.

ZAFFARONI, Eugenio Raúl. "Dimensión Política de un Poder Judicial Democrático". *Cuadernos de Derecho Penal,* pp. 15-53, 1992. Disponível em http://new.pensamientopenal.com.ar/sites/default/files/2013/09/51zaffaroni.pdf. Acesso em 19.09.2014.

ZAFFARONI, Eugenio Raúl. *Estructuras judiciales.* Buenos Aires: Ediar, 1994. Disponível em http://www.pensamientopenal.com.ar/articulos/estructuras-judiciales. Acesso em 24.10.2014.

ZAFFARONI, Eugenio Raúl. *Poder Judiciário:* crises, acertos e desacertos. São Paulo: Revista dos Tribunais, 1995.

ZAULI, Eduardo Meira. "Democracia e métodos constitucionais de recrutamento da magistratura no Brasil". *Revista Teoria & Sociedade,* vol. 15, n. 2, pp. 52-81, dez. 2007. Disponível em http://www.fafich.ufmg.br/revistasociedade/edicoes/artigos/15_2/DEMOCRACIA_E_M%C3%89TODOS_CONSTITUCIONAIS.pdf.

ŽIŽEK, Slavoj. *A utopia de Piketty.* Disponível em http://blogdaboitempo.com.br/2014/05/30/zizek-a-utopia-de-piketty/.

ŽIŽEK, Slavoj. *The communism knows no monster.* Disponível em https://deterritorialsupportgroup.wordpress.com/2011/03/21/zizekgaga-communism-knows-no-monster/.

ZUCCHINI, Giampaolo. "Aristocracia". *In:* BOBBIO, Norberto; MATTEUCCI, Nicola; PASQUINO, Granfranco. *Dicionário de política.* 13ª ed. Brasília: UnB, 2010.

A Editora Contracorrente se preocupa com todos os detalhes de suas obras! Aos curiosos, informamos que esse livro foi impresso no mês de Setembro de 2018, em papel Holmen Vintage, pela Gráfica Rettec.